KB272154

# 커뮤니티 전략 바이블

# 커뮤니티 전략 바이블


**초판 1쇄 발행** 2026년 2월 25일

**지은이** 데이비드 스핑스 / **편역·공동 집필** 다오랩 / **감수** 백영선

**펴낸이** 조기흠
**총괄** 이수동 / **책임편집** 최진 / **기획편집** 박의성, 유지윤, 이지은
**마케팅** 박태규, 임은희, 김예인, 김선영 / **제작** 박성우, 김정우
**디자인** 이슬기

**펴낸곳** 한빛비즈(주) / **주소** 서울시 서대문구 연희로2길 76 5층
**전화** 02-325-5506 / **팩스** 02-326-1566
**등록** 2008년 1월 14일 제 25100-2017-000062호

**ISBN** 979-11-5784-860-7 03320

이 책에 대한 의견이나 오탈자 및 잘못된 내용은 출판사 홈페이지나 아래 이메일로 알려주십시오.
파본은 구매처에서 교환하실 수 있습니다. 책값은 뒤표지에 표시되어 있습니다.

⌂ hanbitbiz.com ✉ hanbitbiz@hanbit.co.kr ￼ facebook.com/hanbitbiz
Ｎ blog.naver.com/hanbit_biz ￼ youtube.com/한빛비즈 ￼ instagram.com/hanbitbiz



The Business of Belonging:
How to Make Community your Competitive Advantage
by David Spinks
Copyright © 2021 by John Wiley & Sons, Inc.
All rights reserved.

Korean edition Copyright © Hanbit Biz, Inc., 2026.
The Korean edition is published by arrangement with John Wiley & Sons, Inc.
through Danny Hong Agency.
이 책의 한국어판 저작권은 대니홍 에이전시를 통한 저작권자와의 독점 계약으로 한빛비즈(주)에 있습니다.
저작권법에 의해 한국 내에서 보호를 받는 저작물이므로 무단 전재와 복제를 금합니다.


지금 하지 않으면 할 수 없는 일이 있습니다.
책으로 펴내고 싶은 아이디어나 원고를 메일(hanbitbiz@hanbit.co.kr)로 보내주세요.
한빛비즈는 여러분의 소중한 경험과 지식을 기다리고 있습니다.

# 커뮤니티 전략 바이블

## AI 시대, 비즈니스를 성장시키는 커뮤니티의 힘

데이비드 스핑스 지음 | 다오랩 편역·공동 집필

## THE BUSINESS OF BELONGING

한빛비즈
Hanbit Biz, Inc

# 차 례



## 1장     커뮤니티가 새로운 경쟁력으로 떠오르는 이유

## 2장 커뮤니티 전략의 기본 원칙



## 3장 소셜 아이덴티티 만들기

## 6장    커뮤니티 공간과 경험 설계하기

데릭 앤더슨Derek Andersen
(스타트업 그라인드, 베비Bevy 공동 창립자)

2016년, 샌프란시스코에 있는 팰리스 오브 파인 아츠Palace of Fine Arts에서 CMX 서밋이 열렸습니다. 저는 여기서 연설하기로 되어 있었죠. 이 컨퍼런스는 '커뮤니티 관리'라는 주제에 초점이 맞춰져 있는, 당시로서는 비교적 신생 행사였습니다. 저는 커뮤니티 창업 분야에서 오래 일을 해왔지만, 이 행사에 무엇을 기대해야 할지 사실 잘 몰랐습니다. 그동안 수없이 많은 스타트업 컨퍼런스와 마케팅 컨퍼런스에 가봤지만, 그곳에서 '커뮤니티'는 보통 한두 줄의 의제에 불과했기 때문이죠.

그러나 서밋 현장에 도착하는 순간, 여기는 뭔가 다르다는 사실을 직감했습니다. 제가 발딛는 곳마다 커뮤니티 구축에 대한 논의와 그와 관련된 사람, 제품이 가득했습니다. 수백 명의 사람들로 꽉 찬 그 공간에 앉아 저는 6년 전을 떠올렸습니다. 제가 커뮤니티를 만들기 시작한 후 한동안 느껴보지 못한 '진정한 직업적 소속감'이 느껴졌습니다.

이 컨퍼런스를 시작한 사람은 데이비드 스펑스였습니다. 저는 불과 컨퍼런스 몇 주 전에 처음으로 그를 만났는데, 데이비드가 저만큼이나 '커뮤니티 구축'이라는 주제를 깊이 이해하고 진심으로 아끼는 사람이라는 사실을 알 수 있었죠. 그는 '커뮤니티가 어떻게 비즈니스 세계를 변화시킬 것인가'에 대해 이야기했고, 그건 다른 곳에서는 한 번도 들어보지 못한 이야기였어요. 데이비드는 머지않아 모든 비즈니스가 커뮤니티를 만들게 될 것이라 확신했고, 자신의 삶을 그 목표에 바치고 있었습니다.

제가 커뮤니티 기반의 비즈니스를 처음 만들기 시작한 건 2010년입니다. 몇몇 친구와 함께 캘리포니아 마운틴뷰에 있는 작은 사무실에서 '스타트업 그라인드Startup Grind'라는 행사를 열었죠. 처음에는 특별할 것 없는 모임처럼 보였습니다. 두어 명의 스타트업 관계자들이 모여 네트워크를 맺는 정도였죠. 하지만 곧 탄력이 붙기 시작했습니다. 10명으로 시작했는데 20명, 50명, 100명을 넘어 250명까지 늘어났습니다.

그러던 어느 날 한 참석자가 저에게 스타트업 그라인드의 로스앤젤레스 지부를 열어도 되는지 물었습니다. 당시 저희는 '먼저 베풀고, 서로 돕고, 친구를 만들자'는 가치를 중심으로 문화를 구축하고 있었습니다. 당시 스타트업 세계에서는 아주 독특하다고 할 수 있었죠. 그 참석자는 이 정신을 로스앤젤레스에도 옮기고 싶어 했고, 결과는 아주 성공적이었죠. 로스앤젤레스 지부는 빠르게 성장했습니다.

이 경험 이후, 우리는 멤버들에게 각자의 도시에서 자체 지부를 시작하도록 권유했습니다. 그렇게 해서 현재 스타트업 그라인드는 125개국에 600개의 지부를 두고 있습니다. 우리는 2,000명이나 되는 자원봉사자의 도움을 받아 15,000개의 행사를 열었죠. 이 모든 과정은 거의 독학으로 이루어졌습니다. 실패를 거듭하면서 올바른 커뮤니티 구축법을 찾기 위해 어둠 속에서 더듬거렸죠.

2016년에 CMX와 데이비드를 만났을 때, 저는 길고 불가능한 여정을 마치고 집에 돌아온 기분을 느꼈습니다. CMX는 저의 '커뮤니티 언어'를 구사하는 사람들이 모인 첫 번째 장소였습니다. 참석자들은 각자의 커뮤니티 구축 여정에 몰입해 있었습니다. 모든 여정이 하나의 서사시 같았죠. 저는 모든 연사의 통찰에 고개를 끄덕였고, 질문하고 싶은 마음을 억누르기 바빴습니다.

사람들이 저에게 데이비드 스핑스를 소개해달라고 하면 저는 애정의 마음을 담아 이렇게 말해줍니다. "그는 커뮤니티계의 요다Yoda 또는 달라이 라마Dalai Lama 같은 사람이다." 데이비드는 제가 만난 사람 중 가장 진정성 있고 사려 깊은 사람 중 하나이기 때문입니다. 또 제가 구축해온 것들에 대해 구체적인 프레임워크와 과학적 근거를 제시해준 첫 번째 사람이기 때문입니다.

'SPACES 모델'은 커뮤니티 구축에 대해 진정성을 지닌 최초의 비즈니스 사례였습니다. 데이비드가 업계에 제시한 언어와 도구들은 브랜드 커뮤니티 구축의 핵심 요소가 되었죠. 지난 10년 동안 세계 최고의 기업들이 데이비드에게 조언을 구했습니다. 기업들은 데이비드의 도움을 받아 고객들과 진정성 있는 커뮤니티를 만들고 성장시

켰죠. 최고의 커뮤니티 리더들은 CMX에 와서 자신의 지식을 다른 업
계 사람들과 나눕니다. 수만 명의 의사결정자들이 데이비드의 경험
과 프레임워크로부터 도움을 받았지만, 아마 저만큼 큰 혜택을 받은
사람은 없을 겁니다.

저는 데이비드와 더 많은 시간을 함께 일하고 싶다는 소망이 생겼
습니다. 그래서 2019년 초에 저희 회사 베비는 CMX를 인수했죠. 그
와 나란히 일하는 동안 이 책《커뮤니티 전략 바이블》이 세상에 나왔
습니다. 저는 매우 기뻤습니다. 데이비드가 합류한 이후 저희 회사는
10배나 성장했는데, 바로 이 책에서 다루고 있는 원칙들을 상당 부분
적용했기 때문이죠. 저는 이 책이야말로 '모든 커뮤니티 빌더가 읽어
야 할 바이블'이라 믿습니다.

데이비드는 말합니다. "경쟁사의 제품과 여러분의 제품 기능이 동
일할 때, 커뮤니티는 '경쟁사가 절대 모방할 수 없는 단 한 가지'가
된다." 디지털 광고가 난무하는 이 시대에 커뮤니티는 여러분의 채널
에 불을 지필 수 있습니다. 비판하던 사람이 지지자로 바뀔 수도 있
지요. 제가 처음 스타트업 그라인드를 시작할 때 이 책이 있었다면
얼마나 많은 실수를 미리 피할 수 있었을까요.

이 책의 교훈을 공부하고 적용하면서 제가 처음 CMX에서 느꼈던
그 감정을 여러분도 느끼셨으면 좋겠습니다. 여러분이 지금 시작한
이 길을 먼저 걸어간 사람들이 있습니다. 내가 그 사람들과 연결될
수 있겠구나, 나의 커뮤니티 구축 여정에 풍부한 지원을 해줄 원천이
여기 있구나! 이 책을 통해 꼭 그 느낌을 갖게 되기를 바랍니다.

안녕하세요, 한국 독자 여러분. 여러분에게 제 책을 소개할 수 있게 되어 기쁘고 감사합니다.

이 책은 제가 커뮤니티와 기업을 일구며 겪은 생생한 기록이자, 때로는 뼈아픈 실수를 통해 복잡한 문제들을 헤쳐나가면서 배운 여정의 산물입니다. 우리의 언어와 맥락은 다르지만, 이 작업의 본질을 관통하는 질문은 보편적이라고 믿습니다. "소속감이란 무엇인가?" "기업은 어떻게 진정한 신뢰와 유대를 쌓을 수 있는가?" "혁신을 향한 열망과 구성원에 대한 존중 사이에서 우리는 어떻게 균형을 잡을 것인가?"와 같은 질문들 말입니다.

한국어판을 읽으며 저는 진심으로 가슴이 벅차올랐습니다. 특히 다오랩이 엄선한 한국의 사례 연구는 이 책의 아이디어를 새로운 방식으로 생생하게 구현해주었습니다. 한국의 기업들이 보여준 진정성과 절제, 인내심을 통해 한층 더 가치 있는 커뮤니티가 탄생하는 과정을 목격할 수 있었습니다. 이러한 가치들이 한국의 토양 위에서 선명하게 구현된 모습은 저에게 깊은 확신과 유대감을 안겨주었습니다.

이 작업에 깃든 다오랩의 사려 깊은 통찰과 진정성에 감사의 마음을 전합니다. 이들의 기여는 단순한 번역의 차원을 넘어섭니다. 제가 혼자서는 미처 도달하지 못했을 방식으로 메시지에 맥락을 부여하고 깊이를 더해주었습니다. 아이디어를 정교하게 다듬어준 그들의 노력에 무한한 신뢰와 감사를 전합니다.

이 책이 여러분의 커뮤니티를 일구는 여정에 든든한 동반자가 되길 바랍니다. 제가 공유한 내용을 정답으로 여기지 마세요. 여러분의 사업과 커뮤니티에서 진정으로 가치 있는 것이 무엇인지 탐구하게 만들어줄 초대장으로 받아들여주세요.

한국의 독자들이 나눌 대화와 성찰을 통해 저 또한 배우고 성장하기를 기대합니다. 우리 함께 이 작업을 계속해 나갑시다.


진심을 담아,
데이비드 스핑스

데이비드 스핑스

저에게 처음 소속감을 준 곳은 인터넷이었습니다. 중학생 시절이었죠. 저는 뉴욕시 근교에서 자랐는데, 주변과 잘 어울리지 못하는 아이였어요. 부모님 두 분 다 이민자였고, 아일랜드 출신인 아버지가 이스라엘에서 어머니를 만나 결혼한 뒤 미국으로 건너왔지요. 그리고 1년 후 제가 태어났습니다.

우리 가족은 지역 사회에 깊이 뿌리내린 사회적 네트워크가 없었어요. 우리는 이방인이었고 달랐으니까요. 근처에 친척이 몇몇 있었지만, 대부분의 가족은 다른 나라에 살았습니다. 저는 조금 어색한 아이였고, 무리에 끼어들려고 지나치게 애를 썼어요. 유대인이라는 이유로, 혹은 부모님의 억양 때문에 괴롭힘을 당하기도 했죠. 자라면서 어릴 적 친구들과 멀어졌고, 저만의 사회적 리듬을 찾는 데 무척 애를 먹었습니다.

잘 어울리지는 못했지만, 저는 다른 사람들에게 강하게 끌리는 성격이었어요. 사교 활동을 조직하고 참여하는 것을 좋아했지요. 새로운 사람을 만나는 걸 즐겼습니다. 좋든 싫든 저 자신을 사랑하기 위해서는 사람들이 저를 좋아해주고 저에게 관심을 가져주는 사람이 있어야 했거든요. 그래서 제가 아끼는 그룹에서 외면당하면 깊은 우울감에 빠지곤 했습니다.

주변에서 커뮤니티를 찾을 수 없게 되자 저는 다른 곳을 찾아야 했어요. 결국 온라인 비디오 게임에서 소속감을 찾게 됐지요. 〈토니 호크 프로 스케이터 4THPS4〉는 온라인 플레이를 위해 개발된 초기 콘솔 게임 중 하나였는데, 저는 금세 그 게임에 중독됐습니다. 사실 게임 자체보다 게임 속 사회적 네트워크에 더 중독된 것 같아요.

저는 전 세계 THPS4 경쟁 유저 중 상위권에 올랐고, 게임 내에서 강력한 평판을 쌓았습니다. 저는 친구 몇 명과 함께 클랜(팀)을 만들었고, 우리 클랜은 빠르게 랭킹 정상으로 치고 올라갔죠. 우리는 웹사이트와 포럼을 개설했는데, 이곳은 당시 THPS4 플레이어들을 위한 가장 인기 있는 온라인 커뮤니티 중 하나가 되었습니다.

우리는 정말 끈끈한 커뮤니티였어요. 수많은 이야기와 우리만의 농담을 공유했죠. 언젠가 스케이트보더 토니 호크Tony Hawk 씨를 직접 만날 수 있는 기회를 얻었는데, 저는 그에게 젤로Jell-O 푸딩 팩에 사인해달라고 부탁했어요. 그건 우리 커뮤니티만의 농담이었고, 사인을 받아 이벤트 경품으로 줄 계획이었거든요. 토니 호크 씨는 무척 당황해했지만, 씩 웃으며 사인을 해줬습니다. 부패하기 쉬운 식품에 귀중한 사인을 받는 게 그리 좋은 생각은 아니었지만, 우리 커뮤니티의 반응을 생각하면 그럴 가치가 충분했죠.

당시 14살이었던 저는 매일 방과 후에 집으로 달려가 온라인에 접속하고 게임을 하며 수백 명의 활발한 회원이 있는 커뮤니티를 관리했습니다. 대회를 열고, 영상 콘텐츠를 만들고, 트롤과 스팸에 대응하고, 포럼을 개설하고 개편하며, 중간 관리자를 선출해 권한을 부여했습니다. 오늘날 온라인 커뮤니티를 관리하는 사람이라면 누구나 하는 일을 그때 다 했던 셈이죠.

저는 소속감을 찾은 것을 넘어, 다른 사람들을 위한 공동체와 소속감을 직접 창조하고 있었습니다. 세상에서 가장 멋진 기분이었죠! 그 시점부터 저는 커뮤니티 구축에 완전히 매료됐어요. 인터넷이 어떻게 커뮤니티 플랫폼이 될 수 있는지에 집착하게 되었고, 찾을 수 있는 모든 온라인 커뮤니티에 참여하기 시작했습니다. 온라인에서 자작시를 공유하고 일기도 쓰기 시작했지요. 저는 새로운 소셜 플랫폼이 나올 때마다 가장 먼저 사용하는 얼리어답터가 되었습니다.

커뮤니티와 비즈니스 세계를 연결하기 시작한 건 대학 시절이었습니다. 저는 경영학 전공이었는데, 학과 수업이 너무 구식처럼 느껴졌어요. 우리는 10년 전의 비즈니스에서나 통했을 법한 것들을 배우고 있었죠. 그사이 저는 인터넷에서 일어나고 있는 사회적 혁명을 목격하고 있었습니다. 당시 블로그는 폭발적인 인기를 누리고 있었어요. 미국 대학생들은 매일 페이스북을 사용했고, 트위터라는 낯선 소셜 플랫폼이 성장하기 시작했지요. 비즈니스의 모든 동력은 온라인 커뮤니티와 소셜 공간에서 나올 것이 분명해 보였어요. 하지만 제가 받는 수업 어디에서도 인터넷을 언급하지 않았습니다.

그래서 저는 경영학과에 온라인 커뮤니티에 초점을 맞춘 과목을 개설하자고 제안했는데 거절당했어요. 다행히 컴퓨터공학 교수님이 더 개방적이셨고, 제가 커리큘럼 만드는 걸 도와주면 해당 학과에 강의를 개설해주겠다고 하셨죠. 다음 학기에 우리는 학교 최초의 온라인 커뮤니티 및 소셜 미디어 강의를 시작했습니다. 저는 유료로 커뮤니티 구축 업무를 맡고, 커뮤니티 행사를 조직하며 대학 연합 프로그램을 짤 기회를 얻었습니다. 또 우리 학교 최초의 공식 블로그를 개설했는데, 그 블로그는 지금도 운영되고 있습니다.

## 커뮤니티 전문가가 되다

대학 재학 중에 저는 커뮤니티, 소셜 인터넷, 비즈니스 세계에서 배우고 있는 것들을 기록하기 위해 개인 블로그를 시작했고, 조금씩 이름을 알리기 시작했습니다. 그러다 '스크리브니아Scribnia'라는 스타트업의 설립자인 러셀 드수자Russell D'Souza와 잭 그뢰칭거Jack Groetzinger가 제 글을 읽고 이메일을 보내왔어요. 그들의 첫 번째 커뮤니티 매니저가 되어달라는 제안이었죠. 그렇게 저는 비즈니스를 위해 커뮤니티를 구축하는 첫 공식 직장을 갖게 되었습니다!

비즈니스를 위해 커뮤니티를 구축하는 건 비디오 게임이나 대학생 커뮤니티를 만드는 것과는 크게 달랐습니다. 고객 커뮤니티는 완전히 다른 영역이었죠. 회원들의 동기도 다르고 기대치도 훨씬 높았습니다. 목표와 지표를 설정하고 제 성과를 보고해야 했어요. 저는 커뮤니티 '전문가'가 되어야 했습니다.

저는 이렇게 생각했어요. '문제 없어! 전문적인 수준에서 커뮤니티 구축법을 가르쳐 줄 멘토나 교육 프로그램을 찾으면 되지!' 하지만 당시에는 기업을 위해 커뮤니티를 구축해 본 경험이 있는 사람이 거의 없었습니다. 사람들은 비즈니스를 위해 커뮤니티를 구축한다는 게 무슨 뜻인지 이해하지 못했죠. 소셜 플랫폼을 사람을 연결하는 공간으로 생각하는 것이 아니라, 전통적인 마케팅 수단처럼 관객을 모으는 도구로 생각했습니다.

그건 정말 완전히 새로운 직업이었고, 저는 거의 혼자서 해내야 한다는 걸 깨달았습니다. 시간이 지나면서 저는 서서히 기업을 위해 커뮤니티를 구축하는 사람들을 만나기 시작했습니다. 저는 커뮤니티 매니저였던 제 친구 젠 페드Jenn Pedde, 브렛 페테르셀Brett Petersel과 함께 'TheCommunityManager.com'이라는 블로그와 채용 게시판을 시작했어요. 우리는 우리가 배우고 있는 내용들을 정기적으로 게시했고, 다른 커뮤니티 전문가들도 참여하도록 초대했습니다. 우리는 미팅을 조직하고, 이 일을 하는 사람들이 서로 연결되고 지원할 수 있는 공간을 만들기 시작했습니다.

저는 '자리Zaarly'라는 스타트업의 커뮤니티 디렉터로 일했고, 직접 몇 개의 회사를 창업하기도 했습니다. 룸메이트 나디아 에그발Nadia Eghbal과 함께 2년 동안 온라인 요리 학교 '피스트Feast'를 운영하기도 했죠. 하지만 투자금이 바닥나고 관심도 시들해지면서 피스트는 실패로 돌아갔습니다. 이후 나디아는 콜라보레이티브 펀드Collaborative Fund의 대표가 되어 깃허브GitHub와 서브스택Substack에서 커뮤니티 업무를 맡았습니다. 그리고 저에게는 남은 커리어를 결정지을 새로운 기회가 찾아왔습니다.


## 커뮤니티 산업을 일구다

:

운명처럼, 친구이자 동료 기업가인 맥스 알트츨러Max Altschuler가 완벽한 타이밍에 제안을 해왔습니다. 오직 커뮤니티 산업에만 집중하는 컨퍼런스를 여는 게 제 꿈이었는데, 그가 시작을 도와주겠다고 한 것이죠. 제가 첫 커뮤니티 매니저 업무를 시작한 지 5년이 지났을 무렵이었고, 더 많은 기업이 커뮤니티에 투자하기 시작하던 때였습니다.

저는 수많은 커뮤니티 전문가들을 만나고 있었고, 그중 일부는 유명 브랜드에서 놀라운 성과를 내고 있었어요. 하지만 그 성과는 비즈니스 커뮤니티 전반에서 여전히 주목받지 못하고 있었죠. 저는 전문가들을 위한 정식 컨퍼런스를 개최하면 이 산업에 대한 신뢰도와 인식을 높일 수 있고, 전문가들이 실력을 쌓도록 도울 수 있으며, 더 많은 기업이 커뮤니티에 투자하게 만들 수 있을 것이라 생각했습니다.

컨퍼런스 운영 경험이 있는 맥스가 행사 전반의 실무를 맡고, 저는 연사 섭외와 마케팅에 집중했습니다. 밑져야 본전이라는 생각이었어요. 그렇게 CMX 서밋CMX Summit이 탄생했습니다.

CMX를 론칭한 순간은 제 인생과 커리어에서 배운 모든 것, 노력해 온 모든 것의 결정체처럼 느껴졌습니다. 첫 행사는 제가 경험한 가장 강력한 커뮤니티 경험 중 하나였어요. 전 세계에서 300명이 모였고, 행사장 안의 모든 사람이 비즈니스 커뮤니티를 구축하는 사람들이었죠.

참석자들은 사실 이 행사에 무엇을 기대해야 할지 몰랐습니다. 그들은 유일한 커뮤니티 전문가로서 행사에 참석하는 데 익숙했고, 커뮤니티 관리가 뭔지 이해하지 못하는 사람들 앞에서 자신의 일을 수백 번씩 설명하곤 했지요.

우리는 '커뮤니티 매니저'라는 직함이 제대로 정의되거나 존중받지 못하는 상황에서, 커뮤니티가 비즈니스의 미래이며 그들이 세상에서 가장 중요한 일을 하고 있다고 말해주었습니다. 우리는 리프트Lyft, 에어비앤비Airbnb, 애플 같은 기업에서 성공적으로 커뮤니티 프로그램을 구축한 연사들을 무대에 세웠습니다. 그리고 우리가 거대한 무언가의 시작점에 와 있다고 강조했지요.

당시 아틀라시안Atlassian에서 커뮤니티를 운영하던 홀리 파이어스톤Holly Firestone은 수년 뒤 CMX 서밋이 자신의 커리어에 미친 영향에 대해 이렇게 썼습니다.

"행사장에 도착했을 때 저는 정말 설렜습니다. 학교에 처음 등교하는 어린아이 같은 기분이었죠. 그날 입었던 옷도 생생해요. 흰 셔츠에 초록색 재킷, 청바지, 갈색 부츠, 그리고 선명한 파란색 스카프를 둘렀죠. 행사장 풍경도 정확히 기억나요. 구석구석 사람들이 가득 차 있었습니다. 저는 경외감에 사로잡혀 주변을 둘러보았죠. 그곳에 모인 모두가 커뮤니티 관리 컨퍼런스를 위해 모였다는 사실이 믿기지 않았어요. (...) 그날 저에게 가장 소중한 경험은, 제가 더 이상 설득할 필요가 없는 사람들에게 둘러싸여 있었다는 것이었습니다. 제가 짊어지고 있던 커다란 짐이 내려앉은 기분이었죠. 저는 제 커리어에 관한 결정이 옳았다는 확신이 들었습니다. 영감을 얻고 재충전되어 행사장을 떠났지요. 그 행사는 제 인생의 거대한 전환점이 되었습니다."

그날 많은 참석자가 비슷한 감정을 느꼈습니다. 커뮤니티 전문가가 무엇을 의미하는지 이해하는 사람들에게 둘러싸인 건 처음이었고, 비즈니스 세계에 자신들을 위한 커리어 경로가 있다는 느낌을 받은 것도 처음이었으니까요. 자신의 일에서 외롭지 않다고 느낀 공간은 처음이었을 거예요.

저는 여기서 특별한 무언가가 일어나고 있음을 알았고, 제가 해야 할 일을 찾았다고 느꼈습니다. 저는 CMX를 구축하는 데 전력을 다하기 시작했습니다. 우리의 미션은 커뮤니티 산업을 발전시키고 전문가들이 번성하도록 돕는 것이었습니다. 제가 커뮤니티 커리어를 시작할 때 간절히 원했던 모든 자원을 그들에게 제공해주고 싶었습니다.

## 커뮤니티의 시대가 도래하다

:

시간이 흘러 CMX 커뮤니티는 수만 명의 회원으로 성장했고, 수많은 글로벌 컨퍼런스를 개최했습니다. 전 세계에 60개가 넘는 지역별 지부를 운영하고 있지요. 저는 매일 제가 사랑하는 일, 즉 커뮤니티를 구축하고 연구하고 가르치는 일을 합니다. 5년 간의 자체 자금 운영 끝에 CMX는 커뮤니티 및 가상 이벤트 소프트웨어 플랫폼인 베비Bevy에 인수되었고, 이는 두 회사 모두의 성장을 가속화했습니다.

저는 워크숍과 컨설팅을 통해 구글, 에어비앤비, 내셔널지오그래픽, 레드불, 페이스북, 세일즈포스, 아틀라시안 등 수백 개 기업의 팀과 협력할 기회를 얻었습니다. 그 과정에서 회원들에게 진정한 소속감을 주고 비즈니스에는 측정 가능한 가치를 창출하는 성공적인 커뮤니티 프로그램을 만드는 법에 대해 많은 것을 배웠죠. 첫 번째 CMX 서밋에서 커뮤니티가 비즈니스의 미래가 될 것이라던 우리의 예측은 사실로 증명되었습니다.

최근 연구에 따르면 현재 스타트업의 80%가 커뮤니티에 투자하고 있으며, 그중 28%는 이를 성공을 위한 '핵심 경쟁 우위'로 간주합니다.[1] 저희가 자체 진행한 연구에서도 88%가 커뮤니티는 회사 미션에 필수적인 요소라고 답했습니다.[2] 오늘날 커뮤니티를 고민하지 않는 기업을 찾기는 어렵습니다.

하지만 높아진 관심에도 불구하고 커뮤니티에 어떻게 투자해야 하는지에 대해서는 여전히 불확실성이 존재합니다. 커뮤니티가 중요하지 않다고 주장할 사람은 아무도 없습니다. 문제는 커뮤니티의 중요성 여부가 아닙니다.

우선순위를 냉혹하게 결정해야 하는 비즈니스 입장에서 질문은 이렇습니다. "왜 다른 모든 투자 대상보다 커뮤니티에 투자해야 하는가? 그리고 투자를 결정했다면, 어떻게 회원들에게 진정한 소속감을 주는 동시에 비즈니스 성과까지 이끌어낼 수 있을까? 이를 측정할 수 있을까?”

제 커리어는 모두 이 질문에 대한 답을 찾기 위한 것이었습니다. 이를 해결하려는 수많은 기업들로부터 지금도 매주 같은 질문을 받고 있지요.

저는 그 답을 드리기 위해 이 책을 썼습니다. 집필에는 3년이 걸렸지만, 이 책에 담긴 교훈과 통찰을 모으는 데는 10년 이상 걸렸습니다. 커뮤니티 중심의 비즈니스 세계에서 제가 배우고 연구한 모든 것의 집대성입니다.

이 책을 다 읽고 나면 커뮤니티 중심의 비즈니스가 무엇인지 이해하게 될 겁니다. 저는 여러분이 기존 기업들은 꿈꿀 수조차 없는 방식으로 고객 및 영업 여정의 모든 부분을 확장하고, 신뢰도를 높이며, 비용을 절감하는 방법을 배우기를 바랍니다. 멤버들에게 진정한 소속감을 주고, 커뮤니티를 경쟁 우위로 만드는 데 필요한 모든 것을 갖출 수 있기를 희망합니다. 함께 해봅시다.

한재선(다오랩 랩장)
– 7명의 편역자를 대표하여

"고객을 위한 커뮤니티를 만들면 좋다는 건 알겠어요. 그런데 그게 실제 사업 성과로 이어진다는 걸 증명할 수 있나요?"

한동안 커뮤니티의 중요성을 열심히 설파하고 다니던 중, 어떤 분이 던진 이 질문 앞에서 저는 말문이 막혔습니다.

고객 커뮤니티가 있으면 고객과의 관계가 강화되고, 더 나은 고객 경험을 제공할 수 있다는 식의 뻔한 답변밖에 떠오르지 않았기 때문입니다. 이런 설명만으로는 경영진을 설득하기 어려울 것 같았습니다. 정확한 수치까지는 아니더라도 고객 커뮤니티와 비즈니스 성과 사이에 존재하는 논리적인 연결고리를 제시할 수 있어야 했습니다.

그 답을 찾기 위해 국내에 출간된 커뮤니티 관련 서적을 거의 모두 찾아 읽었지만, 제가 찾는 해답을 찾기는 힘들었습니다. 그러던 중 우연히 발견한 책이 바로《The Business of Belonging》이었습니다.

저는 이 책에서 제 질문에 대한 명확한 해답을 발견했습니다.

그 핵심이 바로 'SPACES 모델'입니다.

SPACES는 지원Support, 제품Product, 고객 확보Acquisition, 기여 Contribution, 참여Engagement, 성공Success의 약자로, 커뮤니티가 만들어낼 수 있는 여섯 가지 비즈니스 성과를 정의하고, 각 성과를 측정할 수 있는 지표까지 함께 제시합니다.

예를 들어 '지원'은 고객들이 커뮤니티 안에서 서로의 문제를 해결하도록 유도함으로써 고객 지원 비용을 절감하는 것을 의미하고, '고객 확보'는 커뮤니티를 통해 브랜드 인지도를 높이고 신규 고객을 유입시켜 시장 점유율을 확대하는 것을 뜻합니다.

기업이나 브랜드가 고객 커뮤니티를 고려할 때, 이 SPACES 모델을 기반으로 어떤 비즈니스 성과를 기대할 수 있는지 미리 가늠해 볼 수 있습니다. 나아가 사업 목표에 따라 집중해야 할 성과를 선택하고, 그에 맞게 전략적으로 커뮤니티를 설계할 수 있습니다.

이 책의 또 다른 장점은 커뮤니티를 구축하고 운영하는 데 필요한 이론적 토대와 실전적인 팁을 균형 있게 다루고 있다는 점입니다. 개인적으로는 '커뮤니티 빌딩의 바이블'이라 불러도 손색이 없다고 느꼈습니다. 아직 국내 번역서가 없다는 점이 아쉬울 뿐이었죠.

그래서 제가 운영하고 있는 다오랩에서 스터디 그룹을 만들고, 이 책을 함께 번역할 동료들을 모았습니다. 그렇게 각 7개 장의 번역을 맡을 7명의 역자가 모였습니다. 저희는 단순한 번역에 그치지 않고, 현재 시점과 국내 상황에 맞는 추가 저술을 함께하기로 결정했습니다.

원서가 주로 해외 커뮤니티 사례를 다루고 있기 때문에, 국내의 대표적인 커뮤니티들을 선정해 직접 운영자들을 인터뷰하고 그 내용을 책에 담기로 했습니다. 역자 모두가 각자의 현장에서 커뮤니티를 다뤄온 실무자이자 전문가이기에, 각자의 인사이트와 경험도 함께 덧붙이기로 했습니다.

국내 커뮤니티 사례를 인터뷰하는 과정에서, 원서에서 제시한 이론과 팁이 이미 현장에서 자연스럽게 적용되고 있는 경우를 여럿 발견할 수 있었습니다. 놀라운 일이었죠. 운영자들이 수많은 시행착오를 거쳐 체득한 노하우가 원서에는 이미 체계적으로 정리되어 있었습니다. 그래서 이 책은 원서의 내용을 먼저 읽은 다음, 국내 사례와 비교해보기를 권합니다.

또 하나 흥미로운 점은, 이 책을 번역하고 저술해나간 이 과정 자체가 하나의 작은 커뮤니티였다는 사실입니다. 본업을 가진 7명의 사람이 '번역과 저술'이라는 공동의 목표로 느슨하게 연결된 커뮤니티였던 셈입니다.

처음에는 한 번도 함께 일해본 적 없는 7명이, 강제성도 없는 커뮤니티 형태로 과연 책을 완성할 수 있을까 걱정이 앞섰습니다. 그래서 가장 먼저 함께 일하는 방식을 합의했고, 책을 세 개의 파트로 나눈 뒤 각 파트별 리더를 정해 역할과 책임을 명확히 했습니다.

또 업무량과 기여도에 따라 수익 비율을 차등 적용하기로 하고, 이 모든 과정을 투명하게 기록해 공유했습니다. 이후 각자 맡은 역할을 자율적으로 수행했고, 결국 목표한 일정 안에 책을 완성할 수 있었습니다. 커뮤니티가 실제로 일을 해내고, 성과를 만들어낼 수 있다는 것을 몸소 경험한 순간이었습니다.

다오랩은 이러한 실험을 반복하며, 미래에 적합한 새로운 조직 구조와 일의 방식을 탐구하는 실험실이자 커뮤니티입니다. 회사처럼 강한 계약 관계로 묶이지 않은, 커뮤니티 형태의 느슨한 조직이 높은 자율성을 바탕으로 의미 있는 성과를 만들어낼 수 있음을 증명하고 있습니다.

저희는 이러한 조직을 '커뮤니티형 자율 조직'이라 부르고, 다오랩 자체를 그렇게 만들어가고 있습니다. 그 과정에서 얻은 배움과 결과물은 다른 커뮤니티나 조직에서도 활용할 수 있게 오픈소스 형태로 공개할 예정입니다.

이 책은 다오랩의 운영과 실험 과정에서 등대 같은 역할을 해주었습니다. 공동체 의식이 형성되기 위한 조건을 이해하게 되었고, 멤버들을 커뮤니티 정체성에 자연스럽게 동화시키는 방법을 배울 수 있었습니다. 멤버들의 커뮤니티 여정을 어떻게 설계해야 하는지, 어떻게 하면 다음 단계로 이끌 수 있을지에 대한 힌트도 얻었습니다. 무엇보다 내적 동기를 해치지 않으면서 외적 보상을 설계하는 방법에 대해 깊이 고민하게 되었습니다.

고객 커뮤니티에 초점을 맞추고 있지만, 이 책은 다오랩 같은 일반적인 커뮤니티에도 충분히 적용 가능한 지침서입니다. 이미 커뮤니티를 운영하고 있는 개인이나 조직은 물론, 앞으로 커뮤니티를 만들어보고자 하는 분에게도 좋은 길잡이가 되어줄 것입니다.

AI 기술의 급격한 발전 속에서 개인과 기업 모두 불확실한 미래를 마주하고 있습니다. 미래를 예측하기 어려울수록, 변하지 않는 본질을 돌아볼 필요가 있습니다. 인간은 본질적으로 서로 연결되어 소속감과 심리적 안정감을 느낄 수 있는 공동체를 필요로 합니다.

'커뮤니티'가 바로 그런 공간입니다. 앞으로 커뮤니티의 중요성은 더욱 커질 것이며, 커뮤니티를 만들고 운영하는 역량은 점점 더 중요한 경쟁력이 될 것입니다. 물론 많은 학습과 시행착오가 필요한 과정이겠지요.

이 책은 그 시행착오를 줄일 수 있는 하나의 지름길을 제시합니다. 이 책이 여러분의 '연결 지능'을 높이고, 개인과 조직이 자신만의 커뮤니티를 만들어가는 여정에 든든한 안내서가 되기를 진심으로 바랍니다.

끝으로, 이 책이 세상에 나올 수 있도록 물심양면으로 지원해주신 한빛비즈 출판사 최진 책임님께 깊이 감사드립니다. 바쁜 일정에도 불구하고 인터뷰에 응해주신 오프피스트 윤용운 대표님, LG전자 김주연 팀장님, 류경주 책임님, 김예니 책임님, 라이프집 족장님, 넷플연가 전희재 대표님, 오늘의집 배수현 전 리드님, 유아롬 전 매니저님, 무신사 박윤수 실장님께도 진심으로 감사드립니다.

또 다오랩의 둥지를 제공해주신 모두의연구소 김승일 대표님과 관계자 여러분, 번역과 저술 과정 전반에 걸쳐 아낌없는 도움과 응원을 보내준 다오랩 크루 여러분께 깊은 감사의 마음을 전합니다.

백영선
(플라잉웨일 대표)

지금 기업들의 화두 중 하나는 '고객 커뮤니티'입니다. 오랜 시간 공들인 제품과 서비스는 안타깝게도 차별화가 어려워졌습니다. 비슷하거나 금세 따라 잡힙니다.

그래서 기업들은 고객에게 다른 차원의 것을 제공하기 시작했습니다. 제품/서비스 제작 과정에 고객을 끌어들인 것이죠. 왜일까요? 과정은 카피하기 어렵기 때문입니다. 커뮤니티는 선택된 고객에게 그 과정의 '경험'을 줍니다. 로열티를 가진 고객들의 연대 '고객 커뮤니티'가 주목받는 이유기도 합니다.

커뮤니티 멤버들은 기업이 기획한 행사에 주도적으로 참여해 정보를 나누고 자신들의 정체성을 드러낼 독특한 프로그램을 직접 기획하고 진행합니다. 이들은 기업에 엄청난 자산이 되지요. 그래서 많은 마케터들이 '팬덤과 팬덤의 조직화(커뮤니티)'를 꿈꿉니다.

현장에서 보면, 실무자와 의사결정을 하는 분들은 대체로 고객 커뮤니티를 만드는 의도에 대해서는 공감합니다. 그런데 성과 측정을 어려워합니다. 이에 대한 연구나 레퍼런스가 충분하지 않기 때문이죠.

그런 면에서 이 책이 조금만 더 일찍 소개됐다면 참 좋았겠다는 생각이 들었습니다. 제가 그렇게 많은 시간을 들여 고민했던 것들이 이 책에 일목요연하게 정리되어 있었거든요. 한편으로 '우리가 틀리진 않았구나'라는 안도감도 들었습니다.

《커뮤니티 전략 바이블》은 다양한 연구와 경험을 바탕으로 커뮤니티의 목적성과 운영 전반을 잘 정리한 책입니다. 'SPACES 모델' 적용으로 기억하기도 쉽죠. 이것만으로도 책의 가치가 충분한데, 옮긴이들은 한국의 사례까지 더했습니다. 현장에서 커뮤니티를 준비하는 이들의 고민을 세심하게 살핀 것이죠.

이 책을 감수하며 저는 '현장성'과 '정확성'에 신경을 썼습니다. 원고 속의 기술적 지표들이 현재 시점에서 유효한지 검토하고, 초심자가 오해하기 쉬운 전문 용어들을 매끄럽게 다듬는 데 의견을 더했습니다. 단순 정보 전달이 아니라 실질적인 사고의 확장으로 독자에게 다가가길 바라면서요.

커뮤니티 준비에 더 이상 시간과 공을 많이 쓰지 마세요. 이제 그럴 필요가 없습니다. 이 책에서 제시한 모델을 우선 시도해보길 권합니다. 커뮤니티는 2명부터입니다. 작게 시작해 크게 만들어봅시다.

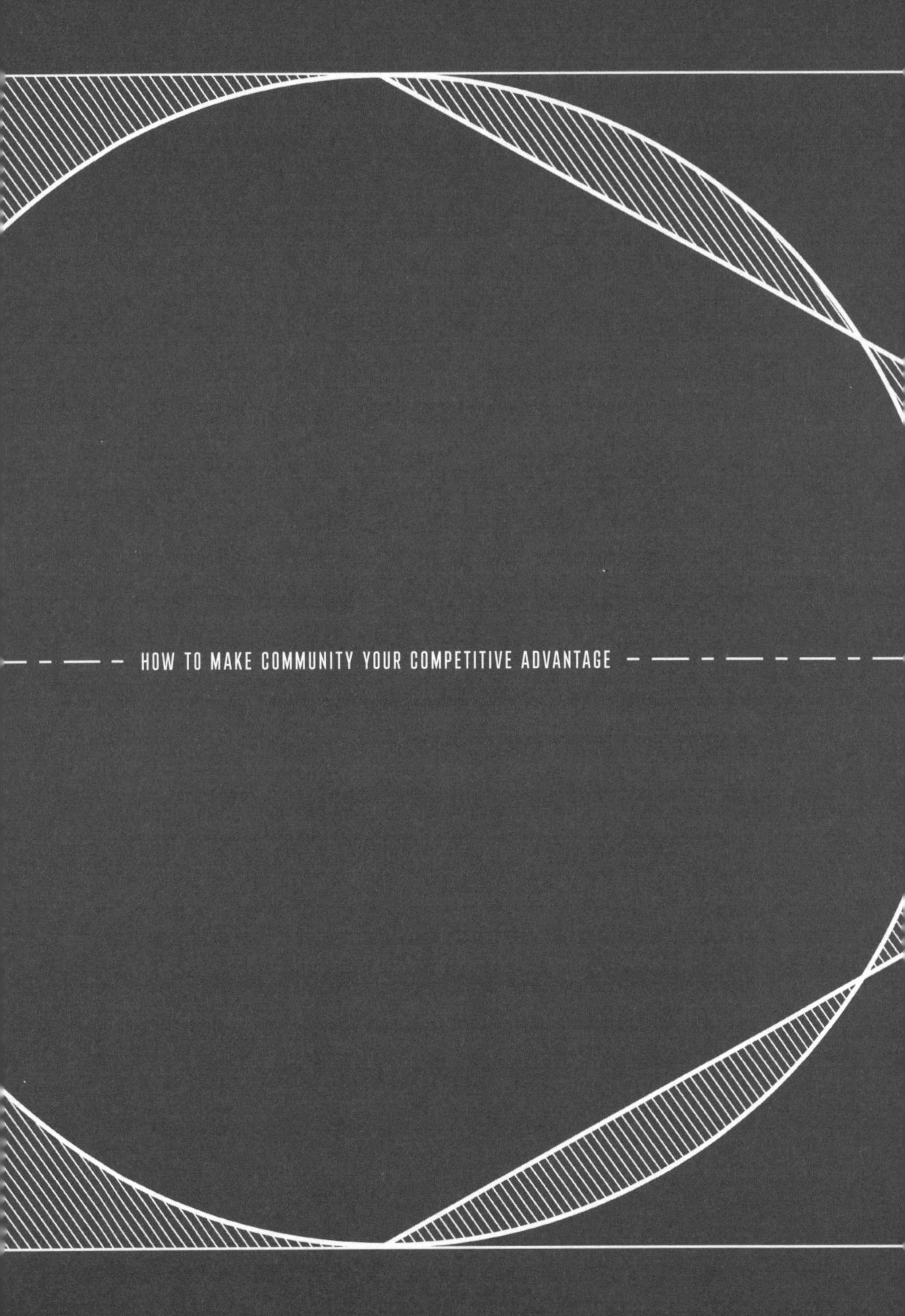
HOW TO MAKE COMMUNITY YOUR COMPETITIVE ADVANTAGE

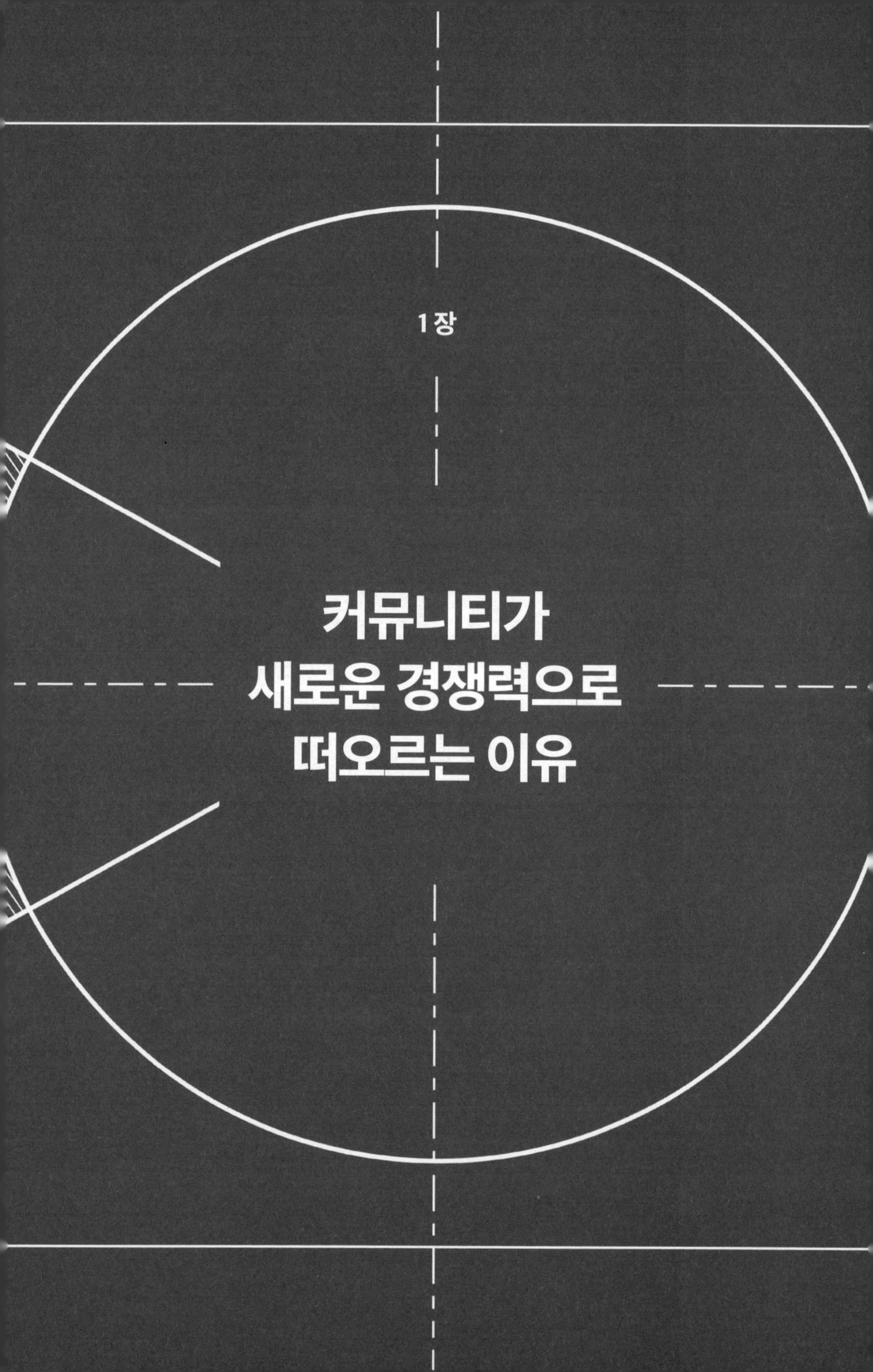
1장

커뮤니티가
새로운 경쟁력으로
떠오르는 이유

비즈니스에서 커뮤니티를 만든다는 건 정확히 무슨 의미일까요? '커뮤니티'는 워낙 폭넓게 사용되는 용어라 한마디로 정의하기 어렵습니다. 저는 커뮤니티 전략에 대해 조언을 구하는 회사를 만나면 항상 같은 질문을 합니다. "커뮤니티에 투자하는 이유가 뭔가요?" 대부분의 경우 이 질문에 답을 하는 건 그때가 처음인 경우가 많습니다.

그래서 저는 이 질문부터 시작하고자 합니다. 이 장에서는 커뮤니티에 대한 실용적인 정의를 내리고, 커뮤니티에 투자하는 기업의 역사를 살펴본 후, 오늘날 커뮤니티가 비즈니스 논의에서 중요하게 다뤄지는 이유를 살펴보겠습니다. 또 커뮤니티가 비즈니스에서 강력한 힘을 발휘하는 이유를 설명하는 몇 가지 큰 그림도 함께 공유하겠습니다. 구체적인 내용으로 들어가기 전에 개괄적인 내용부터 다룬다고 생각하시면 됩니다. 역사부터 시작해봅시다.

# 고객 커뮤니티의 탄생

:

비즈니스는 오래전부터 커뮤니티를 지향했습니다. 기업이 커뮤니티 팀을 처음 구축한 시기를 찾으려면 인터넷 초창기로 거슬러 올라가야 하지요. 애플Apple은 컴퓨팅의 새로운 물결을 개척했습니다. 애플이 커뮤니티 팀을 만들고 고객 커뮤니티 프로그램을 구축한 최초의 회사라는 사실을 알고 계셨나요?

온라인 대화 공간이 많지 않던 1981년은 애플이 창립된 지 5년째 되는 해였습니다. 커뮤니케이션 전문가 엘렌 페트리 린스Ellen Petry Leanse가 애플에 입사했죠. 1985년 매킨토시 출시 이후 애플은 사용자들의 불만을 처리하는 데 어려움을 겪고 있었습니다. 특히 매킨토시가 나오기 전 몇 년 동안 애플 II를 사용했던 사용자들의 불만이 많았죠. 1984년 회사가 매킨토시로 방향을 전환하면서 이전의 사용자들은 버림받았다고 느꼈고, 고객 피드백의 대부분은 인쇄된 편지 형태로 사무실에 도착했습니다.

린스는 그 편지에 직접 답장을 보내면서 많은 편지에 BBS(게시판 시스템) 그룹 접속 코드가 적혀 있다는 사실을 알아차렸습니다. 애플이 모르는 사이에 고객들은 이미 초기 형태의 인터넷 포럼에 모여 제품에 대해 이야기하고 있었던 것이죠.

린스는 그걸 기회로 여기고, 회사에 자체 BBS를 구축한 뒤 애플의 정보를 사용자 커뮤니티와 직접 공유하자고 주장했습니다. 하지만 당시 기술 기업에게 '온라인화'는 미지의 영역이었기 때문에 그 아이디어는 저항에 부딪혔죠. 린스는 주장을 굽히지 않았습니다. 그 결과,

애플은 전 세계 고객 커뮤니티와 연결될 수 있었습니다.

린스에게는 힘든 싸움이었습니다. 지금도 온라인 커뮤니티 참여를 낯설어하는 기업이 간혹 있으니, 당시에는 그 느낌이 어땠을지 상상할 수 있겠지요. 고객 커뮤니티 참여는 당시 기업들이 하던 일이 아니었습니다. 혁신적인 시도로 유명한 애플조차도 사용자를 '혜택'이 아닌 '비용'으로 간주하며 주저했습니다.

린스는 커뮤니티에 진정한 투자를 해야 한다며 싸웠습니다. 그리고 고객과 대화하고 피드백을 수집하며 내부적으로 공유하는 데 많은 시간을 할애했습니다. 오랜 노력 끝에 린스는 애플의 CEO 존 스컬리John Sculley를 설득하는 데 성공했습니다. 사용자들의 목소리를 진지하게 받아들이자는 데 뜻을 같이한 것이죠. 그의 지원으로 린스가 이끄는 '애플 사용자 그룹 커넥션Apple User Group Connection, AUGC'이 탄생했습니다.

린스는 말했습니다. "운이 좋게도 제가 그 연결을 만들 수 있게 되었습니다. 저는 홀로 싸웠어요. 제가 사용자들과 의견을 공유하고, 그 의견을 활용하기 전까지 아무도 그 중요성을 알지 못했습니다." AUGC는 전 세계 애플 사용자를 한데 모으고 그들의 목소리를 전달할 채널을 제공하며 큰 성공을 거두었습니다.

스컬리는 사용자 그룹에서 디지털 토론을 주최해 사용자들과 업데이트를 공유하고 그들의 피드백을 경청했습니다. 당시의 기업들은 하지 않던 방식으로 소통을 시작했고, 이를 통해 애플은 고객 정서를 개선하는 데 성공했습니다.

린스는 "기계에 관한 것이 기술의 전부였던 시절에 회사가 처음으로 인간화되기 시작했다고 느꼈다"고 말합니다. 이는 당시 정말 혁신적인 사고방식이었으며, 앞으로 일어날 일의 예고편이었습니다.

## 커뮤니티 기반
## 비즈니스의 부상

:

애플은 향후 수십 년 동안 가속화될 중요한 트렌드, 즉 고객의 힘이 커지고 있다는 사실을 일찍 파악했습니다. 기술 수준이 높고 BBS 그룹 같은 도구를 사용하는 경우가 아니라면, 사실상 고객들이 서로 이야기하거나 제품을 따로 연구할 수 없었기 때문에 그 시절의 기업들은 고객 지원을 우선으로 할 필요가 없었습니다.

하지만 고객들이 소셜 네트워크를 통해 서로 이야기하기 시작하면서 모든 것이 달라졌습니다. 고객들은 이제 제품 리뷰를 공유하게 되었고, 입소문이 빠르게 퍼졌으며, 긍정 혹은 부정의 감정이 들불처럼 퍼져나갈 수 있게 되었습니다.

이 흐름은 자포스Zappos와 아마존Amazon 같은 기업이 주도하는 거대한 고객 서비스로 이어졌습니다. 자포스의 CEO인 토니 셰이Tony Hsieh는 자신의 책《딜리버링 해피니스Delivering Happiness》에서 비즈니스 성장에 대한 급진적 관점을 회상하기도 했지요. "저희의 철학은 유료 광고에 쓸 대부분의 돈을 고객 서비스와 경험에 투자해 고객이 입소문으로 저희를 대신해 마케팅하도록 만드는 것이었습니다."[3]

이 방식은 당시로서는 전례가 없던 것이었지만, 실제 효과가 있었습니다! 자포스는 인터넷에서 가장 큰 신발 소매업체로 성장했고, 기업이 고객을 바라보는 방식에 혁명을 일으켰습니다. 고객을 최우선으로 생각하는 것이 경쟁 우위가 되었습니다.

소셜 네트워크가 소비자에게 더 많은 권한과 접근성을 주면서 이러한 추세는 더 확산됐습니다. 기업들은 신뢰를 쌓고 고객과 더 개인적으로 소통하기 위해 콘텐츠 및 소셜 미디어 전담팀을 고용하기 시작했습니다. 고객의 성공을 돕기 위해 선제적으로 투자하는 '인바운드 마케팅'도 등장했습니다. 기업은 고객이 제품을 더 잘 사용해 자신의 능력을 향상시키고, 궁극적으로 커리어 성장에 도움을 받을 수 있는 방향으로 우선순위를 정하기 시작했고, 결국 더 성공한 고객이 충성도가 높은 고객이라는 사실을 알게 되었습니다.

하지만 여전히 대부분의 커뮤니케이션은 일대일 혹은 일대다 방식이었습니다. 담당자가 고객과 직접 대화하거나, 많은 대중에게 배포할 콘텐츠를 만드는 것이 전부였습니다. 애플 같은 몇 개 기업을 제외하고 대부분의 기업은 '다대다' 커뮤니케이션의 공간을 만들지 못했습니다.

일대일 커뮤니케이션은 깊은 신뢰와 관계를 형성할 수 있는 사람의 수가 제한적입니다. 일대다 커뮤니케이션은 더 많은 사람에게 다가갈 수 있지만 깊이가 부족하고요. 하지만 다대다 커뮤니케이션에는 제한이 없습니다.

이제 고객 지원과 콘텐츠 마케팅은 '고객 커뮤니티'라는 새로운 고객 관계의 시대로 나아가고 있습니다. 다음 단계는 고객과 이해관계자들이 서로 연결될 수 있도록 돕는 것입니다. 기업은 가장 열정적인 고객, 팬, 파트너의 집단적 에너지, 지식, 기여를 활용해야 차별화를 이룰 수 있습니다.

사람들이 커뮤니티의 일원이 되었다고 느낄 때 그곳은 하나의 집이 됩니다. 그렇게 되면 사람들은 떠나고 싶어 하지 않지요. 그리고 여러분이 상상할 수 없는 방식으로 커뮤니티에 기여하고 성장하기 위해 노력하게 됩니다.

세일즈포스Salesforce만큼 커뮤니티의 힘을 잘 활용한 기업은 드뭅니다. 에리카 쿨Erica Kuhl은 세일즈포스에서 지낸 17년의 시간 대부분을 커뮤니티 프로그램 구축에 썼습니다. 쿨은 자신을 '불독'으로 묘사한 적이 있는데, 자신이 믿는 바를 포기하지 않는 기질 때문이었지요. 커뮤니티에 관해서는 특히 그러했습니다. 앞서 언급한 애플의 린스처럼 쿨은 경영진이 커뮤니티 구축의 의미를 깨닫고, 그게 왜 그렇게 큰 기회인지 이해하도록 만들기 위해 길고 힘든 싸움을 벌였습니다. 다행히 세일즈포스는 쿨을 믿고 그 믿음을 증명할 기회를 주었죠.

쿨은 구체적인 데이터만이 회사의 동의를 얻을 수 있는 유일한 방법임을 알고 있었습니다. 그래서 커뮤니티가 수익에 미치는 영향을 눈으로 볼 수 있게 만들어주자 마음먹었습니다. 그걸 최우선 과제로 삼았죠. 쿨은 새로운 커뮤니티 프로젝트를 시작할 때마다 이게 측정 가능한 것인지, 투자 수익률ROI과 연결될 수 있는지 확인했습니다.

수년에 걸쳐 쿨은 커뮤니티가 어떻게 고객 지원 비용을 절감하고, 제품 채택률을 높이며, 고객의 지출과 유지율을 높이는지 증명했습니다. 쿨은 세일즈포스의 첫 번째 커뮤니티 담당 부사장이 되었고, 결국 커뮤니티는 세일즈포스의 모든 제품에 녹아들었습니다. 현재 300

만 명이 넘는 회원들이 세일즈포스 트레일블레이저Trailblazer 커뮤니티
에 참여하고 있습니다. 여기서는 제품을 더 잘 사용하는 방법, 커리어
를 성장시키는 방법 등을 서로 지원하고 교육하지요.

최근 조사에 따르면, 고객의 82%가 커뮤니티를 통해 세일즈포스
도구에 대한 투자 수익률을 높였다고 응답했으며, 93%는 커뮤니티가
세일즈포스 제품군에서 사용할 수 있는 신규 제품과 도구를 찾는 데
도움이 되었다고 답했습니다.

커뮤니티 구축으로 놀라운 성과를 이루고 있는 기업의 사례는 날
마다 늘고 있습니다. 최근 한 연구에 따르면, 포춘 글로벌 50대 기업
과 세계에서 가장 기업 가치가 높은 50개 스타트업 중 절반 이상이
커뮤니티 프로그램에 투자하고 있는 것으로 나타났습니다.[4]

커뮤니티 기반 비즈니스 시대에 떠오른 신생 기업들은 창업 초기
부터 커뮤니티를 우선순위로 삼았고, 제품을 개발하기도 전에 커뮤
니티 구축을 시작했습니다. 협업 디자인 도구인 피그마Figma를 예로
들어볼까요? 피그마는 원래 디자이너들이 만나 소통할 수 있는 커뮤
니티로 만들어졌습니다. 창업자들은 디자인이 협업적인 일이고 온라
인에서 이루어져야 한다고 믿었기 때문에, 커뮤니티에서 사용할 수
있는 소프트웨어 제품을 만들기 시작했지요. 현재 100만 명이 넘는
디자이너가 피그마를 사용하고 있으며, 피그마는 창업 8년 만에 20억
달러의 가치를 인정받았습니다.

지식 기반 앱 노션Notion도 좋은 예입니다. 노션은 처음부터 커뮤니
티에 중점을 두고 사용자들이 템플릿을 공유할 수 있는 협업 플랫폼
을 만들어 마니아층을 형성했습니다. 고객들이 스스로를 '로밍 컬트

Roam Cult'라고 부르는 노트 도구 '롬 리서치Roam Research'를 보면 커뮤니티가 모든 업무의 근간이 되는 것을 볼 수 있죠.

커뮤니티가 곧 제품인 '커뮤니티 기업가 정신'이 부상하고 있습니다. 수년 동안 페이스북이나 레딧Reddit 같은 대형 소셜 플랫폼이 온라인 커뮤니티를 독점했지요. 하지만 스트라이프Stripe는 부트스트랩 창업가를 위한 커뮤니티 '인디 해커스Indie Hackers'를 인수했고, 엔젤리스트AngelList는 신제품 공유 및 발견 커뮤니티인 '프로덕트 헌트Product Hunt'를 인수했습니다. 그리고 폭발적인 성장세를 보이고 있죠. 독립 커뮤니티도 마찬가지입니다. 400만 명 이상의 사용자를 보유한 LGBTQ+ 여성 커뮤니티 '허Her'의 성장이 놀랄 만하죠.

'커뮤니티 우선' 비즈니스는 빠르게 성장하고 있으며, 재정적으로 지속 가능한 커뮤니티 모델을 제시하고 있습니다. 커뮤니티 구축을 최우선 과제로 삼는 기업은 계속 늘어날 것입니다.

## 고객에게
## 진정한 공동체 의식 부여하기

:

비즈니스 가치를 더 자세히 알아보기 전에 '커뮤니티'라는 용어의 의미를 제대로 이해하는 것이 중요합니다. 커뮤니티는 매우 광범위한 용어입니다. 100명에게 "커뮤니티란 무엇인가요?" 물으면 100가지 다른 대답이 돌아오죠. "공유된 정체성입니다! 공유된 열정입니다! 서로를 아끼는 사람들입니다! 이웃입니다! 종교입니다! 신념입니다!

가족입니다! 팬덤입니다! 내 친구들이에요! 스포츠 팀입니다!"

커뮤니티 정의의 범위는 상황에 따라 전 세계 모든 사람부터 소수의 사람들까지 다양합니다. 사회 과학자들과 커뮤니티 전문가들은 수십 년 동안 특정 집단이 어떻게 '커뮤니티'가 되는지, 그 요인을 규명하기 위해 노력해왔습니다.

제가 가장 공감했고, 또 최근 공동체 심리학 연구에 가장 큰 영향을 미친 이론은 1986년 사회심리학자 데이비드 맥밀런David McMillan과 데이비드 채비스David Chavis가 만든 '공동체 의식 이론'입니다.[5] 두 저자는 공동체 의식을 가리켜 "멤버들이 소속감을 느끼는 것, 서로와 집단에 대해 중요하게 생각하는 것, 함께하려는 헌신을 통해 멤버들의 요구가 충족될 것이라는 공유된 믿음"이라고 설명합니다.

이 이론에 따르면, 공동체 의식에 기여하는 요소는 크게 네 가지(멤버십, 영향력, 통합 및 욕구 충족, 공유된 정서적 연결)입니다.


### 멤버십

멤버십은 소속감 또는 개인적 친밀감을 공유하는 느낌입니다. 여기에는 다섯 가지 속성이 포함됩니다.


1. 경계: 사람들은 어떻게 회원이 되며, 다른 사람들과 구분 짓는 경계는 무엇인가?
2. 정서적 안전: 경계를 설정하고 적절한 사람들을 포함함으로써 신뢰와 안전감을 형성한다.
3. 소속감과 아이덴티티: 회원은 소속감을 느끼고 이곳이 '자신의

커뮤니티'라고 느껴야 한다.

4. 개인적 몰입: 회원들이 커뮤니티에 기여하거나 희생하면 공동체 의식이 강화된다.

5. 공통 상징 시스템: 유니폼이나 브랜드 로고 같은 상징을 공유하 면 공동체 의식을 형성할 수 있다.


## 영향력

두 번째 요소는 영향력, 즉 중요성에 대한 감각입니다. 이는 양방 향으로 작용해야 합니다. 멤버들이 커뮤니티에 영향력을 행사한다고 느끼고, 커뮤니티는 멤버에게 영향력을 행사해야 합니다. 영향력은 무엇을 요구하기 전에 먼저 베푼다는 개념과도 관련이 있습니다. 이 론에 따르면 다음과 같습니다.


"다른 사람의 필요와 가치, 의견이 자신에게 중요하다고 인정하는 사람이 가장 영향력 있는 멤버인 반면, 항상 영향력을 행사하려 하 고 다른 사람을 지배하려 들며 다른 사람의 의견을 무시하는 사람 은 가장 영향력이 적은 멤버인 경우가 많다."


따라서 멤버들이 커뮤니티에서 일어나는 일에 대해 발언권이 있 다고 느낄 수 있는 환경을 조성하는 것이 중요합니다. 각 멤버는 커 뮤니티 관리자가 아니더라도 누군가가 자신의 의견을 경청하고 있다 는 사실을 알아야 합니다. 커뮤니티가 멤버들에게 영향력을 행사하 려면, 커뮤니티는 먼저 멤버들이 관심 갖는 곳이 되어야 합니다. 커뮤니티는 멤버들이 잃고 싶지 않은 가치를 제공해야 합니다.

### 통합 및 욕구 충족

이는 본질적으로 멤버들이 커뮤니티에 가입함으로써 얻고자 했던 것을 얻을 수 있다는 것을 의미합니다. 다른 제품처럼 커뮤니티도 멤버들의 시간과 기여가 가치 있으려면 그들의 문제를 해결해주어야 합니다.

보상은 질문에 대한 답변이나 네트워킹 같은 구체적인 것일 수도 있고, 소속감이나 목적 의식, 새로운 친구 같은 무형의 것일 수도 있습니다. 멤버들이 커뮤니티에 지속적으로 기여하려면 어떤 식으로든 참여에 대한 보상을 느껴야 합니다. 따라서 멤버들과 끊임없이 대화하고 그들이 누구인지 잘 파악하는 것이 중요합니다. 그래야 멤버들의 니즈를 파악하고 커뮤니티가 그들에게 가장 적합한 서비스를 제공할 수 있는 방법을 찾을 수 있습니다.

### 공유된 정서적 연결

모든 건강한 커뮤니티에는 스토리가 있습니다. 멤버들은 함께 경험한 역사를 갖고 있으며, 앞으로 더 많은 경험을 함께할 수 있다는 믿음을 공유합니다. 이러한 경험은 오랫동안 지속되는 정서적 유대감을 형성하지요. 위기를 겪은 커뮤니티는 어려운 상황을 공유하면서 강한 정서적 유대감을 형성하기 때문에 훨씬 더 강력해지는 경우가 많습니다. 우리는 이 요소를 "진정한 커뮤니티를 위한 결정적인 요소"라고 생각합니다.

지금까지 언급한 네 가지 요소를 사용하면 커뮤니티의 강점을 더 잘 이해할 수 있습니다. 모든 집단은 강력한 커뮤니티가 될 수 있는 잠재력을 갖고 있습니다. 그러나 명확하게 정의된 멤버십, 영향력 교환, 욕구 충족, 공유된 정서적 연결이 없다면 커뮤니티의 힘은 매우 약할 수밖에 없습니다.

많은 기업이 현재의 고객과 잠재 고객을 설명할 때 '커뮤니티'라는 용어를 사용하지만, 실제로 사람들 사이에 깊은 공동체 의식이 있는지 여부와 상관없이 사용하는 경우가 많습니다. 아무데나 커뮤니티라는 이름을 붙이지 말고, 당신의 사람들을 위한 진정한 커뮤니티를 어떻게 만들 수 있을지 고민하시기 바랍니다. 진정한 커뮤니티가 만들어지면 사람들이 스스로 충분히 기여할 만큼 관심을 갖게 될 것입니다. 이게 바로 이 책에서 다룰 '모든 비즈니스 가치를 실현하는 열쇠'입니다.

## 커뮤니티의 독보적인 확장성

:

사람들에게 진정한 공동체 의식을 부여하면 '참여하고 싶다, 기여하고 싶다'는 동기를 부여할 수 있습니다. 충분한 사람들에게 동기를 부여하면 커뮤니티는 놀라운 규모로 성장할 수 있지요.

많은 사용자를 위해 진정한 커뮤니티를 구축하고 확장까지 성공한 회사의 예로 듀오링고Duolingo를 들 수 있습니다. 글로벌 커뮤니티 책임자인 로라 네슬러Laura Nestler가 이끌고 있는 회사지요. 이 언어 학습 앱은 모든 일을 커뮤니티 우선의 사고방식으로 처리합니다. 이를 통해 2012년 서비스를 시작한 후 3억 명이 넘는 사용자에게 100여 개의 다양한 강좌를 제공하는 등 단기간에 놀라운 규모를 달성할 수 있었죠.

100개의 언어 학습 코스를 개발하려면 엄청난 양의 리소스가 필요합니다. 1992년에 설립되어 23개 언어만 제공하는 언어 학습 소프트웨어 로제타스톤Rosetta Stone과 듀오링고를 비교해봅시다. 듀오링고는 300명이 조금 넘는 직원으로 이 모든 걸 해냈습니다. 로제타스톤의 직원 수는 1,300명이 넘습니다. 현재 듀오링고의 기업 가치는 15억 달러가 넘고, 로제타스톤의 시가 총액은 약 7억 달러입니다.

듀오링고 확장성의 비결은 무엇일까요? 바로 커뮤니티입니다! 듀오링고 대부분의 코스는 커뮤니티의 도움으로 개발됐습니다. 듀오링고의 학습 과학자 및 커리큘럼 전문가가 구조와 지침을 제공하고 모든 콘텐츠를 검토한 후 공개합니다. 하지만 실제 강좌를 만드는 콘텐츠와 번역은 커뮤니티가 제공하지요.

제품만 커뮤니티의 힘으로 만들어지는 것이 아닙니다. 듀오링고는 사용자들이 서로 만나 언어 연습을 하고 싶어 한다는 사실을 알게 된 후, 커뮤니티 우선 접근 방식을 취했습니다. 듀오링고는 가장 의욕적인 사용자들에게 함께 모여 언어를 연습할 수 있는 지역 행사를 조직하는 데 관심이 있는지 물었습니다. 현재 듀오링고에서 단 3명으로 구성된 팀이 한 달에 2,600개가 넘는 행사를 운영하고 있습니다.

이는 기업들이 꿈꾸는 규모입니다. 커뮤니티 접근 방식을 취해야만 달성할 수 있지요. 고객들에게 서로 소통하고 지원할 수 있는 기회를 주면, 기존 비즈니스 전략에 비해 훨씬 적은 비용으로 훨씬 더 많은 가치를 제공할 수 있습니다.

그렇다고 주니어 커뮤니티 매니저를 고용해 1,000개의 행사를 운영해보겠다, 이런 것을 기대해서는 안 됩니다. 커뮤니티가 성공할 수 있도록 적당한 인력과 시스템에 적절히 투자해야 합니다. 올바른 토대가 마련되면 커뮤니티가 성취할 수 있는 것들의 양에는 한계가 없습니다.

커뮤니티의 가치에 대해 이야기할 때 사람들은 종종 고객 유지에 초점을 맞춥니다. 그리고 커뮤니티의 일원이 되는 것이 고객 충성도를 높인다고 생각합니다. 물론 무시할 수 없는 큰 가치이긴 하지요. 하지만 더 큰 경쟁 우위는 충성도 높은 고객이 자신의 에너지와 지식, 기술을 제공하도록 활성화하는 방법에 있습니다. 이들의 기여가 규모를 키우는 원동력입니다.

간단하게 들리지만, 실제로는 대부분의 비즈니스에서 사고방식의 대대적인 전환이 필요합니다. 숫자에는 힘이 있습니다. 참여도가 높은 커뮤니티를 구축한 기업은 미션과 목표에 기여하는 사람들을 기하급수적으로 확보할 수 있습니다. 제품, 마케팅, 고객 지원 등 비즈니스의 어떤 부분이든 커뮤니티를 구축하고 활성화해야 확장할 수 있습니다.

# 커뮤니티는
# 팀의 확장입니다

:

전통적 기업은 통제를 위한 최적화에 익숙합니다. 그들은 제품과 브랜드, 메시지, 고객 경험을 통제합니다. 커뮤니티를 구축하려면 이 통제권을 분산하는 법부터 배워야 합니다.

과거에는 직원들만 기여하고 고객은 소비했습니다. 마케팅 팀은 마케팅을 하고, 제품 팀은 제품을 만들고, 콘텐츠 팀은 콘텐츠를 제작하며, 지원 팀은 고객을 지원합니다. 커뮤니티는 커뮤니티 멤버들을 조직해 각 팀의 역량과 영향력을 확장하는 역할을 합니다. 이것이 지금 일어나고 있는 비즈니스 운영 방식의 근본적인 변화입니다. 마음만 먹으면 누구나 기여할 수 있습니다.

사람들에게 권한을 준다는 것은 곧 그들을 신뢰한다는 뜻입니다. 이는 많은 기업에서 쉽게 받아들이기 어려운 일이죠. 제가 자문을 제공한 기업들로부터 가장 많이 듣는 우려 중 하나입니다. 그들은 직원이 아닌 사람에게 일을 맡기면 품질이 떨어지고, 브랜드가 훼손되며, 일이 잘못될까 봐 두려워합니다.

하지만 이렇게 생각해보세요. 일부 통제권을 포기함으로써 성장의 큰 걸림돌을 제거할 수 있습니다. 커뮤니티는 규모가 있습니다. 대규모로 협업하고 기여할 준비가 된 사람들의 움직임을 만들어 낼 수 있습니다.

통제권을 완전히 포기할 필요도 없습니다. 멤버들이 기여할 수 있는 가이드 레일Guide rail을 만드는 것이 중요합니다. 예를 들어 회사는 행사 운영 방법, 디자인 요구사항, 연사 선정 방법, 행동 강령 및 프로그램 전반에 걸쳐 일관성을 유지하고자 하는 모든 사항을 담아 플레이북을 만들면 됩니다. 그걸로 멤버들을 안내하면 더 많은 지역 행사를 개최할 수 있지요. 그러면 지역 리더는 이러한 가이드 레일 내에서 창의적인 자유를 누릴 수 있습니다.

필립 보데트Phillippe Beaudette는 위키피디아Wikipedia, 위키아Wikia, 레딧, 아틀라시안에서 커뮤니티 팀을 구축했습니다. 그는 커뮤니티의 어떤 직책에서든 "통제권을 최대한 넘겨주는 것이 자신의 임무"라고 말한 바 있습니다. 위키피디아의 창립자인 지미 웨일즈Jimmy Wales로부터 이 교훈을 배웠다고 하지요.

위키피디아의 성공 비결은 핵심 팀이 커뮤니티의 가장자리로 통제권을 넘긴 것입니다. 사이트에서 콘텐츠를 만들고 편집하는 편집자들은 일관된 경험과 규칙, 가치를 준수하지만, 이러한 규범 이외에는 상당한 자율성을 가졌습니다.

모든 멤버가 자신에게 의미 있는 방식으로 커뮤니티를 경험할 수 있도록 하려면 '로컬local 수준'에서 통제권을 분산해야 합니다. 여기서 로컬이란 단순히 지리적인 것만 의미하는 것이 아닙니다. 로컬 단위로 통제권을 분산한다는 건 해결하고자 하는 문제와 가장 가까운 사람들에게 통제권을 부여한다는 의미입니다. 지원이 필요한 특정 그룹의 욕구를 가장 잘 알고 있는 사람들에게 권한을 부여하는 것입니다.

이것이 확장할 수 있는 유일한 방법입니다. 위키피디아는 인류에게 알려진 거의 모든 주제에 대한 문서를 개발할 수 있도록 전문가에게 통제권을 부여합니다. 레딧은 수십만 개의 다양한 관심사를 다루는 특정 게시판이나 갤러리 같은 하위 레딧subreddit을 개발한 뒤, 각각의 운영자moderator에게 관리 권한을 부여합니다. 듀오링고는 회원들에게 어학 강좌를 만들고 지역 행사를 조직할 수 있는 권한을 부여했죠.

모든 창업자는 비즈니스를 성장시키는 방법이 팀원에게 소유권을 위임하는 것임을 알고 있습니다. 창업자가 통제권을 놓지 못하면 병목 현상이 발생합니다. 커뮤니티를 구축하려면 동일한 사고방식을 직원 이상으로 확장해 고객에게 통제권을 분산해야 합니다.

물론 반드시 자원봉사자 기반일 필요는 없습니다. 일부 기업은 자원봉사자 대신 지역 리더를 채용하는 방식을 택하기도 합니다. 레스토랑 및 소규모 비즈니스 리뷰 웹사이트인 옐프Yelp가 커뮤니티를 운영하는 방식이지요. 한 도시에 충분한 잠재 고객이 확보되면 해당 지역을 전담하는 커뮤니티 매니저를 배치합니다. 커뮤니티 매니저는 지역 뉴스레터를 만들고, 행사를 주최하며, 지역 파트너십을 개발하는 등 해당 도시와 관련된 모든 업무를 처리합니다.

또 다른 기업들은 재정적 인센티브를 통해 통제권을 배분합니다. 지역 리더들이 자신의 일을 통해 수익을 얻을 수 있게 만드는 것이죠. 이게 바로 TEDx 프로그램이 작동하는 방식입니다. 지역 TEDx 행사를 주최하는 경우, 전체 행사 운영은 주최자가 책임지고 수익도 주최자가 가져갑니다. 주최자는 티켓 판매와 스폰서십 확보, 프로그램 예산 전체를 관리할 책임이 있습니다. 여기서 TED는 행사를 운영하는 데 필요한 방대한 가이드를 제공합니다. 이를 통해 모든 TEDx

행사에 일관된 경험을 제공하는 동시에 주최자에게는 고유한 경험을 만들 수 있고, 모든 콘텐츠를 선택할 수 있고, 지역 수준에 맞게 관련성을 높일 수 있는 많은 자율성을 부여합니다.

커뮤니티가 지속 가능한 규모로 확장하려면, 모든 사람이 따를 수 있는 일관된 가이드 레일을 설정하는 동시에 회원들에게 통제권과 의사 결정 권한을 배분하는 균형이 중요합니다.

## 사람들의 마음속에서
## 특정 주제를 장악하는 힘

:

궁극적으로 비즈니스의 성공 요인은 커뮤니티의 성공 요인과 동일합니다. 바로 사람들의 마음속에서 '하나의 주제를 선점하는 것'이죠. 커뮤니티 구축은 당신의 브랜드를 어떤 분야에서 가장 신뢰할 수 있는 리더로 자리매김하거나, 사람들의 관심을 당신이 만들고자 하는 카테고리로 몰 수 있는 가장 강력한 방법 중 하나입니다.

어떤 분야에서 해결해야 할 문제가 생겼을 때 가장 먼저 떠올리는 곳이 커뮤니티가 되기를 바랍니다. 수백만 명의 개발자가 문제에 부딪혔을 때 가장 먼저 도움을 요청하는 곳은 스택 오버플로우Stack Overflow입니다. 수백만 명의 판매 관리자는 문제가 발생했을 때 세일즈포스 트레일블레이저 커뮤니티를 찾습니다. 인바운드 마케터에게 허브스팟HubSpot에서 주최하는 인바운드 컨퍼런스 및 커뮤니티보다 더 좋은 리소스는 없습니다.

인간은 습관의 동물입니다. 효과가 있는 방법을 발견하면 신경 회로가 형성되어 자동화될 때까지 반복해서 실행합니다. 문제가 발생했을 때 해결책을 찾기 위해 고민할 때마다 우리 뇌는 이미 알고 있고 신뢰할 수 있는 옵션을 탐색합니다.

고객이 커뮤니티에서 일관된 가치를 발견해 자주 찾는 곳이 되기를 바랍니다. 그러면 고객은 언제나 의지할 수 있는 곳이 있다는 안정감을 느끼게 됩니다. 또 현재 멤버들이 다른 멤버에게 쉽게 추천할 수 있기 때문에 커뮤니티의 유기적인 성장을 촉진할 수 있습니다.

이것이 대부분의 사람들이 저희 회사와 소프트웨어를 알게 되는 방법입니다. 저희 성장의 대부분은 멤버들이 "커뮤니티 전략이 궁금하세요? CMX를 확인해보세요!"라고 말하는 데서 나옵니다.

사람들의 마음속에서 특정 주제를 장악하는 건 매우 간단하지만 쉽지 않습니다. 커뮤니티가 답변을 얻을 수 있는 가장 효율적이고 신뢰할 수 있는 장소가 될 수 있도록 충분히 문제를 해결해주어야만 사람들이 새로운 습관으로 형성할 수 있습니다. 온라인 커뮤니티에 질문하면 적절한 시간 내에 양질의 답변을 얻을 수 있다는 확신이 있어야 합니다. 행사의 콘텐츠와 참석자 수준이 높아서 기대한 만큼의 가치를 얻을 수 있을 것이라는 확신이 있어야 합니다. 그러면 주제에 대한 질문이나 아이디어가 떠오를 때마다 사람들은 커뮤니티를 먼저 생각하고 찾게 될 것입니다.

# 경쟁업체가 모방할 수 없는 단 한 가지

:

커뮤니티가 중요해지는 이유 중 하나는 제품 만들기가 훨씬 쉬워진 반면, 커뮤니티를 모방하는 것은 언제나 어렵기 때문입니다. 지금은 누구나 제품을 모방할 수 있습니다. '로우코드low-code' '노코드no-code' 플랫폼의 등장으로 더 이상 소프트웨어 회사를 창업하는 데 코드 작성 능력은 필수 요건이 아닙니다. 코딩 부트캠프와 학교가 급격히 증가하면서 매일 더 많은 엔지니어를 배출하고 있습니다. 기술 구축으로 경쟁 우위를 선점하려 한다면 실망할 가능성이 큽니다.

반면 커뮤니티는 소프트웨어가 아니기 때문에 모방할 수 없습니다. 누군가가 포럼 서비스의 모양이나 느낌, 기능을 복사할 수는 있지만 기존 커뮤니티가 가진 사람, 관계, 정서적 투자, 소셜 아이덴티티는 복사할 수 없습니다.

커뮤니티를 구축하는 데는 시간이 걸리기 때문에 빠르게 움직이고 즉시 결과를 얻고자 하는 기업에게는 고민거리가 될 수 있습니다. 커뮤니티가 비즈니스에 가치를 창출하는 데 걸리는 현실적 시간은 6~12개월 정도입니다. 커뮤니티가 진정으로 성숙하려면 몇 년이 걸릴 수도 있습니다.

하지만 이는 경쟁업체가 커뮤니티를 구축할 때도 그만큼 오랜 시간이 걸린다는 것을 의미합니다. 이미 커뮤니티를 구축해 소비자의 마음속에서 특정 주제를 장악하고 있다면, 소비자는 감정적으로 투자했다고 느끼기 때문에 커뮤니티를 떠나기가 어렵습니다.

세일즈포스 트레일블레이저 커뮤니티가 좋은 예입니다. 세일즈포스 소프트웨어를 구입하면 단순히 도구만 얻는 것이 아닙니다. 엄청난 가치를 지닌 소셜 및 지원 네트워크에 액세스할 수 있게 됩니다. 커뮤니티는 많은 회원에게 귀중한 자산이 되었고, 그들은 교육과 훈련을 위해 네트워크를 활용하고 있습니다. 커뮤니티를 통해 경력을 쌓고, 승진이나 급여 인상을 이루며, 깊은 관계를 형성하는 데 도움을 받고 있습니다. 이러한 이점은 다른 어떤 CRM(고객 관계 관리, Customer Relationship Management) 소프트웨어 제공업체도 제공할 수 없습니다. 세일즈포스 팀과 같은 방식으로 커뮤니티를 구축하지 않는다면 말이죠.

당신의 제품을 사용하던 사람이 다른 제품을 사용하려면 '전환 비용'이 발생합니다. 사람들은 이미 당신 제품의 기능과 경험에 익숙해져 있습니다. 애플과 마이크로소프트를 생각해보세요. 컴퓨터를 바꾸게 만드는 게 얼마나 어려운지 알 수 있죠. 커뮤니티는 전환 비용에 감정적인 요소를 더합니다. 제품을 떠난다는 건 사람들과 관계, 커뮤니티 내에서 쌓아온 사회적 자본을 모두 희생하는 것을 의미합니다. 제품을 떠날 때는 사회적 비용이 발생합니다.

## 비즈니스에도 좋고, 인류에게도 좋은 커뮤니티

:

이 책은 커뮤니티의 비즈니스적 가치에 대해 많이 이야기하게 됩니다. 하지만 커뮤니티 구축이 회원과 세상에 미치는 긍정적인 영향도

간과해서는 안 됩니다. 저를 비롯해 커뮤니티를 만드는 대부분의 사람들이 이 일을 하는 주된 이유는 여기에 있습니다.

브랜드 커뮤니티는 세상과 사람들의 삶에 수많은 긍정적인 변화를 일으킬 수 있습니다. 위대한 기업은 수익만을 성공의 척도로 삼지 않습니다. 진정 위대한 기업은 사람들의 삶에 긍정적인 영향을 미치고 세상을 더 나은, 더 공평하고 지속 가능한 곳으로 만들기 위해 존재합니다.

사람들을 돕고 소속감을 만들겠다는 동기 없이 순전히 비즈니스 가치만을 위해 커뮤니티에 투자하는 기업은 진정성 없고 회복력이 부족한 커뮤니티를 만들게 됩니다. 결국 그 멤버들은 참여에 큰 관심을 갖지 않아 커뮤니티 확장이 어려울 겁니다.

여기 모든 커뮤니티 프로그램이 집중해야 할 두 가지가 있습니다. 당신은 이 두 가지 모두에 우선순위를 두어야 합니다.

- 멤버를 위한 가치, 소속감, 정서적 안정감을 창출하는 방법
- 비즈니스에 가치와 측정 가능한 결과를 창출하는 방법

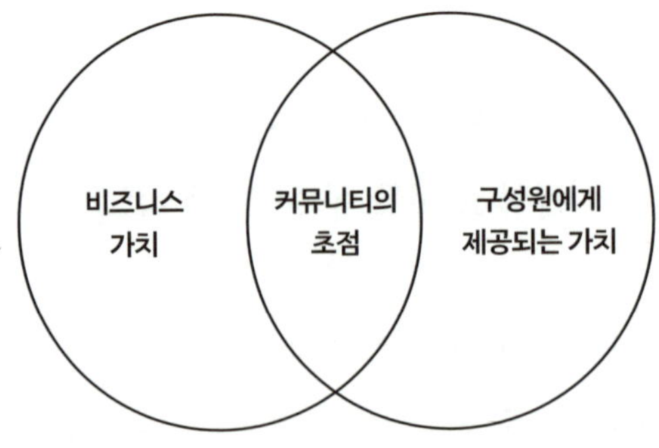

기업이 이윤을 추구하기 때문에 때로는 진정한 커뮤니티를 구축할 수 없는 것처럼 느껴질 수 있습니다. 커뮤니티 멤버의 요구보다 항상 수익을 우선한다면 어떻게 진정으로 '커뮤니티 중심'이라고 주장할 수 있을까요?

균형 잡힌 접근 방식이 중요합니다. 지속 성장이 가능한 비즈니스를 구축해야 사명을 달성하는 데 적절한 리소스를 투입할 수 있습니다. 우리 비즈니스가 영향을 미치는 사람들의 요구에 항상 귀를 기울이고 그 의견을 고려해야 합니다.

사실 비즈니스는 또 다른 종류의 커뮤니티에 불과합니다. 모든 커뮤니티는 존재하고 번성하기 위해 재정적 지속 가능성이 필요합니다.

모든 비즈니스는 처음 시작할 때 커뮤니티를 우선해야 했습니다. 창업자들은 제품-시장 적합성을 확보하기 전에 첫 직원과 고객을 설득해야 했습니다. 그들은 '확장되지 않는 일'을 먼저 해야 했습니다. 한 번에 하나씩 관계를 구축하고, 사람들이 자신보다 더 큰 무언가의 일부인 것처럼 느끼게 만들어야 했습니다.

하지만 시간이 지나면서 창업자는 예전처럼 모든 직원, 모든 고객과 직접 소통할 수 없게 됩니다. 그러면서 커뮤니티에 대한 관심은 사라집니다. 그들은 비즈니스를 만드는 인간과 단절됩니다. 여기서부터 기업이 도덕적으로 잘못된 길을 걷기 시작합니다.

그러나 진정 위대한 기업, 규모가 커진 후에도 여전히 목적을 가지고 이끄는 기업을 살펴봅시다. 그들은 상징과 공통 언어, 공유된 정체성과 목적 의식, 공동 공간, 의도적인 문화, 리더십 수준 등 커뮤니티의 모든 요소를 갖추고 있습니다. 바로 거기에 모든 것이 있습니다!

커뮤니티는 곧 비즈니스입니다.

비즈니스는 곧 커뮤니티입니다.

훌륭한 비즈니스는 사람들에게 서비스를 제공하고 놀라운 문화를 구축하는 데 중점을 둡니다. 훌륭한 커뮤니티는 재정적으로 지속 가능한 방법을 찾아내 회원들에게 지속적으로 서비스를 제공할 수 있습니다.

커뮤니티 자금이 부족해지면 누구에게도 도움이 되지 않습니다. 주최자는 스스로를 지원할 수 없게 됩니다. 자원이 부족하고, 인력이 부족하며, 커뮤니티에 계속 봉사해야 한다는 압박감으로 스트레스를 받게 됩니다. 결국 지쳐서 커뮤니티는 사라지게 됩니다. 돈 버는 방법을 알아내면 회원과 리더를 지속적으로 지원할 수 있는 커뮤니티를 구축할 수 있습니다. 운영자가 자금 부족으로 지쳐서 훌륭한 커뮤니티가 사라지는 모습을 수도 없이 보았습니다.

기업이 스스로를 커뮤니티로 여기지 않고 차가운 기계처럼 생각할 때 어떤 일이 벌어지는지 우리는 잘 알고 있습니다. 가치가 사라지고, 문화는 독이 되며, 어떤 대가를 치르더라도 성장만을 추구하다가 곧 선을 넘고 규칙을 어기면서 회사의 도덕적 나침반이 사라집니다.

성공적인 비즈니스 리더는 자신의 가치와 사명이 기업의 존재 이유이며, 이익은 그러한 영향력을 달성하기 위한 수단임을 잘 알고 있습니다. 그들은 직원과 파트너, 고객이 진정으로 가치 있고, 연결되어 있으며, 서로 협력하고, 권한을 부여받았다고 느끼게 만들고자 노력합니다. 그렇게 해야 성공을 거둘 수 있음을 잘 알고 있습니다.

번성하는 커뮤니티는 기름칠이 잘 된 기계 같아야 합니다. 전문적으로 운영되고, 재정적으로 지속 가능해야 합니다. 취미로 커뮤니티를 구축하는 것도 좋지만, 지속 가능한 대규모의 커뮤니티를 구축하고 자신의 능력과 자원을 넘어 확장하고 싶다면 비즈니스처럼 생각해야 합니다.

커뮤니티는 커뮤니티 팀뿐만 아니라 팀원 모두의 일입니다. 커뮤니티 팀은 회원들이 서로 소통할 수 있는 공간을 조직하고 촉진합니다. 제품은 커뮤니티의 문제를 해결하고, 마케팅은 커뮤니티를 성장시키며, 지원은 커뮤니티의 문제를 해결하는 데 도움을 줍니다. 이 모든 것이 커뮤니티입니다.

소속감을 구축하는 건 쉬운 일이 아닙니다. 적절한 투자와 적절한 팀 그리고 멤버들을 돕는 데 진정한 관심이 필요합니다. 하지만 제대로만 한다면 비즈니스 수익과 비즈니스와 관련된 모든 사람의 삶에 아주 긍정적인 영향을 미칠 수 있습니다.

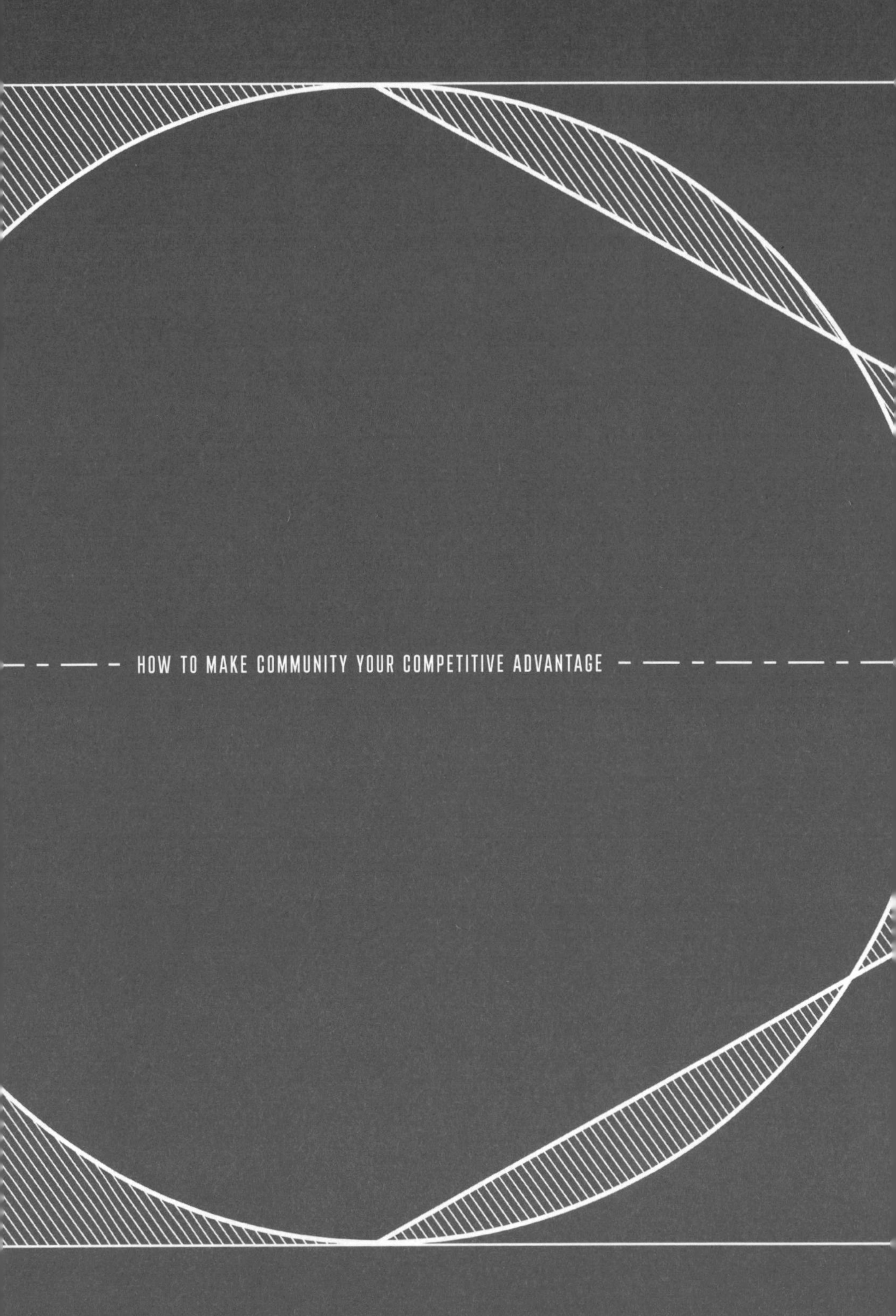
HOW TO MAKE COMMUNITY YOUR COMPETITIVE ADVANTAGE

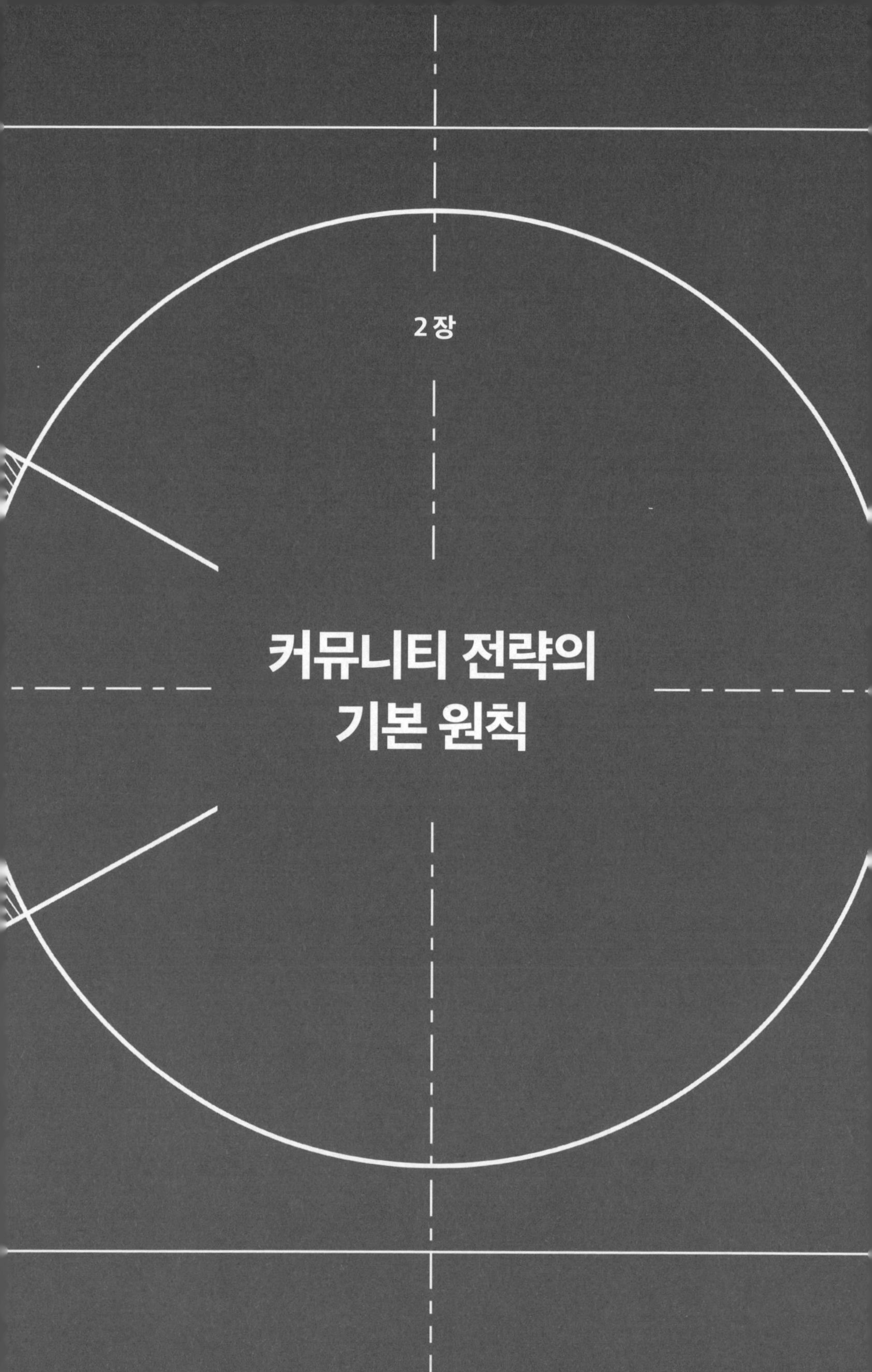

2 장
커뮤니티 전략의
기본 원칙

이제 비즈니스에서 커뮤니티를 만드는 것이 무엇을 의미하는지 어느 정도 이해하셨을 겁니다. 고객이나 비즈니스의 핵심 멤버들에게 진정한 소속감을 심어줄 수 있다면, 이들의 열정과 행동을 이끌어내 비즈니스를 획기적으로 확장할 수 있습니다. 커뮤니티는 새로운 비즈니스 카테고리를 만들거나, 여러분의 브랜드를 업계의 대명사로 만드는 데 기여할 수 있습니다. 이는 경쟁업체가 모방할 수 없는 유일한 요소이며, 세상에 긍정적인 영향을 미칠 수 있는 일이기도 합니다.

하지만 이 모든 것들이 실제 여러분과 여러분의 비즈니스에는 어떤 의미가 있을까요? 커뮤니티 전략은 어떻게 구체화해야 하며, 과연 그 비즈니스 가치를 측정할 수 있는 걸까요?

이번 장에서는 커뮤니티 전략을 설계하는 데 활용할 수 있는 간단한 구조와, 비즈니스 목표를 달성하기 위해 커뮤니티가 어떤 역할을 해야 하는지 정의할 때 가장 많이 사용되는 핵심 프레임워크인 SPACES 모델을 살펴보겠습니다. 또 커뮤니티의 비즈니스 가치를 숫자로 증명하는 법과, 모든 기업이 필연적으로 겪게 되는 '단계별 성장 과정'에 대해 논의해보겠습니다.

## 커뮤니티 전략의
## 3레벨 프레임워크

:

커뮤니티가 기업의 실질적 참여를 이끌어내고, 이를 핵심 전략으로 삼으려면 커뮤니티가 비즈니스에 미치는 영향을 입증할 수 있어야 합니다.

대부분의 기업이 커뮤니티에 처음 투자할 때 성공의 척도로 '참여도'에만 집중하는 실수를 저지릅니다. 그들은 멤버의 수, 게시물 및 댓글 수, 행사 참석자의 수 등 참여 지표에만 주목합니다. 그러나 커뮤니티 참여 그 자체만으로는 비즈니스 가치가 드러나지 않습니다. 커뮤니티가 수익에 어떤 영향을 미치는지 알려주지 않기 때문입니다.

비즈니스 세계에서 투자는 비즈니스 모델의 핵심이 되는 것, 그리고 직접 수익에는 연결되지 않지만 '올바른 일'로 간주되어 자선적인 성격을 띤 것, 이렇게 둘로 나뉩니다. 커뮤니티가 비즈니스에서 그냥 '올바른 일'에만 머문다면 성공에 필요한 자원을 확보하지 못하겠죠.

저희 연구에 따르면, 커뮤니티 프로그램이 비즈니스에서 실패하는 가장 큰 이유는 참여 부족이 아니라 자원 부족입니다.[6] 이는 투자 수익률을 입증하지 못해 자원이 부족해지는 데서 비롯됩니다.

경영진은 건강한 커뮤니티를 만들고 사람들에게 소속감을 주는 데 관심을 가집니다. 하지만 비즈니스 성과와 연결되지 않는다면 커뮤니티에 전적으로 투자하기는 어려울 겁니다. 궁극적으로 기업은 생존하기 위해 지출하는 것보다 더 많은 수익을 벌어들여야 합니다. 이는 어떤 기업도 어길 수 없는 법칙입니다.

모든 최고경영자와 리더십 팀은 어디에 예산을 쓰고 무엇을 줄일지에 대해 끊임없이 결정을 내립니다. 이러한 결정은 신중하게 내려져야 합니다. 재정적 성공에 기여하지 않는 분야에 투자하는 건 조직의 실패 위험을 증가시키기 때문입니다.

따라서 '올바른 일'에 투자할 것인가, 비즈니스 생존에 도움이 되는 일에 투자할 것인가를 결정해야 할 때 생존이 항상 우선순위를 차지합니다. 비즈니스가 존재하지 않는다면 커뮤니티를 만들고 세상에 좋은 일을 할 수 없겠지요.

그렇다고 해서 투자 수익률이 유일한 측정 기준이라는 뜻은 아닙니다. 커뮤니티의 건강과 참여도를 측정하는 것이 중요하지 않다는 의미도 아닙니다. 핵심은 커뮤니티 참여가 어떻게 비즈니스의 성장과 수익 목표 달성으로 이어지는지 보여주는 것입니다.

둘 다 중요합니다. 비즈니스 목표만 추구하고 건강한 커뮤니티 구축에 집중하지 않으면 낮은 참여도와 신뢰 상실로 이어집니다. 비즈니스 목표 달성에 집중하지 않고 커뮤니티 참여에만 매달리면 예산과 지원이 부족한 커뮤니티 팀이 됩니다.

수년에 걸쳐 저희는 커뮤니티 전략을 체계화하고 측정하기 위해 간단한 시스템을 개발했습니다. 이른바 '커뮤니티 전략의 3레벨 프레임워크'입니다.

| 커뮤니티 전략의 3레벨 프레임워크 | |
| --- | --- |
| 1. 비즈니스 레벨 | 커뮤니티 프로그램이 어떻게 회사 수익을 창출할 것인가? |
| 2. 커뮤니티 레벨 | 커뮤니티의 성장과 건전성, 참여도를 어떻게 지속적으로 높일 것인가? |
| 3. 실행 레벨 | 건강하고 활발한 커뮤니티를 구축하고 비즈니스 성과를 달성하기 위한 구체적 실행 방안 및 개선 사항 |

각 레벨에서는 성공 측정을 위한 고유한 목표와 기준을 설정합니다. 종합적으로 각 레벨에서 분석과 설문조사, 인터뷰를 통해 수집한 인사이트는 여러분이 매주 수행하는 업무가 어떻게 건강하고 참여도 높은 커뮤니티를 조성하며, 궁극적으로 측정 가능한 비즈니스 수익으로 이어지는지 전체적인 흐름을 보여줍니다.

예를 들어, CMX의 각 레벨 목표는 다음과 같이 나눌 수 있습니다.

### 비즈니스 레벨

- CMX 서밋 티켓 및 후원 판매 촉진
- 교육 프로그램 및 멤버십 판매 증대
- 소프트웨어 제품 베비의 신규 고객 발굴 및 매출 증대
- 베비 고객의 유지 및 성공적인 활용 지원

**커뮤니티 레벨**

- 온라인 커뮤니티 공간의 활성 멤버 수 늘리기
- CMX 커넥트 행사 참석률 및 참여도 제고
- CMX 위클리 뉴스레터의 활성 구독자 수 확보
- 커뮤니티 신규 가입 멤버의 활성화율 높이기

**실행 레벨**

- 이메일 뉴스레터 디자인을 업데이트해 클릭률을 높이고 커뮤니티 참여 촉진
- CMX 커넥트 호스트를 위한 새로운 적응 지원 경험을 만들어 신규 호스트의 첫 행사 성공률 향상
- 페이스북 그룹에서 새로운 콘텐츠 캠페인을 시작해 참여도를 높이고 '눈팅족' 활성화
- 상위 100개 타깃 계정에 개인 맞춤 초대장 발송
- 베비 고객 적응 지원에 CMX 아카데미 교육 추가

각 목표에는 성공 여부를 측정할 수 있는 측정 기준이 연결됩니다. 이러한 세부 전략과 실행 방안 중 일부는 커뮤니티 참여도와 건강성 증대에 집중하고, 일부는 커뮤니티 프로그램과 콘텐츠를 통한 수익 창출에 집중합니다.

이제 커뮤니티 전략의 각 레벨 성공을 돕는 프레임워크와 실무 노하우를 다뤄보겠습니다. 커뮤니티로 이루고자 하는 비즈니스 성과를 명확히 정의하는 것부터 시작해봅시다.

# SPACES 모델:
## 커뮤니티의 6가지 비즈니스 성과

:

SPACES 모델은 저희 팀이 커뮤니티를 통해 얻는 다양한 측정 가능한 성과를 비즈니스가 이해할 수 있도록 돕기 위해 만든 모델입니다. 수천 개의 기업이 이 간단한 프레임워크를 통해 커뮤니티의 핵심 비즈니스 목표와 수익 동력을 명확히 하고 있습니다. 제품 자체가 커뮤니티이든, 커뮤니티를 통해 다른 제품이나 서비스를 판매하든 상관없습니다. 모든 기업은 SPACES 모델을 적용해 커뮤니티가 달성할 구체적인 목표를 명확히 정의할 수 있습니다.

모든 커뮤니티 프로그램은 다음의 6가지 비즈니스 성과 중 최소 하나 또는 여러 개를 달성합니다.

### 1. 지원

고객 서비스 및 지원 목표입니다. 멤버들이 서로 질문에 답하고 문제를 해결하도록 지원함으로써 고객 만족도를 높이고 지원 비용을 절감합니다.

### 2. 제품

혁신, 피드백 및 연구개발 목표입니다. 멤버들이 피드백을 공유하고 제품 적용 아이디어를 논의할 수 있는 공간을 만들어 혁신을 가속화하고 제품을 개선합니다.

## 3. 고객 확보

성장, 마케팅 및 판매 목표입니다. 온오프라인 커뮤니티 공간을 운영하거나 앰배서더가 콘텐츠를 만들고 행사를 조직하며 여러분을 대변하도록 지원합니다. 그렇게 브랜드 인지도를 높이고, 시장 점유율을 확대하며 신규 트래픽과 잠재 고객을 확보합니다.

## 4. 기여

협업 및 크라우드소싱 목표입니다. 플랫폼, 마켓플레이스 또는 소셜 네트워크 전반에서 멤버들이 콘텐츠, 제품, 서비스 생성에 참여하도록 독려하고 촉진합니다. 커뮤니티를 핵심 서비스로 제공하거나 본질적으로 사회적 성격을 지닌 기업들의 일반적인 목표입니다.

## 5. 참여

고객 경험, 유지 및 충성도 목표입니다. 고객에게 소속감을 주고, 참여를 유도하며, 가치 있는 커뮤니티 경험을 조직함으로써 고객 유지율, 평균 계약 규모, 고객 만족도를 높입니다.

## 6. 성공

고객의 목표 달성과 성장 지원 목표입니다. 고객들이 서로를 가르치고, 서로의 역량을 강화하며, 커리어를 성장시킬 수 있도록 지원함으로써 제품 활용 성공률을 높여 지출 증가, 유지율 향상, 만족도 증대를 이끌어냅니다.

이 책에서는 커뮤니티가 주력하는 주요 멤버로 '고객'을 사용하지만, SPACES 모델과 이 책에서 논의하는 모든 내용은 여러분의 비즈니스가 관계 맺는 모든 대상(사용자, 판매자, 직원, 파트너, 동문, 자원봉사자, 기부자 등)에게 적용할 수 있습니다.

예를 들어, 어떤 커뮤니티 팀은 내부적으로 직원을 위한 커뮤니티와 소속감 구축에 집중합니다. 이때 직원에게 SPACES 모델을 적용하는 방법은 다음과 같습니다.

- 지원: 직원들이 서로 질문에 답하고 문제를 해결하도록 지원합니다.
- 제품: 직원들이 제품뿐만 아니라 회사 프로세스, 문화, 메시지 개선을 논의할 수 있는 공간을 만듭니다.
- 고객 확보: 직원들이 신규 직원과 고객을 모집하고 더 강력한 옹호자와 영향력 있는 전문가가 되도록 돕는 프로그램을 만듭니다.
- 기여: 직원들이 전문 분야에서 콘텐츠를 제공하거나 일반 업무 영역 밖의 프로젝트에 참여할 기회를 제공합니다.
- 참여: 직원들이 더 강한 소속감을 느끼고 사회적 가치를 부여받으며 장기 근속 가능성을 높이는 커뮤니티 경험을 만듭니다.
- 성공: 직원들이 서로를 가르치고, 기술을 향상시키며, 경력을 성장시키도록 지원합니다.

SPACES 모델은 비영리단체나 정치 활동 같은 조직에도 적용할 수 있습니다. 고객을 '기부자' '자원봉사자' '유권자'로 바꾸기만 하면 바로 적용 가능합니다.

- 지원: 자원봉사자들이 서로의 질문에 답하고 문제를 해결할 수 있도록 권한을 부여하세요.
- 제품: 자원봉사자와 기여자들이 조직의 영향력을 확대하고 계획을 개선할 수 있는 아이디어를 공유할 수 있도록 공간을 마련하세요.
- 고객 확보: 자원봉사자들이 조직을 대변하고 운동을 옹호하며 새로운 자원봉사자를 모집할 수 있도록 권한을 부여하세요.
- 기여: 자원봉사자들이 자신의 이야기와 아이디어를 대중에게 전달하거나, 영향을 끼치고 싶은 사람들을 지원하기 위해 시간과 서비스를 제공할 수 있도록 권한을 부여하세요.
- 참여: 자원봉사자들이 서로 더 깊이 연결되어 공동체의 일원이라는 소속감을 느낄 수 있는 커뮤니티 경험을 창출하세요. 그래서 그들이 더 오래 참여할 수 있게 만드세요.
- 성공: 자원봉사자들이 서로의 봉사 활동 노하우를 가르치고, 전반적인 경력 발전에 도움이 되는 역량을 키울 수 있도록 지원하세요.

1장에서 커뮤니티가 팀의 확장이라고 이야기했는데요. SPACES 모델의 6개 영역은 모든 비즈니스에서 필수입니다. 각 영역에는 이미 그 영역에 집중하는 전담 팀이 있을 가능성이 높으며, 커뮤니티는 그 팀의 역량과 영향력을 증폭시킬 수 있습니다.

커뮤니티는 기존 프로그램을 대체하기 위한 것이 아니라, 이를 강화하고 가속화하기 위한 것입니다. 지원 프로그램을 살펴보고, 커뮤니티가 전문가들의 기여를 통해 어떻게 그 작업의 영향력을 확대할 수 있을지 생각해보세요. 마케팅 프로그램을 살펴보고 커뮤니티가 가장 열성적인 지지자들을 활성화함으로써 어떻게 성장을 가속화할 수 있을지 생각해보세요.

이제 모델의 각 부분을 조금 더 자세히 살펴보고 몇 가지 예시를 들어보겠습니다.


## 지원

고객 지원은 고객의 질문에 답하고 문제를 해결하는 방법입니다. 커뮤니티 주도의 고객 지원은 고객들이 서로 질문에 답하고 문제를 해결할 수 있도록 지원하는 모든 프로그램을 의미합니다.

지원 커뮤니티는 커뮤니티 프로그램의 가장 전통적인 형태입니다. '셀프 서비스' 방식이 주를 이루며, 고객이 지원 담당자나 커뮤니티 회원이 작성한 도움말 자료에서 직접 답을 찾아 스스로 문제를 해결할 수 있도록 합니다.

지원 포럼Supprt forums은 온라인에서 가장 널리 사용되는 형태입니다. 애플은 고객이 제품 지원을 받을 수 있는 핵심 채널로 지원 포럼을 사용하고 있습니다. 시스코Cisco, 워드프레스Wordpress, 스포티파이Spotify, 핏빗Fitbit, 구글 등 대부분의 글로벌 기업들도 지원 포럼을 운영하고 있습니다.

지원 커뮤니티의 목적은 고객들이 서로 질문에 답할 수 있는 공간을 만드는 것입니다. 대부분 온라인 포럼 기반으로 운영되며, 구체적인 질문이 많은 기술 제품에 주로 사용됩니다.

이곳의 멤버들은 제품을 속속들이 알고 있는 전문가들입니다. 다른 고객이 겪는 문제를 함께 해결하겠다는 동기를 지닌 사람들이죠. 이러한 프로그램의 운영 목표는 일반적으로 지원 비용을 절감하고, 지원의 효율성을 높이며, 고객 만족도를 향상시키는 데 있습니다.

지원 포럼은 다른 커뮤니티 공간과 매우 다르게 보일 수 있으며, 참여 지표 또한 다릅니다. 예를 들어, 커뮤니티가 흥미로운 토론을 촉진하는 데 중점을 두는 경우 일반적으로 댓글이 많을수록 좋습니다. 하지만 지원 포럼에서는 최적의 답변을 얻는 것이 가장 중요합니다. 답변이 많다고 반드시 좋은 것은 아니죠. 많은 답변은 해결책을 찾는 고객에게 오히려 혼란을 초래할 수 있습니다. 많은 경우 질문자는 '최선의 답변'을 선택하도록 요청받아, 동일한 문제를 가진 고객들이 더 쉽게 해결책을 찾을 수 있도록 합니다.

모든 커뮤니티에는 수동적 사용자부터 적극적 사용자, 핵심 기여자에 이르기까지 다양한 사용자 참여도가 분포되어 있습니다. 이러한 특성은 특히 지원 포럼에서 두드러지게 나타나죠. 사용자의 소수가 강한 소속감을 느끼며 대부분의 질문에 답변할 가능성이 큽니다. 포럼을 찾는 대다수의 사람은 사회적 경험이 아닌 문제 해결책만을 원합니다.

하지만 많은 질문에 답변하면서 다른 멤버를 지원하는 데 많은 시간을 투자하는 멤버들은 강한 목적의식과 소속감을 느낄 겁니다. 실제 소속감 구축 노력은 이러한 기여자들에게 집중될 것이며, 그 외의 사람들에게는 운영 최적화를 통해 그들이 적절한 시간 내에 가장 관련성 높은 정보를 찾을 수 있게 만드는 것이 중요합니다.

그렇다고 소극적인 멤버들을 등한시해서는 안 됩니다. 스퀘어Square, 오픈테이블OpenTable, 겟 새티스팩션Get Satisfaction에서 지원 커뮤니티 프로그램을 이끌었던 케이티 코브Caty Kobe는 '로그아웃' 경험의 중요성에 대해 자주 이야기합니다. "이 공간에 참여하는 사람들은 필요한 정보 때문에 일부러 가입하거나 로그인할 필요조차 없어야 해요. 그들은 그저 문제의 해결책을 원할 뿐이니까요."

이러한 커뮤니티 공간은 고객이 겪고 있는 문제점, 그리고 제품을 지속적으로 업데이트하면서 발생할 수 있는 잠재적 이슈에 대한 강력한 정보원입니다. 코브는 말합니다. "불만을 표출하는 한 명의 고객 뒤에 26명의 침묵하는 고객이 있습니다." 비유하자면, 커뮤니티는 탄광의 카나리아 역할을 합니다. 브랜드가 큰 타격을 입기 전에 다가올 문제들을 미리 경고할 수 있지요.

많은 기업이 고객들에게 문제를 공유할 수 있는 공간을 열어주면 부정적이고 유해한 환경이 되지 않을까 우려합니다. 이에 대해 저는 다음과 같은 부분을 상기시키곤 합니다.

사람들이 여러분의 제품에 대해 느끼는 부정적인 감정은 이미 어딘가에서 공유되고 있습니다. 여러분이 접근할 수 없는 공간, 영향을 미칠 수 없는 공간에서 말이죠. 이러한 대화 공간을 직접 소유하고, 사람들의 의견을 경청하고, 능동적으로 대응하는 쪽이 훨씬 낫습니다. 코브는 오프라인에서 열띤 대화를 이어나갈 것을 권합니다. "해당 멤버에게 이메일이나 전화를 통해 대화를 요청하세요. 그들의 우려 사항을 그렇게 일대일로 해결하거나, 민감한 상황을 처리할 수 있도록 선임 고객 지원 담당자에게 문제를 전달하세요."

가장 부정적인 커뮤니티라도 꾸준히 노력하고, 고객의 의견에 귀를 기울이며, 우려 사항을 정직하고 투명하게 처리하면 점차 긍정적이고 낙관적인 문화를 만들어 나갈 수 있습니다.

## 제품

성공적인 제품 개발은 고객의 목소리에 귀 기울여 그들의 요구를 이해하고, 연구 개발을 통해 혁신으로 앞서 나가는 데 달려 있습니다. 커뮤니티가 피드백과 인사이트, 아이디어가 활발하게 공유되는 사회적 공간을 제공하면, 기업은 이 대화를 24시간 관찰하면서 가장 중요한 요구 사항을 파악할 수 있지요.

커뮤니티 프로그램은 소규모 그룹 형태로 운영될 수 있습니다. 예를 들어, 리프트 드라이버 자문 위원회Lyft Driver Advisory Council, DAC는 중요한 제품 결정에 대한 의견을 공유하기 위해 리프트가 초청한 7명의 대표로 시작했습니다. 현재 DAC에는 100명 이상의 멤버들이 있지요. 이 운전자들은 미국의 다양한 지역에서 선정되어 커뮤니티의 대표 목소리 역할을 합니다. 리프트는 이들의 시간과 기여에 대해 연간 수당을 지급하며, 매년 새 앰배서더를 선발합니다.

이러한 프로그램은 엑스박스 아이디어Xbox Ideas 공간처럼 수천 명의 멤버들이 아이디어를 추가하고, 투표하고, 댓글을 다는 대규모 온라인 공간으로 운영될 수도 있습니다. 고객들은 온라인 공간에서 아이디어와 피드백을 공유하고, 투표하고, 댓글을 남깁니다. 이런 경우

기업은 제출된 아이디어의 수, 수락된 아이디어의 수, 제품에 적용된 아이디어의 수를 측정할 가능성이 크겠죠. 일부 회사는 더 나아가 이 새로운 아이디어가 매출에 미치는 영향을 측정하기도 합니다. 이 작업이 지원 비용에 미치는 영향도 측정할 수 있습니다. 새 아이디어로 만들어진 기능이 기존의 문제를 해결했는가? 해당 기능은 많은 고객들이 기다려온 요청 사항이었는가?

솔직히 말해, 이는 매출과 직접적인 연관성을 찾기가 어려운 목표 중 하나입니다. 피드백 한 건의 가치를 어떻게 측정할까요? 혁신의 가치는 무엇일까요? 테크스미스Techsmith가 커뮤니티로부터 아이디어를 크라우드소싱해서 50만 달러를 절약한 것처럼 구체적으로 연구개발에서 비용이 얼마나 절감됐는지 추정한 사례도 있습니다.[7]

어느 쪽이든, 이러한 커뮤니티는 고객의 목소리를 제품 개발 프로세스에 반영하는 회사에 아주 뚜렷하고 큰 영향을 미칩니다. 현장의 사람들로부터 피드백과 인사이트를 지속적으로 얻을 수 있는 원천이 되지요. 커뮤니티가 의사결정에 어떻게 도움이 되었는지에 대해 제품 팀이 정성적 피드백을 수집하는 것도 중요합니다. 이 프로그램에 과연 투자를 할 만한가를 판단할 때 설득력 있는 근거가 될 수 있으니까요. 제품 팀은 피드백이 필요할 때마다 활용할 수 있는 '활발한 커뮤니티'를 매우 중요하게 여깁니다.

제품 중심의 커뮤니티 프로그램은 고객과의 신뢰를 구축하는 데도 도움이 됩니다. 고객은 자신의 목소리가 기업에 들어가고 있으며, 제품과 비즈니스에 영향을 미치고 있다고 느낄 것입니다.

활발한 커뮤니티 구축의 핵심은 사람들이 프로세스에 대한 주인

의식을 느끼게 하는 것입니다. 고객들이 추천한 기능을 출시하면, 고객은 그 기능에 큰 자부심을 느끼고 더 열렬한 지지자가 됩니다.

## 고객 확보

룰루레몬Lululemon은 아주 초기부터 커뮤니티를 브랜드의 핵심 요소로 구축했습니다. 매장 관리자들은 커뮤니티 조직자로서 권한을 부여받았고, 지역 시장에서 커뮤니티 리더를 발굴할 수 있었습니다. 이 리더들은 주로 피트니스 강사, 코치, 요가 강사였는데, 공식적인 '룰루레몬 앰배서더'로 임명되어 룰루레몬 브랜드 하에서 자신만의 행사와 경험을 조직할 수 있었습니다. 그 결과, 고객들은 전통적인 마케팅이나 광고를 통해서가 아니라, 룰루레몬 브랜드와 제품에 열정적인 다른 고객들을 통해 제품을 더 잘 알게 되었죠.

고객 확보 중심의 커뮤니티 프로그램은 브랜드 인지도를 확산하고, 잠재 고객을 '가능성 고객과 영업 기회'로 발전시켜 최종적으로 실제 고객이 되도록 유도하는 데 중점을 둡니다. 이러한 프로그램은 가장 충성도 높은 고객들을 연결하고, 그들이 여러분을 대신해 활동하고 지지하도록 권한을 부여하는 모든 종류의 프로그램이 될 수 있습니다. 또 사람들이 커뮤니티를 발견함으로써 여러분의 제품과 서비스에 대해 알게 되는 공개 커뮤니티 공간이 될 수도 있습니다.

이러한 프로그램은 온라인과 오프라인 모두에서 운영됩니다. 지지자들이 직접 콘텐츠를 만들거나 여러분을 대신해 발언하는 형태를 띠기도 합니다. 또 앰배서더들이 신규 또는 기존 커뮤니티 멤버들을 모으기 위해 대면 및 온라인 경험을 조직하는 행사 중심으로 진행될 수도 있습니다. 회사가 지역 앰배서더를 선정해 해당 지역의 고객들을 위해 행사를 주최하는 지부 리더로 활동하게 되는 것이지요.

이러한 '분산 리더십' 프로그램은 최근 인기가 계속 높아지고 있으며, 상당히 효과적이기도 합니다. 지부 리더는 브랜드를 대표할 권한을 부여받고, 행사 운영 방법에 대한 플레이북을 제공받으며, 회사는 자원, 교육, 혜택으로 그들을 지원합니다. 더 자세한 내용은 4장에서 다루겠습니다.

이렇게 만들어진 커뮤니티가 때로는 앰배서더 중심이 아니라 공통 관심사를 중심으로 구축된 일반적인 커뮤니티처럼 보이기도 합니다. 비즈니스의 목표는 잠재 고객층이 열정을 갖고 주제를 논의할 수 있는 공간을 만드는 것입니다. 이러한 커뮤니티는 구매자의 여정에서 '첫 접촉'이 되거나 유력한 잠재 고객과 꾸준히 소통하는 창구가 될 수 있습니다.

좋은 사례로 직원 피드백 및 설문조사 툴인 컬처 앰프Culture Amp를 꼽을 수 있습니다. 컬처 앰프는 '피플 긱People Geeks'이라는 대외 커뮤니티를 만들었습니다. 이 커뮤니티의 목표는 '직원 몰입' 업무를 하는 모든 사람을 한데 모아 현안을 이야기하고, 그들에게 유용한 가치를 제공해 신뢰를 얻는 것입니다. 그 결과, 참여자들은 향후 컬처 앰프의 브랜드와 제품을 접할 때 이미 형성되어 있는 신뢰와 함께 그들을 '시장을 선도하는 리더'로 평가하게 됩니다.

실리콘밸리의 대표적인 법률 테크 기업 아이언클래드Ironclad는 타깃 고객층인 사내 법무 전문가들을 대상으로 동일한 전략을 펼쳤습니다. 주요 잠재 고객을 대상으로 한 저녁 식사와 행사를 기획해 파이프라인 내 핵심 고객을 유치하고, 충성도 높은 고객들과 대화할 기회를 만들기 시작한 것이죠. 아이언클래드의 CEO인 제이슨 베이비그Jason Boehmig는 이 커뮤니티 프로그램이 급성장 중인 스타트업에 연간 800만 달러 이상의 반복 수익을 창출해주었다고 밝혔습니다.

고객 확보는 많은 커뮤니티 팀이 제대로 활용하지 못하는 영역입니다. 커뮤니티가 지나치게 영업적으로 변해 멤버들의 신뢰를 잃을까 두려워하기 때문이죠. 그 두려움을 이해합니다. 커뮤니티 내에서 갑작스러운 영업적 접근은 금물입니다. 하지만 커뮤니티와의 모든 상호 작용을 영업 여정의 접점으로 바라보는 것이 맞죠.

메리 셍발Mary Thengvall은 책《기업의 성공을 이끄는 Developer RelationsThe Business Value of Developer Relations》의 저자이며, 기업들에게 커뮤니티 인증 잠재 고객Community-Qualified Leads, CQL 개념을 알리고 있습니다. 마케팅 팀에 마케팅 인증 잠재 고객MQL이, 영업 팀에 영업 인증 잠재 고객SQL이 있는 것처럼 커뮤니티 참여는 잠재 고객을 검증하는 강력한 방법입니다. 누군가가 행사에 참석하거나 온라인 커뮤니티에 참여할 때, CQL은 그 사람과의 관계가 얼마나 밀접한지, 여러분의 제품이 그 사람과 얼마나 잘 맞는지를 이해하는 데 이용할 수 있는 데이터가 됩니다. 그 사람이 참여하는 주제를 보면 어떤 도움이 필요한지 이해할 수 있지요. 이를 통해 마케팅이나 영업 팀은 누구에게 집중해야 하는지, 어떻게 문제를 해결해야 하는지 더 잘 이해할 수 있습니다.

저희 제품인 베비의 경우, CMX 커뮤니티에 전혀 참여하지 않은 기업이 고객이 되는 경우는 매우 드뭅니다. 영업 담당자와 통화하기 전에 이미 행사에 참석했거나 그 기업의 여러 직원이 우리 커뮤니티에 참여하고 있을 가능성이 큽니다. 영업 담당자들은 이미 신뢰가 구축되어 있다는 사실을 매우 기쁘게 여기죠. 그게 일을 훨씬 쉽게 만들어주기 때문입니다.

커뮤니티를 활용해 판매를 촉진하는 잘못된 방법도 분명히 있습니다. 하지만 진정성을 갖고 올바르게 실행한다면 커뮤니티는 기업의 가장 강력한 성장 엔진이 될 수 있습니다.

## 기여

인터넷은 본질적으로 협업 환경입니다. 오늘날 세계적인 기업이나 인기 웹사이트 중 다수는 누구나 기여할 수 있는 열린 공간으로 운영됩니다. 에어비앤비는 회원들이 임대용 집을 등록할 수 있는 공간입니다. 위키피디아는 사람들이 지식을 추가하고 편집하는 공간입니다. 구글의 태블릿과 스마트폰 앱은 안드로이드 플랫폼에서 독립적인 기업과 개인에 의해 개발됩니다.

소셜 네트워크, 마켓플레이스, 오픈소스 제품, 협업형 소비 네트워크 등 멤버들이 콘텐츠를 생성하는 플랫폼을 봅시다. 그 중심에는 커뮤니티 프로그램이 자리하고 있을 가능성이 큽니다.

유데미Udemy의 예를 보겠습니다. 유데미는 세계에서 가장 큰 온라인 학습 플랫폼 중 하나이며, 모든 강의는 커뮤니티 멤버들이 직접 만듭니다. 2012년 당시에 유데미는 매우 빠르게 성장하고 있었지만, 강사 활성화 및 유지율을 높이고 싶어 했습니다. 일부 강사는 플랫폼에서 빠르게 성공했지만, 많은 강사들이 강의 개설조차 하지 못하고 좌절해 떠났기 때문이죠. 저는 이 문제를 해결하기 위해 커뮤니티 기반의 접근법을 도입하도록 도왔습니다.

유데미에서 강의를 개설하는 건 쉬운 일이 아니었습니다. 강사는 커리큘럼을 개발하고, 동영상을 촬영하고, 유데미 사용법을 익혀 콘텐츠를 업로드하고, 강의를 출시한 후에 마케팅과 판매까지 해야 했습니다. 강사에게는 여러 난관이 있었지요. 유데미는 강사들의 준비를 돕는 전담 직원을 두고 있었지만, 비용이 많이 들었고 확장하기가 점점 어려워지고 있었습니다.

유데미의 경쟁 우위는 누구나 플랫폼에서 강의를 개설할 수 있게 함으로써 다른 어떤 플랫폼보다 빠르게 더 많은 양질의 강의를 출시할 수 있다는 점이었습니다. 따라서 모든 강사에게 전담 직원을 붙이는 건 큰 위험 요소였습니다. 비즈니스 모델을 망칠 수 있는 병목 현상에 가까웠죠.

커뮤니티 접근법을 도입해 강사들이 서로를 지원하고 적응할 수 있는 공간을 마련하면, 모든 신규 강사에게 전담 직원이 필요하지 않게 됩니다. 강사들은 자신이 단순한 플랫폼 사용자가 아니라, 비슷한 목표와 과제를 공유하는 강사 커뮤니티로부터 환영을 받는다고 느끼게 되죠.

그렇게 유데미 강사 커뮤니티가 탄생했습니다. 현재 유데미 강사 커뮤니티에는 1만 명 이상의 강사들이 연결되어 피드백과 조언으로 서로를 지원하고 있습니다. 유데미의 비즈니스는 강의 판매를 중심으로 이루어지며, 커뮤니티 팀은 강사들이 강의를 더 성공적으로 판매할 수 있도록 지원함으로써 직접적으로 수익에 영향을 미치고 있습니다.

에어비앤비의 호스트 및 슈퍼호스트 커뮤니티, 위키피디아의 편집자 커뮤니티, 이더리움Ethereum의 기여자 포럼, 구글의 구글 개발자 그룹Google Developer Groups, 옐프의 옐프 엘리트Yelp Elite 등 기여자들이 플랫폼을 움직이는 거의 모든 비즈니스에 유사한 프로그램이 존재합니다.

모든 개방형 플랫폼의 공통점은 극소수의 사용자가 대부분의 콘텐츠를 생성한다는 것입니다. 일부 연구에 따르면 콘텐츠의 80%를 20%의 사용자가 생성합니다. 규모가 충분히 커지면 단 1%의 멤버가 꾸준히 활동하는 적극적 기여자가 될 수 있습니다. 따라서 기여자들이 성공할 수 있도록 지원하는 게 매우 중요합니다. 이 작은 그룹이 비즈니스 전반에 큰 영향을 미칠 수 있습니다.

## 참여

커뮤니티 프로그램은 고객 유지에 매우 효과적일 수 있습니다. 고객이 단순한 거래 대상이 아니라 진정한 커뮤니티의 일원이라고 느낄 때 경쟁사로 이탈할 가능성은 낮아집니다. 여기서 고객들은 실용적 가치뿐만 아니라 사회적 가치도 얻고 있기 때문입니다.

참여는 커뮤니티 프로그램의 가장 흔한 목표죠. 33%의 기업들이 '참여'가 커뮤니티의 주된 목표라고 보고합니다.[8] 기업들이 "우리 커뮤니티"라고 말할 때 우리가 흔히 떠올리는 게 바로 '참여'입니다.

앞서 듀오링고와 그들의 커뮤니티가 매달 주최하는 수천 개의 행사에 대해 이야기했습니다. 이러한 행사는 학습자들이 서로 교류하고 말하기 실력을 향상시킬 기회를 제공하기 위해 개최됩니다. 따라서 듀오링고는 회원들이 직접 만나 실시간으로 언어를 연습할 수 있는 모임을 지원했습니다. 그 결과, 학습자들은 단순한 학습을 넘어서는 가치를 계속 얻게 되고, 플랫폼에 계속해서 참여하게 됩니다.

많은 커뮤니티 프로그램은 여러 목표를 달성하며 참여와 고객 확보를 모두 촉진합니다. 예를 들어, 컬처 앰프의 '피플 긱' 커뮤니티는 고객과 더 넓은 업계 모두를 위해 구축되었습니다. 고객들이 서로를 지원할 수 있는 공간을 만들고, 고객과 비고객을 연결해 참여와 고객 확보를 동시에 촉진하는 것이죠.

여기서 성숙한 커뮤니티 프로그램조차 직면하는 한 가지 도전 과제가 있습니다. 참여 커뮤니티의 비즈니스 가치를 측정하는 데 필요한 데이터를 확보하는 일이죠. 커뮤니티 행사에 참여하고 디지털 커뮤니티에 참여하는 것이 고객의 생애 가치Lifetime Value를 높여주는가?

이를 확인하려면 커뮤니티 데이터를 고객 데이터와 연결할 수 있어야 합니다. 대부분의 기업은 고객 데이터를 추적하기 위해 고객 관계 관리CRM 도구를 사용합니다. 앞서 '고객 확보' 파트에서 커뮤니티 자격을 갖춘 리드lead 개념과 리드 및 잠재 고객과의 접점을 추적하는 방법에 대해 논의했습니다. 이는 기존 고객에게도 동일하게 적용됩니다. 커뮤니티 참여와 접점을 추적해 고객 경험과 갱신율에서 어떤 역할을 하고 있는지 볼 수 있습니다.

우리 연구에 따르면, 커뮤니티 데이터를 고객 데이터와 연결할 수 있는 기업은 겨우 1/3에 불과했습니다.[9] 절망적인 수치는 아니지만, 커뮤니티 팀이 지속적으로 성장하고 경영진의 지지를 얻으려면 이

부분이 필수입니다. 데이터 없이는 커뮤니티가 비즈니스에 영향을 미치고 있음을 확신할 수 없고, 커뮤니티 예산 증액을 정당화하기가 매우 어려울 겁니다.

## 성공

커뮤니티 주도형 성공 프로그램은 회원들이 회원들을 위해 만든 교육을 지원하고 활성화하는 곳입니다. 목표는 회원들이 제품을 더 효율적이고 능숙하게 사용할 수 있도록 돕고, 기술과 역량을 향상시켜 커리어 성장을 지원하는 것입니다.

이는 고객 지원 업무를 보다 능동적인 접근 방식으로 발전시킵니다. 기존의 고객 지원은 주로 사후 대응적이고 제품 중심적이었으나, 이제는 기술과 역량 향상에 중점을 둡니다.

세일즈포스 트레일블레이저 커뮤니티가 이러한 프로그램의 훌륭한 예입니다. 세일즈포스는 고객이 세일즈포스를 더 잘 활용하고 경력 발전에 중요한 기술을 개발할 수 있도록 수많은 교육과 강의, 멘토링 프로그램, 기타 자원을 제공합니다.

이러한 프로그램이 강력한 이유는 단순히 더 많은 제품을 판매하려는 것이 아니라 '우리는 파트너십을 구축하고 있다'는 점을 고객에게 전달하기 때문입니다. 기업이 고객의 경력 성장을 돕는 데 투자하고 있다는 메시지를 주는 것이죠. 이제 고객이 세일즈포스를 사용하지 않는 회사에 들어가게 되더라도 세일즈포스를 추천할 가능성이 훨씬 높아지고, 여전히 브랜드와 관계를 유지하게 됩니다.

구글의 G2G Google-to-Google 프로그램은 커뮤니티 주도형 성공 프로그램의 또 하나 좋은 예입니다. G2G 프로그램은 직원들을 위한 내부 커뮤니티 프로그램입니다. 구글의 직원 규모는 작은 나라 하나를 만들 수 있는 수준이지요! 모든 구글 사무실에는 자원봉사 '오피스 리드' 팀이 구성되어 있습니다. 직원들이 서로에게 강의할 수 있는 교육 프로그램을 지원하는 것이지요. 코딩 워크숍부터 요가, 미술, 대중 연설까지 강의의 종류는 다양합니다. 이를 통해 직원들은 업무뿐만 아니라 생활과 전반적인 경력에 도움이 되는 기술을 배울 수 있습니다.

성공 프로그램의 가장 큰 장점은 고객을 전문가로 만들고 그들의 경력에 투자함으로써, 커뮤니티와 회사에 보답하려는 열정적인 지지자를 확실하게 만들어낸다는 것입니다. 그들은 강의를 진행하고, 행사를 주최하며, 다른 고객을 지원하고, 커뮤니티에 새로운 멤버를 초대하는 새로운 리더 군단이 됩니다. 커뮤니티 멤버의 성공에 투자하세요. 그러면 그들도 여러분의 성공에 기꺼이 투자할 겁니다.


## 측정 지표와
## 기여도 측정의 과제

:

SPACES 모델의 각 영역은 달성하고자 하는 목표를 나타내며, 각 목표에는 해당 목표에서의 성공을 추적하는 데 사용할 수 있는 일반적인 활용 지표가 있습니다. 다음의 표는 각 목표에 대한 몇 가지 권장 사항을 보여줍니다.

| SPACES 모델 | |
| --- | --- |
| **목표** | **지표** |
| **지원**<br>고객 만족도 향상 및<br>지원 비용 절감 | • 지원 문의 감소를 통한 비용 절감<br>• 고객 이탈률 감소<br>• 고객 만족도 점수 개선 |
| **제품**<br>커뮤니티의 피드백과<br>인사이트를 통한<br>제품 개선 | • 커뮤니티 기반 아이디어로 창출된 수익<br>• 연구개발 시간 및 비용 절감<br>• 커뮤니티 피드백에 기반한 의사 결정 수 |
| **고객<br>확보**<br>새로운 잠재 고객,<br>멤버 또는 사용자 확보 | • 커뮤니티를 통해 확보된 신규 고객,<br>멤버 또는 사용자<br>• 파이프라인(커뮤니티 검증 리드, 잠재 고객 및<br>기회)<br>• 판매 전환율 증가 및 판매 주기 단축 |
| **기여**<br>협업 플랫폼이나<br>소셜 플랫폼 또는<br>마켓플레이스에<br>양질의 기여를 유도 | • 기여자의 온보딩 성공률<br>• 기여 활동(게시물, 판매, 상품 등록 등) 및<br>유지율<br>• 기여자 1인당 창출 가치 |
| **참여**<br>커뮤니티 경험을 통한<br>고객 만족도 향상 | • 고객 생애 가치(LTV)<br>• 고객 만족도 점수(CSAT)<br>• 순추천지수(NPS) |
| **성공**<br>제품 채택 및<br>고객 확장 유도 | • 기능 채택률<br>• 평균 계약 규모 증가<br>• 온보딩 시간 단축 |

이 내용은 각 목표에 사용할 수 있는 지표의 몇 가지 권장사항일 뿐입니다. 커뮤니티 팀과 조직의 특정 목표에 대해 인사이트를 제공하는 지표를 선택해야 합니다.

이러한 지표 모두가 추적이 쉽거나 커뮤니티 참여 데이터와 연결하기 쉬운 것은 아닙니다. 상관관계를 보여줄 수는 있지만, 인과관계를 입증하지는 못할 수도 있습니다. 예를 들어, 세포라 뷰티 토크Sephora Beauty Talk 커뮤니티 팀은 포럼에 참여하는 멤버들이 평균의 고객보다 두 배, 파워 멤버들은 평균의 고객보다 10배 더 많이 지출한다는 사실을 발견했습니다. 그 멤버들이 커뮤니티 때문에 더 많이 소비하는 것일까요? 아니면 원래 돈을 많이 쓰는 충성 고객이라 커뮤니티에 더 많이 참여하는 것일까요? 단정하기는 어렵습니다.

누군가가 여러분의 행사에 와서 제품을 구매했다면, 행사가 구매를 유발한 걸까요? 아니면 원래 구매할 계획이 있었던 걸까요? 후속 설문조사나 인터뷰 없이 데이터만으로는 답을 알 수 없습니다.

이런 어려움은 커뮤니티만의 이야기가 아닙니다. 사실 비즈니스에서 직접적인 원인과 결과라고 확신할 수 있는 건 거의 없습니다.

마케팅을 예로 들어봅시다. 누군가가 여러분이 게시한 글을 읽고, 다른 고객의 추천을 받고, 광고를 보고, 보고서를 다운로드한 후 최종적으로 제품 구매를 결정했다고 칩시다. 우리는 이러한 접점들 중 어느 것이 실제로 그 사람의 구매 행동을 이끌었는지 알 수 없습니다. 단지 '첫 접점'과 '마지막 접점'이 있었고, 이 모든 접점이 구매 결정에 기여했을 가능성이 있다는 사실만 알 뿐입니다.

커뮤니티는 또 다른 접점이며, 매우 강력한 접점입니다. 커뮤니티가 어떤 사람으로 하여금 제품을 구매하거나, 계약을 갱신하거나, 높은 고객 만족도를 주거나, SPACES 모델의 목표를 달성하는 데 유일한 요인이 될 필요는 없습니다. 다만 커뮤니티가 그 결과에 이르는 여정에서 하나의 접점이었는지, 그리고 언제 그랬는지를 보여줄 수 있으면 됩니다. 그것만으로도 커뮤니티가 의미 있게 성장과 유지율을 주도하고 있다고 자신 있게 말할 수 있습니다.

## 커뮤니티의 초점 찾기

:

커뮤니티 프로그램을 처음 시작하고 커뮤니티 팀이 소규모일 때는 한두 개의 핵심 목표에만 집중해야 합니다. 하지만 실제로는 거의 그렇게 되지 않지요.

워크숍을 진행할 때마다 참석자들 대부분이 이러한 목표 중 많은 것 또는 전부에 집중하고 있다는 사실을 발견합니다. 이는 흔한 일입니다. 대부분의 회사가 커뮤니티 전문가를 고용하고 커뮤니티 프로그램을 시작할 때 "커뮤니티가 중요해 보인다"는 이유 외에는 왜 하는지 모르는 경우가 많기 때문이죠. 커뮤니티가 '문제를 찾아 헤매는 해결책'이 되고 맙니다.

또 직업으로서의 커뮤니티는 비교적 새롭고 성과를 측정하기 어려운 경우가 많기 때문에, 커뮤니티 담당자들은 커뮤니티가 가능한 한 많은 가치를 창출할 수 있음을 보여주고 싶어 하지요. 그래서 비즈니스에 영향을 미칠 수 있는 여러 가지 목표를 선택하게 됩니다.

그들은 전략 수립을 지시한 경영진 앞에서 이렇게 외칩니다 "커뮤니티가 판매, 제품, 지원, 마케팅 분야에 얼마나 놀라운 가치를 만들어낼 수 있는지 보십시오! 모든 SPACES 분야에 투자합시다!"

자, 여러분, 이것이야말로 재앙을 부르는 처방입니다. 이 프로그램을 담당하는 커뮤니티 팀은 실패할 수밖에 없습니다. 여섯 가지 다른 목표에 대해 책임을 져야 하기 때문이죠. 각 목표는 사내의 다른 팀(제품, 지원, 마케팅 등)과 협력해야 하므로, 이제 그들은 회사 내 거의 모든 그룹과 소통을 조율하고 기대치를 관리해야 합니다.

게다가 각 목표는 성공을 판단하기 위해 다른 지표를 필요로 합니다. 먼저 적절한 데이터를 식별해야 하는데, 이 데이터는 여러 도구와 데이터베이스에 분산되어 있을 가능성이 높지요. 데이터에 접근해서 모든 것을 커뮤니티와 연결하고, 정기적으로 보고해야 합니다.

또 각 목표는 특정 상호 작용 및 목표에 특화된 다른 도구와 소프트웨어를 필요로 합니다. 예를 들어, 일부 도구는 지원 커뮤니티에 최적화되어 있어서 고객 확보에는 적합하지 않을 수 있죠.

나아가 각 목표는 다른 유형의 멤버 그룹을 조직하고 관리해야 합니다. 지원 포럼에서 질문에 답하는 전문가 수준의 멤버들은 앰배서더 역할을 하며 행사를 주최하거나 유용한 제품 피드백을 많이 제공하는 멤버들과 매우 다를 수 있습니다!

이해하시겠죠? 여섯 가지 목표에 모두 집중하는 건, 사실상 여섯 팀의 역할을 동시에 하는 것과 마찬가지입니다. (기억하세요. 커뮤니티는 팀의 확장입니다!) 너무 많은 일을 동시에 처리하려고 하다 보니, 그 어떤 목표에도 의미 있는 영향을 미치기 어렵습니다. 경영진에게 성과를 보고해야 하는 날이 오면, 커뮤니티가 비즈니스 성장에 어떻게 기여했는지에 대해 데이터로 뒷받침된 명확하고 간결한 스토리를 전달하기가 매우 어려울 겁니다.

그러니 부디, 가장 중요한 목표에 집중하세요! 지금 여러분의 비즈니스에 가장 중요한 영역을 최우선으로 하세요. 회사가 성장 단계에 있고 경영진도 성장을 강조한다면, 커뮤니티는 그 핵심 가치에 우선순위를 두어야 합니다. 그 목표를 가장 먼저 측정하고 보고해야 합니다. 최근에 고객 이탈이 너무 많아 고객 유지에 중점을 두고 있다면 '참여나 성공, 또는 지원'을 우선순위로 삼으세요. 이렇게 해야 커뮤니티가 비즈니스에 긍정적인 영향을 미치고 있다는 확신을 심어줄 수 있고, 지지를 얻기도 쉬워집니다.

여기서 중요한 점은 한 가지 목표에 집중하더라도 다른 가치들이 자연스럽게 따라온다는 사실입니다. 새로운 고객 확보를 주목표로 하는 커뮤니티 컨퍼런스를 주최한다고 가정해봅시다. 다음과 같은 효과를 함께 얻을 가능성이 높습니다.

- 제품 부스를 운영해 고객 피드백 확보(지원 및 제품)
- 커뮤니티 멤버에게 무대 발표 기회 제공(기여)
- 고객들이 새로운 관계를 형성하고 유대감을 높여 유지율 증진 (참여)
- 유용한 콘텐츠(강연) 제공으로 고객의 역량 증대(성공)

이 행사의 성공 지표는 '고객 확보'에 집중됩니다. 행사가 끝나고 전달하고자 하는 핵심 메시지는 신규 잠재 고객 창출과 고객 확보에 대한 기여입니다. 물론 이 결과는 SPACES 모델의 다른 영역에도 긍정적인 영향을 미칠 수 있습니다. 단지 그 다른 영역들이 본 행사의 핵심 목표나 여러분의 책임 범위가 아닐 뿐입니다. 한마디로 보너스 효과죠.

하나의 목표를 성공적으로 입증한 다음에는, 그 성과와 보너스 효과가 다른 부분에 가져다주는 유기적 가치를 내세워서 새로운 커뮤니티 사업을 시작할 수 있습니다. 세일즈포스에서 커뮤니티 프로그램을 만들어달라는 요청을 받았을 때 에리카 쿨이 바로 이런 방식으로 일을 진행했지요. 에리카 쿨은 커뮤니티에서 가장 가치 있는 부분이 제품 쪽에 있을 거라고 생각했지만, 그걸로는 윗사람들을 설득하기 어려움을 알고 있었습니다. 그래서 측정하기 쉬운 것부터 공략했습니다.

쿨은 이렇게 설명합니다. "저는 동료들이 질문에 답하는 데 초점을 둔 매우 구체적인 일부터 시작했습니다. 그리고 세일즈포스 외부에서 답변한 질문의 수와 지원 비용 절감 효과를 추적했지요. 또 마케팅 부서에 있었기 때문에 마케팅 관련 성과 지표에 집중했습니다. 예를 들어 연사 섭외, 인용문과 추천서, 지지자 발굴 같은 일이죠."

에리카 쿨은 커뮤니티가 지원 비용을 줄이고 마케팅 효과를 높일 수 있음을 증명한 다음, 경영진의 동의를 얻어 제품 혁신에 집중하는 커뮤니티 프로그램을 만들기 시작했습니다. "그 다음에 저는 아이디어 교환 플랫폼을 만드는 데 집중했습니다. 커뮤니티 멤버들이 제품에 대한 피드백과 요청 사항을 공유할 수 있고, 최우수 아이디어에 투표할 수 있는 공간이었죠. 이 프로그램을 통해 커뮤니티가 제품 채택률을 높이는 데 도움이 된다는 걸 보여줄 수 있었죠.”

현재 세일즈포스에는 제품 조직마다 커뮤니티 팀이 있고, 중앙 커뮤니티 팀이 전체를 조율하면서 SPACES 모델의 모든 영역에서 가치를 만들어내고 있습니다. 쿨이 첫날부터 모든 목표를 달성하려고 했다면, 경영진을 설득하기가 훨씬 어려웠을 겁니다. 쿨은 집중력을 유지하며 확실히 측정 가능한 가치부터 골라서 시작했습니다. 쿨이 업계 최초로 ‘커뮤니티 담당 부사장’이 된 건 당연한 결과였지요.

## 성장 엔진 vs. 비용 부서

:

아직도 많은 회사들이 커뮤니티를 비용 부서로만 보고, 투자 수익률을 오직 비용 절감 효과만으로 측정합니다.

하지만 대부분의 회사에서 가치를 인정받는 가장 확실한 방법은 새로운 수익을 창출하는 것입니다. 그렇기 때문에 커뮤니티가 비용을 절감할 뿐만 아니라 새로운 수익까지 창출할 수 있음을 입증할 수 있는 커뮤니티 팀이 훨씬 더 성공하게 됩니다.

커뮤니티가 어떻게 성장에 기여하는지 알고 싶다면 잠재 고객, 유망 고객, 기존 고객이 언제 어떤 방식으로 커뮤니티와 상호 작용했는지 정확히 추적할 수 있어야 합니다.

커뮤니티를 통해 100명의 새로운 고객을 확보하고 싶다고 해봅시다. 이제 영업 또는 마케팅 팀과 함께 그들의 전환 과정이 어떻게 구성되어 있는지 파악해야 합니다. 가장 단순화된 고객 전환 흐름은 다음과 같습니다: **대상 고객 > 잠재 고객 > 기회 > 판매**

따라서 세 가지 비율을 찾아야 합니다.

1. 대상 고객에서 잠재 고객으로의 전환율
2. 잠재 고객에서 기회로 전환되는 비율
3. 기회가 판매로 전환되는 비율

타깃 고객층의 10%가 잠재 고객으로 전환되고, 잠재 고객의 25%가 기회로 전환되며, 기회의 50%가 판매로 전환된다고 해봅시다. 100건의 판매가 필요하다면 200개의 기회가 필요하고, 이는 800명의 잠재 고객, 궁극적으로 8,000명의 타깃 고객층이 필요하다는 의미입니다.

계산이 나왔네요! 이제 목표가 생겼습니다. 이 목표를 달성하려면 8,000명이 커뮤니티에 참여해야 합니다. 물론 이건 가설일 뿐입니다. 완벽할까요? 아닙니다. 비즈니스에서 완벽한 것은 없습니다. 하지만 이제 작업을 위한 기준점이 생긴 셈입니다.

행사 중심의 커뮤니티 프로그램을 운영한다면 마감일까지 8,000명의 참석자를 모으고, 마케팅 팀이 이들을 잠재 고객으로 정확히 분류할 수 있도록 필요한 정보를 제대로 수집해야 합니다. 각 지역 행사에 평균 25명의 참석자가 있다고 해봅시다. 이제 목표를 달성하기 위해 커뮤니티가 주최해야 할 행사 수를 알 수 있겠네요. 320회입니다. 그리고 여러분의 지역 지부가 연간 평균 10개의 행사를 주최한다면,

목표를 달성하기 위해 1년 내내 운영되는 32개의 지부가 필요하네요. 자, 이제 소매를 걷어붙이세요. 지부 리더를 모집할 시간입니다!

온라인 커뮤니티도 거의 같은 방식으로 운영할 수 있습니다. 8,000명의 회원이 커뮤니티에 가입하도록 유도하고, 가입할 때 적절한 데이터를 수집해야 합니다.

이제 커뮤니티를 성장 전략에 더 깊이 결합할 수도 있습니다. 메리 셍발의 CQL(커뮤니티 검증 잠재 고객) 개념을 다시 볼까요? 예를 들어, 한 사람이 참여한 행사의 횟수를 그가 얼마나 유망한 고객인지 판단하는 신호로 볼 수 있습니다. 행사에 한 번만 참석했다면 낮은 신호로 간주하고, 세 번 이상 참석했다면 우리 커뮤니티와 브랜드에 그만큼 몰입해 있다는 뜻이므로 훨씬 가치 있는 잠재 고객으로 평가할 수 있습니다.

온라인에서도 마찬가지입니다. 커뮤니티에 가입했지만 참여하지 않는 사람은 양질의 잠재 고객이 아닐 수 있습니다. 정기적으로 로그인하고, 게시물에 응답하거나 게시물을 올리는 사람은 더 깊이 관여하고 있으니 유력한 잠재 고객이 되고요.

CRM에 커뮤니티 기반의 잠재 고객 검증 시스템을 구축하면 마케팅 및 영업 팀이 누구에게 집중할지 우선순위를 정할 때 커뮤니티에 참여 중인 사람들을 항상 확인할 수 있지요.

이제 각 분기와 연간 결산을 할 때 커뮤니티가 비즈니스에 미친 영향을 보여주는, 정말 간단하고 설득력 있는 보고서를 생성할 수 있습니다. 덕분에 다음과 같은 내용을 자신 있게 말할 수 있겠네요.

- 이번 분기에 커뮤니티는 300명의 신규 잠재 고객을 유치했으며, 이는 75건의 영업 기회와 40건의 판매로 이어져 연간 총 80만 달러의 수익을 올렸습니다.
- 커뮤니티는 올해 현재까지 총 210만 달러의 연간 매출을 창출했습니다.
- 고객의 30%가 커뮤니티에 참여하고 있으며, 이는 6개월 전 21%에서 증가한 수치입니다.
- 커뮤니티에 참여한 고객은 커뮤니티에 참여하지 않은 고객보다 23% 더 높은 재계약률을 보였습니다.

또는 커뮤니티 멤버의 구성을 분석해 다음과 같이 보고할 수도 있습니다. "이번 분기에 우리 커뮤니티에 참여한 8,000명 중에서…"

- 35%는 신규 잠재 고객
- 20%는 검증된 유망 고객
- 10%는 영업 기회
- 35%는 기존 고객

이를 통해 팀은 커뮤니티가 고객 여정의 각 단계에서 어떤 역할을 하는지 한눈에 파악할 수 있습니다.

# 측정 프레임워크 선택

:

커뮤니티 전략의 세 단계를 실제로 적용하고 명확한 연간, 분기별, 월간 목표를 설정할 때 굳이 새로운 방법을 고안할 필요는 없습니다. 비즈니스는 오랫동안 존재해왔고, 똑똑한 사람들은 수없이 많았습니다. 그들은 성공적인 비즈니스로 이어지는 목표와 지표를 효율적으로 설정하는 방법을 계속해서 고민해왔지요.

저는 사람들이 사용하는 다양한 용어와 시스템에 압도되곤 했습니다. OKR, 4DX, V2MOM... 그러고 보면 기업들은 약어와 줄임말을 정말 좋아해요. 안 그런가요?

제가 각기 다른 시점에서 이 세 가지 시스템을 모두 사용해본 결과, 저는 거의 모든 전략적 프레임워크가 근본적으로 동일하다는 사실을 깨달았습니다. 정말입니다. 같은 개념을 다른 언어로 표현한 것뿐이에요. 제가 설명해드리죠.

모든 전략적 프레임워크는 크고 모호한 목표를 더 구체화하는 것을 목표로 합니다. 그리고 이를 위해 세 가지 핵심 요소를 활용합니다.

1. 달성하려는 목표
2. 목표가 달성됐는지를 알려줄 지표
3. 목표 달성을 위해 취할 행동

이게 전부입니다. 정말 간단하죠! 이제 이 세 가지 전략적 프레임워크가 어떻게 이 원칙에 들어맞는지 살펴보겠습니다.

- OKR<sub>Objectives and Key Results</sub>: OKR은 존 도어<sub>John Doerr</sub>의 저서《존 도어의 OKR 레볼루션<sub>Measure What Matters</sub>》을 통해 널리 알려진 프레임워크입니다. OKR은 세 가지 핵심 요소로 구성됩니다.

  \- 목표: 무엇을 달성할 것인가

  \- 핵심 성과 지표: 목표 달성 여부를 어떻게 측정할 것인가

  \- 전략 과제: 목표 달성을 위해 무엇을 할 것인가

- 4DX: 짐 헐링<sub>Jim Huling</sub>, 크리스 맥체스니<sub>Chris McChesney</sub>, 숀 코비<sub>Sean Covey</sub>의 저서《성과를 내고 싶으면 실행하라<sub>Four Disciplines of Execution</sub>》의 약칭입니다. 4DX에는 세 가지 요소가 있습니다.

  \- 매우 중요한 목표

  \- 지행 지표(측정 기준)

  \- 선행 지표(행동)

- V2MOM: 마크 베니오프<sub>Marc Benioff</sub>가 세일즈포스에서 널리 활용하며 저서《최고 혁신기업은 어떻게 만들어지는가<sub>Behind the Cloud</sub>》에서 설명한 시스템입니다. 앞서 언급한 세 가지 핵심 요소에 두 가지가 추가되어 총 다섯 가지 요소가 있습니다.

  \- 비전(목표, Vision)

  \- 가치(Values)

  \- 측정 기준(지표, Measures)

  \- 장애물(Obstacles)

  \- 방법(행동, Methods)

세일즈포스에서는 전략 계획을 수립할 때마다 회사 가치를 포함시키고, 목표 달성을 저해할 수 있는 장애 요인에 대해 논의합니다. 훌륭한 추가 요소지만, 핵심 프레임워크는 앞서 언급한 세 가지 주요 요소와 일치합니다.

여러분의 회사에도 이미 표준 프레임워크가 있을 수 있습니다. 만약 없다면, 마음에 드는 책을 하나 골라 적용해보세요. 중요한 건 시스템의 이름이 아니라 전략을 계획하고 측정하고 실행하는 구조를 갖추는 것입니다.

전략적 프레임워크가 준비되면 이제 계획을 세우고, 측정하고, 실행에 옮길 준비가 된 것입니다. 제가 만난 모든 성공적인 커뮤니티 팀은 이러한 시스템 중 하나 또는 유사한 방식을 활용해 프로그램을 이끌고 있습니다.

실제 사례를 살펴보겠습니다. 앞서 아이언클래드의 커뮤니티 프로그램은 연간 800만 달러 이상의 매출에 기여하고 있습니다. 제이슨 베이비그 CEO는 2019년 저희 컨퍼런스에 와서 "우리 매출의 50%가 커뮤니티의 영향을 받는다"고 밝혔습니다.

이 성공은 아이언클래드의 커뮤니티 총괄인 베라 데베라<sub>Vera Devera</sub>가 수립한 전략 덕분입니다. 베라 데베라는 커뮤니티 전략의 세 가지 레벨(비즈니스, 커뮤니티, 실행)에서 사용하는 목표와 측정 기준을 저에게 공유해줬습니다(공개 불가한 일부 수치는 변경).

아이언클래드의 커뮤니티 전략 중 비즈니스 레벨은 다음과 같습니다.

- 목표: 분기마다 영업 파이프라인 확대
- 측정 기준: 파이프라인 접점 수, 확보된 고객사 수
- 실행 전략: 잠재 고객과의 신뢰와 권위 구축을 위한 고품질 행사 개최

비즈니스 레벨의 '실행 전략'은 커뮤니티 레벨의 전략 목표가 됩니다. 아이언클래드의 전략 커뮤니티 레벨은 다음과 같습니다.

- 목표: 고품질 행사를 개최해 잠재 고객과의 신뢰 및 권위 구축
- 측정 기준: 5개 행사 주최, 75개의 타깃 고객사 참석, 순추천지수 (NPS) 85점 이상
- 실행 전략: 타깃 계정에 초개인화된 이메일 초대장을 발송하고, 행사 전후 이메일 소통 절차를 개선한다

그리고 커뮤니티 레벨의 '실행 전략'은 이제 실행 레벨의 '목표'가 됩니다.

- 목표: 타깃 계정에 초개인화된 이메일 초대장을 보내고, 행사 전후 이메일 소통 절차를 개선한다
- 측정 기준: 타깃 계정 150곳에 초대장 발송, 초대 이메일 75%의 열람률 달성, 행사 관련 이메일 90% 열람률 달성, 행사 후 설문조사 75%의 응답률 달성
- 실행 전략: 150개 타깃 계정의 요구를 조사해 초대 문구를 작성,

이메일 초안에 대한 피드백 수집

이렇게 함으로써 여러분은 처음부터 최종 목표를 염두에 두고 구체적 업무를 시작할 수 있습니다. 비즈니스 목표가 무엇인지 명확히 파악하고, 해당 목표를 달성하는 커뮤니티를 어떻게 구축할지 계획을 세우세요. 이번 주, 이번 달, 이번 분기에 정확히 무엇에 집중할지, 그리고 그 활동이 궁극적으로 커뮤니티와 비즈니스에 어떤 영향을 미치는지 명확히 파악할 때까지 계속해서 세부화해 나갑니다.

데베라는 모든 행사를 꼼꼼히 추적하며 지속적으로 개선을 반복합니다. 행사가 고객에게 가치 있을 뿐만 아니라 비즈니스 목표에 대해서도 긍정적 영향을 미치도록 만드는 것이죠.

"저희는 세일즈포스와 베비를 활용해 커뮤니티가 판매에 어떤 영향을 미치는지 모든 것을 추적합니다. 특정 유형의 행사가 충분한 효과를 내지 못하면, 그 행사는 줄이고 더 큰 성과를 내는 행사에 집중합니다."

데베라가 커뮤니티를 위해 기획할 수 있는 경험의 양은 무한합니다. 데베라도 이 사실을 잘 알고 있지만, 비즈니스에 가장 큰 영향을 미치는 활동을 우선시함으로써 커뮤니티 프로그램이 계속해서 경영진의 지지를 얻고 마땅한 예산을 확보할 수 있도록 합니다.

모든 활동이 반드시 수익에 직접적인 영향을 미칠 필요는 없습니다. 그래서도 안 됩니다. 단순히 수익 창출만을 목적으로 멤버들을 연결한다면 삭막하고 진정성 없는 커뮤니티가 될 것입니다. 커뮤니티 팀의 많은 업무는 직접적으로 수익에 영향을 주지 않습니다. 하지만

커뮤니티가 달성해야 할 비즈니스의 영향력을 처음부터 명확히 이해
하면, 멤버들에게 필요한 가치를 제공하면서 동시에 회사의 성과 목
표도 달성하는 커뮤니티를 만들 수 있습니다.

## 커뮤니티 투자 여정

:

이제 진정한 커뮤니티를 구축하는 데 도움이 되는 실용적인 '방법'으
로 넘어갑니다. 여기서 여러분이 커뮤니티 투자 여정의 어느 단계에
있는지 파악하는 것이 중요합니다.

이 책을 읽는 분 중 일부는 커뮤니티 여정에서 꽤 진전된 상태일
수 있습니다. 이미 운영 중인 공간이 있고, 활발한 멤버 기반과 커뮤
니티의 탄탄한 토대를 갖추고 있을지도 모릅니다. 반면 어떤 분은 커
뮤니티를 처음부터 구축하고 있을 수도 있습니다. 새로운 스타트업
에 합류했거나, 사업은 안정적이지만 아직 커뮤니티 구축에 많은 투
자를 하지 않은 경우일 수 있죠.

여러분이 어느 지점에 있는지가 커뮤니티 전략에 영향을 미칩니
다. 새로운 커뮤니티를 관리할 때의 우선순위는 이미 확립된 커뮤니
티를 관리할 때의 우선순위와 매우 다릅니다. 새로운 커뮤니티는 아
직 확립된 규범이 없고, 멤버들도 강한 공동체 의식을 느끼지 못할
것이며, 운영 방식도 더 최소화될 겁니다. 반면, 잘 확립된 커뮤니티
는 시스템이 더 복잡하고, 멤버들이 이미 강한 공동체 의식을 갖고
기여 습관을 형성했기 때문에 자연스럽게 많은 성장과 참여가 이루

어질 것입니다.

커뮤니티의 성장 과정을 더 잘 이해하고, 현재 단계에 따라 어디에 시간을 집중할지 파악하기 위해 저는 '커뮤니티 라이프사이클 개념'을 활용합니다. 커뮤니티 라이프사이클 개념은 알리시아 이리베리 Alicia Iriberri와 곤디 르로이Gondy Leroy가 온라인 커뮤니티에 대한 연구에서 처음 개발했습니다.[10] 현재 온라인에서는 이 라이프사이클 개념의 다양한 버전을 찾아볼 수 있습니다.

커뮤니티 라이프사이클을 설명할 때 저는 '나무의 성장'에 비유해 설명합니다. 여기에는 총 네 단계가 있습니다.

1. 씨앗 단계: 커뮤니티가 처음 시작되는 시기로, 생존을 위해 많은 관심과 보살핌이 필요합니다.
2. 성장 단계: 커뮤니티가 '커뮤니티-시장 적합성'을 확보하고, 자연스럽게 성장하며 활발한 참여가 시작되는 시기입니다.
3. 성숙 단계: 커뮤니티가 안정적으로 자리를 잡아 명확한 규범과 리더십 구조를 갖추게 되는 단계입니다.
4. 분화 단계: 커뮤니티가 너무 커져서 주변부 또는 하위 커뮤니티로 확장 및 분화되는 시기입니다. 하위 커뮤니티들은 더 넓고 성숙한 메인 커뮤니티의 우산 아래에서 자체적인 씨앗 단계를 거쳐 새로운 라이프사이클을 시작합니다.

## 씨앗 단계

커뮤니티 생애의 가장 초기이자 시작점입니다. 이제 막 싹을 틔운

새싹에 비유할 수 있으며, 생존 가능성이 낮아 많은 관심과 세심한 보살핌이 필요합니다.

씨앗 단계의 커뮤니티는 아직 많은 비즈니스 가치를 창출하지 못할 겁니다. 열매를 맺기 위해 충분히 성숙한 나무가 필요한 것처럼 말이죠. 초기 단계에서는 당장의 비즈니스 가치 창출보다는 커뮤니티의 견고한 기반을 구축하는 데 집중해야 합니다.

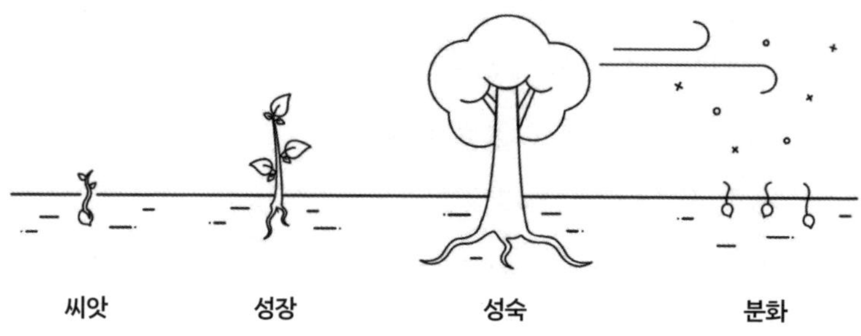



씨앗 단계는 본질적으로 하나의 아이디어에서 출발합니다. 아직 자신들만의 공간이 없는 사람들이 모일 것이라는 믿음에서 시작되는 거죠. 이 시기의 커뮤니티는 아직 강한 정체성이나 명확한 규범, 공유된 신념, 공식적인 구조를 갖추지 못했습니다. 커뮤니티의 가능성을 탐색하는 소규모 그룹에 가깝습니다.

오늘날 인터넷 시대는 진입 장벽이 매우 낮아 수백만 개의 커뮤니티가 쉽게 만들어지고, 사람들이 전 세계 누구와도 연결될 수 있습니다. 몇 번의 클릭만으로 페이스북 그룹을 시작하는 것도 가능하죠. 하지만 대부분의 커뮤니티는 시작 단계에서 벗어나지 못하고, 씨앗 단계에 머물러 있습니다. 이미 자리를 잡은 커뮤니티를 모델로 삼으면 커뮤니티 구축이 쉬워 보일 수 있지만, 사실 성공적인 론칭에는 엄청난 노력이 필요합니다.

커뮤니티 빌더는 아무도 나타나지 않거나 참여가 저조할 때에도 끈기 있게 계속해서 모습을 드러내야 합니다. 끊임없이 도전하고, 실패하고, 배우고, 상황에 적응해야 합니다. 토론의 90%를 스스로 시작해야 할 수도 있습니다.

커뮤니티 초기에 집중해야 할 사항들은 후속 단계에서 집중할 것들과 매우 다릅니다. 이미 성공적으로 자리 잡은 커뮤니티의 모습을 보고 새로운 커뮤니티 구축 방법을 배우려 하는 건, 잘 정착된 대기업을 모방해 새로운 스타트업을 성공시키려는 것만큼이나 현실성이 없습니다.

지금 우리가 보는 성공적인 커뮤니티들도 처음 시작할 때는 매우 다른 모습이었습니다. 새로운 커뮤니티를 시작하신다면 다른 커뮤니티의 성숙 단계가 아니라 그들이 어떻게 시작했는지, 즉 그들의 씨앗 단계가 어떠했는지에 집중하세요.

때로는 커뮤니티가 이 단계를 매우 빠르게 통과하기도 합니다. 모든 조건이 완벽하고, 사람들이 특정 커뮤니티를 강하게 갈망하고 있었으며, 커뮤니티가 씨앗 단계에서 즉시 성장 단계로 도약하는 경우입니다. 이러한 현상은 정치적 운동이나 시위 또는 폭동에서 자주 나타나는데, 이미 해당 주제에 대한 에너지가 크게 축적되어 있고, 순식간에 사람들을 동원하는 불씨가 있을 때 그렇습니다. 또 제품이 빠르게 컬트적인 인기를 얻는 '핫한' 스타트업에서도 이렇게 빠른 성장이 일어날 수 있습니다.

하지만 커뮤니티 초기에 올바른 기반이 구축되지 않으면, 빠르게 올라간 만큼 빠르게 무너질 수 있습니다. 대규모 시위가 하룻밤 사이에 수천 명, 수백만 명을 모으며 빠르게 불타오르지만 며칠이나 몇 주 만에 사라지는 이유가 여기에 있습니다. 커뮤니티의 성장을 지속적으로 지탱할 수 있는 핵심 리더십이 부재했고, 지속적인 참여를 유도할 계획이 없었기 때문이죠. 또 거리로 나온 후 커뮤니티가 함께 모이고 참여할 새로운 공간을 마련하지 못했습니다.

고객이 많은 기업이라면 첫날부터 커뮤니티를 빠르게 성장시키고 싶은 유혹을 느낄 겁니다. "왜 한 번에 1만 명의 고객을 새로운 포럼에 초대하면 안 되지?"라고 생각할 수 있죠. 하지만 큰 실수입니다. 커뮤니티 발전의 중요한 시기를 놓치게 되기 때문입니다.

모든 커뮤니티는 씨앗 단계에서 시작합니다. 이 단계에 시간을 충분히 들이고 작게 시작해야 합니다. '작은 것이 슈퍼파워'입니다. 모든 대형 플랫폼은 작게 시작했습니다.

레딧은 소프트웨어 엔지니어들이 주로 활동하던 단일 페이지로 시작했습니다. 페이스북은 한 대학 캠퍼스에서 시작했습니다. 트위터는 오데오Odeo라는 회사의 내부 커뮤니케이션 도구로 시작했고요. 세계의 모든 종교와 정당, 주요 도시도 한때는 아주 작은 변두리 공동체로 시작했습니다.

작게 시작하는 것이 중요한 이유는 '참여의 닭과 달걀 문제' 때문입니다. 모든 커뮤니티는 동일한 도전 과제에 직면합니다. 멤버들이 참여할 수 있는 콘텐츠를 생성할 사람이 필요합니다. 하지만 사람들이 콘텐츠를 만들도록 동기를 부여하려면 커뮤니티에 충분한 사람이 있어야 하지요.

예를 들어, 에어비앤비는 사람들이 숙소를 예약할 수 있도록 플랫폼에 숙소를 등록하는 사람이 필요합니다. 충분히 많은 숙소가 등록되기 전까지 사람들이 예약하러 오지는 않을 겁니다. 이 문제를 해결하려면 집중하는 대상의 범위를 줄여야 합니다. 에어비앤비의 경우, 전국이나 전 세계 모든 곳에서 공급자와 수요자 양측을 동시에 확보하려고 하기보다 한 도시에만 집중했습니다. 그쪽이 임계점에 도달하기 훨씬 쉬웠죠.

여러분의 커뮤니티에서도 더 작게 선별된 그룹에서 사회적 밀도를 형성하는 쪽이 훨씬 쉬울 겁니다. 그러면 모든 멤버에게 완벽하게 관심을 기울일 수 있죠. 경험을 의도적으로 통제하고 만들어갈 수 있습니다. 멤버들은 새롭고 신선하며 독점적인 무언가의 일부가 된다는 기분이 들어 특별함을 느낍니다. 이게 바로 강력한 기반을 구축하는 과정입니다.

이 초기 단계에서 커뮤니티 문화가 형성됩니다. 시간이 지나면서 문화는 진화하겠지만, 일단 이미 출발한 후에는 방향을 크게 바꾸기가 어렵습니다. 초기의 멤버들은 그 이후에 가입하는 모든 신규 멤버들의 분위기와 행동 양식을 설정합니다. 따라서 먼저 적합한 사람들을 모아야 합니다. 진정으로 커뮤니티에 몰입하고 투자할 사람들, 커뮤니티에 기여하는 콘텐츠에 대해 높은 기준을 가진 사람들, 그리고 함께 새로운 것을 만드는 데 전념할 '기여자Giver' 유형의 사람들이 필요합니다.

그리고 첫날부터 다양성, 형평성, 포용성에 투자해야 합니다. 커뮤니티가 성장 단계에 도달했을 때 모든 멤버와 리더가 다수 집단에 속해 있다면, 소외된 그룹의 사람들이 커뮤니티에 가입하도록 영감을 주기가 훨씬 어려울 겁니다. 씨앗 단계에서 이러한 가치들을 우선순위로 삼으면 커뮤니티가 성장할 때 탄력을 받을 수 있습니다.

씨앗 단계에서는 아직 자발적인 참여가 시작되지 않기 때문에 대부분의 시간을 참여 촉진에 할애해야 합니다. 확장 가능한 운영 시스템이나 측정 시스템을 완벽하게 구축하는 데 너무 몰두할 필요는 없습니다. 이 단계의 최우선 과제는 커뮤니티와 시장의 적합성을 찾는 것입니다. 이 단계에서는 모든 것이 민첩하게 진행되어야 하며, 새로운 참여 아이디어를 끊임없이 실험해야 합니다.

멤버들이 커뮤니티에 적극적으로 기여하도록 만들려면 직접 요청과 꾸준한 독려가 필요합니다. 아직 커뮤니티에 참여하는 습관이 만들어지지 않았기 때문입니다. 커뮤니티에 참여하는 방법에 대한 모범 사례가 거의 없고 확립된 문화나 가치, 신뢰도 부재한 상태입니다. 따라서 이러한 요소를 직접 하나하나 만들어 나가야 하며, 그러한 불확실성을 수용할 수 있는 얼리어답터들을 찾아야 합니다.

처음에는 새로운 멤버를 초대하는 일도 여러분이 직접 맡아야 합니다. 후속 단계에서는 기존 멤버가 새로운 멤버들을 초대하겠지만, 씨앗 단계에서는 그렇지 않습니다. 멤버들이 커뮤니티 참여를 통해 충분한 가치를 얻기 전까지는 친구들에게 커뮤니티를 추천할 이유가 없기 때문입니다. 따라서 멤버 모집은 전적으로 여러분에게 달려 있습니다.

커뮤니티에 지역 리더십 요소가 있어서 멤버가 자체 지역 지부와 행사를 운영할 수 있도록 권한을 부여한다면, 당분간은 직접 행사를 주최하고 몇몇 지부와 협력하게 될 겁니다. 이 단계에서는 전 세계 지부에 적용할 수 있는 반복 가능한 운영 형식을 찾는 데 집중해야 합니다.

이 단계에서는 정말 실무적으로 접근하세요. 와이콤비네이터Y combinator의 공동창업자였던 폴 그레이엄Paul Graham이 스타트업 초기에 한 유명한 말이 있지요. "확장 불가능한 일을 하라."

커뮤니티는 제품이나 스타트업과 유사합니다. 초기에는 사람들을 만족시키기 위해 과도하게 노력해야 하며, 가능한 한 빨리 그리고 많이 배우는 데 집중해야 합니다. 만약 처음에 모든 멤버에게 직접 전화를 걸어 참여를 유도해야 한다면, 그렇게 하세요. 우리는 흔히 이렇게 생각하지요. '커뮤니티 멤버가 1,000명이나 되면 모든 멤버에게 일일이 전화할 수는 없을 거야.' 그래서 이러한 방법은 되도록 피하려고 하지요. 하지만 지금은 할 수 있으니, 그렇게 해야 합니다. 더 이상 할 수 없을 때까지 계속해야 합니다.

### 성장 단계

커뮤니티가 씨앗 단계를 성공적으로 지나면, 이제 성장 단계에 접어듭니다. 이 단계에서는 커뮤니티가 활기를 띠기 시작하며, 여러분이 일일이 나서서 촉진하거나 자극하지 않아도 더 많은 콘텐츠와 토론이 커뮤니티 내에서 자발적으로 생성됩니다. 온라인 토론 중심 커뮤니티의 경우, 여러분이 시작하는 토론과 커뮤니티 멤버가 시작하는 토론의 비율이 50 대 50에 가까워질 겁니다. 또 기존 멤버가 다른 사람에게 커뮤니티를 추천하기 시작하면서 신규 멤버의 유입 또한 더 자발적으로 이루어집니다.

커뮤니티 전략은 이 단계에서 더욱 체계화되기 시작합니다. 모든 측정 시스템이 구축되어 있거나 운영이 효율화되어 있지 않을 수 있지만, 적어도 올바른 방향으로 나아가고 있습니다. 이제 커뮤니티가 매출에 미치는 영향을 보여주는 명확한 스토리와 최소한의 데이터를 제시할 수 있지요. 전문적인 커뮤니티 역할의 필요성이 대두되면서 두 번째나 세 번째 커뮤니티 전문가를 고용하게 될 수도 있습니다. 여기에는 커뮤니티 운영 관리자, 프로그램 관리자, 참여 관리자 등이 포함될 수 있습니다.

커뮤니티 내에 이른바 '핵심 멤버' 그룹이 생겨나고 내부 핵심 집단이 형성되면서 계층이 생기기 시작합니다. 활동 분포를 보면 수동적 멤버, 활동적 멤버, 리더십을 발휘하는 멤버로 나뉘는 현상을 관찰할 수 있을 겁니다(이 내용은 4장에서 더 자세히 다룹니다).

그리고 커뮤니티 내에서 발생한 긍정적 및 부정적 경험에 대응해 새로운 규칙과 기준이 만들어질 것입니다. 처음에는 규칙이 거의 없지만, 누군가가 기술적으로는 규칙을 위반하지 않았지만 실질적으로는 커뮤니티에 해를 끼치는 상황을 만나면서 점차 규칙을 추가하게 됩니다.

또 고유한 언어와 상징, 기타 정체성을 표현하는 요소들이 발달하기 시작합니다. 의식이 자리를 잡기 시작하지요. 커뮤니티 내에서 새로운 역할이 형성되는데, 처음에는 비공식적이다가 시간이 지나면서 공식화됩니다. 예를 들어, 모더레이터나 앰배서더 프로그램 같은 것이 생겨날 수 있습니다.

만약 지역 리더십 프로그램을 운영하고 있다면, 이 단계는 전적으로 학습과 성장의 시기입니다. 어떤 종류의 행사와 경험이 효과적인지에 대한 명확한 아이디어를 얻게 되고, 리더들이 더 큰 성공을 거둘 수 있도록 플레이북에 새로운 인사이트를 지속적으로 추가합니다. 정기적으로 새로운 지부를 추가하고, 새로운 리더를 모집, 승인, 온보딩하는 프로세스를 개선하고 있을 가능성이 큽니다.

이 단계에서 커뮤니티 빌더로서 여러분의 역할은 '창조'보다는 '촉진'에 가까워집니다. 나무가 자라고 있을 때 여러분은 물을 주고, 가지치기를 하고, 건강하게 유지하는 역할을 하면 됩니다. 이 단계에서는 커뮤니티 문화를 더 공고히 하고, 다양한 프로세스를 더 체계화할 기회를 끊임없이 찾아야 합니다.

### 성숙 단계

성숙 단계에 접어들면, 커뮤니티는 상당히 성장한 상태입니다. 이제 명확한 기준과 의식, 가이드라인, 역할, 언어, 상징, 다양한 문화적 규범을 갖추고 있을 겁니다. 이 시점에서 콘텐츠의 약 90%는 커뮤니티에서 자체 생성되고, 커뮤니티 관리자로서 여러분의 주된 업무는 관리와 조정, 리더 지원, 원활한 운영을 유지하는 것입니다. 운영 측면의 역할이 더 커지지요.

커뮤니티는 명확한 가이드라인과 이를 효과적으로 시행할 수 있는 시스템을 갖춰야 합니다. 규모가 커짐에 따라 커뮤니티를 효율적으로 관리할 수 있는 커뮤니티 관리 전담 팀이 구성될 가능성이 높습니다. 지역 리더십 프로그램의 경우, 이제 지역 지부와 행사를 성공적으로 운영하는 방법에 대한 심층적인 플레이북을 보유하게 됩니다. 지역 지부를 위한 팀 구조가 확립되고, 새로운 지부 모집, 승인, 온보딩을 위한 명확한 프로세스도 갖추게 됩니다. 전체 프로그램의 성과를 추적할 수 있는 정교한 시스템도 마련됩니다.

이 단계에서는 커뮤니티 전략과 운영 또한 확고히 자리 잡습니다. 커뮤니티 팀에 여러 명의 전문가가 있을 가능성이 크고, 각기 다른 제품이나 영역에 집중하는 여러 커뮤니티 팀이 구성될 수도 있습니다. 커뮤니티 참여도와 비즈니스 영향력을 측정하는 명확한 시스템도 갖추게 됩니다.

커뮤니티가 완전히 성숙해지면, 성장과 참여 면에서 정체기를 경험할 수 있습니다. 커뮤니티가 더 이상 멤버들에게 새롭고 흥미롭게 느껴지지 않을 수 있죠. 커뮤니티 규모가 너무 커져서 사람들은 더 친밀한 소규모 커뮤니티 경험을 찾고 있을지도 모릅니다. 바로 여기서 커뮤니티 분화가 일어납니다.

## 커뮤니티 분화

분화는 커뮤니티의 자연스러운 진화 과정입니다. 커뮤니티가 너무 커지면 특정 멤버 그룹의 경험을 맞춤 제공하기 어려워지고, 자연스럽게 권력이 재분배됩니다.

예를 들어, 음악을 좋아하는 사람들을 위한 커뮤니티가 있다고 가정해봅시다. 처음에는 단순히 '음악'이라는 큰 주제만으로도 모든 멤버에게 흥미를 줄 수 있습니다. 초창기에는 대부분의 멤버가 포크 음악처럼 비슷한 장르에 관심을 가질 가능성이 큽니다. 하지만 커뮤니티가 성장하고 성숙해지면서 다양한 음악 취향을 가진 수만 명의 멤버가 생겨납니다. 일렉트로닉 음악에 관심 있는 사람들은 자신들만의 공간에서 연결되기를 원하게 되죠. 이럴 때 보통 두 가지 중 하나의 상황이 발생합니다. 커뮤니티 내에서 하위 그룹을 형성하거나, 기존의 공간 밖에서 자신들만의 커뮤니티를 새로 만드는 것이죠.

레딧은 플랫폼 내에서 하위 그룹을 생성해 분화를 아주 잘 처리한 사례입니다. 레딧은 링크를 공유할 수 있는 단일 페이지로 시작했지만, 결국 사람들이 페이지에 질문을 올리기 시작했죠. 단일 페이지였기 때문에 모든 콘텐츠가 하나의 피드에 공존해야 했습니다. 많은 사용자가 커뮤니티에 질문이 올라오는 것을 달가워하지 않았고 불만을 제기하기 시작했습니다. 레딧에서 원하는 것을 찾지 못하면 멤버들이 나가서 다른 곳에 커뮤니티를 만들 게 분명했지요.

레딧은 커뮤니티에 질문을 올릴 수 없다는 규칙을 만들 수도 있었지만, 만일 그랬다면 해당 멤버들이 커뮤니티를 떠나 다른 곳에 새 커뮤니티를 형성했을 겁니다. 이때 레딧은 'AskReddit'이라는 최초의 서브레딧으로 질문 전용 별도 공간을 마련했습니다. 이 전략은 효과가 있었고, 멤버들은 이 큰 커뮤니티 안에 자신들만을 위한 전용 공간이 생긴 것에 대해 매우 만족해했습니다. 현재 레딧 플랫폼에는 200만 개가 넘는 서브레딧이 존재합니다.

역사적으로 커뮤니티 분화의 예는 무수히 많습니다. 국가가 새로운 국가를 낳고, 종교가 새로운 종교로 분파하며, 정치 세력이 새로운 정치 세력을 형성하는 것과 같습니다. 여러분 개인의 삶에서도 친구 그룹이 합쳐지거나 새로운 그룹으로 나뉘는 모습을 목격했을 겁니다. 모든 집단은 기존 집단에서 비롯됩니다.

오늘날 우리가 '커뮤니티'라고 부르는 모든 것은, 한 그룹의 멤버들이 자신들의 요구를 더 잘 충족시키기 위해 새로운 그룹을 만들기로 결정한 데서 시작했습니다. 이는 인간 경험의 핵심이지요. 우리는 커뮤니티의 진화를 수천 년 전으로 거슬러 올라가 추적할 수 있으며, 증거를 찾을 수 있다면 인류 역사의 초기까지도 거슬러 올라갈 겁니다.

커뮤니티가 이 단계에 도달하면, 이제 중요한 선택을 해야 합니다. 분화에 맞서 싸울 것인가, 아니면 이를 받아들일 것인가? 분화에 맞서 싸우면 해당 멤버들이 다른 곳에 자신들만의 커뮤니티를 만들도록 떠미는 것과 같습니다. 분화를 받아들인다는 건 적극적으로 리드하는 멤버들에게 기꺼이 권한을 분배하는 것을 의미합니다. 권한 분배를 거부하는 사람은 결국 그 권한을 잃게 됩니다.

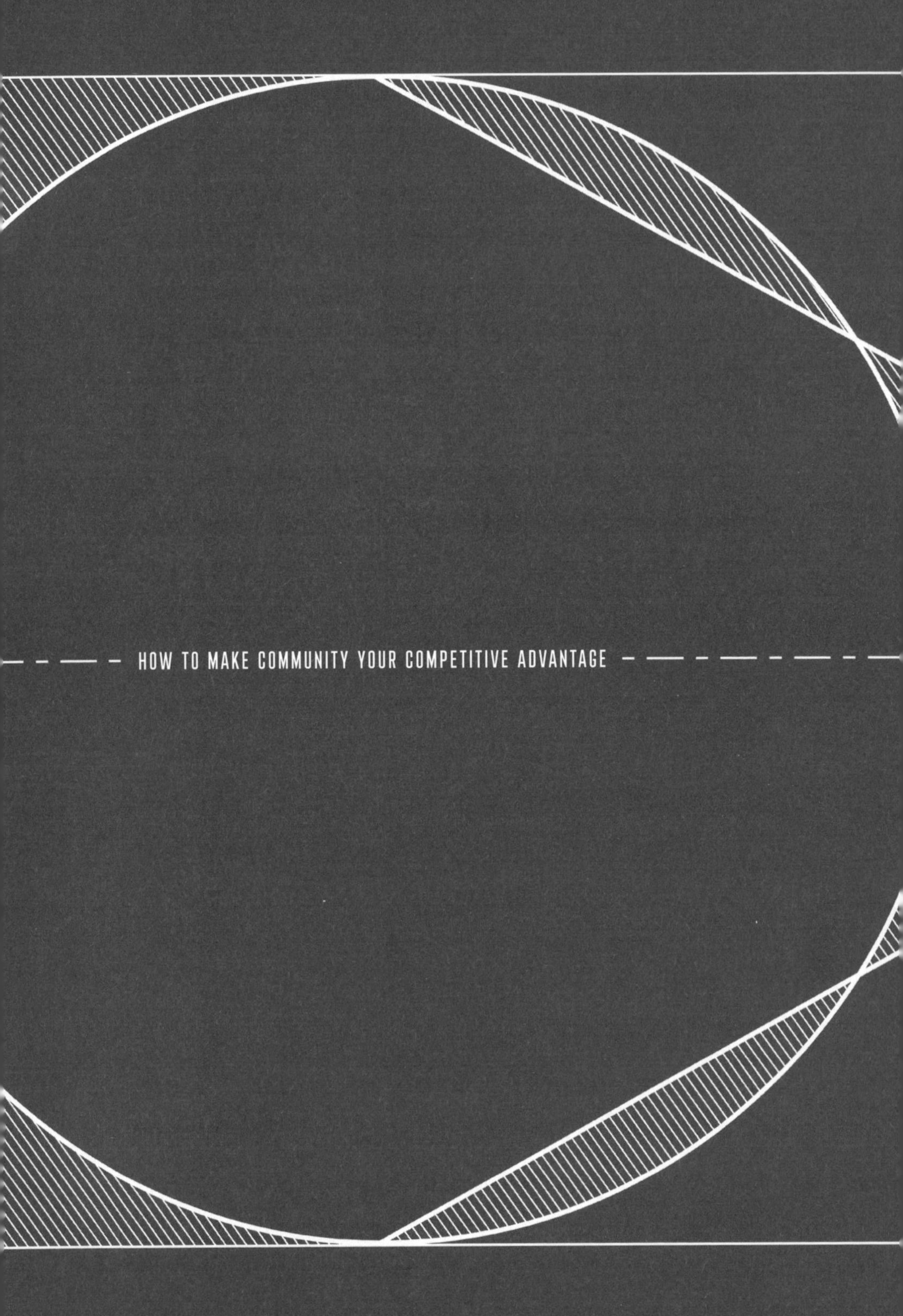
HOW TO MAKE COMMUNITY YOUR COMPETITIVE ADVANTAGE

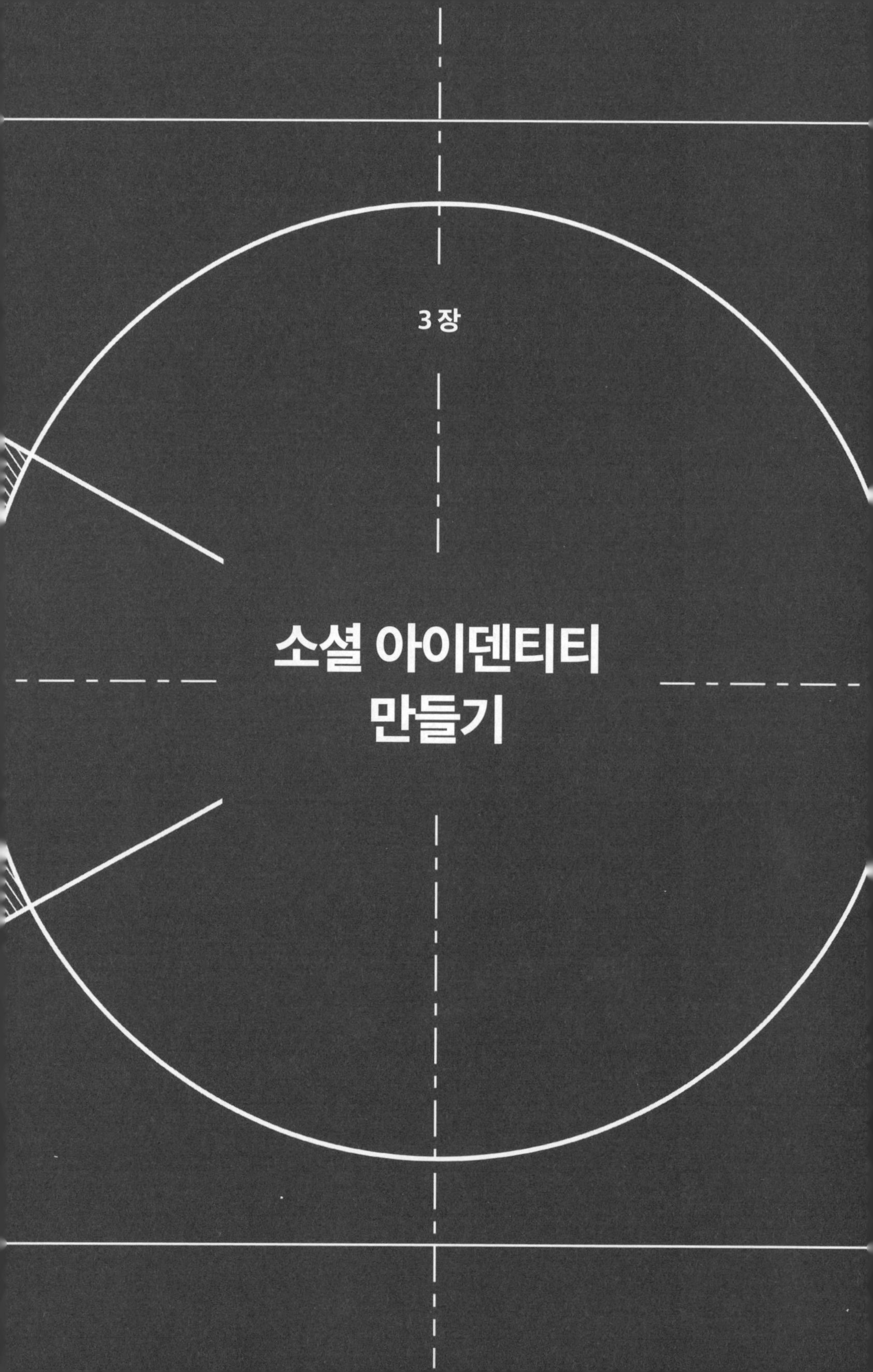

3장

# 소셜 아이덴티티 만들기

지금까지 커뮤니티 전략 1레벨에서 달성할 수 있는 비즈니스 성과와 커뮤니티가 비즈니스에 기여할 수 있는 측정 가능한 구체적 목표에 대해 논의했습니다. 이번 장에서는 커뮤니티 전략의 2레벨로 넘어가, 참여도 높고 건강한 커뮤니티를 구축하는 방법에 대해 논의하겠습니다.

이를 위해 '소셜 아이덴티티 사이클Social Identity Cycle'이라는 도구를 사용하는데, 이 도구는 한 개인이 어떻게 주변인에서 시작해 커뮤니티에 깊이 몰입하는 멤버가 되는지의 과정을 설명합니다. 제대로 된 소셜 아이덴티티를 설계하면 많은 사람을 자발적으로 커뮤니티에 이끌 수 있습니다.

# 소셜 아이덴티티 사이클

:

커뮤니티의 핵심은 '정체성'입니다. 사람들은 참여하는 그룹의 공유된 정체성을 중심으로 퍼스널 정체성의 상당 부분을 형성합니다. 우리는 우리가 속한 그룹에 존재하는 신념과 스타일, 언어, 상징, 의식과 표현 방식을 받아들입니다.

커뮤니티를 구축한다는 건 본질적으로 소셜 아이덴티티를 창조하는 것이죠. 멤버들이 받아들일 수 있는 신념이나 표현, 행동 같은 것들을 만들고 강화하는 것입니다. 포럼, 행사, 로고, 플레이북 등 커뮤니티를 위해 구축하는 모든 것은 공유된 정체성을 강화하기 위함이며, 이 정체성을 공유하는 사람들이 모일 수 있는 공간을 창출하기 위해 존재합니다.

공유된 정체성을 받아들이는 정도에 따라 커뮤니티 속 소속감의 크기가 달라집니다. 한 커뮤니티 빌더는 커뮤니티 로고를 몸에 문신하는 멤버의 수로 성공을 측정한다고 농담처럼 말합니다. 사람은 사랑하는 커뮤니티가 생기면 세상에 그것을 알리고 싶어 합니다.

따라서 번성하는 커뮤니티를 구축하는 열쇠는 매력적인 소셜 아이덴티티를 개발하고, 그 아이덴티티를 공유하는 사람들을 지속적으로 모으는 데 있습니다. 물론 커뮤니티에 막 가입한 사람이 처음부터 강한 소셜 아이덴티티를 느끼지는 않습니다. 그들은 새로운 사회적 공간 속의 개인에 가깝습니다. 하지만 시간이 지나면서 참여를 늘리고 그룹으로부터 인정받는 느낌을 받으면 소셜 아이덴티티를 더 강하게 받아들이게 됩니다.

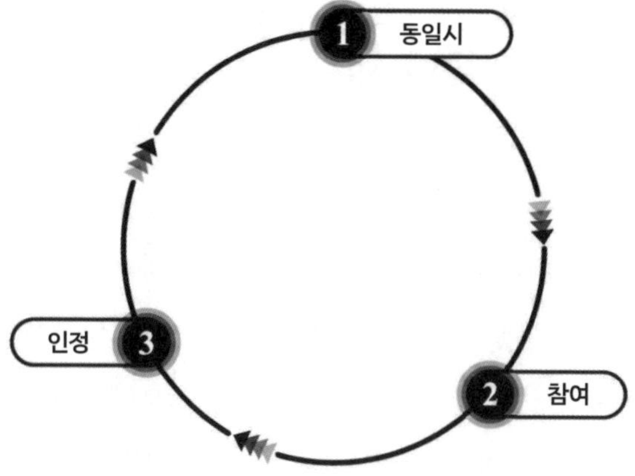


소셜 아이덴티티 사이클은 세 가지 단계로 구성됩니다.

1. 동일시: 개인이 커뮤니티와 동일시하고, 그룹의 소셜 아이덴티
   티에 매력을 느낍니다.
2. 참여: 개인이 커뮤니티 경험에 참여하기 위해 어떤 행동을 취합
   니다.
3. 인정: 어떤 방식으로든 참여에 대한 보상이 주어져 참여에 대한
   긍정적 감정을 느끼게 되며, 이는 공유된 정체성에 대한 몰입을
   강화합니다. 그리고 이 사이클이 반복됩니다.

사이클이 반복되면서 개인은 커뮤니티에 더 깊이 몰입하게 됩니
다. 그들은 자신의 정체성을 더 깊이 수용하고, 더 크고 꾸준한 방식
으로 참여하며, 높아진 참여에 대해 더 큰 인정과 보상을 받게 됩니
다. 시간이 지나면서 꾸준한 참여를 하게 되면, 커뮤니티 멤버는 사회

심리학자 헨리 타지펠Henri Tajfel이 1974년에 만든 '소셜 아이덴티티 이론'[11]의 세 가지 단계를 거치게 됩니다.

1. 사회적 범주화: 우리는 자신을 커뮤니티와 동일한 일반적 범주에 속한다고 인식합니다. (예: 나는 야구를 좋아하고 뉴욕에 살고 있으니 양키스 경기를 보기 시작할 것이다)
2. 사회적 동일시: 우리는 자신을 그룹의 일원으로 간주하며, 공유된 정체성을 채택하기 시작합니다. (예: 나는 양키스 팬이고, 팬임을 나타내기 위해 양키스 셔츠를 입을 것이다)
3. 사회적 비교: 우리 그룹의 지위를 우리의 자존감과 연결하고, 우리 그룹을 외부 그룹과 비교하기 시작합니다. (예: 나는 양키스의 성공을 깊이 신경 쓰며, 보스턴 레드삭스를 싫어한다)

누군가가 소셜 아이덴티티 사이클을 반복하는 과정에서 시간의 경과에 따라 범주화에서 동일시로, 동일시에서 비교로 이동하는 모습을 상상해보세요.

소셜 아이덴티티 사이클이 실제로 어떻게 작동하는지에 대한 실례로, 세일즈 해커Sales Hacker라는 커뮤니티를 살펴보겠습니다. 현재 세일즈 해커는 세계에서 가장 큰 B2B 세일즈 전문가 커뮤니티입니다. 2013년 맥스 알트츨러(제가 CMX를 시작할 때 도움을 준 사람)가 이 커뮤니티를 만들었을 당시에는 작은 모임에 불과했어요. 하지만 맥스는 커뮤니티를 성장시키고, 컨퍼런스를 만들어 자신이 처음부터 원했던 현대적 교육과 훈련을 제공하는 플랫폼으로 키워냈습니다.

세일즈 해커의 정체성은 커뮤니티의 성공을 이끄는 핵심이고, 이는 멤버가 공유하는 태도와 신념에 기반합니다. 이들은 더 스마트하게 일하는 방법을 찾고, 새로운 도구와 기술을 활용해 세일즈 프로세스를 최적화하는 데 초점을 맞춥니다. 이를 커뮤니티가 주도하지요.

세일즈 해커의 미션 선언문은 멤버들에게 다음과 같은 점을 명확히 전합니다. "성공적인 세일즈를 위해 커뮤니티가 필요합니다. 멘토, 후원자 그리고 서로 도우려는 사람들이 필요합니다. 우리 모두가 함께 일하고 서로를 도와야 합니다."

처음 세일즈 해커 커뮤니티에 들어온 사람은 세일즈 해커 정신에 약간의 관심을 가진 세일즈맨에 불과합니다. 시간이 지나 커뮤니티에 더 많이 참여하게 되면, 그들은 진정한 '세일즈 해커'로 거듭나 소셜 아이덴티티에 완전히 동화됩니다.

가령, 캠이라는 세일즈맨이 세일즈 해커 커뮤니티에 대해 듣고, 소셜 아이덴티티 사이클을 통해 다음과 같은 여정을 시작한다고 가정해 보겠습니다.

1. 동일시: 캠은 자신을 영업 전문가로 인식합니다. 트위터에서 누군가가 공유한 기사를 통해 세일즈 해커를 알게 됐고, 웹사이트를 발견합니다. 여기에 수천 명의 영업 전문가와 수백 개의 기사, 자료가 있음을 발견하고 관심이 높아집니다. 이는 소셜 아이덴티티의 '범주화' 단계에 해당합니다.
2. 참여: 세일즈 해커의 콘텐츠가 유용하고 커뮤니티 사람들이 마음에 들어 캠은 세일즈 해커 뉴스레터에 가입합니다. 작은 시작이지

만, 캠은 커뮤니티에 대해 더 알고 싶어 하며 몇 개의 기사를 더 읽고 세일즈 해커 온라인 커뮤니티에 가입합니다.

3. 인정: 캠은 세일즈 해커에서 훌륭한 첫 경험을 합니다. 팀이 보낸 아주 정성스러운 웰컴 이메일을 받았고, 세일즈 해커의 사명과 가치에 대해 설명을 들었습니다. 캠은 이 가치가 자신과 잘 맞는다고 느낍니다. 커뮤니티 관리자와 여러 멤버들이 개인적으로 캠을 환영해주었고, 캠은 소속감을 느낍니다. 이미 많은 콘텐츠를 통해 새로운 것들을 배우고 있습니다. 이 사이클이 반복됩니다.

4. 동일시: 인정을 받으면서 캠은 이 커뮤니티가 정말로 즐길 수 있는 곳이라는 느낌을 받게 되었습니다. 캠은 공유된 정체성을 더 강하게 느끼기 시작하고, 이 커뮤니티가 자신의 가치와 일치한다는 점을 높이 평가합니다. 아직은 신입이라 자신을 '세일즈 해커'라고 부르기는 좀 이르지만, 더 적극적으로 참여하고 싶어 합니다.

5. 참여: 용기를 내어 캠은 커뮤니티에 적극적으로 참여하기 시작합니다. 소개 인사를 하고, 다른 멤버의 질문에 답글을 달았습니다. 그리고 캠은 자신이 고민 중인 질문을 커뮤니티에 올리며 첫 토론을 시작합니다. 마지막으로 캠은 자신의 지역에서도 행사가 열린다는 사실을 발견하고 참석하기로 결정합니다.

6. 인정: 캠이 참여한 모든 경험은 매우 만족스러웠습니다. 사람들은 캠의 댓글을 좋아했고, 캠은 자신의 토론에 대해서도 훌륭한 답변과 피드백을 많이 받았습니다. 캠은 지역 행사에 참석해 멋진 사람들을 몇 명 만났고, 곧 점심을 함께 하기로 했습니다. 이 사이클이 반복됩니다.

7. 동일시: 6개월이 지났습니다. 캠은 커뮤니티 단골 멤버가 되었습니다. 그는 자랑스럽게 자신을 '세일즈 해커'라고 밝히며 강한 소셜 아이덴티티를 느낍니다. 캠은 가끔 세일즈 해커 티셔츠를 입고, 이벤트로 받은 스티커를 노트북에 붙였습니다.

8. 참여: 캠은 이제 일주일에 몇 번씩 커뮤니티에 들어와 여러 행사에 참석합니다. 주간 뉴스레터를 반갑게 받습니다. 연례 대회 참석 후 캠은 지부 리더십 팀에 지원했으며, 월마다 열리는 지역 B2B 세일즈맨을 위한 행사를 만들었습니다. 이제 그는 세일즈 해커의 열성적인 지지자가 되어 다른 세일즈맨에게 가입을 권유합니다.

9. 인정: 세일즈 해커에 깊이 참여하면서 캠은 큰 가치와 자부심을 얻었습니다. 지역 커뮤니티는 성장했고, 강한 리더로서 명성을 쌓을 수 있었습니다. 네트워크를 통해 여러 번의 구직 제안을 받았고, 이 모든 경험을 통해 많은 걸 배웠습니다. 그는 지부 리더로서 비공개 커뮤니티, 무료 행사와 교육 참여 등 다양한 혜택을 받고 있으며, 배우고 네트워크를 확장하면서 커뮤니티를 더 활성화시킬 방법을 연구하고 있습니다.

사이클이 반복되면서 캠은 더 깊은 소셜 아이덴티티를 느끼고, 더 다양한 방식으로 참여하며, 자신의 참여에 대해 더 많은 인정과 확신을 경험합니다.

물론 모든 멤버가 이 사이클을 성공적으로 거치는 것은 아닙니다. 소셜 아이덴티티가 자신과 맞지 않는다고 느껴 이탈하는 이도 있습니다. 참여 방법을 모르거나, 참여했으나 아무도 반응하지 않거나, 어떤 식으로든 인정을 받지 못해 이탈할 수도 있습니다.

이탈은 흔합니다. 여러분의 커뮤니티가 모든 사람에게 맞을 수는 없습니다. 하지만 멤버들이 이 사이클을 성공적으로 거칠 수 있게 돕고, 더 적극적으로 참여할 가능성을 높일 수 있는 방법은 많습니다. 어쩌면, 아주 소수지만 커뮤니티 문신을 새기는 사람이 나올 수도 있지요.

이번 장의 나머지 부분은 '1단계: 동일시'에 대해 다루며, 커뮤니티를 위해 명확하고 매력적인 소셜 아이덴티티를 만드는 방법을 살펴보겠습니다. '2단계: 참여'는 5장과 6장에서, '3단계: 인정'은 7장에서 다루겠습니다.

## 당신의 커뮤니티는 누구를 위해 만들어졌는가?

:

소셜 아이덴티티는 커뮤니티처럼 시간이 지나면서 자연스럽게 형성되는 경향이 있습니다. 커뮤니티 라이프사이클을 나무에 비유한 것을 기억하시나요? 오늘 당장 당신의 커뮤니티 소셜 아이덴티티가 정확히 뭔지 알 필요는 없습니다. 커뮤니티의 씨앗을 심기만 하면, 시간이 지나면서 고유한 소셜 아이덴티티가 형성됩니다.

그렇지만 당신의 커뮤니티가 누구를 위한 것인지에 대해 확고한 이론을 갖고 있어야 합니다. 그리고 구축하고자 하는 소셜 아이덴티티에 대한 비전이 필요합니다.

가장 상위 수준에서 커뮤니티의 소셜 아이덴티티를 정의하는 데 도움이 되는 세 가지 질문이 있습니다.

- 사람: 우리는 누구인가요?
- 목적: 우리는 무엇을 믿나요?
- 참여: 우리는 무엇을 하나요?

이 질문에 답함으로써 현재 및 잠재적 멤버들에게 더 명확하게 소셜 아이덴티티를 설명할 수 있습니다. CMX를 예로 들어보지요.

- 우리는 누구인가요? 우리는 야심 차고, 공감 능력이 뛰어나며, 혁신적인 커뮤니티 전문가 집단입니다.
- 우리는 무엇을 믿나요? 커뮤니티 구축이 비즈니스의 미래이며, 세상에서 가장 중요한 일 중 하나라고 믿습니다.
- 우리는 무엇을 하나요? 우리는 온라인과 오프라인에서 지식을 교환하고, 어려운 도전을 함께 극복하며, 각자의 조직을 위해 성장하는 커뮤니티를 성공적으로 구축하도록 서로 돕습니다.

때로는 답이 분명할 수 있지만, 때로는 당신의 커뮤니티가 누구를 위한 것인지, 또 누구를 위한 것이 아닌지 알아내기 위해 상당한 숙고가 필요합니다. 커뮤니티 콘셉트 하나를 구상했는데 아무도 관심을 주지 않을 수도 있습니다. 여기서 핵심 질문은 "사람들이 정말 이 커뮤니티를 필요로 하는가?"입니다.

## 확신이 없다면 더 구체적으로

일반적으로 소셜 아이덴티티가 더 구체적일수록, 그 아이덴티티를 공유하는 사람들이 커뮤니티의 필요성을 느낄 가능성이 높아집니다.

예를 들어, '자전거 타는 사람들'이라는 일반적인 아이덴티티를 생각해보죠. 이 아이덴티티는 너무나 광범위해서 누군가 이 커뮤니티를 보고 '아, 이 사람들이 내 사람들이다!' 하고 생각할 가능성은 낮습니다. 좀 더 구체적으로 만들어보죠.

'레이싱 바이크를 타는 사람들'이라고 하니 좀 더 구체적이네요. '레이싱 바이크 타는 사람들을 모으는 커뮤니티'의 개념이 분명하게 보입니다. 하지만 좀 더 구체적으로 만들 여지가 있습니다. 사람들은 여러 가지 목적으로 레이싱 바이크를 타니까요. 이러한 요소를 아이덴티티에 추가해보죠.

'레이싱 바이크를 타고 경기에 참여하는 사람들!' 이제 커뮤니티로서의 기회가 보입니다. 레이싱 바이크를 타는 분들은 할 이야기가 많을 거예요. 하지만 그런 분들이 선택할 수 있는 커뮤니티는 이미 많을 거예요. 여기에 위치 요소를 추가해봅시다.

'텍사스 오스틴에서 레이싱 바이크를 타고 경기에 참여하는 사람들!' 이제 구체적인 아이덴티티가 생겼네요. 오스틴 레이싱 바이커 커뮤니티! 이들이 그룹 라이딩과 모임을 갖고, 함께 탐험할 멋진 루트를 공유하는 모습이 상상됩니다. 더 나아가 아이가 있는 사람을 추가해봅시다.

'텍사스 오스틴에서 레이싱 바이크를 타고 경기에 참여하며 부모인 사람들!' 와우, 정말 멋진 커뮤니티가 만들어지고 있는 것 같네요.

오스틴에는 자녀가 있는 레이싱 바이커들이 분명 있을 것이며, 바이크에 대한 열정과 가족과의 시간 사이에서 균형을 잡으려고 노력하는 분도 있을 겁니다. 아마도 이들은 가족 라이딩을 좋아하고, 모두가 공유하는 구체적 도전을 함께 할 수 있을 겁니다.

이 모든 게 소셜 아이덴티티입니다. 이 모든 게 '커뮤니티'로 간주될 수 있지요. 그러나 아이덴티티가 구체화될수록, 그 아이덴티티를 공유하는 사람들은 동일한 목표와 도전을 더 많이 공유할 가능성이 높아집니다. 서로를 도울 기회도 많아지고요. 아이덴티티의 의미가 더 깊어집니다. 이러한 사람들에게 강한 소속감을 갖게 만들기는 더 쉬워집니다.

만약 제가 소프트웨어 엔지니어이고, 이미 제가 좋아하는 엔지니어링 커뮤니티에 속해 있다면 굳이 새로운 커뮤니티가 필요하지는 않겠죠. 새로운 엔지니어링 커뮤니티에 참여하도록 저를 설득하기는 어려울 겁니다.

반대로 엔지니어가 적은 도시에 살거나, 아직 진정으로 소속감을 느끼는 커뮤니티를 찾지 못했다면 적극적이든 수동적이든 저는 커뮤니티를 찾고 있을 겁니다.

때로는 아이덴티티를 더 넓게 정의하는 게 기회를 가져올 수도 있습니다. 앨리슨 메디나Allison Esposito Medina가 설립한 커뮤니티가 좋은 예입니다. 2015년 구글에서 근무하던 앨리슨은 테크 분야에 있는 대부분의 여성들처럼 남성 중심 산업에서 많은 어려움을 겪었습니다. 하지만 테크 분야에서 일하는 여성들을 위한 대부분의 커뮤니티는 여성 엔지니어라는 협소한 아이덴티티를 중심으로 운영되고 있었습니다. 앨리슨은 테크 분야에서 일했지만, 엔지니어가 아니라 콘텐츠 매니저였죠. 앨리슨은 테크 분야에서 일하는 모든 여성을 위한 커뮤니티가 필요하다고 느꼈습니다. 그렇게 테크 레이디스Tech Ladies가 탄생했습니다!

이 커뮤니티는 10만 명 이상의 회원으로 성장했고, 서로를 지원하고 격려할 수 있는 안전한 공간을 제공했으며, 수백 명의 여성이 테크 분야에서 일자리를 얻도록 도왔습니다. 알고 보니 커뮤니티를 찾고 있는 테크 분야의 여성들이 정말 많았던 것이죠.

## 고립감을 느끼는 사람들을 찾아라

고립감을 느낄 때 우리는 커뮤니티를 찾기 시작합니다. 이는 인간의 본성입니다. 공감할 수 있는 집단이 보이면 그쪽으로 끌리게 되지요. 커뮤니티는 그런 면에서 중력의 중심처럼 작용해 고립되고 외로운 사람들을 따뜻하게 포용해줍니다.

잘 연결된 사람들처럼 보이지만, 정체성 일부에서는 고립감을 느끼는 사람들이 있지요. 친구나 가족과 연결되어 있지만 직장에서는 고립감을 느낄 수 있고, 동료와 연결되어 있지만 같은 인종이나 성적 지향을 가진 동료를 찾고 있을 수도 있습니다. 오스틴의 레이싱 바이커들은 좋은 네트워크를 갖고 있지만, 부모이면서 레이싱 바이크를 즐기는 사람은 자신밖에 없다고 느낄 수 있습니다.

모든 사람은 자신의 정체성 어느 부분에서 고립감을 느낄 가능성이 큽니다. 커뮤니티를 형성할 기회는 항상 존재하지요. 고립된 정체성을 찾기만 하면 됩니다.

사람들은 종종 이렇게 말합니다. "이미 ○○에 관한 커뮤니티가 너무 많은데, 정말로 또 하나가 필요할까요?" 더 넓은 주제를 다루는 커뮤니티가 이미 있다고 해서 가치 있는 커뮤니티를 만들 수 없다는 뜻은 아닙니다.

여러분의 청중이 연결을 원하고 있지만 연결하지 못하는 대상은 누구인가요? 공유하고 싶은 게 있는데 안전하게 표현할 공간이 없어서 못하고 있는 건 무엇인가요? 그들의 정체성 중 어떤 부분을 표현할 공간이 필요한가요?

자신을 안전하게 표현하고 다른 곳에서 얻을 수 없는 가치를 얻을 수 있는 공간을 만들 수 있다면, 성장하는 커뮤니티가 가능해집니다.

## 누구를 배제할 것인가?

:

이상적인 멤버를 정의하는 데 도움이 되는 방법 중 하나는 '누구를 배제할 것인가' 스스로 묻는 것입니다. 그렇다고 여러분의 커뮤니티가 포용적이지 않다는 뜻은 아닙니다.

모든 커뮤니티에는 속하는 사람과 속하지 않는 사람이 있습니다. 여러분의 커뮤니티가 누구에게나 열려 있다 해도 어떤 사람들은 여러분의 가치와 관행에 동조할 것이고, 어떤 사람들은 그렇지 않을 겁니다. 이건 사실 바람직한 일이죠.

모든 커뮤니티가 모든 사람을 수용할 수는 없습니다. 기존의 커뮤니티에서 환영받는 느낌, 안전한 공간을 찾지 못한 사람들이 있지

요. 그런 사람들에게 그것들을 제공할 수 있으려면 좀 더 집중해야
합니다.

포용성은 지구상의 모든 사람을 포함한다는 뜻이 아닙니다. 모든
커뮤니티는 어떤 면에서 배타적입니다. 커뮤니티는 공통의 관심사,
공통의 신념, 공통의 가치를 공유하는 사람들의 그룹입니다. 그러한
점을 공유하는 사람들과 그렇지 않은 사람들이 함께 존재한다는 의
미죠.

어떤 사람들을 배제할 때 죄책감을 느낄 필요는 없습니다. 배제가
있어야 멤버들이 같은 공간의 사람들을 신뢰할 수 있고, 자신의 가치
와 부합함을 알게 되어 안전함을 느끼기 때문입니다.

청년 기업가 협회Young Entrepreneur Council가 좋은 예입니다. 이 커뮤니
티는 모든 멤버가 100만 달러 이상의 자금을 모았거나 100만 달러 이
상의 수익을 올린 사람이어야 한다는 조건을 요구합니다. 이를 통해
커뮤니티의 모든 멤버가 창업 단계를 지나 일정 궤도에 오른 사람이
고, 사업 성장과 관련해 나와 비슷한 어려움을 겪고 있겠구나 알 수
있습니다. 배제를 통해 일정 수준의 경험과 대화의 구체성이 보장됩
니다.

에델 클럽Ethel's Club도 좋은 예입니다. 에델 클럽은 유색 인종을 위
해 설계된 코워킹 스페이스로 시작해 온오프라인 공간을 갖춘 완전
한 소셜·웰빙 클럽으로 발전했습니다. 에델 클럽의 설립자인 나즈
오스틴Naj Austin은 이렇게 말합니다. "커뮤니티가 누군가에게 자신이
있는 그대로 인정받고 있다는 느낌을 줄 때, 다른 나머지는 자연스럽
게 이루어집니다."

문을 열고 들어서는 순간 멤버들은 유색 인종 작가의 책, 유색 인종 크리에이터의 예술 작품, 공간 속의 자신을 볼 수 있는 수많은 거울을 보게 됩니다. 이러한 디테일이 모든 차이를 만들어냈고, 클럽을 연 지 몇 달 만에 멤버들은 처음으로 자신이 전문적인 세계에서 처음 인정받고 받아들여진다는 느낌을 받았다고 말했습니다. 클럽이 삶을 완전히 바꾸어 놓았다고도 했죠. 물론 백인도 환영하지만, 그들을 위해 설계된 커뮤니티의 방식과는 많이 다릅니다.

또 하나의 좋은 사례는 디너 파티The Dinner Party입니다. 디너 파티는 전 세계 150개 이상의 도시에서 열리는 포트럭 디너 커뮤니티입니다. 이 모임은 사랑하는 사람을 잃은 20대에서 40대 사이의 사람들을 위해 만들어졌습니다. 창립자 칼라 페르난데스Carla Fernandez와 레논 플라워스Lennon Plowers는 기존의 지원 그룹 대부분이 고령층인 것에 착안해 이 공간을 만들었습니다.

이들은 자신과 비슷한 나이대의 사람들과 연결되어 함께 슬픔을 나누고 서포트할 수 있습니다. 자신의 연령 그룹에 집중하는 공간을 만들어, 그 이전 세대들이 경험하지 못한 자신들만의 문제에 대해 이야기할 수 있지요. 이때 이 경험에 참여하고 싶은 60대의 누군가를 배제할 수 있을까요? 답은 '그렇다'입니다. 분명한 선을 그어 이 공간은 자신들을 위한 안전한 공간이며, 그들을 위해 특별히 설계되었다는 것을 알게 하는 것이 중요합니다.

세상에서 가장 고통스러운 감정 중 하나는 배제될 때의 느낌이라는 점을 유념하세요. 특히 자신이 속해야 한다고 믿는 그룹에서 배제된다면 더더욱 그렇습니다. 공감하며 배제하세요. 배제를 하더라도 모두가 의지할 수 있는 커뮤니티를 가진 것은 아니며, 당신의 커뮤니티가 그들에게 완벽하지는 않더라도 그들이 찾을 수 있는 가장 가까운 곳일 수 있다는 점을 알고 배제하세요.

의도적이고 도덕적인 배제는 좋은 것입니다. 누군가를 부당하게 배제하는 게 염려된다면 스스로에게 이렇게 물어보세요. "이 공간에 필요하지만 없는 목소리는 누구의 것인가?" 만약 커뮤니티에 있어야 할 사람들이 대변되지 않고 있음을 발견한다면, 그건 경고 신호입니다.

올바른 포용성은 적절한 목소리가 공간에 존재하도록 보장합니다. 그 목소리를 방해하는 편견과 불평등을 없애줍니다. 그게 어렵다면 차선으로, 멤버들에게 매력적이고 안전한 커뮤니티를 제공하는 수준의 배제를 받아들여야 합니다.

# 처음부터
# 다양성, 형평성, 포용성에
# 투자하기

:

맞지 않는 사람들을 배제하는 것이 중요하지만, 맞는 사람들을 배제하지 않는 것은 더 중요합니다. 저는 다양성, 형평성, 포용성DEI: diversity, equity, inclusion의 전문가가 아니며, CMX를 시작할 때 이를 우선시하지 않았습니다. 저는 생물학적 성별과 성 정체성의 일치를 느끼는 시스젠더cisgender이자 백인 남성으로서의 특권에 대해 잘 알지 못했습니다. 사회에 존재하는 의식적, 무의식적 편견의 균형을 맞추려고 노력도 하지 않았죠.

하지만 지난 몇 년 동안 우리는 외부 전문가를 초빙해 팀과 커뮤니티 멤버들을 교육하고, 정책과 프로세스를 개선하며, 소외된 사람들에게 리더 자격을 부여하는 등의 노력을 최우선 순위로 삼아 왔습니다.

제가 배운 중요한 교훈 중 하나는 다양성과 형평성, 포용성이 커뮤니티 구축에 있어 필수적이라는 것입니다. 소셜 아이덴티티를 기획하는 순간, 누가 속하고 누가 배제될지에 대한 선택을 하게 됩니다. 기존의 규범을 놓지 못해 커뮤니티에 다양한 목소리를 담을 수 있는 엄청난 가치를 놓칠 수도 있고, 아니면 이를 충분히 인지해 행동에 나설 수도 있습니다.

우리는 사람들을 평등하게 대하지 않는 사회에 살고 있습니다. 사람들은 피부색, 민족, 성별, 종교, 성적 지향성 때문에 취업 기회, 사법 시스템, 의료 서비스의 질 등 모든 면에서 억압받거나 착취당하거나 차별받습니다.

커뮤니티를 구축할 때 당신은 무엇이 '정상'으로 간주될지 선택할 수 있습니다. 배경에 관계없이 사람들이 환영받고 소속감을 느낄 수 있는, 다른 사회와는 완전히 다르게 느껴지는 공간을 만들 수 있습니다.

수동적인 태도는 변화를 가져오지 못합니다. 행동하지 않으면 여러분의 커뮤니티에서 이러한 규범은 계속될 겁니다. 우리가 사는 세상이 그렇듯, 현상 유지가 변화보다 쉽습니다. 커뮤니티를 변화의 주체로 만드는 건 훨씬 더 어렵습니다.

의도를 갖고 접근한다면, 커뮤니티는 사회에 존재하는 체계적 인종 차별, 성차별 같은 사회적 차별과 착취에 맞서 싸울 때 가장 강력한 도구 중 하나가 됩니다. 변화의 핵심은 권력을 가진 자리에 누구를 배치하느냐에 달려 있습니다. 사회자, 위원회 멤버, 앰배서더 또는 다른 권위 있는 위치일 수 있겠죠. 소수 집단의 인재들을 적극적으로 발굴하고 권한을 주어 이러한 직책에 배치해야 합니다.

커뮤니티 행사를 주최할 때는 소수 집단의 연사, 전문가, 멘토를 적극적으로 찾아 초청해야 합니다. 우리는 매년 컨퍼런스 무대에서 소수 집단의 참여율을 40%까지 끌어올리는 것을 목표로 합니다. 그들을 환영하기 위해 커뮤니티에서 진정으로 포용적인 언어와 이미지를 사용하고 있는지 디자인과 커뮤니케이션을 검토해야 합니다.

단순히 기회를 열어주는 것만으로는 충분하지 않습니다. 소수 집단이라면, 그들의 접근을 방해하는 장벽이 무수히 많습니다. 같은 네트워크에 접근할 수 없기 때문에 그들은 기회 자체를 알지 못할 수도 있습니다. 커뮤니티에서 자신과 닮은 사람들을 보지 못해 '아, 나는 여기에 속하기 어렵겠구나' 생각할 수 있습니다.

그들은 또 자신이 특정 직책에 적합하지 않다고 생각할 수 있습니다. 한 연구에 따르면 남성은 자격 요건의 60%만 충족해도 지원하지만, 여성은 자격의 100%를 충족해야 지원한다고 합니다.[12] 따라서 소외된 목소리를 적극적으로 찾아내 리더 역할을 권하고, 그들이 그 역할을 맡기로 한 경우 성공할 수 있도록 여건을 만들어줘야 합니다.

이 때문에 다양성, 형평성, 포용성을 우선해야 합니다. 미루면 안 됩니다. 에델 클럽의 나즈 오스틴은 이렇게 말합니다. "이미 정착된 커뮤니티의 문화를 바꾸는 건 매우 어렵습니다. 첫날부터 시작해야 합니다."

커뮤니티에 처음 합류하는 그룹은 보통 창립자와 초기 멤버의 개인적 인맥으로부터 크게 영향을 받습니다. 처음부터 의도하지 않으면 커뮤니티가 다양성을 갖추지 못할 가능성이 높다는 뜻이죠. 시간이 지나면서 커뮤니티 내 유사한 아이덴티티가 강화되고, 규모가 커지면서 다양한 멤버를 유치하기는 점점 더 어려워집니다. 그들이 주위를 둘러보면서 자신과 닮은 사람을 보지 못한다면 '이 공간에서 내가 포용감을 느낄 수 있을까' 의문을 갖게 될 겁니다.

회사를 시작할 때도 마찬가지입니다. 모든 창립자와 창립 팀이 백인이고 대부분 남성이라고 가정해보죠. 팀이 10명일 때는 그렇게 불합리하다고 느끼지 않을 수 있습니다. '아직 초기 단계잖아. 이 사업이 성공할지 아닐지도 불확실해. 다양성 문제는 나중에 투자하자'라고 생각할 수 있습니다.

그러다 회사 성장에 속도가 붙으면, 다시 10명의 직원이 늘어나는데 기존 직원들의 추천을 통해 채용되다 보니 처음의 10명과 유사한 모습을 보이게 됩니다. 어느 순간 직원의 수가 50명에 이르렀을 때, 직원 중 유난히 백인 남성이 많다는 사실이 두드러져 보입니다.

이제 유색 인종을 고용하는 건 훨씬 더 어렵습니다. 그들이 주위를 둘러보고 나는 여기에 어울리지 않는다고 느끼기 때문이죠. 그렇게 커뮤니티에 기여할 수 있는 중요하고 다양한 목소리, 배경들을 놓치게 됩니다. 커뮤니티는 점점 더 획일적으로 보일 겁니다.

커뮤니티를 확장하기 전에 세상에 전하고 싶은 가치, 가이드라인,

운영 방침을 마련해야 합니다. 처음부터 다양성, 형평성, 포용성을 핵심 가치로 삼아야 합니다. 문제가 느껴지기 전에, 초기 단계에서 실행하세요. 이러한 기준을 조기에 설정하면 커뮤니티가 나중에 건강한 균형을 유지할 수 있습니다.

오늘 어디에서 시작하든, 그냥 시작하세요. 이브람 X. 켄디Ibram X. Kendi가 책《안티레이시즘》[13]에서 말했듯이 "중독과 싸우는 것처럼" "인종차별주의자가 되지 않으려면 지속적인 자기 인식, 끊임없는 자기 비판, 정기적인 자기 성찰이 필요합니다."

더 포용적인 커뮤니티를 만들고 인종 차별에 적극적으로 맞서는 일은 커뮤니티를 구축하는 한 계속해서 노력해야 할 부분입니다. 첫날부터 모든 답을 알 수는 없습니다. 어쩌면 영원히 모를 수도 있겠죠. 하지만 일단 시도해야 합니다.

CMX는 처음부터 이를 우선시하지 않았기 때문에 아직 갈 길이 멉니다. 앞으로도 진정 다양하고 공정하며 포용적인 커뮤니티를 이루지 못할 수 있습니다. 하지만 우리는 매일 개선해나가겠다는 약속을 했습니다. 이 노력이 우리 커뮤니티의 다양성과 포용성에 영향을 미치고 있습니다. 그리고 그 결과를 실제 목격하고 있습니다. 제가 다음 커뮤니티를 시작한다면 변화의 주체가 될 기회를 절대 놓치지 않을 겁니다.

# 여러분의 커뮤니티 '성격'은 무엇인가요?

:

소셜 아이덴티티를 구상할 때, 저는 커뮤니티 아이덴티티를 마치 사람처럼 생각합니다. 사람처럼 커뮤니티도 개성을 갖고 있고, 사람들은 그 개성에 끌리게 됩니다.

처음 런칭했을 때 제가 매우 끌린 커뮤니티 중 하나는 프로덕트 헌트입니다. 라이언 후버Ryan Hoover가 프로덕트 헌트를 만들기로 결심했을 때, 스타트업과 기업가를 위한 수백 개의 커뮤니티가 이미 존재하고 있었습니다. 프로덕트 헌트는 회원들이 발견한 새로운 제품을 올리고, 다른 회원들이 해당 제품에 투표하고 댓글을 달 수 있으며, 매일 새 목록이 추가되는 커뮤니티입니다.

프로덕트 헌트가 성공한 이유는 주제나 플랫폼이 아니라 라이언이 스타트업 세계에 가져온 독특한 목소리 때문이었습니다. 해커 뉴스Hacker News 같은 다른 커뮤니티들은 신생 스타트업을 지나치게 비판적이고 부정적으로 평가했습니다. 창업자들은 자신의 스타트업이 거기에 소개되면 어떤 댓글이 달릴까 두려워했죠.

반면 라이언은 겸손하고 친절했습니다. 단순하거나 어리석어 보이는 제품 아이디어라도 무조건 지지하는 것으로 유명했죠. 그의 성격은 프로덕트 헌트 커뮤니티의 문화와 아이덴티티에 그대로 반영되었습니다.

프로덕트 헌트의 분위기는 항상 긍정적이었습니다. 그렇게 긍정적인 문화에 공감하는 창립 멤버들을 끌어들였고, 이들은 본질적으로 친절하고 서로를 응원해주는 사람들이었습니다. (커뮤니티의 가이드라인을 위반하지 않는 한) 커뮤니티 내 모든 제품에 대해 지지하는 태도를 권장했지요. 불필요한 부정적 의견은 적극적으로 관리되고 조정됐습니다. 물론 건설적인 비판은 환영받았지요. 하지만 창작자를 깎아내리는 것이 아니라 도움을 주려는 의도가 있어야 했습니다.

우리가 CMX를 시작했을 때도 다른 커뮤니티 전문가 커뮤니티와는 다른, 차별화된 목소리를 만들고자 했습니다. 우리는 의도적으로 전문 용어 사용을 피하고, 최대한 간단하고 접근이 쉬운 언어를 사용했습니다. 많은 사람이 커뮤니티 관리자로 일하는 것에 대해 부정적인 어조로 이야기할 때, 우리는 CMX를 긍정적이고 에너지 넘치는 공간으로 만들고자 했습니다. 우리 커뮤니티가 공감할 수 있고, 현실적이며, 재미있기를 원했습니다. 이러한 성격은 웹사이트의 문구부터 행사 디자인, 커뮤니티 멤버를 환영하는 방식 등 모든 곳에서 드러납니다.

모든 커뮤니티에는 고유한 성격이 있습니다. 커뮤니티의 성격이야말로 진정한 차별화를 만들 수 있는 요소입니다. 커뮤니티는 전문적이거나, 장난기가 많거나, 열정적이거나, 공감 능력이 뛰어나거나, 영감을 주거나, 느긋하거나, 별나거나, 재미있을 수 있습니다. 개인에게서 나타나는 모든 특성과 성격이 그룹에서도 나타납니다. 기존의 커뮤니티들이 당신의 취향에 비해 너무 경직되어 있나요? 그러면 더 느긋하고 캐주얼한 커뮤니티를 시작하세요.

커뮤니티의 성격에는 종종 리더의 성격이 반영된다는 점을 기억하세요. 라이언이 그랬던 것처럼, 커뮤티니 초기에는 리더와 성격이 맞는 사람들부터 모이기 때문입니다. 그러니 리더를 더 신중하게 선택해야 합니다.

## 어떻게 하면 멤버들에게 '멋지다'는 느낌을 줄 수 있을까?

:

저는 어린 시절, 대부분의 아이들처럼 인기 있는 아이들과 어울리려고 노력했지만 완전히 실패했습니다.

나이가 들수록 '멋짐'에 대한 관심이 줄어든다고 생각하지만, 사실 우리는 여전히 멋짐에 신경을 씁니다. 우리가 멋의 기준을 재정의할 뿐이죠.

미국의 중고등학생은 보통 사회적 거품 속에서 살고 있으며, 여기서 멋의 기준은 일반적으로 명확합니다. 외모가 좋고, 부유하며, 운동신경이 좋고, 걱정할 것이 없고, 인기가 많아야 하죠.

나이가 들면서 사회적 네트워크가 확장되면 우리는 멋의 개념을 재구성합니다. 우리는 다양한 취미와 열정, 정체성 속에서 인정받고자 합니다. 우리가 중요하게 생각하는 사람들로부터 인정받는 것, 궁극적으로 멋이란 건 이런 거죠. 그리고 우리는 괴짜가 되거나, 예술을 창조하거나, 반항적인 음악을 듣거나, 책을 읽는 등 다양한 공통 관심사를 통해 인정받을 수 있다는 사실을 깨닫습니다.

성공적인 커뮤니티를 구축하려면, 그 주제에 관심 있는 사람들에게 '멋진' 존재로 인식되어야 합니다. 고객을 위한 커뮤니티를 시작하려면, 고객이 '아, 이곳의 멤버가 되면 멋져 보이겠구나' 여길 수 있는 공간을 만들어야 합니다.

세상에는 매력 없는 산업이 수두룩합니다. 그 매력 없는 산업 속에서 저는 좋은 커뮤니티를 구축할 기회들을 봅니다. 소프트웨어 테스터 커뮤니티를 예로 들어봅시다. 흥미로운 직업 커뮤니티는 아니죠. 그런데 로지 셰리Rosie Sherry가 설립한 테스팅 미니스트리Ministry of Testing 커뮤니티가 나타났습니다. 로지는 소프트웨어 테스터 출신으로, 기존의 커뮤니티와 컨퍼런스가 너무 지루하고 비싸다는 사실을 발견했습니다. 로지는 소프트웨어 테스터들이 가입할 수 있는, 더 재미있고 접근하기 쉬운 커뮤니티를 원했습니다. 그렇게 테스팅 미니스트리가 탄생했습니다.

로지는 재미있고 장난스러운 커뮤니티를 설계했습니다. 웹사이트와 행사 곳곳에 커뮤니티의 마스코트 역할을 하는 다채로운 만화 몬스터들이 등장하죠. 그래서 전혀 지루하지 않습니다. 소프트웨터 테스터가 멋지다고 느끼게 만드는 커뮤니티입니다.

'멋지다'는 건 있는 그대로의 자신을 인정받는 것입니다. 커뮤니티 이론의 관점이나 대부분의 커뮤니티 정의에서 '정서적 안전'은 아주 중요한 요소입니다. 커뮤니티의 진정한 힘은 사람들이 더 진정성 있는 자신의 모습으로 성장할 수 있게 돕는 데 있지요. "네 자신이 되어라"는 흔한 조언입니다. 하지만 우리는 소속된 커뮤니티를 통해 스스로를 가장 잘 이해합니다.

주변 사람들로부터 받는 피드백이 우리가 세상에 편안하게 내보여도 좋을 것과 세상으로부터 숨기고 싶은 것, 때로는 내 자신한테까지 숨겨야 할 것들을 형성합니다. 누군가 자신의 일부를 안전하게 표현할 수 있는 커뮤니티를 만든다면, 다른 곳에서는 표현할 수 없는 방식으로 그것을 드러낼 수 있게 되니 진정한 자신을 발견하는 데도 도움이 되겠죠.

수 세기 동안 LGBTQ 커뮤니티는 숨어 살아야 했습니다. 일부 지역에서는 아직도 그렇습니다. 샌프란시스코가 LGBTQ 사람들이 커밍아웃할 수 있는 안전한 보금자리가 된 것은 그곳에 그들을 받아들이고 축하하는 커뮤니티가 존재했기 때문입니다. 그들은 자신을 온전히 표현할 수 있었습니다. 공격받을 수 있다는 두려움이 여전히 존재했지만, 확고한 커뮤니티가 있어 그들이 그 위험을 감수하고 나설 수 있었습니다. 혼자가 아니라는 사실을 알았기 때문이죠.

로지 셰리가 테스팅 미니스트리를 시작하게 된 이야기는 제가 CMX를 시작할 때의 이야기와 비슷합니다. 10년 전만 해도 커뮤니티 관리를 '멋지다'고 여기는 사람은 거의 없었습니다. 저는 멋지다고 생각했지만, 저와 비슷한 시각을 가진 그룹을 찾을 수 없었죠. 커뮤니티 매니저들은 오해받고, 과소평가되고, 낮은 보수를 받으며, 롤 모델도 부족했습니다. 멋짐과는 거리가 있었죠. 우리는 비즈니스 세계에서 우리가 누구인지 알아내려고 애쓰고 있었습니다.

CMX 서밋을 시작할 때, 우리는 커뮤니티 전문가를 영웅으로 만들어주는 공간을 만들고 싶었습니다. 1년 중 364일 오해를 받는 존재일 수 있지만, 적어도 우리 행사가 열리는 그 하루만은 그들이 록스타가 된 기분을 느끼게 해주고 싶었죠. 우리는 그들을 축하하고, 그들의 일이 얼마나 중요한지, 또 얼마나 더 중요해질 것인지 말해주었습니다.

그리고 무대에 롤 모델을 올렸죠.

우리는 사용하는 언어에 특별히 신경을 썼습니다. '커뮤니티 매니저'는 낮은 직급을 연상시키기 때문에 '커뮤니티 전문가'라고 불렀습니다. '커뮤니티 관리' 대신 '커뮤니티 산업'이라고 표현했습니다. '블로그'는 '포스팅'을 모아 놓은 곳이 아니라 '아티클'이 담긴 '출판물'로 여겼습니다. 그건 모두 정당성과 중요성을 전달하기 위해서였어요. 우리는 커뮤니티 전문가들이 스스로 가치 있는 사람이라고 느끼고 자부심을 갖길 바랐습니다. 커뮤니티 관리를 멋져 보이게 만들고자 했습니다.

5년 후, 우리는 수천 명의 커뮤니티 전문가가 며칠 동안 모이는 컨퍼런스를 개최하고 있습니다. 수십억 달러 규모의 기업 CEO와 세계적인 전문가를 무대에 올리며 커뮤니티의 중요성과 가치를 알리고 있습니다. CMX에서는 커뮤니티 전문가가 세상에서 가장 멋진 사람입니다.

이것이 커뮤니티의 힘입니다. 한 무리의 사람들이 자신의 정체성을 자랑스러워할 수 있게 안전한 공간을 만들어주면, 그들은 지금 고군분투하고 있는 다음 사람들에게 그 안전함과 축하의 마음을 전할 겁니다. 시간이 지나면서 커뮤니티는 사람들이 자신을 표현하는 방식을 변화시킵니다. 그렇게 서서히 세상을 바꿉니다.

# 커뮤니티는 기업 브랜드와 차별화된 고유 아이덴티티를 가져야 할까?

:

커뮤니티 아이덴티티를 고민하는 기업에게 또 다른 중요한 질문 하나는, 기존의 브랜드와 제품의 아이덴티티를 중심으로 커뮤니티를 구축할 것인가, 아니면 커뮤니티만의 고유 브랜드 아이덴티티를 만들어야 하는가입니다. 커뮤니티에 고유한 브랜드와 아이덴티티를 부여하기로 결정한 훌륭한 사례가 많습니다.

컬처 앰프는 HR 및 인재 운영 전문가 커뮤니티를 위해 '피플 긱'이라는 브랜드를 만들었습니다. 그들의 컨퍼런스 '컬처 퍼스트<sub>Culture First</sub>'는 또 다른 커뮤니티 브랜드가 되었죠.

모바일 분석 플랫폼인 브랜치 메트릭스<sub>Branch Metrics</sub>는 그들이 주력하고자 하는 카테고리의 아이덴티티를 반영해 '모바일 성장 커뮤니티<sub>The Mobile Growth Community</sub>'라는 이름의 공간을 만들고, 정기적인 이벤트와 고객 경험을 주최합니다.

허니북<sub>Honeybook</sub>은 소규모 비즈니스 소프트웨어 기업인데, 소규모 비즈니스 커뮤니티인 라이징 타이드 소사이어티<sub>Rising Tide Society</sub>가 출범한 지 2주밖에 안 됐을 때 이를 인수했습니다. 허니북은 훌륭한 커뮤니티 브랜드와 창립자 나탈리 프랑케<sub>Natalie Franke</sub>에 투자할 수 있게 되었고, 이는 큰 성과로 이어졌습니다.

현재 라이징 타이드 소사이어티는 5만 개 이상의 소규모 비즈니스와 475개의 지부를 보유한 대형 커뮤니티로 성장했습니다. 이 커뮤니티는 허니북을 커뮤니티 리더로 자리매김하게 만들었고, 매년 상당히 안정된 수익을 창출하고 있습니다.

허브스팟은 주력 카테고리를 중심으로 커뮤니티 브랜드를 잘 기획한 훌륭한 사례입니다. 인바운드 마케팅은 고객이 스스로 우리 브랜드를 찾아오게 만드는 마케팅 전략인데요. 현재 허브스팟이 만든 '인바운드Inbound' 커뮤니티는 마케팅 업계에서 잘 알려진 브랜드이고, 인바운드 마케터들을 위한 온라인 공간과 오프라인 컨퍼런스 및 행사들로 구성되어 있습니다.

허브스팟은 사람들의 인식 속에 '인바운드 마케팅'이라는 주제를 각인시키길 원했습니다. 그래서 커뮤니티를 '허브스팟 커뮤니티'라고 부르는 대신, 해당 카테고리를 중심으로 커뮤니티를 브랜딩했습니다. 이제 인바운드 마케팅을 생각할 때 자연스럽게 허브스팟을 떠올리게 되었죠.

일반적으로 제품-시장 적합성을 확보했다면 해당 제품을 중심으로 커뮤니티를 구축할 수 있습니다. 그러나 사람들이 아직 당신의 제품에 관심이 없다면, 그 제품에 초점을 맞춘 커뮤니티에 참여할 만큼 관심을 갖기는 어렵겠죠. 따라서 커뮤니티와 고객을 구축하기 위해 더 넓은 시장이나 카테고리에 초점을 맞춘 커뮤니티를 만드는 것이 나을 수 있습니다. 타깃 시장에 건강한 커뮤니티를 성공적으로 구축하면, 그곳에서 리더로 인식되고 큰 신뢰를 얻을 수 있습니다.

충성 고객이 확보된 후, 고객만을 위한 공간을 만드는 것도 분명 의미가 있습니다. 고객은 더 넓은 카테고리보다 훨씬 더 구체적인 니즈를 담은 독특한 아이덴티티를 지니겠죠. 그러면 고객이 제품 사용에 대한 모범 사례를 공유하고, 피드백을 제공하며, 서로를 지원할 수 있는 전용 공간을 마련할 수 있습니다.

궁극적으로 앞에서 이야기한 두 가지 모두를 동시에 진행할 수 있습니다. 여기서 관건은 목표입니다. 시장 확대와 점유율 증대에 집중하고 있다면, 해당 산업 전반을 아우르는 커뮤니티를 구축하세요. 고객 유지와 고객의 성공에 집중하고 있다면, 고객 중심의 접근으로 시작해야 합니다.

세일즈포스는 고객 지원에 중점을 둔 방대한 브랜드 커뮤니티 프로그램을 운영하면서, 학습과 경력 성장에 중점을 둔 고객을 위한 독특한 소셜 아이덴티티로 '트레일블레이저' 커뮤니티를 만들었습니다.

기업 브랜드를 유지하면서 제품과 관련 없는 관심사 기반의 토론을 더 많이 진행할 수도 있습니다. 예를 들어, 협업 소프트웨어 대기업 아틀라시안은 고객 지원 포럼과 관심사 기반의 그룹을 모두 단일 온라인 커뮤니티 공간에서 운영합니다. 여기서는 모든 것이 '아틀라시안 커뮤니티'로 통합됩니다. 이는 고객이 아닌 사람의 참여 가능성을 낮추지만, 고객에게는 제품 그 이상의 다양한 대화 주제를 제공합니다.

저는 독자 브랜드를 가진 커뮤니티 구축을 매우 중요하게 생각합니다. 베비와 CMX가 바로 그렇게 운영되고 있죠. CMX는 독립적으로 시작한 지 약 5년 후 베비에 인수되었습니다. 그러나 인수가 CMX 커뮤니티의 신뢰와 객관성에 영향을 주지 않도록 주의했습니다. 그 신뢰가 베비에 가장 큰 가치를 가져다줍니다. 영업 담당자가 잠재 고객과 대화할 때마다, 그 고객이 배우고 성장할 수 있는 CMX 교육이나 행사를 제안할 수 있습니다.

대부분의 경우, 그 잠재 고객이 이미 CMX 커뮤니티의 멤버이기 때문에 이미 신뢰가 많이 형성된 상태이죠. CMX는 베비에게 수백만 달러의 파이프라인을 제공해왔습니다. 커뮤니티에 참여한 사람들은 자연스럽게, 그리고 진정성 있게 베비에 대해서도 배우기 시작하죠. 또 베비는 커뮤니티와 소프트웨어 플랫폼이므로, 우리는 모든 CMX 행사에 이를 활용합니다. 이는 우리 회원 모두가 제품을 직접 경험할 수 있음을 의미하죠.

더 넓은 산업을 위한 커뮤니티를 구축하는 데는 어려움이 따릅니다. 해당 산업을 위해 설계되고 브랜딩된 커뮤니티는 진정성과 객관성을 유지해야만 번창할 수 있습니다. 이는 커뮤니티 안에 경쟁사가 있음을 의미하죠. 이 사실을 받아들여야 합니다. 경쟁사를 커뮤니티에 허용하지 않는다면, 진정한 업계 커뮤니티라고 주장할 수 없을 겁니다.

커뮤니티 브랜드로 콘텐츠를 올릴 때, 자사의 소프트웨어 제품을 홍보하고 싶은 유혹을 느낄 수 있습니다. 그러나 그런 직접적인 홍보는 커뮤니티 회원들에게 여러분의 우선순위가 그들이 아니라 소프트웨어 판매라는 메시지를 전달할 뿐입니다.

저는 '커뮤니티 우선'의 가치를 항상 최우선으로 여겨야 한다고 믿습니다. 그 업계의 중심이 되는 핵심 커뮤니티가 되고 싶다면 진정성과 객관성을 유지하세요. 커뮤니티는 한참 떨어진 곳에서도 '여기서 영업 냄새가 나는데!'를 금방 알아차립니다.

# 커뮤니티 내의
# 하위 아이덴티티 찾기

:

커뮤니티의 아이덴티티를 확립한 후에도, 특히 규모가 크고 성숙한 커뮤니티라면, 그 안에서 여러 하위 아이덴티티가 생겨날 가능성이 높습니다.

구글 팀과 G2G 프로그램을 진행할 때 저희의 핵심 과제는 구글의 방대한 규모와 다양한 직군이었습니다. G2G의 멤버는 영업 사원부터 피트니스 코치, 엔지니어까지 다양했습니다. 각 그룹마다 고유한 학습 요구와 목표를 갖고 있었죠. 따라서 참여도 높은 커뮤니티 프로그램을 구축하기 위해 더 큰 아이덴티티(구글 직원)를 하위 아이덴티티(예: 영업, 피트니스, 엔지니어링)로 나누어야 했습니다.

저희는 각 그룹을 개별적으로 살펴봄으로써 커뮤니티가 그들에게 더 구체적으로 기여할 방법을 고민할 수 있었죠. 그리고 각 그룹에 공감을 불러일으킬 수 있는 다양한 소셜 아이덴티티를 설계했습니다. 여러분의 커뮤니티는 '모든 고객'일 수 있지만, 그 안에 존재하는 다양한 유형의 고객이나 회원을 고려하고, 커뮤니티가 각자에게 어떻게 차별화된 서비스를 제공할 수 있을지 고민해야 합니다.

전체 커뮤니티 아이덴티티를 하위 아이덴티티로 나누기 위해 사용할 수 있는 기준은 다양합니다.

- 기여도 수준: 가장 활동적인 사용자 또는 가장 충성도 높은 고객
  (예: 이베이 파워셀러, 에어비앤비 슈퍼호스트)

- 산업 분야: 가장 큰 시장이나 커뮤니티에 대한 수요가 가장 높은 산업 분야 (예: Google for Education, 허브스팟의 인바운드 컨퍼런스)
- 위치: 특정 지역에 거주하며 충분한 규모를 형성한 멤버 (예: Google Developer Groups, Twitch Meetups)
- 인구통계학적 특성: 공통된 연령, 성별, 인종 또는 기타 속성 (예: 블랙걸스 코드Black Girls Code, 테크 레이디스, 에델스 클럽)

다음의 그림과 같은 아이덴티티 트리를 통해 커뮤니티 내의 아이덴티티를 간단히 탐구해볼 수 있습니다. 커뮤니티의 최상위 아이덴티티를 최상단에 두고, 각 레벨에서 어떤 기준으로든 하위 그룹으로 아이덴티티를 나눌 수 있습니다.

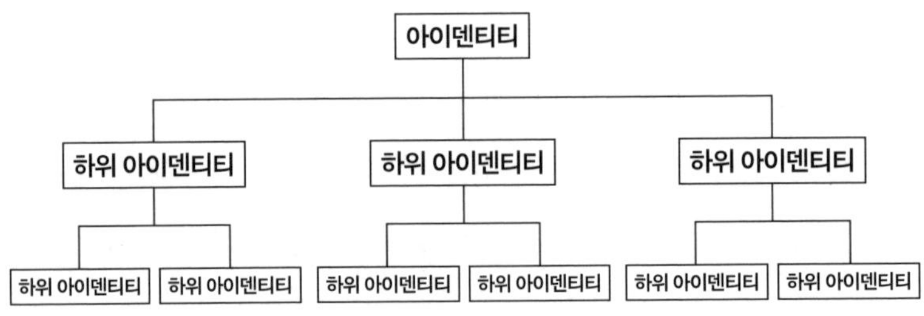


예를 들어, 구글의 G2G 프로그램에서는 최상위 아이덴티티(G2G 강사)를 그들이 대표하는 다양한 직군으로 나눌 수 있습니다. 구체적으로 접근할수록 각 그룹별로 커뮤니티 몰입 플랜이 어떻게 달라지는지 상상해볼 수 있습니다.

# 기여 수준별로
# 아이덴티티 정의하기

:

모든 성숙한 커뮤니티에는 기여 유형이나 수준에 따라 여러 층의 소셜 아이덴티티가 존재합니다. 다음의 그림처럼 이를 시각화할 수 있지요. 서로 다른 수준의 사회적 중력이 멤버들을 중심으로 끌어당기는 구조입니다. 중심부에서는 헌신 수준이 가장 높고 관계가 가장 밀집되어 있어, 중심부의 중력이 바깥쪽 고리보다 강합니다.

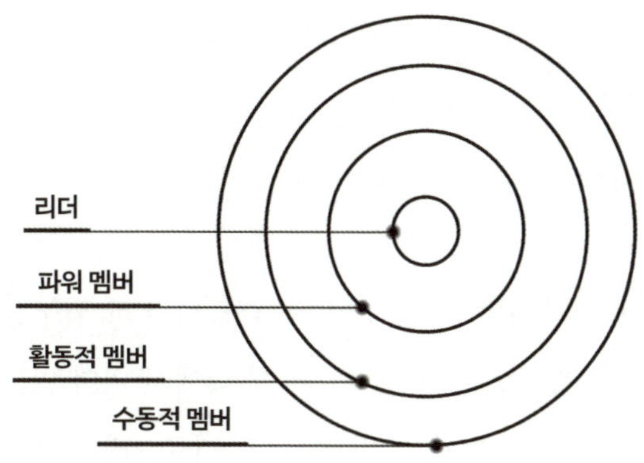

가장 충성적이고 헌신적인 멤버들(리더들)이 중심에 있고, 그 다음으로 파워 멤버, 활동적 멤버, 수동적 멤버 등이 있습니다. 안쪽 고리로 갈수록 공유된 아이덴티티가 멤버에게 더 의미 있게 다가가 더 강한 소속감을 느낄 가능성이 높습니다. 바깥쪽으로 갈수록 공유된 아이덴티티의 의미는 줄어들고 소속감은 약해집니다.

리더, 파워 멤버, 활동적 멤버, 수동적 멤버라는 명칭은 커뮤니티 내의 다양한 참여 유형을 이해하기 위해 사용하는 일반적 분류입니다. 여러분의 커뮤니티에서는 아이덴티티 수준에 따라 더 구체적인 명칭이나 역할을 부여하면 됩니다.

에어비앤비를 예로 들어볼까요? 에어비앤비라는 상위 아이덴티티 아래 존재하는 모든 레벨의 소셜 아이덴티티를 고려해보겠습니다.

1. 에어비앤비를 알고 있습니다.
2. 에어비앤비에 가입되어 있습니다.
3. 에어비앤비의 게스트입니다.
4. 에어비앤비의 호스트입니다.
5. 에어비앤비의 슈퍼호스트입니다.
6. 에어비앤비에서 일합니다.
7. 에어비앤비를 공동 설립했습니다.

이 모든 아이덴티티는 '에어비앤비 커뮤니티'의 일부입니다. 5~7번은 소속감과 헌신도가 더 강해 그들의 삶에서 의미 있는 커뮤니티로 여길 가능성이 높습니다. 3번과 4번은 커뮤니티의 매력을 조금은 느낄 것이고, 1번과 2번은 그 정도도 되지 않겠네요.

아이덴티티 1번과 2번이 의미를 찾지 못해도 괜찮습니다. 모두가 의미를 찾을 필요는 없습니다. 그들은 이 생태계의 바깥쪽 고리에 속합니다. 이분들은 '관객' 또는 '소비자'로, 이 또한 생태계에 필수적입니다. 소비자가 없다면 호스트와 에어비앤비 팀은 기여할 동기를 잃게 되니까요.

커뮤니티에는 항상 커뮤니티를 만들고 촉진하는 리더들이 중심에 있고, 최고의 기여자인 파워 멤버, 정기적으로 참여하는 활동적 멤버, 주로 소비만 하는 수동적 멤버가 있을 것입니다.

커뮤니티를 다양한 기여 유형과 수준으로 세분화하면 서로 다른 아이덴티티와 커뮤니티 요구 사항이 존재한다는 사실을 발견하게 됩니다. 커뮤니티 몰입 전략을 설계할 때, 어떤 아이덴티티에 초점을 맞출 것인지 명확히 해야 합니다.

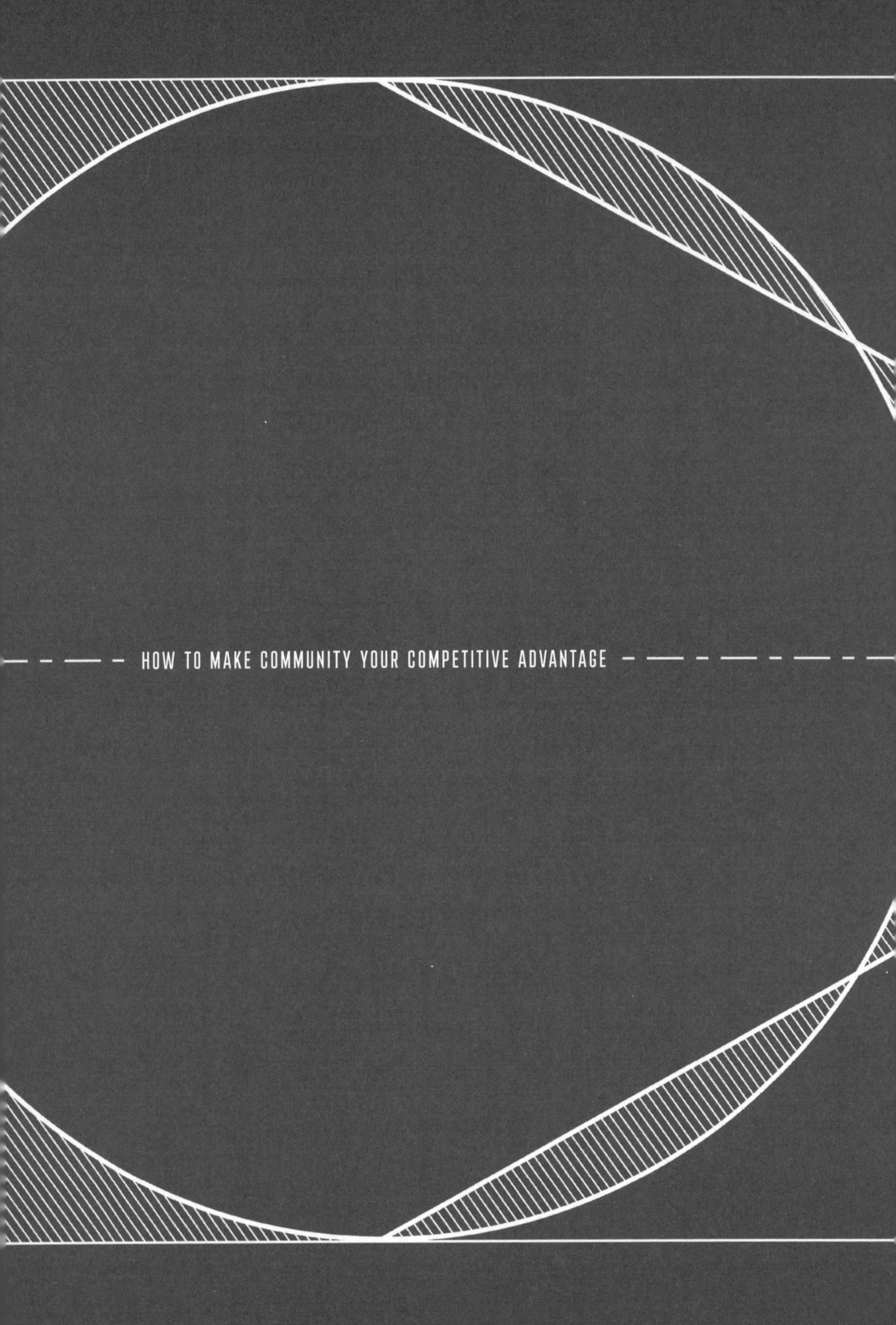
HOW TO MAKE COMMUNITY YOUR COMPETITIVE ADVANTAGE

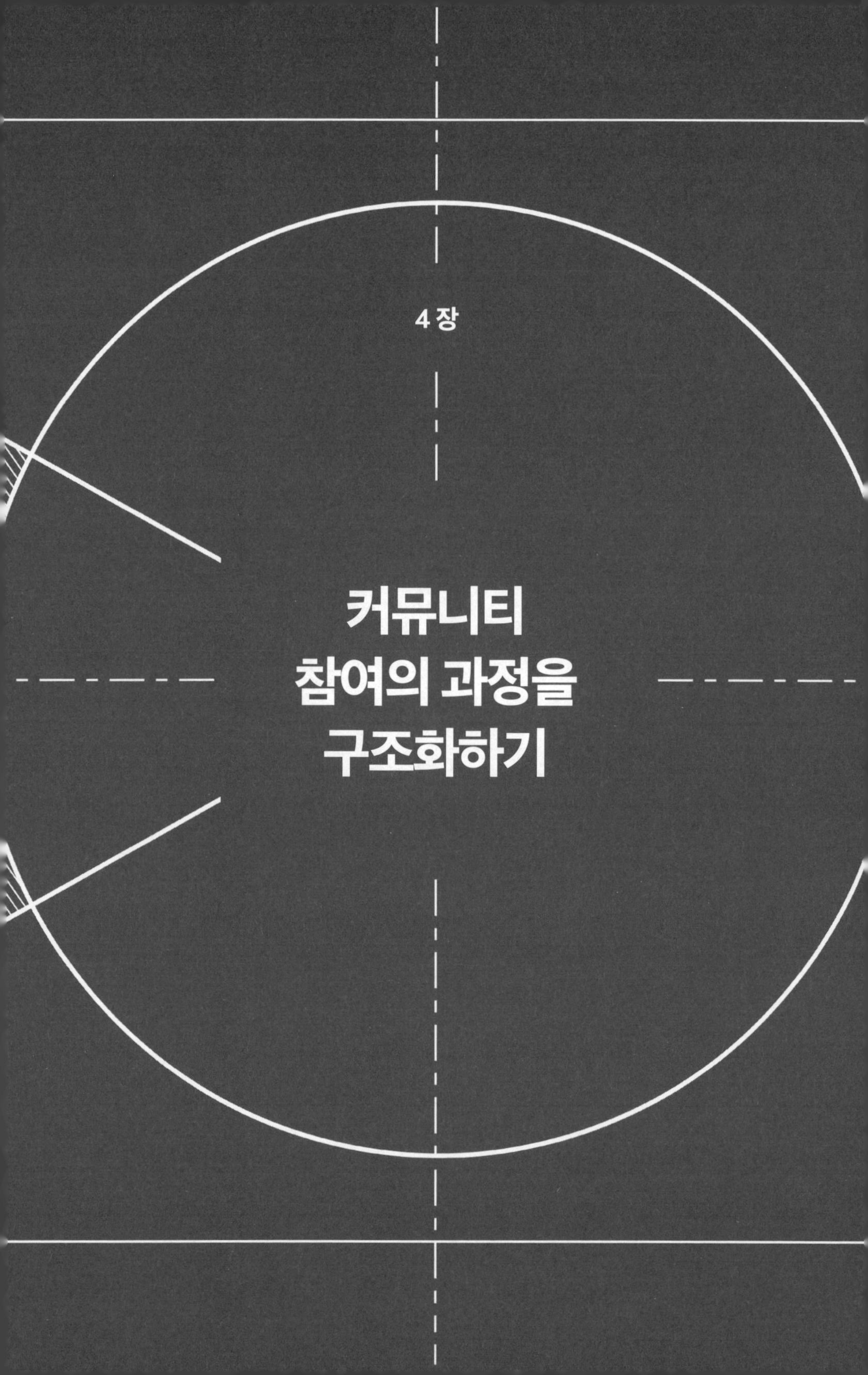
4 장
커뮤니티
참여의 과정을
구조화하기

이제 '소셜 아이덴티티 사이클'의 두 번째 단계인 '참여'로 나아가 보겠습니다. 참여 단계는 커뮤니티 멤버가 시간의 흐름에 따라 어떤 여정을 거치는지 이해하고, 그 여정이 자연스럽게 이어질 수 있도록 공간과 경험을 설계하는 데 초점을 맞춥니다.

초기의 멤버는 소규모의 수동적 방식으로 참여할 가능성이 높습니다. 이들은 사이클을 반복 경험하면서 더욱 헌신적이게 되고, 더 다양한 방식과 더 큰 역할로 참여하게 됩니다. 이번 장에서는 커뮤니티 멤버의 여정을 어떻게 설계하고, 멤버가 기여할 수 있는 다양한 기회를 어떻게 제공할 수 있는지 알아보겠습니다.

특히 이 장에서는 새 멤버를 유입시키고 온보딩하는 방법, 핵심 기여자의 지위를 만드는 법, 커뮤니티 참여를 촉진하는 데 기여할 리더를 활성화하기 위해 필요한 조치에 대해 논의해보겠습니다.

# 커밋먼트 커브

:

커뮤니티 참여를 생각할 때 우리는 보통 멤버들이 소통 채널에 글을 올리거나, 행사에 참석하거나, 행사를 직접 기획하거나, 핵심 기여자나 리더가 되는 것 같은 큰 행동만 떠올립니다.

그러나 커뮤니티에 몰입하는 멤버가 되어가는 과정에서 할 수 있는 행동의 유형은 생각보다 매우 다양합니다. 작게는 블로그 글을 읽거나 뉴스레터를 구독하는 것처럼 단순한 것에서부터 시작할 수 있습니다. 그런 다음 개인이 소셜 아이덴티티 사이클을 반복 경험하면서 커뮤니티에 더 깊이 관여하게 되면, 더 큰 방식으로 참여할 가능성이 높아집니다.

커뮤니티 빌더인 당신의 역할은 멤버들이 이러한 경험을 할 수 있도록 돕는 것입니다. 커뮤니티에 참여할 수 있는 다양한 방식을 이해하고, 이 주기를 활용해 그들이 여정을 따라갈 수 있도록 지원해야 합니다. 이 여정을 시각화하는 도구가 바로 '커밋먼트 커브commitment curve'입니다.

이 개념은 1982년 대럴 코너Darrel Conner와 로버트 패티슨Robert Pattison이 개인이 시간에 따라 조직 변화를 수용하는 과정을 설명하기 위해 처음 고안했습니다.[14] 이후 이 개념은 커뮤니티에 적용되어 시간이 지남에 따라 개인이 커뮤니티 내에서 어떻게 더 깊이 헌신하게 되고 더 큰 행동을 취하는지 이해하는 도구로 활용되고 있습니다.

저는 2008년 밋업Meetup의 최고 커뮤니티 책임자였던 더글라스 앳킨Douglas Atkin을 통해 커밋먼트 커브를 처음 알게 됐습니다. 당시 밋업의 목표는 분명했습니다. 더 많은 사람이 직접 모임을 주최하도록 만드는 것이었죠. 수백만 명이 밋업에 가입했지만, 참여할 행사가 없다면 계속해서 활동할 이유가 없고 플랫폼의 성장은 정체될 수밖에 없었습니다.

앳킨은 멤버들의 경험을 깊이 들여다보고 왜 그들이 행사를 직접 열지 않는지 조사했죠. 그리고 명확한 이유를 확인할 수 있었습니다. 밋업은 멤버가 가입하자마자 행사를 주최하라고 요구하고 있었습니다. 커뮤니티에 매우 큰 헌신을 요구하는 행동이었죠. 초기 멤버들은 준비는 되어 있지 않았기 때문에, 결국 그냥 이탈하는 방식으로 아무 참여도 하지 않은 것이었습니다.

"우리 커뮤니티에 오신 것을 환영합니다! 지금 당장 시간과 에너지를 엄청나게 쏟아부어 주세요!" 이런 식의 접근은 동기 부여를 하는 데 그다지 도움이 되지 않습니다. 하지만 많은 커뮤니티 기반 제품 및 서비스들이 이런 방식으로 설계되어 있죠. 우리는 기획자이자 설계자로서 멤버들이 어떤 행동을 하길 바라는지 잘 알고 있지만, 조급한 나머지 처음부터 큰 헌신을 요구해버립니다. 그러나 대부분의 멤버가 깊이 참여할 만큼의 수준에 이르려면 시간이 필요합니다. 따라서 초기에는 작고 부담 없는 요청부터 시작해야 합니다.

바로 여기서 '커밋먼트 커브'가 등장합니다. 이 곡선의 핵심 개념은 시간이 지남에 따라 멤버의 헌신도가 점차 증가한다는 것입니다. 헌신도가 높아질수록 커뮤니티에 더 큰 기여를 하려는 의지도 함께 커집니다. 따라서 커브 초입에서는 멤버들에게 작은 요청만 해야 하며, 곡선의 위로 올라갈수록 요청의 규모를 늘려가야 합니다.

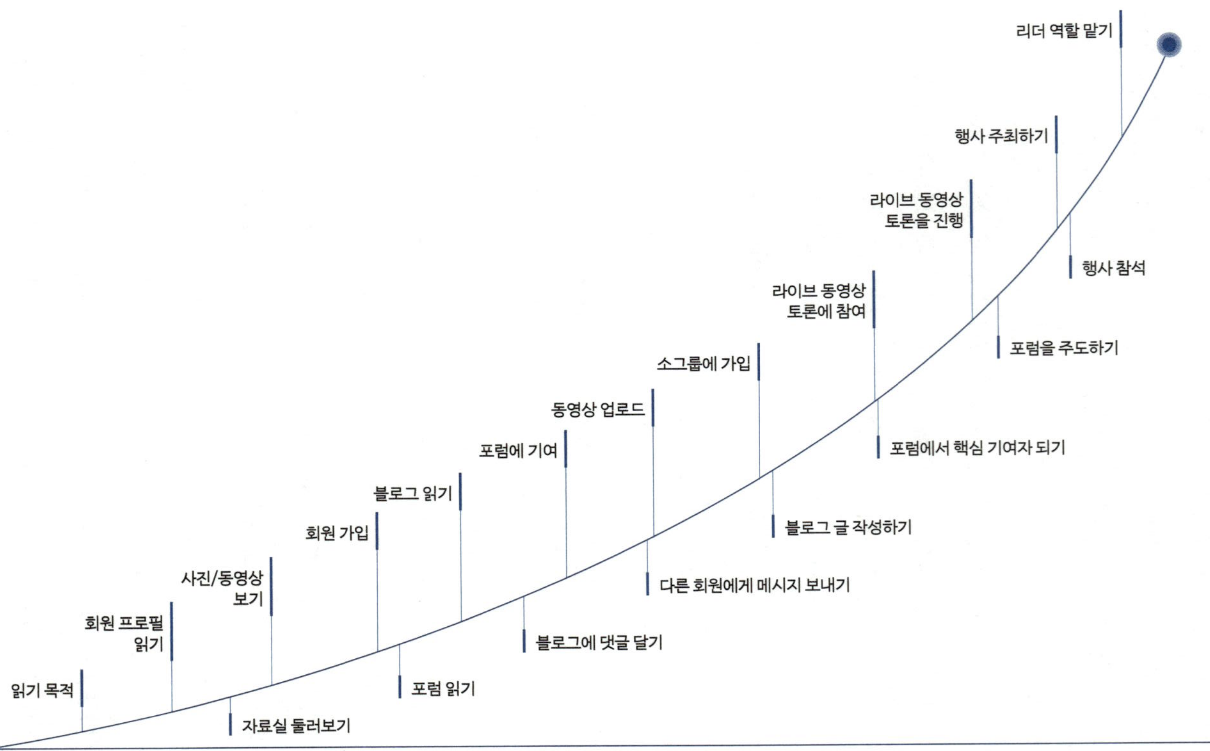

헌신도
리더 역할 맡기
행사 주최하기
행사 참석
라이브 동영상 토론을 진행
포럼을 주도하기
라이브 동영상 토론에 참여
포럼에서 핵심 기여자 되기
소그룹에 가입
동영상 업로드
블로그 글 작성하기
포럼에 기여
블로그 읽기
다른 회원에게 메시지 보내기
회원 가입
블로그에 댓글 달기
사진/동영상 보기
포럼 읽기
회원 프로필 읽기
읽기 목적
자료실 둘러보기

앞의 그림은 밋업에서 앳킨이 활용했던 커밋먼트 커브를 보여줍니다. 밋업은 새로 가입한 멤버에게 바로 행사 주최를 요청하는 대신, 훨씬 더 작은 단계부터 참여를 유도했습니다. '프로필을 작성하세요' '사진을 추가하세요' '블로그 글을 읽어보세요' '뉴스레터를 구독해보세요' '준비가 됐다면 밋업 행사에 참석해보세요. 커뮤니티가 어떤 분위기인지 체감할 수 있을 겁니다'.

물론 모든 멤버가 여러분이 설정한 커밋먼트 커브를 그대로 따르지는 않을 겁니다. 어떤 사람은 가입하자마자 커뮤니티가 딱 맞는 곳이라고 느껴 즉시 적극적인 활동을 시작하기도 합니다. 반면 어떤 사람은 수년 동안 머물면서도 헌신도를 높일 동기를 느끼지 못할 수 있습니다. 또 어떤 멤버는 인생의 변화나 커뮤니티의 변화에 따라 곡선을 오르내리기도 합니다.

커뮤니티의 커밋먼트 커브를 설계해보면 멤버에게 원하는 다양한 행동을 체계적으로 정리할 수 있고, 각 단계에 맞춰 그들이 준비됐을 때에만 더 큰 헌신을 요청할 수 있게 됩니다.

## 참여의 4가지 수준

:

커뮤니티가 성장기에 접어들면, 멤버들의 참여 수준이 자연스럽게 층위화되기 시작한다는 점을 기억하세요. 3장에서 우리는 커뮤니티가 '수동적 멤버, 활동적 멤버, 파워 멤버, 리더'로 구분되는 방식을 논의했습니다.

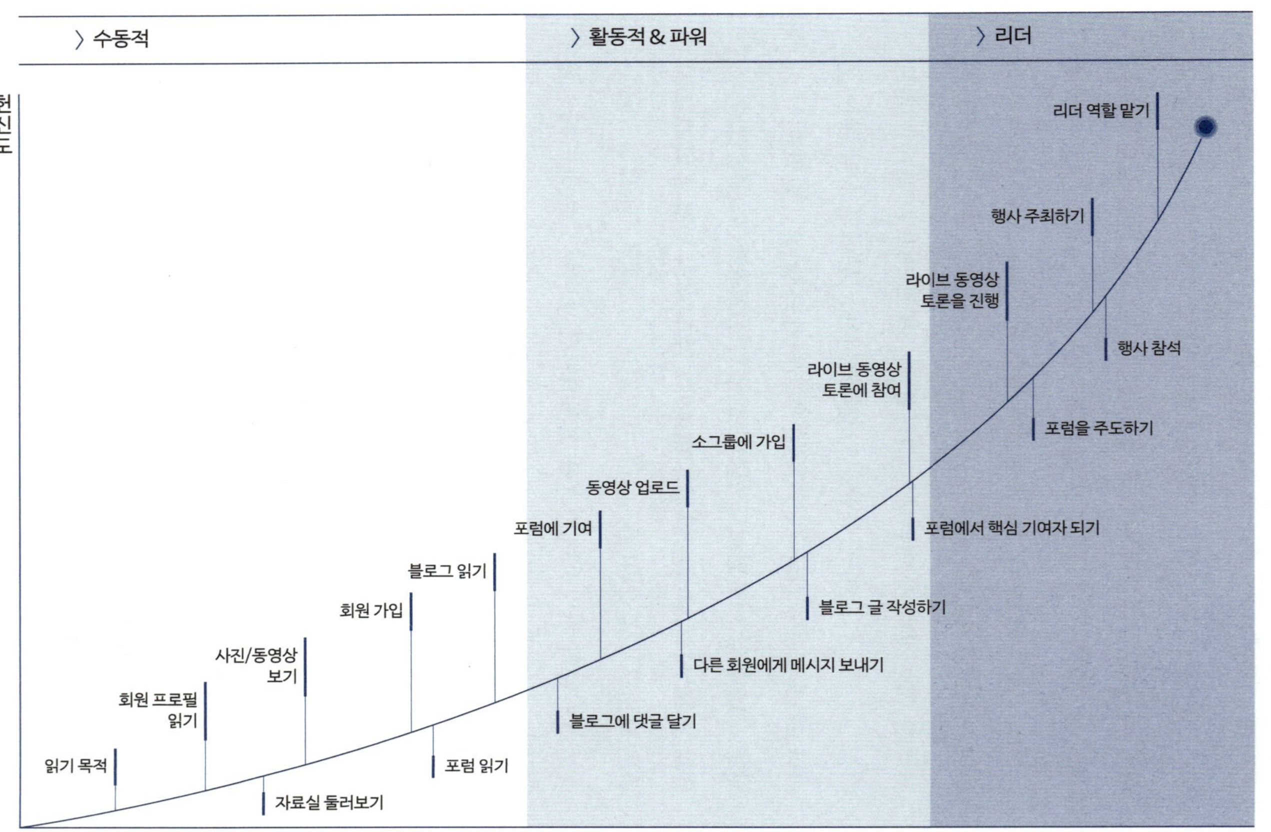
수동적
활동적 & 파워
리더
헌신도
읽기 목적
회원 프로필 읽기
사진/동영상 보기
회원 가입
블로그 읽기
자료실 둘러보기
포럼 읽기
포럼에 기여
동영상 업로드
소그룹에 가입
블로그에 댓글 달기
다른 회원에게 메시지 보내기
블로그 글 작성하기
라이브 동영상 토론에 참여
포럼에서 핵심 기여자 되기
라이브 동영상 토론을 진행
행사 주최하기
포럼을 주도하기
행사 참석
리더 역할 맡기

이러한 참여 수준을 커밋먼트 커브 단계와 연결시켜 볼 수 있습니다. 이를 통해 커뮤니티에 더 헌신적인 멤버가 되면서 겪는 단계를 더 명확하게 이해할 수 있지요. 앞의 그림은 커밋먼트 커브를 어떻게 세분화할 수 있는지 보여줍니다.

수동적 멤버는 커밋먼트 커브의 가장 초입에 있는 사람들입니다. 이들은 주로 콘텐츠를 소비하고, 정보를 습득하고, 이야기를 듣는 방식으로 작고 낮은 수준의 참여를 합니다. 흔히 '청중' 혹은 '눈팅족'이라고 부르죠. 이들은 아직 콘텐츠를 제작하거나 토론에 참여하지 않고, 그저 관찰하고 배우는 단계에 있습니다.

활동적 멤버는 토론에 참여하고 콘텐츠를 생산하는 사람들입니다. 커밋먼트 커브에서 한 단계 더 올라간 위치에 있습니다. 온라인 공간에서 이들은 새로운 주제를 제시하거나 기존 토론에 댓글을 답니다. 오프라인 공간에서는 직접 사람을 만나고, 토론에 참여하고, 자신이 배운 것을 공유합니다.

파워 멤버는 커뮤니티에 매우 깊이 헌신하고 몰입한 사람으로, 높은 기여도를 보이는 사람입니다. 포럼에 새로운 게시글이 올라오면 가장 먼저 반응하고, 거의 모든 행사에 참석하며, 제품을 꾸준히 사용합니다. 4장에서 언급했듯, 일부 기업은 이러한 '핵심 기여자'만을 위해 별도의 아이덴티티를 구축하기도 합니다.

마지막으로 리더들이 있습니다. 이들은 온라인 커뮤니티의 운영자, 하위 그룹의 관리자가 되거나 지역 커뮤니티의 지부를 시작하는 등 보다 책임감 있는 역할을 맡습니다. 리더는 다른 멤버들이 참여할 수 있는 공간과 경험을 기획하고 촉진합니다.

흔히 이렇게 생각합니다. "좋아, 이제 수동적 멤버를 전부 활동적 혹은 파워 멤버로 만들기만 하면 되겠네!" 하지만 실제로는 여기서 이야기한 모든 역할이 커뮤니티에 필수적입니다. 수동적 멤버들도 중요한 역할을 합니다. 이들은 콘텐츠를 '보고 듣는' 존재로서 활동적 멤버와 파워 멤버가 신경 쓰는 대상입니다. 소비자 역할을 하는 수동적 멤버가 없다면, 활동적 멤버와 파워 멤버는 자신들이 만든 콘텐츠를 보여줄 대상이 없는 것이죠.

결국 성숙한 커뮤니티가 제대로 작동하려면 네 가지 수준이 모두 필요합니다. 리더, 핵심적인 파워 멤버, 꾸준히 활동하는 활동적 멤버, 가장 많은 수동적 멤버들이 조화를 이뤄야 합니다.

참여도가 높은 커뮤니티는 시간의 흐름에 따라 멤버들이 커밋먼트 커브를 오르락내리락하면서 유기적으로 생태계를 형성합니다. 여기서 각 멤버는 서로 다른 여정을 걷습니다. 많은 사람들이 커밋먼트 커브의 단계를 순차적으로 밟기보다는 위아래로 이동합니다. 어떤 사람은 가입하자마자 바로 활동적 멤버가 되기도 하지요. 실제로 CMX 커뮤니티에 가입하자마자 감명을 받아, 즉시 자신의 지부를 열겠다고 신청한 사례도 있습니다. 반면, 소셜 아이덴티티 사이클에서 이탈하거나 커뮤니티에 대한 소속감, 동기, 인정이 사라지면 곡선 아래로 내려가는 경우도 생깁니다.

따라서 모든 멤버가 커뮤니티에 헌신하기까지 많은 시간이 필요하다는 통념은 항상 맞는 말이 아닙니다. 커뮤니티와 궁합이 잘 맞는 사람의 경우 0에서 60까지 아주 빠르게 도달할 수 있습니다.

일반적으로 커뮤니티의 파워 멤버(내부 서클)에 집중하는 참여 전략을 세우는 것이 좋습니다. 여기서 파레토 법칙Pareto principle을 적용해볼 수 있는데, 이는 전체 콘텐츠의 약 80%가 멤버의 20%에 의해 생성된다는 통계적 경향입니다. 물론 모든 커뮤니티에 적용되지는 않지만, 대형 소셜 플랫폼에서는 흔히 관찰되는 패턴입니다. 따라서 이 20%가 만족하고, 활발히 활동하며, 성공적인 경험을 할 수 있도록 돕는 것이 핵심입니다. 나머지 80%의 참여도를 다섯 배 끌어올리는 것보다 상위 20%의 헌신도를 두 배로 높이는 쪽이 커뮤니티를 훨씬 빠르게 성장시킬 수 있습니다.

하지만 모든 참여층이 중요하다는 사실을 잊지 마세요. 유튜브 플랫폼에는 다양한 정체성의 사용자들이 존재합니다. 물론 플랫폼의 가치를 창출하는 건 꾸준히 영상을 올리는 크리에이터들입니다. 하지만 그 콘텐츠를 소비해주는 99.9%의 시청자가 없다면, 이들이 창작할 이유도 사라집니다.

그래서 유튜브는 사용자들이 콘텐츠를 더 쉽게 볼 수 있고, 크리에이터를 더 쉽게 구독할 수 있는 다양한 도구 개발에 많은 노력을 기울입니다. 리프트의 기사들도 승객이 없다면 플랫폼에 참여하지 않을 것이고, 이베이 판매자도 구매자가 없다면 물건을 올릴 이유가 없습니다. 크리에이터에게는 소비자가 필요합니다.

내부 모임의 참여와 성공을 최우선으로 하되, 외곽의 멤버들과 잠재적 참여자들의 가치도 잊지 마세요. 수동적 참여자들이 쉽게 콘텐츠를 접할 수 있게 만드세요. 그들이 필요로 하는 콘텐츠를 가장 효율적인 방식으로 제공하세요. '눈팅족'을 소중하게 여기세요.

# 커뮤니티에
# 새 멤버를 유입시키는 방법

:

완성된 커밋먼트 커브를 살펴보면, 멤버의 여정은 사실 공식적으로 가입하기 전부터 시작된다는 사실을 알 수 있습니다. 사람들은 먼저 커뮤니티의 존재를 듣고, 관련 정보를 찾아보고, 그 후에야 가입 여부를 결정합니다.

사람들이 커뮤니티를 찾는 방식은 커뮤니티의 성장 단계, 구축 중인 커뮤니티의 유형, 기존 잠재 고객이 얼마나 구축되어 있는지에 따라 달라집니다.

커뮤니티가 아직 구상 또는 극초기 단계에 있다면, 최소 실행 가능한 커뮤니티Minimum Viable Community, MVC부터 시작하는 것이 좋습니다. 핵심은 대규모 자동화 시스템 없이도 사람들이 이 커뮤니티를 필요로 하고, 특정 소셜 아이덴티티에 흥미를 느낀다는 사실을 검증할 수 있다는 점입니다. 아주 간단하면서도 매뉴얼에 의해 작동하는 커뮤니티를 먼저 만들어보면, 훨씬 빠르게 회원 피드백을 받을 수 있습니다.

초기에는 자연스러운 성장을 기대하지 않는 것이 좋습니다. 사람들이 커뮤니티 구축을 이야기할 때 흔히 그리는 장밋빛 환상이 있습니다. 누군가 멋진 아이디어를 떠올리고 첫 번째 행사를 열면 바로 대박이 날 거라는 것이죠. 커뮤니티가 점점 커져서 와, 순식간에 글로벌 커뮤니티로 확장된다는 시나리오입니다

하지만 여기에는 오해의 소지가 있습니다. 적절한 메시지를 적절한 공간에 올리고 기획만 잘 하면 사람들이 저절로 몰려올 것이라 생

각하게 되죠. 즉, '잘 만들어 두기만 하면 사람들은 자연히 몰려올 것이다'라는 식의 착각을 하게 되는 겁니다.

그렇지 않습니다. 사람들은 저절로 오지 않습니다. 첫날부터 커뮤니티가 자연스럽게 성장하는 경우는 극히 드뭅니다. 실제로 제가 만난 모든 커뮤니티 빌더들은 첫 번째 멤버를 데려오기 위해 매우 고생했다고 말합니다. 대부분의 커뮤니티는 소규모로 시작해 그 자리에 그대로 머뭅니다. 창립 멤버 그룹을 넘어 확장되지 않는 경우가 많습니다.

반면, 성공적으로 성장한 커뮤니티는 거의 예외 없이 리더들이 끊임없이 새 멤버를 모집하고, 인지도를 확산시켰습니다. 마치 제품이나 서비스처럼 커뮤니티를 마케팅한 것이죠.

물론 마케팅 관점에서 보면 '자생적 성장'이 훨씬 매력적으로 들립니다. 커뮤니티가 별 노력 없이도 성장한 것처럼 보이게 만들고 싶은 유혹이 있는 거죠. 커뮤니티가 너무 훌륭해서 저절로 커졌다고 말하고 싶은 겁니다. 많은 기업들이 마케팅에 단 한 푼도 쓰지 않았다고 자랑하는 것도 비슷한 맥락입니다. 하지만 그 이면에는 이메일을 보내고, 행사를 열고, 콘텐츠를 홍보하고, 유입 경로를 채우기 위해 갖은 수고를 아끼지 않는 팀이 분명 존재합니다.

점진적인 자생적 성장을 기대하되, 손발로 뛰는 성장을 전제로 계획을 세우세요. 소매를 걷어붙이고 내가 직접 밭을 갈아보겠다는 각오가 필요합니다. 운 좋게 '입소문' 성장까지 얹히면 더없이 좋겠지만, 절대로 거기에만 의존해서는 안 됩니다.

저희가 처음 CMX 서밋을 열기로 했을 때는 웹사이트조차 없는 상태였습니다. 그때 저는 커뮤니티 전문가를 위한 컨퍼런스를 열 예정인데 관심이 있느냐는 이메일을 약 300통이나 보냈습니다. 긍정적인 답변을 주신 분들에게는 티켓 페이지가 개설되자마자 직접 연락해 "좋아요! 여기 링크 있어요. 현장에서 뵙겠습니다!"라고 메시지를 보냈죠.

라이언 후버가 프로덕트 헌트 커뮤니티를 만들었을 때, 초기 멤버들은 그가 창업가들과 제품 애호가들을 대상으로 주최하던 브런치 모임에서 나왔습니다. 저도 그중 한 명이었죠! 몇 달 동안 이런 오프라인 모임을 진행한 뒤, 그는 우리 모두에게 이메일을 보내 자신이 구상한 아이디어 '사람들이 멋진 제품을 서로 공유하는 플랫폼'에 대한 의견을 물었습니다. 그렇게 프로덕트 헌트가 탄생했습니다!

초기에는 100명도 안 되는 사람들이 라이언에게 이메일로 자신이 좋아하는 제품을 보냈습니다. 그러면 그가 이것을 모아 뉴스레터로 만든 뒤 구독자에게 발송하는 방식이었죠. 곧 엄청난 반응이 뒤따랐고, 빠르게 성장했습니다. 하지만 이는 라이언이 먼저 소규모 그룹과 함께 커뮤니티의 기반을 다지는 데 시간을 들였기 때문입니다. 그 소규모 그룹이 커뮤니티의 핵심 기반이자 중심축이 되었고, 이후 다른 사람들이 그쪽으로 자연스럽게 모이게 된 겁니다.

CMX와 프로덕트 헌트 모두 초기에는 매우 직접적이고 개인적으로 움직였습니다. 오늘날 대형 커뮤니티를 아무거나 하나 들여다보시죠. 창립자들이 초기 멤버를 직접 초대한 흔적이 반드시 있습니다. 예를 들어, 넥스트도어Nextdoor의 공동 창립자이자 마케팅·운영·국제 부문 전 부사장인 사라 리어리Sarah Leary는 초창기에 말 그대로 사람들집의 초인종을 눌러가며 플랫폼에 가입하라고 설득했다고 합니다. 해당 지역에 필요한 최소한의 회원 수를 확보하기 위해서였죠.

이미 일정 규모의 잠재 고객과 신뢰 기반이 갖춰져 있다면 커뮤니티를 시작하기는 훨씬 수월합니다. 예를 들어, 당신의 제품을 사용하는 충성 고객이 1,000명쯤 있다면 포럼을 열고 이들을 멤버로 유도하는 일은 비교적 쉬울 수 있습니다. 물론 이 경우에도 저는 여전히 '작게 시작하고 직접 접근하'라고 권하고 싶습니다. 처음 몇 명의 멤버에게 손수 다가가는 과정은 그들을 특별하게 느끼게 만들고, 커뮤니티 소속감을 더 강하게 심어줍니다. 단순히 단체 이메일로 초대장을 받았을 때와는 차원이 다르죠.

어느 정도 커뮤니티 기반이 마련되고, 커뮤니티와 시장 간의 적합성이 맞아떨어지기 시작하면 본격적인 성장 단계로 접어듭니다. 이때부터는 사람들이 자발적으로 커뮤니티에 모여들기 시작합니다. 멤버들이 직접 다른 사람을 초대하므로 일일이 사람을 모을 필요가 없어집니다. 이를 유도하는 방법 중 하나로, 각 멤버에게 초대권을 제한적으로 부여하는 방법이 있습니다. 프로덕트 헌트는 초창기에 창립 멤버 각자에게 3장의 초대권을 줬지요. 커뮤니티의 질이 매우 높았고 초대가 제한되어 있었기 때문에, 멤버들은 신중하게 생각해 '이 커뮤니티에 진짜 도움이 될 사람'만 초대했습니다.

커뮤니티가 성장 후반부나 성숙기에 이르면, '입소문'이 성장의 가장 강력한 동력이 됩니다. 대부분의 사람들이 CMX를 알게 되는 방식도 비슷합니다. 커뮤니티 관련 고민을 누군가 이야기하면, CMX 커뮤니티의 기존 멤버가 "그럼 이 커뮤니티 한번 들어가보세요"라고 추천해주는 식입니다.

커뮤니티가 성장하거나 성숙 단계에 접어들었다면, 자동화된 방식이나 전통적인 마케팅 접근을 활용해도 괜찮습니다. 웹사이트에 커뮤니티가 명확하게 표시되도록 해야 합니다. 고객 대상 커뮤니티라면, 고객들이 자주 머무는 대시보드나 도움말 문서 같은 지점에 커뮤니티를 자연스럽게 노출시키는 방식을 고민해봐야 합니다. CMX의 경우, 지속적으로 글을 게시하고 리서치 결과를 발행해 독자층을 확대합니다. 그렇게 모인 사람들에게 뉴스레터나 웹사이트 링크를 통해 커뮤니티 공간에 참여하도록 유도합니다.

커뮤니티를 운영할 플랫폼을 어떤 것으로 선택하느냐도 성장에 큰 영향을 줍니다. 페이스북, 슬랙, 레딧, 링크드인 같은 대형 소셜 네트워크에서 커뮤니티를 운영하면, 이들의 네트워크 효과와 추천 알고리즘을 활용할 수 있습니다. 실제로 많은 사람들이 CMX를 페이스북 그룹을 통해 알게 됩니다. 이 그룹은 커뮤니티에 관심 있는 사용자에게 추천되고, 누군가 콘텐츠를 공유할 때 그 사람의 피드에도 노출되기 때문입니다.

기존의 소셜 네트워크에서 커뮤니티를 운영할 때 가장 큰 장점은 사람들이 이미 그 공간에서 시간을 보내고 있기 때문에 멤버들을 유입하고 참여시키기 위한 장벽이 낮다는 것입니다. 하지만 단점도 있어요. 커뮤니티 경험을 개선하거나 비즈니스 시스템과 연계할 수 있는 핵심 '회원 데이터'를 온전히 소유할 수 없다는 겁니다. 단기적으로 보면 이런 플랫폼이 시작하기에는 좋지만, 자체 플랫폼에서 커뮤니티를 성장시키는 것이 장기적으로 볼 때 더 지속 가능한 방법입니다. 적합한 플랫폼 선택에 대해서는 6장에서 더 자세히 다루겠습니다.

## 의도적인 진입장벽 만들기

:

다소 역설적으로 들리겠지만, 커뮤니티에 가입하거나 특정 지위에 도달하기 어렵게 만들수록 멤버 입장에서는 더 강한 소셜 아이덴티티와 소속감을 형성하게 됩니다. '노력 정당화effort justification'라는 개념은 심리학자 레온 페스팅거Leon Festinger의 인지 부조화 이론에서 비롯된 사회 심리학 개념입니다.[15] 이 이론에 따르면, 사람은 더 많은 노력을 들인 결과에 대해 더 높은 가치를 부여하는 경향이 있습니다.

이러한 '노력 정당화'는 군사 훈련, 대학 동아리 가입, 종교 개종, 운동팀 입단 시험 등 다양한 사회 집단에서 나타납니다. 많은 시간과 에너지, 노력을 요구하는 집단일수록 멤버에게는 더 강한 아이덴티티와 높은 헌신도를 유발합니다. 물론 고객을 괴롭히라는 말이 아닙니다. 커뮤니티에 가입하거나 특정 위치에 도달하기 위해 어떤 조건을 충족해야 하는지를 정교하게 설계해보라는 의미입니다.

예를 들어 에어비앤비의 '슈퍼호스트'가 되기 위해서는 다양한 조건을 충족해야 합니다. 예약을 취소해서는 안 되고, 일정 수준 이상의 평점을 유지해야 하며, 일정 수 이상의 예약 실적도 필요합니다.

옐프 역시 '옐프 엘리트'가 되기 위해 일정 수 이상의 리뷰 작성 등 다양한 조건을 요구합니다. 보통은 커뮤니티 가입 절차를 최대한 간단하게 만들고 싶어 하지만, 너무 쉽게 가입할 수 있는 커뮤니티는 오히려 그 멤버가 느끼는 가치를 떨어뜨릴 수 있지요.

일부 커뮤니티는 가입할 때 신청서 작성을 요구합니다. 단순히 '가입하기' 버튼을 누르는 것이 아니라, 양식을 작성하고 몇 가지 질문에 답해야 하죠. 이 간단한 절차만으로도 멤버들은 커뮤니티 가입의 가치를 더 크게 느끼고, 이 커뮤니티가 신중하게 선별된 안전 공간이라는 확신을 가질 수 있습니다.

또 어떤 커뮤니티의 경우, 누구나 가입은 할 수 있지만 특정 지위에 오르기 위해 별도의 절차를 두기도 합니다. 예컨대 CMX 커뮤니티는 누구든 가입할 수 있지만, 'CMX 커넥트 호스트'가 되어 지역 기반의 행사를 주최하려면 신청과 면접을 통과해야 합니다.

이렇게 요건이 까다로운 커뮤니티의 멤버들은 자신이 이 커뮤니티에 속해 있다는 사실에 자부심을 가집니다. 그래서 다른 멤버를 만나면 즉시 유대감을 느끼죠. 왜냐하면 모두가 비슷한 과정을 거쳐 자격을 '획득'하고 나서야 이곳에 들어왔기 때문입니다.

## 매력적인
## 온보딩 경험 설계하기

:

멤버를 모집했다면, 이제 제대로 온보딩할 차례입니다. 수많은 조직이 온보딩을 특별하게 만들 수 있는 기회를 놓칩니다. 모두에게 평범하기 그지없는 환영 이메일을 보내고, 가입하자마자 이것저것 요구를 하면서 '이 사람이 알아서 적극적 멤버가 되겠지' 하고 기대하는 식입니다.

누군가가 처음 커뮤니티에 가입하는 순간은 결정적 기회입니다. 좋은 첫인상을 남기고, 소셜 아이덴티티 사이클의 첫 주기를 성공적으로 경험하게 하며, 그 사람이 다시 돌아올 확률을 높일 수 있는 순간이죠.

우리 뇌는 제한된 정보를 바탕으로 사람과 집단을 즉각 판단하도록 진화해왔습니다. 누가 믿을 만한지 재빨리 구분할 수 있어야 생존 확률이 높기 때문입니다. 지금도 뇌 구조는 크게 다르지 않습니다. 즉, 한번 형성된 첫인상이나 판단은 쉽게 바뀌지 않습니다.

따라서 첫인상을 운에 맡겨서는 안 됩니다. 저는 온보딩을 설계할 때 다음의 세 가지를 반드시 묻습니다.


1. 그들에게 무엇을 알게 하고 싶은가?
2. 그들이 어떤 감정을 느끼게 하고 싶은가?
3. 그들이 무엇을 하길 바라는가?


예를 들어, CMX 페이스북 그룹에서는 새로 합류한 모든 멤버를 직접 환영하며 태그합니다. 그리고 그들에게 아래의 내용을 전달하기 위해 노력합니다.


- 우리가 왜 모였는지, 어떤 비전·가치·가이드라인을 갖고 있는지 알게 하여 의도적으로 만든 커뮤니티 문화의 맥락을 이해하게 합니다.
- 매우 환영받는 느낌을 갖게 합니다. '여기는 믿을 수 있고 진정으

로 내 성장을 바라는 공동체다'라는 느낌이 전해져야 합니다. 내가 인정받고, 영감을 얻고, 에너지가 넘치는 곳이라는 느낌이 들어야 합니다.

- 자기소개를 하고, 커뮤니티에서 사람들이 어떤 이야기를 나누는지 파악하는 첫걸음을 내딛도록 유도합니다.

신규 멤버가 커뮤니티와 잘 맞는 유형이라면, 위의 '알고/느끼고/행동하는' 과정을 경험하게 했을 때 활동적인 멤버로 성장할 확률이 매우 커집니다.

거듭 강조하지만, 가입 직후에는 큰 요구를 하면 안 됩니다. 부담이 느껴지지 않을 만큼 작은 행동이면 충분합니다. 그리고 그 행동이 그 멤버에게 가치를 줄 수 있는 것이어야 합니다.

우리는 새 멤버에게 자기소개를 부탁하면서 "현재 진행 중인 작업이 뭔지 듣고 싶어요. 우리가 도움을 줄 수 있게 지금 겪는 어려움이나 고민 하나를 공유해주세요"라고 말합니다. 또 커뮤니티 내의 콘텐츠를 둘러보도록 권해 커뮤니티 문화나 분위기를 파악할 수 있도록 합니다.

온보딩은 신규 회원에게만 필요한 것이 아닙니다. 기존 멤버가 새로운 단계나 아이덴티티로 '레벨업'할 때마다 다시 온보딩할 기회가 생깁니다. 예를 들어 에어비앤비의 '슈퍼호스트'처럼 핵심 기여자 수준에 오른 사람에게는, 해당 시점에 무엇을 알리고 어떤 감정과 행동을 유도할지 다시 설계할 수 있습니다.

CMX 커뮤니티 멤버가 'CMX 커넥트 지부 호스트'로 승인되면, 우리는 그를 호스트 전용 커뮤니티로 온보딩합니다. 프로그램을 이해하고 제대로 시작할 수 있도록 다양한 정보·자료·실행 가이드를 제공하죠. 그들은 호스트 전용 비공개 채널에 접근할 수 있게 되고, 플레이북을 받을 수 있으며, 커뮤니티 전체에 신규 호스트로 크게 소개됩니다.

# 멤버의 커밋먼트 커브 수준을
# 높이는 방법

:

온보딩을 마쳤다면 이제 이런 질문이 생길 겁니다. "멤버들이 실제로 참여를 시작하고, 커밋먼트 커브에서 더 높은 단계로 올라가게 하려면 어떻게 해야 하지?"

좋은 질문입니다. 기본적으로 내부 동기가 없는 사람을 억지로 움직일 수는 없습니다. 커뮤니티에 관심이 없거나 참여에서 얻는 가치가 없다면 억지로 관심을 갖게 만들 수 없습니다.

하지만 내부 동기가 있는 사람이라 해도, 수준을 높이는 데 가로막는 장애물이 있을 수 있습니다. 예를 들어 슬랙 그룹에 글을 올릴 준비는 되었지만, 어떤 형식이나 규범이 허용되는지 몰라 머뭇거릴 수 있습니다. 혹은 지역 기반의 지부를 새로 열고 싶지만 시간 투입이 얼마나 필요한지, 리더가 되려면 어떤 절차를 밟아야 하는지 몰라서 리더십 단계로 넘어가지 못할 수도 있지요.

따라서 참여 수준별로 멤버와 직접 대화하며 그들의 경험을 파악하세요. 수동적 멤버에게는 "좀 더 적극적으로 참여할 생각이 있나요? 아직 그렇게 하지 않은 이유는 뭔가요?"라고 묻고, 활동적 멤버에게는 "리더가 되는 데 관심이 있나요? 그런데 아직 신청하지 않은 이유는 뭔가요?"를 묻는 식입니다.

이러한 인터뷰를 통해 멤버들이 겪는 고민과 어려움을 구체적으로 파악할 수 있고, 교육 또는 커뮤니케이션을 개선해 장벽을 낮출 수 있습니다. 이후 온보딩 프로세스나 커뮤니티 가이드에 이 부분을 반영하면 됩니다.

멤버를 다음 참여 단계로 끌어올리기 위해 목표 지향형의 캠페인을 운영할 수도 있습니다. 제 친구 수지 넬슨Suzi Nelson은 DigitalMarketer.com에서 운영한 'DM 인게이지DM Engage' 커뮤니티에서 눈팅족을 깨우는 데 초점을 맞춘 캠페인을 진행했습니다. 이를 '눈팅족 사랑 주간'[16]으로 명명했지요. 그리고 5일 동안 매일, 비활성 또는 수동적 멤버들이 느끼는 장벽을 해소하도록 돕는 새로운 콘텐츠를 올렸습니다. 매일 이런 주제로 글을 올렸죠.

- 1일차: 게시물 작성 팁 & 요령
- 2일차: 레전드급 게시물 모음
- 3일차: 커뮤니티 내 인플루언서 & 핵심 기여자 소개
- 4일차: DM Engage에 기여해야 하는 이유
- 5일차: 커뮤니티 매니저는 어떻게 당신을 도울 수 있는가

이 캠페인의 목적은 수동적인 멤버들에게 어떻게 하면 수준 높은

기여를 할 수 있는지, 좋은 기여와 모범적 멤버은 어떤 모습인지, 참여하면 어떤 가치를 얻는지, 그리고 필요할 때 어디서 도움을 받을 수 있는지 알려주는 것이었습니다.

결과는 대성공이었습니다. 넬슨은 커뮤니티 눈팅족 중 44%를 활성화시키는 데 성공했습니다. 이전까지 단 한 번도 참여하지 않았던 사람들 가운데 11%가 첫 게시물을 작성했고, 17%가 첫 댓글을 달았으며, 16%가 처음으로 '좋아요' 등의 반응을 남겼습니다.

이 아이디어는 다른 참여 단계에도 그대로 적용할 수 있습니다. 예를 들어 리더 지원자를 늘리고 싶다면, 리더가 되는 절차와 기대치에 대해 자주 묻는 질문(FAQ)을 제공하고, 성공적 리더 사례를 조명하고, 리더십 참여에서 얻는 가치가 무엇인지 명확히 전달하는 캠페인을 기획할 수 있습니다.

누가 커뮤니티에 더 깊이 참여할 잠재력을 갖고 있는지 우리는 알 수 없습니다. 그들은 다만 아주 작은 '밀어주기'가 필요할 뿐입니다.

커밋먼트 커브의 상단으로 올라가면, 많은 기업이 핵심 기여 멤버들만을 위한 공식 프로그램과 별도의 아이덴티티를 만듭니다. 에어비앤비의 '슈퍼호스트' 프로그램, 노션의 '노션 프로스Notion Pros' 프로그램, 이베이의 '파워 셀러' 프로그램이 대표적 사례입니다.

핵심 기여자들에게 독립된 아이덴티티를 부여하면 소속감이 강화되고, 초기 단계에 있는 다른 멤버들에게도 '언젠가 저 단계에 올라가고 싶다'는 목표가 생깁니다.

초기에는 '핵심 기여자'의 기준이 무엇인지 뚜렷하지 않을 수 있습니다. 어느 정도 시간이 지나 프로그램이 고도화되면, 자격 요건을 더 명확히 정의하고 커뮤니티 전체 멤버들에게 더 분명히 설명할 수 있게 됩니다. 핵심 기여자 등급은 멤버가 목표로 삼을 수 있는 명확한 '도달점'을 제공합니다.

핵심 기여자들은 일반적으로 전용 행사, 추가 기능 접근, 기념품, 회사와 직접 소통할 수 있는 채널 등 다양한 혜택을 받습니다. 멤버, 특히 핵심 기여자들에게 어떤 보상을 줄 것인가는 다음 장에서 더 자세히 다루겠습니다.

# 커뮤니티 리더를
# 성공적으로 활성화하기

:

어떤 훌륭한 커뮤니티든, 커밋먼트 커브의 최상단에는 활동적 멤버와 핵심 기여자들을 넘어 공식적인 리더십 역할이 자리하고 있습니다.

리더십을 맡는다는 건 커뮤니티에서 할 수 있는 가장 높은 형태의 기여입니다. 그 단계에 이르려면 커뮤니티에 깊이 몰입하고 헌신해야 하며, 시간을 들이고, 에너지를 쓰고, 자원을 투자해 커뮤니티 경험의 일부를 직접 만들고 운영하려는 의지가 있어야 합니다.

가장 흔한 리더십 프로그램 형태 중 하나는, 기업이 커뮤니티 멤버에게 지역 단위의 운영 권한을 부여해 그 도시에서 브랜드 이름으로 행사와 모임을 열도록 허용하는 방식입니다. 이미 앞에서 몇 가지 사례를 소개드렸는데요.

듀오링고는 매달 2,600개 이상의 언어 행사 대부분을 지역 리더들이 운영합니다. 구글은 전 세계에 1,000개 이상의 구글 개발자 그룹을 보유하고 있고, 세일즈포스에는 수백 개의 트레일블레이저가 있으며, 라이징 타이드 소사이어티는 400개가 넘는 지역별 지부를 갖고 있습니다. 모두 자원봉사 기반이지만 공식 브랜드 소속으로 운영됩니다.

리더들이 성공적으로 활동하려면 가능한 한 많은 가이드와 자원을 제공해야 합니다. 이런 프로그램에는 대체로 운영 가이드가 있으며, 운영 가이드는 리더가 무엇을 해야 하는지, 이 프로그램은 어떤 임팩트를 기대하는지, 어떻게 성공적으로 운영할 수 있는지를 안내합니다.

운영 가이드는 상세할수록 좋습니다. 한번은 기회가 있어서 테드TED가 지역 조직자들에게 제공하는 TEDx 가이드북을 검토한 적이 있는데, 무려 80쪽이 넘었습니다. TED 행사는 완성도가 매우 높고 품질 기준이 까다롭기 때문에 후원 정책부터 연사 준비, 무대 디자인까지 행사를 운영하는 데 필요한 거의 모든 사항을 세세히 안내합니다.

이런 프로그램의 성공 비결은 리더의 업무와 의사결정 부담을 최대한 덜어주는 데 있습니다. 리더가 중요한 지역별 결정에 집중하고, 행사를 수월하게 잘 치를 수 있도록 환경과 도구를 마련해주세요.

또 지역 조직자들이 서로 연결되고 노하우를 공유할 수 있는 전용 커뮤니티 공간을 만드는 것도 중요합니다. CMX 커넥트 호스트들은 새 호스트를 온보딩하고, 시행착오에서 얻은 교훈을 나누고, 서로에게 지속적으로 도움 주는 것을 즐깁니다. 리더들끼리 상호 지원과 지식 교환이 가능하면 프로그램은 훨씬 더 효율적으로 확장됩니다.

많은 기업이 이런 프로그램을 확장하는 데 어려움을 겪는 지점은 운영과 데이터 관리입니다. 수백 명의 지부 리더가 제각기 다른 도구로 행사를 운영하면, 프로그램 전반의 일관성을 유지하기 어렵고, 누가 참가 신청을 했고 실제로 참석했는지와 같은 기본 데이터를 확보하기도 힘듭니다. 가장 이상적인 방법은 모든 지부의 리더가 하나의 중앙화된 플랫폼을 사용하도록 만들어 통합적으로 운영하는 것입니다.

공식 리더십을 맡는 방식은 다양합니다. 대규모 온라인 커뮤니티는 충성도 높은 멤버에게 '공식 모더레이터' 권한을 부여해 커뮤니티 공간 관리를 돕게 합니다. 이렇게 하면 커뮤니티 팀이 모든 일을 직접 하지 않고도 규모를 키울 수 있습니다.

모더레이터 프로그램 역시 교육과 가이드가 필요합니다. 각 리더들이 역할을 잘 수행할 수 있도록 운영에 필요한 정책과 툴을 제공해야 하며 갈등 대응 방식, 해결이 어려운 상황에서의 보고 및 조정 절차, 번아웃을 피하기 위한 자기 관리 전략까지 체계적으로 안내하고 교육해야 합니다.

더 이상 직접 손이 닿지 않지만 여전히 개인적인 터치가 필요한 커뮤니티의 많은 영역은 커뮤니티 리더에게 위임할 수 있습니다. CMX 커뮤니티에서는 매달 수백 명씩 신규 멤버가 가입하면서 더 이상 모든 멤버에게 일일이 환영 인사를 건네는 것이 불가능해졌습니다. 그래서 커뮤니티 멤버 중 자원자들을 중심으로 공식적인 '환영 위원회'를 구성했습니다. 이들이 매주 처음 가입한 멤버들에게 환영 메시지를 전달하게 함으로써 개별적인 환대를 받도록 도왔습니다.

커뮤니티 리더십 포지션에 인원을 배치할 때는 양보다 질에 신경을 써야 합니다. 리더가 되는 과정을 너무 쉽게 만들어서는 안 됩니다. 신청 절차, 인터뷰, 커뮤니티 내 활동 이력 등의 기준을 둠으로써 그 사람이 정말 헌신적인지 확인해야 합니다.

또 지원 단계에서 커뮤니티의 핵심 가치와 그 사람이 얼마나 맞닿아 있는지 검증해야 합니다. 리더들은 단순한 운영 인력을 넘어 여러분과 여러분의 브랜드를 대표하는 사람입니다. 이들은 다른 커뮤니티 멤버들과 직접 소통하게 되며, 때로는 갈등 상황을 마주할 수도 있습니다. 특히 지역 지부를 운영하는 경우라면, 초기 구축에 많은 수고가 드는 만큼 올바른 동기와 역량을 갖춘 사람이 맡아야 합니다.

처음부터 철저히 선별하는 것이 나중에 누군가를 리더 자리에서 물러나게 하는 만드는 것보다 훨씬 낫습니다. 리더 선별에서는 언제나 양보다 질을 추구하는 것이 핵심입니다.

HOW TO MAKE COMMUNITY YOUR COMPETITIVE ADVANTAGE

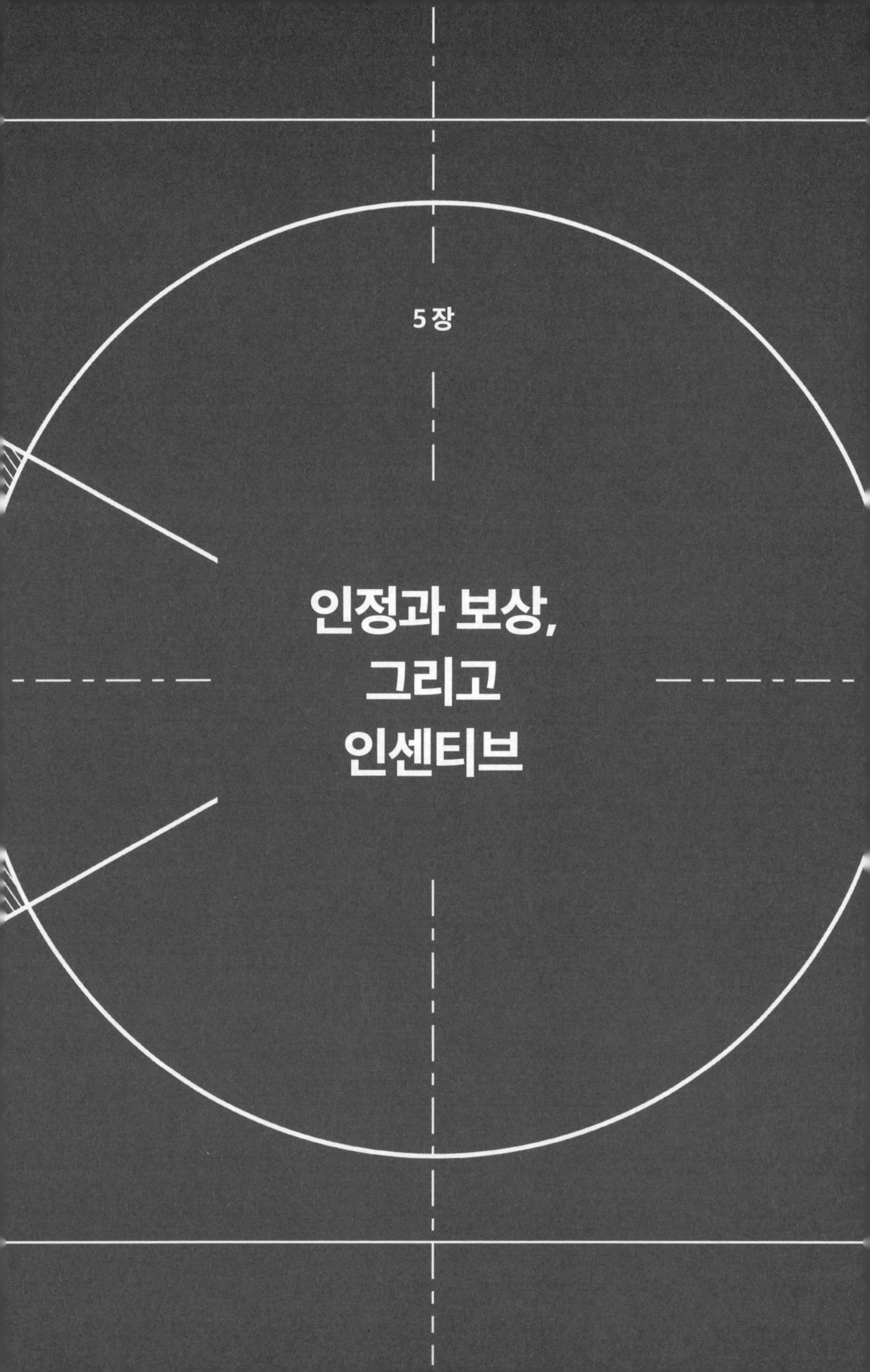

5 장
인정과 보상,
그리고
인센티브

지금까지 소셜 아이덴티티 사이클의 첫 두 단계인 '동일시'와 '참여'를 다뤘습니다. 세 번째 단계인 '인정'은 이 사이클을 완성하고, 소셜 아이덴티티를 강화하며, 멤버들을 커밋먼트 커브 위로 이동시키는 데 매우 중요합니다.

인정은 우리 뇌에 '긍정적인 경험'으로 각인되어, 커뮤니티와 자신을 동일시하고 적극적으로 참여하는 습관을 형성하는 데 도움을 줍니다. 이 장은 멤버들에게 적절한 보상을 제공함으로써, 오랜 시간 꾸준히 참여하는 습관을 기를 수 있게 돕는 다양한 방법을 설명합니다.

# 보상을 통한 습관 만들기

:

멤버들이 다시 찾아와 계속 참여하게 하려면, 자신의 참여가 인정받고 있다는 보람을 느끼게 하는 게 핵심입니다.

보상을 경험하면, 뇌는 그 경험이 긍정적이었고 다시 그 행동을 취해야 한다고 알려줍니다. 찰스 두히그Charles Duhigg는 자신의 책《습관의 힘The Power of Habit》에서 세 단계로 구성된 습관 루프habit loop를 설명합니다.[17]

1. 신호
2. 루틴
3. 보상

여러분이 아침 루틴을 바꾸고 싶다고 가정해봅시다. 알람을 눌러놓고 다시 자는 습관을 달리기 습관으로 바꾸는 것으로요. 알람이 울리는 것은 신호이고, 스누즈 버튼을 누르는 것은 루틴이며, 보상은 잠을 더 자는 것입니다. 그래서 여러분의 뇌는 무의식적으로 스누즈를 누르는 자동 루프를 형성하게 되죠.

습관은 특히 온라인 커뮤니티에서 높은 참여도를 유지하는 데 중요합니다. 1장에서 커뮤니티가 특정 주제에 대해 질문이 생길 때마다 멤버들이 커뮤니티로 돌아오는 습관을 형성하게 만드는 방법에 대해 논의했습니다.

예를 들어, 세일즈 해커는 판매에 관련한 질문이 생겼을 때 멤버들이 첫 번째로 찾는 장소가 되고자 합니다. 멤버가 새로운 판매 고객 관계 관리 소프트웨어를 찾아야 한다면(신호), 그 즉시 '세일즈 해커 커뮤니티에 물어봐야겠다!' 생각하고(루틴), 다른 멤버들로부터 피드백을 받습니다(보상).

이러한 신호는 내부적일 수도 있고 외부적일 수도 있습니다. 니르 이얄Nir Eyal은 자신의 책《훅Hooked》에서 습관 루프를 활용해 사람들이 왜 페이스북과 인스타그램 같은 앱을 습관적으로 사용하는지 설명합니다.[18]

이얄은 처음에 외부 신호가 작용할 거라고 말합니다. 여러분이 어딘가에서 인스타그램 링크를 보고 클릭할 수도 있고, 인스타그램이 알림을 보내 여러분을 끌어들일 수도 있습니다. 이러한 '외부 트리거'는 사용자가 행동을 취하도록 유도합니다(알림 클릭). 그러면 보상(흥미로운 사진이나 비디오를 보는 것)을 느끼게 되고, '좋아요' 버튼을 클릭하거나 댓글을 달거나 자신의 사진을 올리는 등의 '몰입'을 하게 됩니다.

외부 트리거는 내부 트리거가 형성될 때까지 사람들을 소셜 플랫폼으로 계속 돌아오게 합니다. 내부 트리거는 우리 자신의 뇌에서 비롯됩니다. 내부 트리거는 특정 경로를 충분히 반복해 뇌가 신호에 반응하면서 자동으로 루틴을 수행할 때 발생하기 시작합니다.

예를 들어 여러분이 '심심하다'고 생각했을 때, 어느새 휴대폰을 꺼내 틱톡을 스크롤하고 있을 수 있습니다. 또는 '세상에서 무슨 일이 일어나고 있는지 궁금하다'는 생각에 아무 생각 없이 트위터를 열어 스크롤을 시작할 수도 있습니다.

커뮤니티 참여도 동일한 원리로 작동합니다. 멤버는 알림이나 이메일 등 외부 트리거(예: 사용자 또는 플랫폼에서 보낸 이메일)를 보고 포럼, 그룹 또는 행사에 참여할지 여부를 결정하게 됩니다. 약속된 가치를 얻기 위해서죠.

시간이 지나면서 커뮤니티에 계속 참여하고 매번 보람을 느낀다면 핵심 기여자의 머릿속에는 새로운 경로가 형성되어 굳이 메시지를 보내지 않아도 자연스럽게 다시 돌아오기 시작합니다. 핵심 기여자는 많은 알림을 받을 필요 없이 매일 커뮤니티를 확인하는 습관이 생겼을 겁니다.

전 세계적으로 소셜 미디어 중독이 문제가 되고 있습니다. 저는 멤버들에게 끊을 수 없는 해로운 습관을 권장하고 싶지 않습니다. 개별 커뮤니티는 그 성격이 매우 구체적이기 때문에 인스타그램이나 페이스북만큼 중독성이 강해지지는 않을 겁니다.

멤버들은 무의미하게 셀카나 댄스 동영상을 스크롤하는 것이 아니라 구체적인 주제에 대해 이야기하고, 배우고, 함께 성장하기 위해 커뮤니티를 찾아올 겁니다. 사람들이 모일 수 있는 진정으로 안전하고 진정성 있고 가치 있는 공간을 만들었다면, 사람들의 참여 습관이 건강하지 않은 방향으로 흘러갈 가능성은 크지 않다고 생각합니다.

하지만 멤버들이 인정을 받지 못하고, 참여에 대한 보상을 느끼지 못하면 커뮤니티로 돌아오지 않을 것입니다. 사람들은 종종 이 세 번째 단계를 우연에 맡기고, 멤버들이 자신의 기여에 대한 보상을 느끼기만 바랍니다. 커뮤니티 운영자로서 멤버를 인정하고, 그들이 가치를 얻고 있다고 느끼게 만들 수 있는 일은 많습니다.

# 외적 동기 vs. 내적 동기

:

동기는 내적 동기와 외적 동기 두 가지 형태로 나뉩니다.

외적 동기는 보상을 받거나 처벌을 피하기 위해 외부 사람이나 시스템이 제공하는 것을 얻기 위해 하는 행동입니다. 커뮤니티에 대한 외재적 동기의 예로는 포인트 시스템, 배지, 커뮤니티 관리자의 칭찬 등이 있습니다.

내재적 동기는 외부 보상이나 처벌에 관계없이 진정으로 즐기고 가치를 느끼기 때문에 하는 일입니다. '자기 결정 이론self-determination theory'에 따르면 내재적 동기는 역량, 관계성, 자율성이라는 세 가지 요소에 의해 주도됩니다. 우리는 이 세 가지를 모두 커뮤니티에서 찾을 수 있습니다.[19] 사람들은 기술을 배우고 키우기 위해, 또 다른 사람들과 연결되기 위해 커뮤니티에 가입하며, 주인의식을 느낄 때 더 많이 기여할 가능성이 높아집니다.

물론 커뮤니티는 멤버들이 본질적으로 동기를 부여받을 때 가장 잘 작동합니다. 이는 진정으로 깊이 있는 커뮤니티를 만들 때 필수 조건입니다. 우리는 외부 보상을 받기 위해서가 아니라 진정으로 커뮤니티와 다른 멤버를 아끼기 때문에 커뮤니티에 참여하는 멤버가 필요합니다.

하지만 외적 보상도 현명하게 사용하면 효과적일 수 있습니다. 커뮤니티에서 매우 강력한 형태의 외재적 동기는 사회적 수용입니다.

여러분이 새 도시로 이사했는데 친구가 처음 보는 사람들과 함께 술을 마시자고 초대했다고 상상해보세요. 몇 시간 후, 당신은 이 사람들이 정말 마음에 든다고 생각합니다. 그 사람들도 여러분을 좋아했으면 좋겠다고 생각합니다. 모임이 끝나고 집으로 돌아가는데 친구 중 한 명이 문자를 보내 "만나서 반가웠어! 오늘 아주 즐거웠어! 곧 다시 만나자"고 말합니다.

그러면 기분이 아주 좋을 것 같다고요? 우리가 관심을 갖는 새로운 그룹에 받아들여진다는 건 정말 기분 좋은 일입니다! 커뮤니티에서도 마찬가지입니다. 커뮤니티에 비교적 처음 합류한 멤버가 다른 멤버나 여러분으로부터 "우리 커뮤니티와 함께 하게 되어 매우 기쁘다"는 메시지를 받는다면 그 멤버에게는 큰 힘이 되겠죠. 그런 인정과 격려가 그 사람이 다시 돌아와 계속 참여하고 싶게 만드는 원동력이 됩니다.

하지만 칭찬을 과하게 하면 안 됩니다. 연구에 따르면, 최소한의 행동에 대해 지나치게 많은 칭찬을 하면 오히려 동기가 저하된다고 합니다. 이를 '과잉 정당화 효과overjustification effect'라고 부르는데, 내재적 동기가 외재적 동기로 대체될 때 그 사람이 처음에 행동을 하게 만든 내재적 동기가 실제로 감소할 수 있다는 설명입니다.[20]

이 때문에 커뮤니티는 외적 보상에 주의해야 합니다. 멤버들이 서로 돕고자 하는 내재적 동기를 가지고 있는데 커뮤니티에서 포인트, 돈 또는 상품을 주기 시작하면 멤버들은 도움을 통해 얻는 좋은 감정 대신 포인트에 집중하기 시작할 수 있습니다.

내재적인 것이든 외재적인 것이든, 궁극적으로 보상은 우리 자신에 대해 어떤 감정을 느끼느냐와 관련이 있습니다. 인간으로서 우리가 경험하는 모든 것은 내면에서 비롯됩니다. 트리거는 외부에서 올 수 있지만, 우리가 그것을 어떻게 인식하고 반응하느냐에 따라 우리가 느끼는 감정에 영향을 미칩니다. 따라서 누군가에게 보상을 줄 때 핵심 질문은 다음과 같습니다.

- 그 보상이 그 사람으로 하여금 자신에 대해 어떻게 느끼게 만드는가?
- 보상이 매우 개인적이고 사려 깊은 것이어서 자신이 중요하다고 느끼게 만드는가?
- 더 높은 보상을 기대했기 때문에 나쁜 감정이 들게 만들지는 않는가?
- 보상을 받기 위해 특정한 일을 해야 했기 때문에 성취감을 느끼게 만드는가?

선물, 돈, 포인트, 배지 같은 외적 동기 부여를 사용할 때마다 그 사람이 어떤 기분을 느낄지 생각해보세요. 그 보상이 어떤 내재적 동기를 불러일으킬지를 고려하세요.

## 사회적 규범을
## 시장 규범으로 대체하지 않기

:

'과잉 정당화 효과'는 특히 사회적 맥락에서 널리 퍼져 있습니다. 행동경제학자 댄 애리얼리Dan Ariely가 모든 거래를 '사회적 규범' 또는 '시장 규범'이라는 관점에서 보기 때문입니다.

친구를 돕기 위해 무언가를 하거나 호의로 무언가를 할 때 우리는 사회적 규범에 따라 결정을 내립니다. 예를 들어, 친구에게 이사를 도와달라고 부탁하면 친구는 나에게 호의를 베푸는 차원에서 무료로 이사를 도와줄 겁니다.

그런데 돈이나 어떤 종류의 상품을 위해 무언가를 할 때, 우리 뇌는 시장 규범에 따라 움직입니다. 이제 우리는 서비스를 제공하는 데 얼마나 많은 시간과 노력이 필요한지 고려하고 보상을 받을 만한 가치가 있는지 판단합니다. 예를 들어, 이삿짐센터 직원에게 돈을 주고 이사를 도와달라고 하면 그들은 돈을 위해 하는 것이지, 나를 배려해서 이사를 도와주는 것이 아니죠.

사회적 규범에 의해 주도되던 상황에 시장 규범과 외재적 보상을 도입하면 시장 규범이 내재적 동기를 대체하는 경향이 있습니다. 예를 들어, 제가 친구에게 이사를 도와주면 100달러를 주겠다고 제안했다면 친구는 이제 사회적 규범이 아닌 시장 규범에 따라 100달러가 시간 대비 가치가 있는지 스스로에게 물어볼 겁니다.

댄 애리얼리는 그의 책 《상식 밖의 경제학Predictably Irrational》에서 이러한 현상에 대한 흥미로운 사례를 소개합니다.[21]

몇 년 전, 미국은퇴자협회(AARP:American Association of Retired Persons)는 일부 변호사들에게 가난한 은퇴자들에게 시간당 30달러 정도의 저렴한 서비스를 제공할 의향이 있는지 물었습니다. 변호사들은 거절했죠. 그러자 AARP의 프로그램 관리자가 기발한 아이디어를 떠올렸습니다. 그는 변호사들에게 가난한 은퇴자들에게 무료 서비스를 제공할 의향이 있는지 물었습니다. 변호사들은 압도적으로 '예'라고 대답했습니다. 무슨 일이 있었던 걸까요? 0달러가 어떻게 30달러보다 더 매력적일 수 있을까요? 돈이 언급됐을 때 변호사들은 시장 규범을 적용해 시장 급여에 비해 부족하다고 판단했습니다. 돈이 언급되지 않았을 때는 사회적 규범을 적용해 기꺼이 시간을 자원했습니다. 왜 그들은 자신을 30달러를 받는 자원봉사자로 생각하지 않았을까요? 시장 규범이 우리의 고려에 들어오면 사회적 규범이 사라지기 때문입니다.

물론 외재적 동기가 모두 나쁜 것은 아니며, 올바르게 사용하면 매우 효과적일 수 있습니다. 한 연구에 따르면, 멤버에게 우편으로 경품 패키지를 깜짝 선물하는 것처럼 예상치 못한 보상이 주어졌을 때 내재적 동기에 부정적인 영향을 미치지 않는 것으로 나타났습니다. 예상치 못한 보상은 멤버들이 진정한 '감사'의 표시로 받아들이며, 자신이 받은 경품에 대한 기여도를 계산하지 않게 됩니다.

또 자신의 기여가 다른 멤버에게 미친 긍정적인 영향을 멤버들이 인지하게 하는 것만으로도 보상을 제공할 수 있습니다. 멤버는 본질적으로 다른 커뮤니티 멤버를 돕고자 하는 동기를 갖고 있지만, 자신이 커뮤니티에 미친 영향을 항상 인식하지는 못할 수도 있습니다.

구글과 함께 G2G 프로그램을 진행할 때 그들의 목표는 직원들이 서로에게 수업을 가르치도록 동기를 부여하는 것이었습니다. 직원들은 동료 구글러를 돕는 데 진심으로 관심이 있었기 때문에 자발적으로 이 일을 수행했습니다. 하지만 강사들은 학생들이 무엇을 배웠는지, 수업이 어떤 영향을 미쳤는지에 대한 피드백을 항상 받을 수는 없었습니다. 그래서 저희는 강사가 수업에 참여한 학생의 피드백과 친절한 메시지를 업데이트 받을 수 있도록 만드는 것을 최우선 과제로 삼았습니다. 이러한 외재적 인정은 강사의 내재적 동기 부여와도 일치했습니다.

자원봉사자에게 제공하는 보상이 지나치게 거래적이지 않도록 해야 합니다. 칭찬, 사회적 인정 및 기타 외재적 보상으로 내재적 동기를 강화하세요.

# SNAP!
## 효과적인 외재적 보상을 위한 프레임워크

:

아틀라시안의 사용자 그룹 커뮤니티와 세일즈포스의 트레일블레이저 커뮤니티를 운영했던 홀리 파이어스톤이 고안한 '스냅SNAP'이라는 프레임워크를 활용해보세요. 이 프레임워크는 커뮤니티 멤버들이 기여하도록 신중하게 동기를 부여할 수 있는 다양한 종류의 외재적 인센티브를 계획하는 데 사용됩니다. 저도 자주 사용하지요.

SNAP은 지위Status, 네트워킹Networking, 액세스Access, 특전Perks의 약자입니다. 이 프레임워크를 사용해 커뮤니티 멤버에게 보상할 수 있는 새로운 방법을 브레인스토밍할 수 있습니다.

**지위**

사회적 지위는 커뮤니티의 핵심입니다. 우리는 관심 있는 그룹 중에서 자신의 지위를 향상시킬 수 있는 기회가 있다고 생각되는 커뮤니티에 가입합니다. 더 이상 얻을 수 있는 지위가 없거나 지위를 잃고 다시 회복할 수 없다고 생각되면 커뮤니티를 떠나는 경향이 있습니다.

모든 형태의 커뮤니티에는 의도적으로 또는 비자발적으로 지위 시스템이 있습니다. 완전히 평등한 구조를 지향했던 그룹이나 팀에서도 유기적으로 리더가 만들어져 나머지 멤버에게 영향력을 행사하는 모습을 볼 수 있습니다.

또 커뮤니티의 일원이 되는 것만으로도 전문직 협회의 멤버처럼 다른 사람들에게 자신의 지위를 알릴 수 있습니다. 커뮤니티 빌더는 이러한 사회적 지위 시스템을 형성하고 설계하는 데 도움을 줄 수 있습니다. 커뮤니티에는 멤버의 지위를 알리는 데 사용되는 다양한 도구가 있습니다.

'배지'는 커뮤니티에서 멤버의 지위, 직책 또는 업적을 과시하는 데 자주 사용됩니다. 멤버는 커뮤니티 내에서 활동을 수행해 '포인트'를 쌓고 시간이 지남에 따라 더 높은 점수를 받을 수 있습니다.

레딧의 카르마 시스템처럼 일부 커뮤니티에서는 멤버들이 서로에게 좋은 기여를 하면 포인트를 부여할 수 있는 권한을 부여하기도 합니다.

'멤버' 등급은 멤버들이 도달할 수 있는 공식적인 멤버십 수준이 될 수도 있습니다. 옐프 엘리트 같은 핵심 기여자 프로그램에서 흔히 볼 수 있는 것처럼 말이죠. 멤버들이 도달하기를 열망하는, 보다 공식적인 지위 구조를 만들 수 있습니다.

커뮤니티 외부에서 커뮤니티 멤버의 지위를 높일 수도 있습니다. 예를 들어, 전문 커뮤니티의 경우 행사에 멤버를 초대해 연설하고, 멤버의 업적을 조명하며 개인 브랜드를 성장시키도록 지원하면 업계에서 멤버의 지위가 향상될 수 있습니다.

### 네트워킹

물론 커뮤니티의 핵심은 사람이며, 멤버들이 누구와 교류할 수 있는지에 달려 있습니다. 커뮤니티를 구축할 때 여러분이 해야 할 일은 멤버들이 흥미롭고 유용한 사람을 만나고 교류할 수 있는 환경을 만드는 것입니다. 모든 사람이 모든 사람을 만날 수 있는 완전히 개방된 커뮤니티를 만들 수도 있습니다.

하지만 멤버에게 더 엄선된 경험으로 보상을 제공할 수 있습니다. 가장 기여도가 높은 멤버를 저녁 식사에 초대하거나 일부 멤버를 대상으로 소그룹 토론을 진행할 수도 있습니다.

누군가가 커뮤니티에 가입하는 순간부터 다른 멤버와 연결할 수 있는 기회를 갖게 됩니다. 일부 커뮤니티에서는 환영 위원회 또는 버디 시스템을 사용해 모든 신규 멤버를 개인적으로 환영할 수 있도록 만듭니다.

### 액세스

커뮤니티 멤버가 제품의 사용자라면 시간이 지남에 따라 제품이 어떻게 변화하고 발전하는지에 대해 관심을 갖게 될 겁니다. 그들은 비즈니스의 방향에 영향력을 행사하고 있다고 느끼기를 원합니다. 단순히 그들의 의견을 들어주고, 팀과 아이디어를 공유하도록 초대하는 것만으로도 보상이 될 수 있습니다.

한 단계 더 나아가 경영진과 세션을 주최하거나 제품의 독점 베타 버전에 초대할 수도 있습니다. 일부 커뮤니티에서는 멘토 프로그램을 운영해 자격을 갖춘 멤버들이 자원봉사자 멘토의 지도를 받을 수 있도록 지원합니다. 또는 일종의 기여에 대한 보상으로 전문가를 초대해 소규모 멤버 그룹을 대상으로 비공개 초대 전용 세션을 진행할 수도 있습니다.

멤버들이 만나고 싶어 하지만 만나지 못하는 전문가는 누구일까 생각해보세요. 정말 강력한 보상이 될 수 있습니다.

### 특전

특전에는 무료 교육, 무료 행사 티켓, 무료 자격증, 무료 전문성 개발, 할인 그리고 모두가 좋아하는 브랜드 보상인 스웨그swag가 포함될 수 있습니다.

훌륭한 특전은 멤버의 개인 프로필을 높일 뿐만 아니라 커뮤니티에서 더 많이 보고 싶은 행동을 장려합니다. 교육을 제공하면 커뮤니티 멤버는 배운 내용을 바탕으로 인사이트를 공유하고 질문에 답하며 커뮤니티에 다시 기여함으로써 기여의 가치를 높일 수 있습니다.

여기서 스웨그는 분명 인기 있는 보상이죠. 편안한 티셔츠, 머그컵, 노트북 스티커 등 커뮤니티를 상징하는 물건을 선물하는 건 진정으로 브랜드를 아끼는 사람에게 효과적일 수 있습니다.

하지만 저는 많은 기업이 스웨그를 잘못된 방식으로 이용한다고 생각합니다. 많은 기업들이 티셔츠에 로고를 새겨넣고, 멤버들이 그 티셔츠를 입고 다니며 브랜드 인지도를 높이길 바라죠. 실제로는 집 밖을 나가지 않을 가능성이 높은, 편안한 파자마 셔츠를 선물한 것일 뿐입니다.

스웨그를 광고판으로 생각하지 말고, 멤버들이 스웨그를 입거나 볼 때 어떤 느낌을 받을까에 집중하세요. 멤버들로 하여금 커뮤니티를 대표하고 긍정적인 경험을 떠올리게 하는 것이라면 로고가 없어도 상관없습니다. 사람들이 실제로 원하는 아름다운 디자인의 스웨그는 로고가 없더라도 멤버로서의 아이덴티티를 강화하는 데 더 효과적일 수 있습니다.

## '게임화'란 무엇인가

:

'지위'에 해당하는 보상을 구체적으로 살펴볼 때 종종 '게임화 gamification'를 이야기합니다.

게임화는 포인트, 배지 및 기타 순위 시스템을 사용해 참여를 유도하거나 참여를 '게임화'하는 모든 시스템을 말합니다.

사람들이 게임화에 대해 잘못 알고 있는 것이 하나 있는데, 유기적인 참여가 아직 이루어지지 않은 곳에서 참여를 유도하는 데 게임화를 사용할 수 있다고 생각하는 것입니다. 저는 "우리 포럼에서는 참여가 잘 이루어지지 않아요. 게임화 시스템을 추가하면 도움이 될까요?"라는 질문을 여러 번 받았습니다.

안타깝게도, 현재 커뮤니티 참여도가 높지 않다면 포인트, 배지, 스웨그, 레벨 또는 특전을 추가하는 것은 큰 도움이 되지 않습니다. 배지나 포인트 같은 게임화 보상은 지위가 아니라 지위를 증명하는 것이기 때문입니다.

게임 디자인 전문가이자 게임 싱킹 아카데미Game Thinking Academy의 공동 설립자인 에이미 조 김Amy Jo Kim 박사는 이러한 실수를 자주 목격합니다. 그녀는 이렇게 설명합니다. "마케팅 배경에서 온 사람들은 게임 속에서 외재적 동기 부여와 보상 스케줄을 보고, 이걸 다른 곳으로 옮겨놓을 수 있다고 생각합니다. 포인트, 레벨, 지위, 보상은 로열티 프로그램의 기본 단위이자 마케터의 플레이북에서 빼놓을 수 없는 요소니까 당연한 일이죠."[22]

하지만 김 박사는 마법은 여기에 있지 않다고 말합니다. "외재적 보상으로 장기적인 참여를 유도하려는 건 어리석은 일입니다. 지표와 보상을 주요 이벤트로 삼는다면 시간이 지나도 사람들의 관심을 끌지 못합니다. 결국 피상적이고 과도하게 계산된 제품을 만들게 되는 거죠. 더 나쁜 건 자신도 모르는 사이에 사람들의 창의성과 열정을 꺾을 수 있다는 겁니다."

기억하세요. 모든 보상은 그것이 우리에게 어떤 감정을 불러일으키느냐에 달려 있습니다. 커뮤니티에 글을 올리면 받는 포인트? 왜 그걸 신경 쓰나요? 솔직히 말해, 저는 그걸 신경 쓰지 않을 겁니다. 그게 커뮤니티의 다른 사람들이 저를 어떻게 인식하는지, 포인트가 제 기여도와 지위를 증명하는 수단이 된다면 또 모르겠네요.

커뮤니티에서 나눠 준 티셔츠는 부담 없이 입기 편합니다. 청소를 할 때나 TV 앞에서 아이스크림을 먹으며 쉴 때 입을 수 있죠. 하지만 공공장소에 이 로고가 달린 옷을 입고 다니려면 먼저 스스로를 그 커뮤니티의 자랑스러운 구성원이라고 느껴야 하고, 세상 사람들에게도 내가 그 커뮤니티의 일원이라는 사실을 자랑하고 싶을 만큼 설레야 하죠.

커뮤니티 참여가 활발한 상태라면 게임화는 불에 기름을 끼얹는 것 같은 효과를 발휘할 수 있습니다. 게임화는 사람들을 더 빠르게 커밋먼트 커브를 따라 움직이게 할 수 있습니다. '핵심 기여자' 수준을 만들어 신규 멤버에게 충분히 기여하면 언제 어떤 사람이 될 수 있는지 보여줄 수 있습니다.

여기서 핵심은 게임화 시스템을 멤버의 내재적 동기에 맞추는 것입니다.

김 박사는 "잘 만들어진 게임은 내재적 즐거움과 외재적 진행 장치의 교묘한 결합"이라고 말합니다. "게임은 일상에서 잠시 벗어나 단순화된 다른 현실에서 시간을 보내도록 만듭니다. 즐거운 활동과 숙련도 추구가 이 작은 세계의 핵심이며, 진행 지원 장치(포인트, 레벨, 배지, 파워업)는 이러한 핵심 활동을 지원하고 증폭하는 역할을 합니다."

주의할 점이 하나 더 있습니다. 멤버의 순위를 매기는 측정 시스템을 만들면 멤버들은 커뮤니티에 실제로 가치를 창출하고 있는지 여부와 관계없이, 자신의 순위를 높이기 위해 할 수 있는 모든 일을 할 수 있습니다.

예를 들어 커뮤니티에 게시물을 올리는 멤버에게 보상을 제공하면 멤버는 자신의 순위를 올리기 위해 품질이 낮은 게시물을 많이 올리기 시작할 수 있습니다. 따라서 게임화 시스템이 양질의 기여에 보상을 제공하도록 해야 합니다.

하나의 방법으로, 멤버들이 서로에게 포인트를 줄 시기를 선택하는 P2P peer-to-peer 보상 시스템이 있습니다. 레딧은 카르마 시스템으로 이를 구현합니다. 인간의 판단을 시스템에 통합하면 게임화 시스템의 게임화를 방지하는 데 도움이 됩니다.

악용될 수 있는 시스템은 반드시 악용됩니다. 시스템을 고정된 것으로 생각하지 마세요. 제대로 작동하고 공정하게 사용될 수 있도록 시스템을 계속 수정하고 발전시켜야 합니다.

## 효용성을 위해 왔다가<br>소속감을 위해 머무르기

:

커뮤니티에 가입하는 목적이 다른 사람과의 정서적 유대감이 아닌 경우도 많습니다. 실질적인 문제를 해결하거나 특정 목표를 달성하기 위해 커뮤니티에 가입합니다. 커뮤니티에 일정 기간 가입하고 다른 멤버들을 알게 된 후에야 정서적 연결이 동기를 부여하죠.

예를 들어, 운동을 하고 싶고 농구를 좋아해서 농구 팀에 가입할 수 있습니다. 팀원들과 함께 게임을 시작하고 그들과 친해지기 전까지는 그는 특정 팀원에 대해 신경 쓰지 않을 겁니다. 또는 돈을 벌고, 새로운 것을 배우고, 경력을 성장시키고 싶어서 회사에서 일할 수도 있습니다. 새로운 친구를 사귀기 위해 가입하는 건 아닐 수 있죠. 하지만 일단 동료들을 알게 되고 우정을 쌓게 되면 회사를 떠나기가 더 어려워질 겁니다. 친구들도 떠나야 하는 거니까요.

답변을 얻고 싶은 구체적인 질문이 있어서 포럼에 가입할 수도 있습니다. 아직 해당 커뮤니티의 사람들을 잘 모르기 때문에 그 안에 들어가기 전까지는 그 그룹의 사회적 가치를 알 수 없습니다. 물론 새로운 사람을 만나기 위해 이러한 활동을 할 수도 있죠. 하지만 그룹에 참여하기 전까지는 그룹 내의 특정 사람들에게 몰입하고 있다고 느끼지 못할 겁니다.

멤버들은 커뮤니티에 일정 기간 참여한 후에야 비로소 다른 멤버들과 연결되어 있다고 느끼기 시작합니다. 이러한 소속감은 여러분을 더 오랫동안 커뮤니티에 머물게 하고, 커뮤니티에 참여하는 주된 동기가 될 수도 있습니다. 그리고 다른 멤버의 성공에 몰입하게 됩니다. 커뮤니티에 대한 책임감을 느끼고 소속감을 느끼게 되는 거죠.

이는 전문적이고 고객 중심적인 커뮤니티를 구축할 때 특히 그렇습니다. 멤버와 잠재적 멤버들은 도움을 받고 싶은 매우 구체적인 문제를 갖고 있을 가능성이 높습니다. 일반적인 '네트워킹'의 가치가 커뮤니티 가입에 영향을 미칠 수 있지만, 이들은 무엇보다 자신의 문제에 대한 해결책을 찾고 있습니다.

커뮤니티가 사람들에게 제공하는 실용적 또는 비감정적 가치는 다양합니다. 우리는 새로운 기술을 배우고, 질문에 대한 답을 얻고,

네트워크를 확장하고, 즐거움을 얻고, 피드백과 추천을 받고, 협업하고, 다른 사람들과 협력해 목표를 달성하거나 변화를 촉진하고, 마음을 터놓을 공간을 갖기 위해 커뮤니티에 가입합니다.

따라서 커뮤니티에 새로운 멤버를 유치하기 위해 노력하고 있다면 커뮤니티에서 얻을 수 있는 가장 중요한 실질적인 가치를 파악하고, 감정적인 가치보다 그 가치에 더 집중하세요. 멤버들에게 어떤 문제를 해결해줄 수 있는지 알려주세요. 그래야 사람들이 문을 열게 됩니다. 시간이 지나면서 관계를 형성하고 커뮤니티의 사회적 구조에 통합되기 시작하면 정서적으로 더 많은 몰입을 느끼게 될 겁니다.

이러한 정서적 연결은 멤버 및 고객 유지에 큰 영향을 미칩니다. 친구들이 모두 해당 커뮤니티에 속해 있거나 해당 제품을 사용하고 있다면 커뮤니티를 떠나거나 제품을 바꾸기가 훨씬 더 어렵습니다. 고객이 여기를 '내 커뮤니티'라고 느끼면 경쟁업체로 전환할 가능성은 줄어듭니다.

## 소셜 아이덴티티 사이클을 사용해 커뮤니티 상태 및 참여도 측정하기

:

1장에서 커뮤니티 전략의 세 가지 수준과 커뮤니티의 비즈니스 가치를 측정하기 위해 추적할 수 있는 지표에 대해 이야기했습니다. 이제 두 번째 단계인 커뮤니티 수준에서의 측정에 대해 살펴보겠습니다.

커뮤니티 수준에서는 시간에 따른 커뮤니티의 상태와 참여도를 측정합니다. 소셜 아이덴티티 사이클이 제대로 작동하고 있는지, 멤버들이 다시 돌아오고 있는지, 가치 있고 질 높은 경험을 하고 있는지 확인하고자 합니다.

태양계 비유로 돌아가볼까요? 멤버들을 우주 공간에 떠다니는 입자처럼 생각할 수 있으며, '공동체 의식'은 중력과 같아서 이들은 서로를 끌어당겨 행성, 태양계, 은하계를 형성합니다. 입자들이 모여 더 밀집된 덩어리를 형성하면, 그 덩어리의 중력이 증가해 더 많은 입자를 끌어당깁니다. 그렇기 때문에 활동 속도뿐만 아니라 상호 작용의 질과 깊이, 즉 '네트워크 밀도'에도 초점을 맞추는 것이 중요합니다.

분석만으로는 많은 것을 알 수 없습니다. 인터뷰와 설문조사를 통한 정성적 연구로 데이터를 보완해야 합니다. 매우 밀집된 10개의 입자는 간격이 넓고 밀도가 낮은 수천 개의 입자보다 더 강한 중력을 끌어당깁니다. 느슨하게 연결된 1,000명의 사람들이 모이는 것보다 깊은 관계를 형성하는 10명의 사람들이 더 강력한 커뮤니티의 기반이 됩니다.

분석은 오해의 소지가 있을 수 있습니다. 누군가가 커뮤니티에 꾸준히 참여하고 있지만 소속감을 느끼지 못하거나 별다른 가치를 얻지 못할 수도 있기 때문입니다. 커뮤니티가 그들에게 최고의 선택지일 수는 있지만, 실제로는 최선의 방법으로 그들에게 서비스를 제공하지 않을 수도 있습니다.

다음 세 가지 질문에 답하며 소셜 아이덴티티 사이클의 세 단계를 살펴봄으로써 커뮤니티의 건강도와 참여도를 측정할 수 있습니다.

- 아이덴티티: 멤버들이 커뮤니티의 일원임을 인식하고 있는가?

- 참여: 시간이 지나도 멤버들이 꾸준히 돌아오고 참여하는가?

- 인정: 멤버들이 커뮤니티에서 기대한 가치를 얻고 있는가?


### 아이덴티티

아이덴티티를 측정하려면 설문조사와 인터뷰를 활용하세요. 다음의 문항에 대해 1점(가장 약함)에서 10점(가장 강함)의 척도로 멤버들에게 동의 여부를 물어볼 수 있습니다.


- 이 커뮤니티는 나와 같은 사람들을 위해 만들어진 것 같다.

- 나는 이 커뮤니티의 멤버라고 생각한다.

- 나의 가치와 신념은 커뮤니티의 가치와 신념과 일치한다.


멤버들이 강한 아이덴티티를 느끼고 있는지 알 수 있을 만한 질문이라면 뭐든지 해보세요. 멤버들이 커뮤니티의 아이덴티티 표현을 받아들이고 있다는 증거를 찾아보세요. 멤버들이 다른 사이트의 아바타나 자기소개에 커뮤니티 로고를 사용하고 있나요? 스웨그를 착용하고 있나요? 커뮤니티의 언어를 사용하고 있나요? 문신이 있나요? 이 모든 건 멤버들이 커뮤니티와 강한 유대감을 느끼고 있는 좋은 신호입니다.


### 참여

두 번째 단계에서는 커뮤니티 데이터와 분석을 사용해 참여율을

측정할 수 있습니다. 온라인 커뮤니티 활동의 일반적인 측정 지표로
는 지난 30일 동안 커뮤니티에서 활동한 사람의 수를 추적하는 월간
활성 사용자 수(MAU) 또는 주간 활성 사용자 수(WAU) 같은 관련 지
표가 있습니다.

디스코스Discourse의 커뮤니티 담당 부사장인 사라 호크Sarah Hawk는
멤버의 참여도를 파악하기 위해 '접속 지속률stickiness ratio'이라는 지표
를 권장합니다. 이 비율은 일일 활성 사용자 수DAU를 월간 활성 사용
자 수MAU로 나누면 됩니다.

예를 들어 오늘 커뮤니티에서 30명의 멤버가 활동하고, 지난 30
일 동안 100명이 활동을 했다면 참여율 또는 지속률은 30%입니다.
"DAU/MAU 비율이 30%라면 정말 잘하고 있는 겁니다"라고 호크
는 말합니다. "저희 메타 커뮤니티는 약 20% 정도인데도 활발하게
참여하고 있습니다. 제가 운영해 본 성공적인 커뮤니티의 참여율은
8~10% 정도였습니다."

이러한 지표는 제품 및 마케팅 팀이 커뮤니티의 건강 상태와 성공
을 알리기 위해 사용하는 지표와 유사합니다. 사람들은 이러한 지표
를 통해 커뮤니티의 건강 상태를 쉽게 이해할 수 있습니다.

이러한 총계는 더 많은 사람들이 커뮤니티에 참여하고 있다는 사
실을 알려주지만, 멤버가 유지되고 있는지를 반드시 알려주는 것은
아닙니다. 매달 완전히 새로운 사람들이 참여할 수도 있기 때문이죠.
따라서 반복 사용률을 살펴보고 시간 경과에 따라 이를 추적하세요.

예를 들어, 지난 30일 동안 커뮤니티에서 최소 세 가지 이상의 활
동을 한 멤버 수를 추적할 수 있습니다. 멤버가 언제 가입했는지에

따라 지표를 세분화할 수도 있습니다. 지난 90일 이내에 가입한 멤버의 활동 비율을 살펴보고, 지난 30일 이내에 가입한 멤버와 비교해 이탈률을 파악할 수도 있지요. 행사 기반 커뮤니티 프로그램의 경우, 꾸준한 참여도를 측정하기 위해 재참가자의 수를 살펴보세요.

활동적인 멤버의 성장을 추적하는 것도 중요하지만, 고객 지원 및 성공 문제 해결에 중점을 둔 커뮤니티의 경우라면, 수동적인 멤버도 중요하다는 점을 기억하세요. 나디아 에그벌Nadia Eghbal은 자신의 책 《워킹 인 퍼블릭Working in Public》에서 오픈 소스 커뮤니티에 대한 연구를 바탕으로 네 가지 유형의 커뮤니티를 설명합니다.[23]

1. 연합Federations : 콘텐츠를 생성하는 기여자의 수가 많은 대규모 그룹
2. 스타디움Stadiums : 단일 크리에이터를 중심으로 팔로우하고 참여하는 대규모 그룹
3. 클럽Clubs : 멤버의 대부분 또는 전부가 상당한 기여를 하는 소규모 그룹
4. 토이즈Toys : 아직 작고 실험적인 새로운 커뮤니티 또는 플랫폼에 대한 간단한 아이디어

보시다시피, 각 커뮤니티 유형은 그룹의 규모와 실제로 콘텐츠 제작에 기여하는 멤버의 수에 따라 다릅니다. 클럽의 경우 모든 멤버의 참여율이 높아야 합니다. 연합에서는 핵심 기여자 그룹이 성공적이고 만족하기를 원할 겁니다. 스타디움의 경우 규모가 중요합니다. 가

장 활동적인 크리에이터가 계속 활동하려면 콘텐츠를 소비할 청중이 필요합니다!

따라서 많은 사람들이 커뮤니티 멤버의 수나 참석자의 수를 허영 가득한 지표라고 말하지만, 여전히 많은 커뮤니티의 측정 지표 조합에 포함시키면 유용한 통찰을 줄 수 있습니다. 여러분은 커뮤니티에서 가장 활발하게 활동하는 핵심 기여자의 수와 수동적인 멤버의 증가를 모두 측정해야 합니다.

이것이 커뮤니티의 건강도에 대해 일률적인 기준을 제시하기 어려운 이유입니다. 커뮤니티마다 상황이 다르기 때문이죠. 커뮤니티들을 공정하게 비교하기에는 너무 많은 변수가 존재합니다. 커뮤니티는 완전히 다른 플랫폼, 다른 멤버 유형, 다른 종류의 활동과 상호 작용을 위해 구축될 수 있습니다. 또 회사가 커뮤니티를 시작하기 전에 보유했던 기존 고객층의 규모라는 측면에서 각기 다른 출발점을 가질 수 있습니다.

그러니 다른 커뮤니티와 활동률을 비교하려고 하지 마세요. 자체 참여도를 추적하고 월별, 연도별로 개선하기 위해 노력하세요.

## 검증

마지막으로, 소셜 아이덴티티 사이클의 세 번째 단계입니다. 멤버들이 커뮤니티에서 얼마나 많은 가치를 얻고 있는지 측정하는 방법에는 여러 가지가 있습니다.

가장 쉬운 방법은 멤버들에게 직접 물어보는 겁니다. 설문조사를 통해 멤버들에게 1점(가장 약함)에서 10점(가장 강함)까지의 척도로 다음과 같은 문항에 동의하는지 물어볼 수 있습니다.

- 나는 이 커뮤니티에서 환영받고 소속감을 느낀다.
- 나는 이 커뮤니티에서 새로운 것을 배웠다.
- 이 커뮤니티는 내 목표를 달성하는 데 도움이 되었다.

멤버들이 커뮤니티에서 기대하는 가치가 무엇이든, 멤버들이 그 가치를 얻고 있는지 물어보세요.

많은 기업이 멤버들이 커뮤니티에서 얻는 가치를 측정하는 표준화된 방법으로 '순추천 지수NPS: Net Promoter Score'를 사용합니다. 이 점수는 "이 커뮤니티를 친구나 동료에게 추천할 가능성이 얼마나 높습니까?"라는 한 가지 질문을 기반으로 합니다.

이 한 가지 질문에 대한 답변을 수집하고 데이터를 전체적으로 살펴봄으로써 비즈니스는 커뮤니티가 멤버들에게 얼마나 가치 있는 곳인지 파악할 수 있습니다. 또 응답을 그룹으로 분류해 소셜 아이덴티티나 활동 각 계층에 대한 NPS 점수를 얻을 수 있습니다. 핵심 기여자는 많은 가치를 얻고 있지만, 신규 멤버는 그렇지 않다는 사실을 알게 될 수도 있지요.

커뮤니티 멤버 설문조사에서 주의해야 할 한 가지는 '선택 편향selection bias'입니다. 선택 편향이란, 설문조사에 가장 잘 응하는 사람들이 설문조사에 참여할 가능성이 높다는 뜻으로, 전체 모집단에 적용할 수 있는 가장 명확한 대표 표본을 확보할 수 없다는 것을 의미합니다. 다시 말해, 설문조사에 응하는 사람들을 잘 이해할 수는 있지만, 설문조사에 응하지 않는 사람들은 잘 이해하지 못할 수 있다는 것이죠.

스퀘어Squared에서 글로벌 확장형 고객 성공 부문 책임자였으며, 현재 에어비앤비에서 운영 책임자로 일하고 있는 케이티 코브는 커뮤니티의 상태를 더 잘 이해하기 위해 수많은 설문조사를 실시해왔습니다. 코브는 설문조사의 선택 편향성을 고려하기 위해 설문조사 외의 방법으로 균형을 맞추고 있습니다.

"예를 들어 지원 커뮤니티의 사례 편향 여부를 조사할 때, 게시물을 올린 사람이 72시간 이내에 같은 주제로 우리 지원 팀에 사례를 만들었는지 여부도 살펴봅니다. 단일 로그인sso ID를 두 행동 사이의 연결고리로 사용해 '예, 답변을 찾았습니다'라는 설문조사 응답과 실제로 제출된 사례의 수를 대조해 더 나은 통찰을 얻을 수 있었죠."

또 결과에 영향을 미칠 수 있는 다른 요인들을 고려해 데이터 수집 프로세스를 제어할 수 있습니다. 또 코브는 이렇게 설명합니다. "성수기나 비수기에 설문조사를 보내지 않도록 하고(일부 사람들의 응답이 다른 사람들에 비해 왜곡될 수 있기 때문), 같은 유형의 지역/인구 통계에 속한 사람들을 대상으로 설문조사를 실시하고 있는지 확인해야 합니다."

예를 들어, 매년 계절적으로 활동량이 저조한 주를 조사 대상으로 삼으면 커뮤니티 활동량이 낮게 나타날 수 있습니다. 정규화 과정을 거치면 해당 주를 제외하고 더 일관된 데이터를 기준으로 삼을 수 있습니다.

마지막으로, 커뮤니티 참여 지표를 달성하고자 하는 비즈니스 성과와 연결하는 것이 중요합니다. 이를 통해 단순히 커뮤니티를 위한 커뮤니티 구축에 그치지 않도록 할 수 있습니다. 이를 위해 커밋먼트 커브로 돌아가 프로그램에서 설정한 비즈니스 목표를 달성할 수 있는 행동을 찾아보세요.

저는 이를 'ROI 활동ROI actions'이라고 부릅니다. ROI 활동은 멤버의 행동 중 수익이나 핵심 비즈니스 목표와 직접적으로 연관된 모든 행동을 말합니다.

다음 표의 SPACES 프레임워크를 사용해 모델의 각 부분과 연관된 ROI 활동이 무엇인지 확인할 수 있습니다.

<SPACES 모델에서의 가치 있는 활동>

| 비즈니스 목표 | ROI 활동 예시 |
| --- | --- |
| 지원 | 다른 고객의 질문에 답하기 |
| 제품 | 피드백이나 아이디어를 공유 |
| 고객 확보 | 신규 고객 추천 또는 잠재 고객을 유치하는 행사 주최 |
| 기여 | 콘텐츠 제출 |
| 참여 | 계약 갱신 |
| 성공 | 다른 고객 대상으로 강의 진행 |

이러한 행동들은 모두 커밋먼트 커브 어딘가에 위치하게 됩니다. 시간이 지남에 따라 이러한 행동을 취한 멤버의 수를 추적하면, 커뮤니티 참여가 실제로 비즈니스 성과에 어떤 영향을 미치고 있는지를 가늠할 수 있는 좋은 신호가 됩니다.

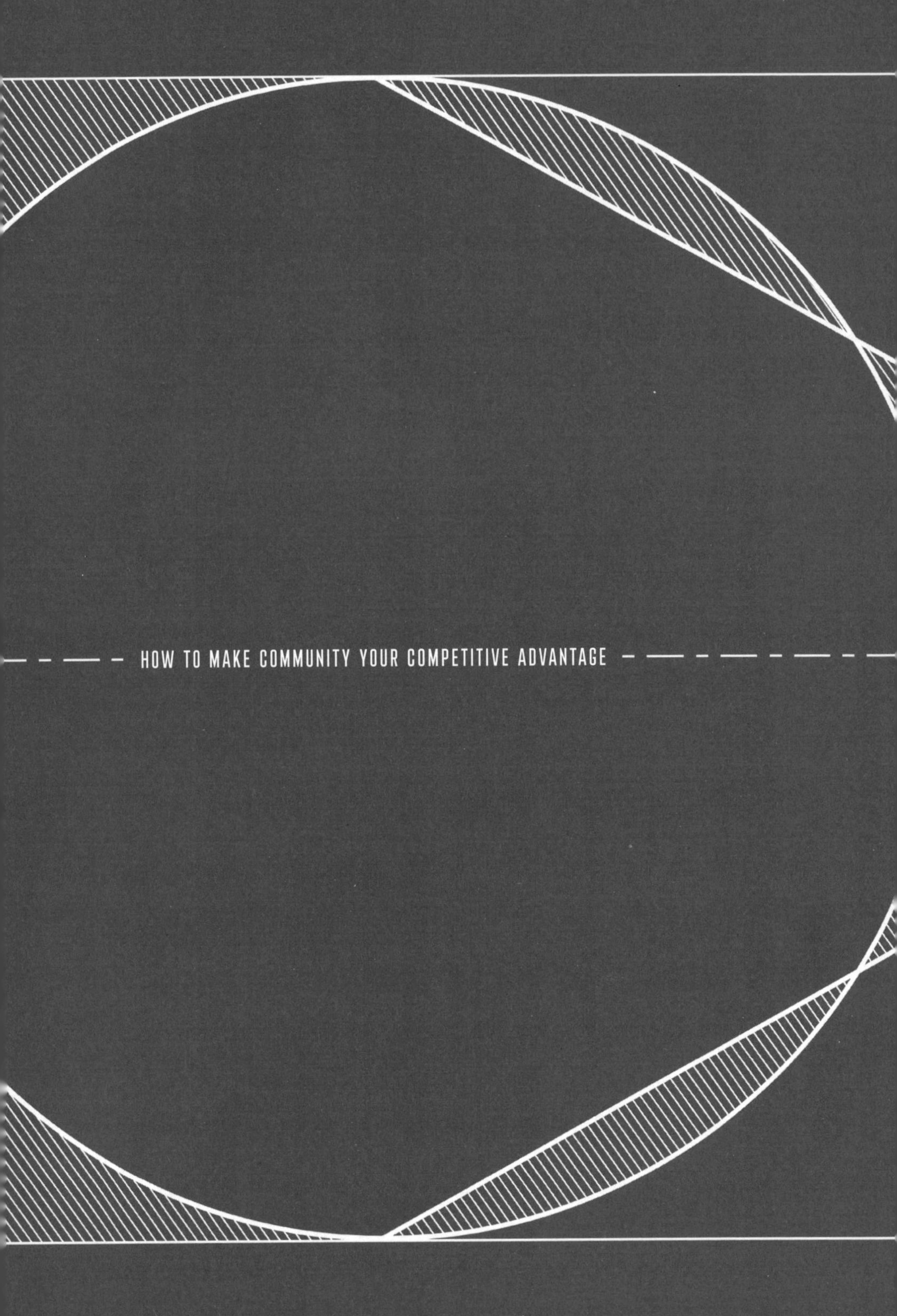
HOW TO MAKE COMMUNITY YOUR COMPETITIVE ADVANTAGE

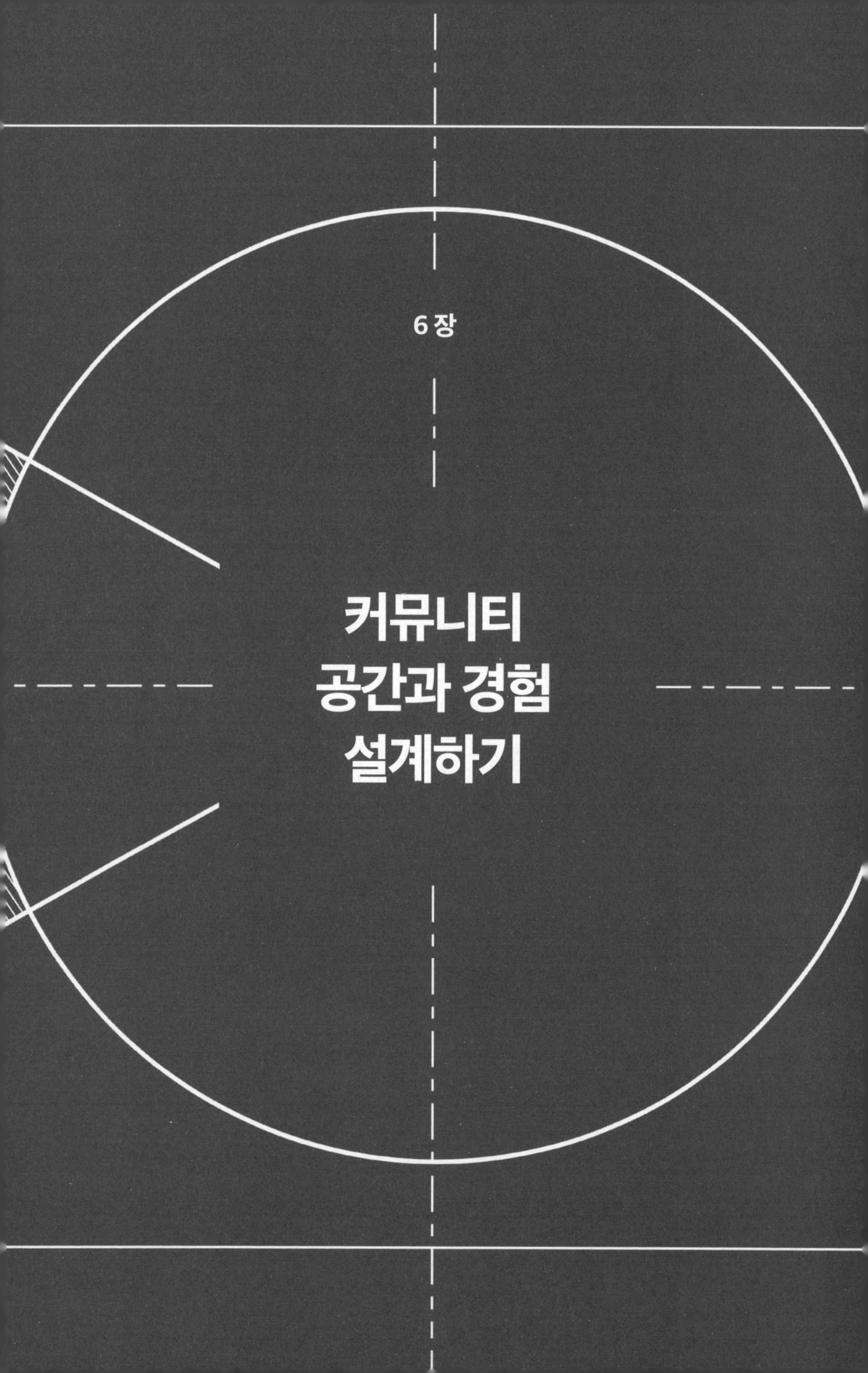

6장
커뮤니티
공간과 경험
설계하기

축하합니다! 여러분은 이제 소셜 아이덴티티 사이클을 완료했습니다. 커뮤니티 멤버가 누구인지, 그들이 어떻게 참여할 것인지, 그리고 그들을 검증하고 보상하는 방법에 대해서도 알게 되었습니다. 또 커뮤니티의 건강과 참여도를 어떻게 측정할지에 대한 아이디어도 어느 정도 얻으셨기를 바랍니다. 이는 커뮤니티 전략 수준에서 활용할 수 있는 충분한 자료가 될 겁니다. 이제 우리는 커뮤니티 전략의 세 번째이자 마지막 레벨인 실행 수준으로 넘어갈 준비가 되었습니다.

이 장에서는 커뮤니티를 위해 만들어내는 공간과 경험, 그리고 그 공간과 경험을 매일 어떻게 활성화시킬지에 대해 살펴보겠습니다. 다양한 경험 유형과 '커뮤니티 경험 설계의 7P'를 살펴보며, 커뮤니티 경험을 의미 있고 기억에 남게 만드는 구체적인 요소들을 다뤄보겠습니다.

# 커뮤니티 경험의 2가지 종류

:

멤버들은 다양한 방식으로 커뮤니티에 참여할 수 있지만, 진정한 커뮤니티의 마법은 그들이 '공유된 경험'에 참여할 때 일어납니다.

커뮤니티 빌더로서 여러분의 역할은 멤버들을 자연스럽게 끌어들이고, 편안함을 느끼게 하며, 여러분이 원하는 상호 작용이 일어날 수 있는 적절한 공간과 경험을 세심하게 설계하는 것입니다.

모든 커뮤니티 경험은 두 가지 범주로 나뉩니다.

- 동시적 경험: 멤버들이 실시간으로 같은 시간에 함께 참여하는 경험을 의미합니다. 주로 행사나 모임 형태입니다. 컨퍼런스, 워크숍, 토론 모임, 밋업 등이 이에 해당합니다. 이런 경험은 온라인 또는 대면으로 이루어질 수 있습니다. 멤버들이 더 깊이 연결되고, 심도 있는 대화를 나누며, 우연한 만남을 통해 특별한 경험을 하도록 돕습니다.

- 비동시적 경험: 멤버들이 같은 시간에 공간에 있지 않아도 상호 작용할 수 있는 경험입니다. 포럼, 그룹, 메시지 보드, 채팅 그룹 등이 그 예입니다. 이러한 경험은 온라인에서만 가능하며, 멤버들이 언제든지 전 세계 어디에서나 커뮤니티와 연결될 수 있는 접근성을 제공합니다. 또 더 많은 사람들과 대화를 나누며 다양한 피드백과 통찰을 얻을 수 있습니다.

제가 본 대부분의 훌륭한 커뮤니티는 이 두 가지 경험을 적절히 조합해 운영합니다. 비동시적 공간에서는 멤버들이 매일 질문에 대한 답을 얻고, 토론에 참여할 수 있으며, 이를 보완하는 동시적 행사와 모임을 통해 멤버들이 직접 만나거나 온라인을 통해 실시간으로 상호 작용할 기회를 얻습니다. 비동시적 경험은 폭넓은 연결을 제공하고, 동시적 경험은 깊이 있는 상호 작용을 제공합니다.

일부 기업들은 대면 모임이나 행사 중심의 커뮤니티가 확장성이 없다고 생각하지만, 앞서 언급한 듀오링고의 예를 보면 그렇지 않음을 알 수 있습니다. 매월 전 세계에서 2,600개의 행사가 멤버들에 의해 자발적으로 개최되고 있습니다.

구글의 데브페스트DevFest 같은 온라인 행사는 200개 이상의 동시 진행 행사로 전 세계에서 수만 명의 개발자들을 모았습니다. 세일즈포스의 대규모 컨퍼런스인 드림포스Dreamforce는 샌프란시스코에서 7만 명이 넘는 참석자를 모았고, 버닝맨Burning Man은 사막에서 약 8만 명이 모이는 행사이며, 전 세계에서 연중 내내 지역별 행사인 '번Burn'을 개최합니다. 행사 중심의 커뮤니티는 확실히 확장 가능합니다.

멤버들을 실시간으로 모으면 비동시적 경험이 한층 풍부해집니다. 멤버들이 포럼에서 상호 작용할 때, 단순한 아바타가 아닌 실제로 만나고 대화하고 경험을 공유한 실제 인물과 교류하게 되는 것이죠.

또 온라인 공간은 멤버들이 실시간 모임 사이에 계속 연결되고 서로를 지원할 수 있게 해주므로 오프라인 경험을 더 풍부하게 만듭니다. 그래서 저는 대부분의 상황에서 동시적 경험과 비동시적 경험을 모두 활용하기를 추천합니다.

# 반복, 반복, 반복

:

음악은 커뮤니티 참여를 촉진하는 데 완벽한 비유입니다. 훌륭한 음악은 일정한 박자로 다양한 가사와 멜로디가 반복되며, 모두 함께 부를 수 있는 후렴구를 갖고 있으며, 에너지가 최고조에 달하는 클라이맥스에서 군중을 열광시킵니다.

훌륭한 커뮤니티도 마찬가지입니다. 다양한 콘텐츠와 경험이 꾸준한 리듬으로 제공되고(박자), 멤버들이 자연스럽게 참여하는 정기적인 의식(후렴)이 있으며, 커뮤니티 전체가 매년 한두 번씩 모여 에너지를 충전할 수 있는 큰 행사(클라이맥스)가 있습니다.

여기서 핵심은 반복과 일관성입니다. 멤버들이 일관되고 반복적인 방식으로 커뮤니티를 경험할 수 있다면 자연스럽게 다시 찾아오게 되고, 무엇을 기대해야 하고, 어떻게 참여해야 하는지 알게 됩니다.

이를 실현하는 간단한 방법은 표준화된 반복 경험을 만드는 것입니다. 경험의 전체 형식을 동일하게 유지하고 매일, 매주, 매월, 매분기, 매년 같은 시간에 진행하는 겁니다.

제가 기업들과 함께 진행하는 브레인스토밍 연습은 커뮤니티를 위한 반복적 경험을 계획하는 데 도움이 됩니다. 다음 그림과 같이 종이 상단에 시간 간격을 적어 놓고 계획해보세요. 혼자 또는 팀과 함께 진행하면 됩니다.

각 시간 간격에 따라 여러분이 커뮤니티와 정기적으로 소통할 수 있는 경험 아이디어를 최소 세 가지씩 적어보세요. 훌륭한 커뮤니티를 살펴보면, 대부분 이러한 빈도로 다양한 경험을 제공하고 있습니다.

일반적인 규칙은 경험의 빈도가 적을수록 그만큼 더 큰 규모로 준비된다는 것입니다. 예를 들어 대부분의 종교를 생각해보세요.

- 매일: 신자들이 집에서 기도한다.
- 매주: 예배 장소에 모여 함께 기도한다.
- 매월: 행사가 열리거나 모금 행사, 또는 다른 형태의 모임이 있다.
- 분기별: 대개 3개월마다 (종교적)명절이 있다.
- 매년: 모든 신자를 한자리에 모으는 큰 명절이 있다.

이런 의식은 해마다 일관되게 유지됩니다. 모두 이 의식이 언제 열리는지 알고, 미리 참여를 계획하죠. 형식은 매번 동일하지만, 그 안에서 창의성과 탐구의 여지를 남겨 멤버들이 더 흥미롭게 느끼도록 할 수 있습니다. 다음 그림은 CMX 커뮤니티에서 이러한 리듬이 어떻게 나타나는지 보여줍니다.

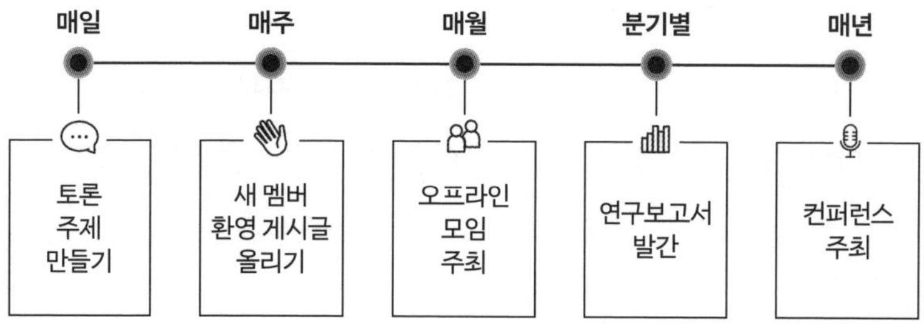

- 매일: 온라인 커뮤니티에서 토론을 시작하고 진행합니다.
- 매주: 월요일에는 신규 멤버 환영, 수요일에는 자신의 활동이나 프로젝트를 자유롭게 소개하는 프로모데이Promo Day, 금요일에는 가볍게 소통하며 즐거움을 나누는 펀데이Fun Day 같은 정기적인 게시글을 운영합니다.
- 매월: 매월 첫 번째 화요일에 지역 행사를 열고, 전 세계 수십 개 지부에서도 동일한 행사를 진행합니다.
- 분기별: 커뮤니티와 함께 대규모 연구를 진행하고 새로운 연구 보고서를 발간합니다.
- 매년: 두 개의 대규모 컨퍼런스인 CMX 서밋과 CMX 글로벌을 개최합니다.

일상적인 경험은 소규모 활동(기도, 토론 등)으로 이루어지고, 시간이 길어질수록 경험은 점점 더 크고 정교해집니다(행사, 명절, 컨퍼런스 등). 물론 모든 커뮤니티가 이 모든 시간 프레임에 초점을 맞출 필요는 없습니다. 버닝맨은 1년에 한 번 대규모 행사를 개최하는 것이 전부입니다. 다만 그 경험이 워낙 강렬하기 때문에 사람들은 1년 내내 이 행사를 준비하며 예술 작품을 만들고, 기금을 모으며, 친구들과 캠프를 구성해 모입니다.

따라서 버닝맨 조직 팀은 1년에 딱 한 번의 행사를 주최하지만, 커뮤니티는 그사이에 함께 모일 수 있는 자체적인 반복적 경험을 만들어냈습니다. 또 이 커뮤니티는 전 세계 각지에서 자체적인 모임인 '번'을 조직하고 있습니다.

여러분의 커뮤니티가 모든 시간 간격에 맞는 콘텐츠나 경험을 제공하지 못한다고 해서 걱정할 필요는 없습니다. 이 템플릿을 활용해 멤버들이 더 일관되게 참여할 수 있는 정기 경험을 만들어내는 아이디어를 구상해보세요.

일관성은 커뮤니티에서 매우 중요합니다. 새로운 멤버 환영이 매주 월요일에 이루어지고, 밋업이 매월 첫 번째 화요일에 열리며, 우리 컨퍼런스가 매년 같은 시기에 개최된다는 것을 멤버들이 알고 있으면 일관된 습관을 형성하기가 훨씬 쉬워집니다. 이미 그들의 일정에 기록되어 있기 때문에 언제 무슨 일이 있을지 추측할 필요가 줄어듭니다.

이러한 반복적 경험은 멤버들의 습관 형성에 도움이 될 뿐만 아니라, 시간이 지남에 따라 공유된 아이덴티티에 대한 유대감을 깊게 만들어줍니다. 멤버들이 행사에 참석할 때 형식이나 흐름, 의식이 어떻게 진행될지 미리 알고 있으면 마치 '내부자'가 된 느낌을 받습니다.

CMX 서밋에 10년 연속 참석한 사람은 자부심과 익숙함을 느낍니다. 그들은 커뮤니티의 정식 멤버로서, 매년 동일하게 반복되는 의식과 경험을 알고 있습니다. 우리는 항상 '같은 관심사를 가진 사람들끼리' 토론하는 시간을 마련한다는 사실도 알고 있습니다. 다양한 주제의 원탁을 설치해 참석자들이 앉아서 바로 토론을 시작할 수 있게 하는 방식이죠.

참가자들은 '내향적인 사람을 위한 공간'이 따로 마련된다는 것도 알고 있습니다. 이 공간은 과거 CMX 서밋을 이끌었던 에반 해밀턴 Evan Hamilton이 만든 공간으로, 참가자들이 조용히 쉬며 혼자만의 시간을 가질 수 있도록 마련됐습니다. 또 모든 연사가 무대에 오르고 내릴 때마다 매년 그런 것처럼 진심 어린 기립 박수를 받을 거라는 사실도 잘 알고 있습니다.

물론, 커뮤니티의 모든 것이 반복적이고 정기적일 수는 없습니다. 변화하는 콘텐츠와 경험이 중요합니다. 그래야 멤버들이 긴장감을 유지하고, 놓친 내용이 있을지 모른다는 생각에 다시 찾게되지요.

CMX 서밋이 매년 같은 시기에 개최되지만, 경험이 매번 똑같지는 않기를 원합니다. 콘텐츠와 경험, 참석하는 사람이 매번 똑같다면 멤버들은 굳이 다시 오고 싶지 않을 거예요. 그래서 우리는 매년 새로운 창의적 경험과 콘텐츠를 기획해 놀라움과 기쁨을 전하고자 합니다. 이 시도가 좋은 반응을 얻으면, 그 경험은 CMX 커뮤니티의 또 다른 중요 요소로 자리 잡기도 합니다.

## 커뮤니티 경험 설계의
## 7P

:

커뮤니티를 위해 만들어가고자 하는 경험의 유형을 정리했다면, 다음 단계는 그 경험을 구체적으로 설계하는 일입니다. 공유된 경험을 설계할 때 활용할 수 있는 표준적인 설계 원리로 '7P'가 있습니다.

- 사람: 누구를 모을 것인가?
- 목적: 왜 모이는가?

- 장소: 어디에서 모이는가?

- 참여: 무엇을 할 것인가?

- 정책: 규칙과 지침은 무엇인가?

- 홍보: 어떻게 멤버를 초대할 것인가?

- 성과: 성공이란 어떤 모습과 느낌일까?

새로운 포럼을 시작하거나 새로운 유형의 행사를 기획하고 싶을 때 7P를 사용해 경험을 설계할 수 있습니다. 커뮤니티를 위해 만드는 모든 경험에 7P가 길잡이가 됩니다.

### 7P의 예: 화요일 함께하기

책 앞부분에서 허니북의 놀라운 커뮤니티, 라이징 타이드 소사이어티를 소개한 바 있습니다. 이 커뮤니티의 핵심 프로그램 중 하나인 화요일 함께하기Tuesdays Together를 예로 들어보겠습니다.

이 행사는 매월 둘째 주 화요일에 열립니다. 창작자와 기업가들이 함께 모여 커피를 마시며 서로의 경험을 나누고 영감을 주고받는 모임이죠. 라이징 타이드의 창립자 나탈리 프랭크Natalie Franke가 이 행사를 위해 7P를 어떻게 설계했는지 간단히 살펴보겠습니다.

- 사람: '화요일 함께하기'는 지식을 공유하고 학습하며 함께 성장하기를 원하는 소규모 사업자들을 위한 모임입니다. 지역 업계 리더들이 주최하며 아티스트, 블로거, 부티크 운영자, 캘리그래퍼, 디자이너, 이벤트 플래너, 플로리스트, 메이크업 아티스트,

사진가, 스타일리스트, 웨딩 전문가, 작가 등 다양한 창작자와 기업가들이 모입니다.

- 목적: 이 모임은 컴퓨터 앞에서 벗어나 다른 창의적인 기업가들과 진정한 관계를 맺는 것이 성공의 중요한 도구라고 믿습니다. 모임에 참여하는 멤버들은 새로운 비즈니스 팁을 동료들로부터 직접 배우고, 자신감을 키우며, 지역 내에서 따뜻한 마음을 가진 전문가 네트워크를 찾을 수 있습니다.
- 장소: 매월 둘째 주 화요일, 지역 커피숍에서 모임이 열립니다.
- 참여: 모임은 도시마다 다르게 진행됩니다. 각 리더는 해당 지역에 맞는 모임을 자유롭게 기획할 수 있습니다. 대부분의 모임은 그 달의 주제에 대한 토론으로 시작하고, 자유 질의응답 시간을 갖습니다. 참석자들은 단순히 듣는 데 그치지 않고, 적극적으로 토론에 참여하도록 권장됩니다.
- 정책: 모든 모임은 친근하고, 진정성이 있으며, 서로 격려하는 분위기를 갖도록 설계되어야 합니다. 리더들은 라이징 타이드 커뮤니티의 행동 강령을 준수하며, 커뮤니티의 가치를 유지하고, 온라인과 오프라인에서 라이징 타이드의 사명에 따라 행동해야 합니다. 그리고 라이징 타이드의 다섯 가지 가치를 구현합니다.

1. 사람을 최우선으로 생각한다.
2. 우리는 남들보다 한 걸음 더 나아간다.
3. 우리는 우리가 하는 일을 사랑한다.

4. 우리는 두려움 없이 도전한다.

5. 우리는 가족이다.


- 홍보: 지역 리더들은 자신의 지역 페이스북 그룹을 통해 행사를 홍보하고, 지역 커뮤니티를 성장시킵니다.
- 성과: 성공적인 모임은 행사 후 설문조사에서 참석자들로부터 긍정적인 피드백을 받게 됩니다.

## 7P가 커뮤니티를 활성화하는 방법

이것은 7P 설계의 간단한 예시로, 실제로는 훨씬 더 깊이 있게 계획할 수 있습니다. 하지만 간단하게만 살펴봐도, 각 요소를 설계함으로써 공간이나 경험이 어떻게 보이고 느껴질지 더 명확히 파악할 수 있으며, 그 공간이나 경험의 집중력, 의도, 예상 결과를 분명하게 할 수 있음을 알 수 있습니다.

라이징 타이드의 각 리더들은 7P를 사용해 지역 행사와 경험을 더 구체적으로 설계할 수 있습니다. 또 리더들은 7P를 활용해 행사 사이의 공백 기간에도 온라인 활동과 소통을 이어가며, 멤버들이 커뮤니티와 지속적으로 연결감을 느낄 수 있도록 도울 수 있습니다.

커뮤니티를 어디에서 어떤 방식으로 모으든 상관없이 7P는 커뮤니티 경험을 탄탄하게 설계하는 데 도움이 됩니다. 이제 7P의 핵심을 좀 더 깊이 살펴보고, 높은 참여를 이끌어내는 공간과 경험을 만드는 다른 요소도 함께 탐구해보겠습니다.

# 적절한 사람을
# 적절한 목적에 맞게 선별하기

:

모든 것은 사람으로부터 시작합니다. 커뮤니티 경험을 설계할 때 가장 먼저 생각해야 할 것은 누구를 모을 것인지와 그 이유입니다.

우리는 종종 행사와 공간을 모든 사람 또는 최소한 우리 커뮤니티 내 모든 멤버에게 개방하려는 유혹을 받습니다. 하지만 3장에서 논의했듯이, 커뮤니티에는 다양한 아이덴티티를 가진 사람들이 존재하며, 각 아이덴티티는 고유한 필요와 목표, 모임의 이유를 가질 수 있습니다. 따라서 이 공간이나 경험에 누구를 초대할 것인지와 그 이유를 먼저 명확히 해야 합니다.

경험에 참여할 사람을 더 구체적으로 정하는 방법 중 하나는 비즈니스 목표를 염두에 두고 시작하는 것입니다.

- 고객 유지율과 성공률을 높이는 것이 목표라면, 고객들이 서로 지원할 수 있는 온라인 그룹을 만드는 것도 좋은 방법입니다.
- 입소문과 추천을 유도하는 것이 목표라면, 가장 충성도 높은 고객과 신규 고객을 모두 초대해 저녁 식사를 하면서 대화할 수 있는 자리를 마련할 수 있습니다.
- 제품에 대해 더 많은 통찰을 얻는 것이 목표라면, 제품을 사용해 본 경험이 있는 멤버를 초대해 서로의 경험과 팁을 공유하게 할 수 있습니다.

여기서 목적은 여러분이 촉진하고자 하는 상호 작용, 관계의 유형
과도 연결될 수 있습니다.

- 실용적인 대화를 촉진하고 싶다면, 논의할 주제에 대해 깊이 있
  는 경험을 가진 사람을 초대하는 것이 좋습니다.
- 사람들에게 크고 흥미진진한 무언가의 일원이 된 느낌을 주고
  싶다면 고객, 잠재 고객, 직원, 파트너 등 모두를 모아 대규모 행
  사를 개최할 수 있습니다.
- 깊이 있고 솔직한 대화를 나누고 싶다면, 초대장을 비공개로 발
  송하고 참여자를 신중하게 선택하는 것이 좋습니다. 해당 주제
  를 존중하고 개인적으로 관심을 가질 만한 사람들만 선택할 수
  있습니다.

대규모 행사와 온라인 공간은 여전히 여러 개의 소규모 공간과 경
험으로 구성됩니다. 이러한 공간을 더 구체적인 목적과 사람들을 위
한 공간으로 분할할 수 있습니다. 컨퍼런스에서 VIP 고객을 위한 저
녁 식사를 주최할 수 있고, 포럼에서 '익명 질문' 섹션을 마련하는 방
식이 될 수 있죠. 커뮤니티 내에 존재하는 모든 아이덴티티는 의도적
이고 전용된 공간을 만들 수 있는 기회입니다.

저희 CMX와 베비는 커뮤니티가 연결되고 성장할 수 있도록 다양
한 형태의 공간과 경험을 운영하고 있습니다. 베비 고객 전용 커뮤니
티, CMX 커넥트 지부 리더들을 위한 상호 소통 및 지원 공간, 업계
전체를 대상으로 한 무료 커뮤니티, 기업 커뮤니티에 초점을 맞춘 유

료 회원 전용 프리미엄 공간 등이 있습니다.

이와 함께 전 세계를 아우르는 대규모 글로벌 컨퍼런스, 중형 규모의 지역 밋업, 선별된 소규모 토론 그룹 등 다양한 형태의 행사도 주기적으로 운영하고 있습니다. 각각의 공간과 모임은 특정 대상을 위한 명확한 목적과 가치 중심으로 설계되어 있습니다.

무엇을 조직하든, 항상 사람과 목적부터 시작하세요.

## 목적에 맞는
## 커뮤니티 크기 및 규모의 설계

:

대부분의 사람들은 커뮤니티를 더 크게 성장시키고 싶어 하지만, 커뮤니티 공간이나 경험에 더 많은 사람을 유입시키는 게 항상 좋은 것은 아닙니다. 사람들은 자신을 둘러싸고 있는 이들이 누구인지 알 수 있고 서로를 볼 수 있는 소규모 그룹에서 더 편안하게 마음을 열고 진솔하게 나누고 싶어 합니다. 1,000명의 사람들을 상대로 무대에 앉아 있다면 그만큼 개방적이기는 쉽지 않겠지요. 소규모 비공개 그룹 안에서 사람들은 훨씬 더 쉽게 자신의 감정이나 민감한 이야기를 나눌 수 있습니다.

그룹의 규모가 작을수록 멤버들은 심리적 안전감을 더 크게 느끼며, 그만큼 자신을 드러내는 데 주저함이 줄어듭니다. 또 그룹이 작다는 건 그 안에서 누가 누구인지, 누가 어떤 방식으로 기여하고 있는지를 보다 명확하게 볼 수 있다는 뜻이기도 합니다. 이는 멤버 간의 관계와 소속감을 더 깊이 있게 만들어줍니다. 나디아 에그벌의 커뮤니티 유형 분류로 돌아가보면, 클럽이나 소규모 그룹 커뮤니티의 참여율이 일반적으로 더 높습니다.

반면, 규모가 클수록 더 효과적인 경우도 있습니다. 멤버가 많다는 건 더 풍부한 지식에 접근할 수 있다는 뜻입니다. 규모가 크면 다양한 배경과 경험을 가진 사람들과 연결되기 쉬워지고, 더 폭넓은 통찰을 공유하거나 협업할 수 있는 기회도 늘어납니다.

만약 커뮤니티의 목표가 멤버들의 궁금증을 빠르고 효율적으로 해결해주는 것이라면, 다양한 질문에 답할 수 있는 전문성과 경험을 가진 사람들이 충분히 있어야 합니다. 이럴 경우에는 큰 규모의 커뮤니티가 더 적합할 수 있지요.

규모가 큰 커뮤니티는 멤버들에게 '나는 지금 뭔가 크고 중요한 일의 일부다'라는 느낌을 줍니다. 예를 들어, 여성들의 행진Women's March은 미국 역사상 가장 큰 항의 시위 중 하나였습니다. 이처럼 거대한 규모 자체가 참여자들에게 의미 있고 영향력 있는 커뮤니티의 일부라는 느낌을 줄 수 있지요.

여러분은 커뮤니티 안에서 멤버들에게 크고 작은 형태의 경험을 여럿 제공할 수 있습니다. 한 번에 너무 많은 경험을 설계하려고 애쓰지 마세요. 커뮤니티에는 각기 다른 참여 방식을 선호하는 다양한 유형의 사람들이 존재한다는 걸 염두에 두세요. 어떤 멤버는 활발한 대형 포럼에서 의견 나누는 걸 즐길 수 있지만, 어떤 사람은 소규모 온라인 마스터마인드 그룹을 선호할 수 있습니다. 온라인이든 오프라인이든, 규모가 크든 작든, 수동적이든 능동적이든, 멤버들이 그 시점의 자신에게 가장 맞는 방식으로 커뮤니티에 참여할 수 있는 선택지를 제공하는 게 중요합니다.

사람들은 흔히 자신이 갖지 못한 규모의 커뮤니티를 동경하는 경향이 있습니다. 네트워크가 너무 넓어지면, 우리는 친밀감을 갈망합니다. 반대로 소규모의 친밀한 그룹에 오래 있다 보면, 다양성 부족과 느린 변화 때문에 고립감을 느끼기 시작하고 더 넓은 선택지를 찾게 됩니다. 이는 밀물과 썰물처럼 반복되지요.

- 소규모 그룹 → 대규모 그룹 → 다시 소규모 그룹
- 교외 → 도시 → 다시 교외
- 가족 중심 → 친구 → 넓은 네트워크 → 다시 친구 → 가족
- 소규모 모임 → 대형 컨퍼런스 → 다시 소규모 모임
- 작은 컬트 → 거대 종교 → 다시 작은 컬트
- 내부 서클 → 외부 서클 → 다시 내부 서클

특정 주제에 집중된 소규모 행사만 운영하고 있다면, 이제 대규모 모임을 열 기회일 수 있습니다. 반대로 큰 모임만 해오고 있다면, 작고 친밀한 그룹의 가능성을 탐색해보는 것도 좋습니다.

오늘날 소셜 미디어는 너무 넓고, 때로는 안전하지 않다고 느껴집니다. 그래서 사람들은 더 집중되어 있고 독립적인 커뮤니티를 원합니다. 하지만 언젠가 다시 고립감을 느끼며 더 넓은 네트워크와의 연결을 갈망하게 될 것입니다.

소규모 커뮤니티는 깊은 친밀감을 제공하지만 다양성이 부족합니

다. 반면 큰 커뮤니티는 다양성과 새로운 인사이트를 얻을 기회는 많지만, 개인적 친밀감은 적을 수 있습니다. 결국 우리는 삶에서 친밀감과 다양성, 두 가지 모두를 필요로 합니다.

커뮤니티의 적정 규모를 고민할 때 마지막으로 꼭 기억해야 할 것이 있습니다. 어떤 규모의 사람들을 하나의 경험으로 모을지 결정했다면, 그에 걸맞은 '공간의 크기'를 함께 고려해야 합니다.

온라인에서 10명이 있는 포럼은 너무 썰렁하게 느껴지고, 1,000명이 한 채팅 그룹에 들어가 있으면 부담스럽고 어수선하게 느껴질 수 있습니다. 10명을 위한 포럼이라면 시작하지 않는 것이 좋고, 1,000명을 한 개의 채팅방에 넣는 것도 피해야 합니다.

오프라인에서도 마찬가지입니다. 1,000명을 수용할 수 있는 행사장에 400명이 모이면 공간이 비어 보이고, 참여 열기가 낮아 보일 수 있습니다. 하지만 같은 400명을 350명 규모의 공간에 배치하면 '매진된 행사' 같은 느낌을 주며, 더 의미 있고 활기찬 분위기를 만들 수 있습니다.

공간의 크기는 실제 경험에 큰 영향을 미칩니다. 저 역시 대면 행사 공간이 너무 넓게 느껴질 경우, 공간을 축소하는 방법을 모색합니다. 파티션 벽이나 조립식 파이프, 천을 이용해 공간을 나누기도 하고, 가구 배치를 조정해 사람들이 방 안에 흩어져 있지 않도록 만듭니다.

온라인에서는 공간을 조정할 수 있는 방법이 많지 않습니다. 소규모 그룹을 위해 만들어진 공간에 너무 많은 인원을 몰아넣지 않도록 주의하세요. 포럼이나 그룹이 활발하게 운영되려면 일정 규모 이상의 참여자가 필요합니다. 150명 정도의 멤버는 포럼이나 페이스북 그룹을 시작하기에 적절한 규모입니다. 너무 많은 하위 그룹이나 섹션으로 시작하지 마세요. 초기에는 중요한 주제 몇 개로 멤버 다수를 한데 모은 다음, 차츰차츰 더 많은 공간을 추가하세요.

## 커뮤니티 소프트웨어 플랫폼 선택하기

:

기업들이 자주 많이 묻는 질문 중 하나는 "커뮤니티를 어떤 플랫폼에 구축하는 게 좋을까요?"입니다. 사실 이는 기업들이 가장 먼저 묻는 질문이기도 합니다. 많은 기업들이 전반적인 커뮤니티 전략과 특정 공간 또는 경험에 대한 목표를 이해하기도 전에 커뮤니티 소프트웨어 플랫폼을 먼저 찾기 시작합니다.

커뮤니티는 소프트웨어 플랫폼 그 자체가 아닙니다. 플랫폼은 단지 사람들이 커뮤니티로 모여드는 장소일 뿐, 그것이 곧 커뮤니티를 의미하지는 않습니다. 오프라인에서의 물리적 공간이 커뮤니티의 전부가 아니듯 말입니다.

멤버들과 그들 사이의 관계가 커뮤니티입니다. 여러분의 목표는 멤버들에게 흥미롭고, 기능적이며, 접근성이 좋은 공간을 설계하는 것입니다.

커뮤니티 소프트웨어 플랫폼은 일반적으로 세 가지 수준으로 구분할 수 있습니다.

- 레벨 1: 기존 소셜 플랫폼(페이스북, 링크드인, 슬랙)의 무료 도구. 맞춤화가 불가능하고, 멤버 데이터에 대한 접근이 제한적이거나 불가능합니다. 큰 장점은 멤버들이 이미 그 플랫폼에 존재하고 있어서 참여도를 유지하면서 그들을 커뮤니티로 다시 불러들이기가 쉽다는 것입니다.

- 레벨 2: 서브 도메인에 호스팅할 수 있고 데이터를 소유할 수 있는 저비용 도구. 맞춤 설정 및 통합 기능이 있으나 제한적입니다. 과도한 비용 없이 맞춤 설정과 데이터 소유권 사이의 중간점을 제공합니다.

- 레벨 3: 고가의 전문 비즈니스용 도구. 완전한 맞춤화가 가능하며 다양한 통합 기능을 제공합니다. 이러한 공간을 구축하려면 보통 개발자와 디자이너의 도움이 필요하며, 해당 비용이 소프트웨어 가격에 포함될 수 있습니다.

일부 기업들은 구매 대신 자체 구축을 선택합니다. 주로 인디 해커스, 미니스트리 오브 테스팅, 프로덕트 헌트처럼 제품 자체가 커뮤니티인 경우에 해당합니다. 이러한 독립 커뮤니티에서는 경험을 독특하게 만들고 완전한 통제권을 확보하는 것이 중요합니다. 커뮤니티가 아닌 제품을 가진 기업의 경우, 커뮤니티 플랫폼 구축보다 구매를 권장합니다. 플랫폼을 개발하고 유지하는 데 많은 비용과 시간이 소요되기 때문입니다.

커뮤니티 소프트웨어를 결정하는 데 사용할 수 있는 다양한 기준이 있지만, 플랫폼을 선택하기 전에 아래 몇 가지 사항을 명확히 하는 것이 좋습니다.

- 사용자 경험: 플랫폼이 직관적이고 사용하기 쉬운가요? 맞춤형 디자인이 가능한가요? 멤버들이 커뮤니티 공간을 편안하게 느끼며, 오래 머물고 싶어 하는 곳으로 만들 수 있나요? 비즈니스 목적에 맞는 기능을 제공하나요?

- 데이터 및 통합: 커뮤니티 데이터를 멤버 데이터와 연동할 수 있나요? 사용 중인 다른 도구와 플랫폼을 통합하고, 단일 로그인 (SSO)을 설정할 수 있나요? 플랫폼은 사용자 데이터를 어떻게 보호하고 있으며, 보안 관행에 대한 외부 감사가 이루어졌나요?

- 사용자 습관 및 참여: 멤버들이 플랫폼에서 이미 활동 중인가요? 아니면 새로운 도구를 사용해야 하나요? 활동 알림 및 커뮤니티 재참여 유도 방식은 어떻게 되나요? 커뮤니티는 어디에 위치할 건가요?(예: 사이트 내, 모바일 앱, 서브 도메인)

- 정보 구조: 멤버들이 과거의 질문과 답변을 쉽게 찾아볼 수 있도록 하는 것이 얼마나 중요한가요? 대화 내용을 지식 기반 문서로 변환해야 하나요? 대화 중심의 흐름에 최적화해야 하나요, 아니면 구조화된 질문-답변 형식에 맞춰야 하나요?

- 예산: 소프트웨어에 얼마를 지출할 의향이 있나요? 커뮤니티를 구축하거나 맞춤화에 드는 비용은 얼마인가요? 플랫폼은 가격을 어떻게 결정하며, 시간이 지나면서 비용이 얼마나 증가할 것으로 예상하나요?

이는 커뮤니티 소프트웨어 플랫폼을 종합적으로 검토할 때 물어볼 수 있는 질문 중 일부입니다. 더 긴 질문 목록도 있긴 하지요. 이 플랫폼이 멤버들과 비즈니스 양쪽의 요구를 모두 충족시킬 수 있을 거라는 확신을 줄 수 있도록 적절한 질문을 하고 있는지 확인하세요.

커뮤니티 플랫폼에 대한 전체 리뷰는 온라인에서 무료로 제공되는 CMX 커뮤니티 플랫폼 가이드를 참고하세요. (https://cmxhub.com/cmx-guide-to-community-platforms/)[24]

## 커뮤니티를 무료 소셜 네트워크에 구축해야 할까?

:

기업들이 커뮤니티를 구축할 때 흔히 겪는 논쟁 중 하나는, 경험을 최적화하고 데이터를 소유할 수 있는 자체적인 도구와 공간을 구축해야 할까, 아니면 사람들이 이미 참여하고 있는 기존 플랫폼(예: 페이스북, 레딧, 슬랙, 링크드인 등)에 커뮤니티를 구축해야 할까입니다. 기존 플랫폼에서는 경험을 통제할 수 없고, 멤버 데이터에도 접근할 수 없다는 단점이 있지요.

완전히 새로운 커뮤니티를 시작할 때는 기존 네트워크를 활용하는 것이 현명합니다. 고객들이 시간을 보내는 곳으로 가십시오. 그들이 서로 쉽게 연결되고, 도움을 받으며, 커뮤니티에 자연스럽게 참여할 수 있도록 하세요. 이를 위해 소셜 플랫폼과 자체 운영 플랫폼 등 다양한 공간을 활용할 수 있습니다.

일부 기업들은 소셜 플랫폼에서 '관심 기반' 커뮤니티를 운영하고, 고객 지원 커뮤니티는 자체 사이트에서 운영합니다. 소셜 플랫폼에서 누가 더 기술적인 질문을 하면 포럼으로 안내할 수 있습니다.

물론, 페이스북에서 커뮤니티를 운영하면 데이터를 확보할 수 없습니다. 모든 것을 측정할 수는 없죠. 그럼에도 불구하고 가치는 있습니다. CMX의 페이스북 그룹에는 1만 명 이상의 사람들이 활발히 교류하고 있습니다. 우리는 정확히 누가 참여하는지 알 수 없지만, 참여도가 높은 공간이라 신제품을 발표하거나 행사 참여를 유도할 때 해당 공간에서 많은 멤버에게 도달할 수 있다는 사실을 알고 있지요.

또 페이스북 그룹에서 발생한 트래픽이 어떻게 멤버들을 우리가 소유한 제품이나 공간으로 유도하는지 추적할 수 있습니다. 그래서 이 그룹은 멤버들이 더 큰 결심을 할 때까지 참여를 유도하는 '초기 유입 단계'의 공간으로 기능합니다.

물론 인기 있는 브랜드를 보유하고 있다면, 선택권이 많지 않을 수 있습니다. 커뮤니티 멤버들이 이미 소셜 플랫폼 위에서 자체적으로 커뮤니티를 조직하기 때문입니다. 많은 기업들이 이에 대해 보이는 반응은 비슷합니다. 당황하면서 운영자에게 그룹을 폐쇄하라고 경고성 이메일을 보내는 것이죠. 그러나 저는 이런 방식을 추천하지 않습니다. 멤버들이 자발적으로 브랜드를 중심으로 모인다는 건 매우 긍정적인 신호입니다. 열린 마음으로 받아들이세요. 그 리더들에게 권한을 부여하세요. 그들을 지원하세요. 긍정적이고 친근한 태도로 그 공간에 함께 참여하는 것이 훨씬 더 효과적입니다.

커뮤니티는 소프트웨어 플랫폼이 아닙니다. 커뮤니티는 사람들로 이루어집니다. 커뮤니티 멤버를 모을 수 있는 다양한 방법을 모색해보세요. 어떤 사람들은 당신이 운영하는 포럼에 참여하길 원할 것이고, 또 어떤 사람들은 누군가가 이미 만들어 놓은 온라인 커뮤니티(예: 레딧의 주제별 게시판이나 페이스북 그룹)를 선호할 수도 있습니다. 사람들이 어디에 모일지는 당신이 통제할 수 있는 일이 아닙니다. 제안하고 권장할 수는 있지만, 결국 그들은 자신들이 가고 싶은 곳으로 갈 겁니다.

커뮤니티 데이터를 확보하고, 이를 CRM과 연결하는 능력은 매우 중요합니다. 특히 커뮤니티 활동을 수익 데이터와 연결하려는 비즈니스에는 더욱 그렇습니다. 그러나 모든 것을 통제하려고 집착하지 마세요. 가장 중요한 건 커뮤니티 안에서 관계와 연결, 참여를 만들어가는 겁니다.

고객들이 원하는 방식으로 연결하세요.

## 인정받는 느낌을 주는 공간 설계하기

:

누구를 모으고, 왜 모으는지 그 이유를 구체적으로 정하면 커뮤니티 공간과 플랫폼을 설계할 때 생기는 수많은 작은 결정에 방향성을 제공할 수 있습니다. 의도적으로 설계하면, 멤버들이 '아, 여기는 나를 위해 만들어진 공간이구나' 하고 느끼게 만들 수 있습니다.

물리적 공간에서는 누구를 위한 커뮤니티인지 분명히 전달할 수 있는 기회가 많습니다. 에델스 클럽의 설립자 나즈 오스틴은 코워킹 공간을 디자인할 때 많은 의도를 담았습니다. "유색 인종들은 기업 환경이나 코워킹 공간에서 자신을 발견하는 경험에 익숙하지 않은 경우가 많습니다. 그래서 우리는 멤버들이 이 공간을 마치 '자신만을 위해 만들어진 공간'처럼 느낄 수 있도록 공간의 모든 요소를 세심하게 디자인했습니다."

그녀는 에델스 클럽이 자신의 모습 그대로 인정받는 장소가 되기를 바랐습니다. 서가에 있는 모든 책은 유색 인종 작가가 쓴 것이고, 모든 예술 작품은 소수자 집단의 예술가들이 만든 것이었습니다. 제가 가장 마음에 들어 한 부분은 거울이었죠. 오스틴은 공간 곳곳에 의도적으로 배치된 거울을 이렇게 설명했습니다. "저는 멤버들이 자신을 위해 특별히 디자인된 공간에서 말 그대로 자신의 모습을 보길 원했습니다."

세심한 디자인은 에델스 클럽의 웹사이트와 온라인 커뮤니티에도 그대로 반영되었습니다. 웹사이트의 모든 요소는 이 커뮤니티가 누구를 위한 공간인지, 가입 후 어떤 문화를 경험할 수 있는지를 명확하게 전달합니다. 사이트에 사용된 모든 사진은 창의 산업 분야의 유색 인종 인물들로 구성되어 있지요. 페이지 하단으로 스크롤하면 회전하는 레코드 이미지와 함께 커뮤니티를 위해 선별된 스포티파이 플레이리스트 'Virtual Vibes'가 보입니다. 이 모든 디테일은 멤버들이 인정받고 있다는 느낌을 받도록 설계됐습니다.

자, 여러분의 커뮤니티 공간은 어떤 느낌을 주고 싶으신가요?

- 현대적이고 혁신적인 느낌의 공간으로 느껴지길 원하나요? 커뮤니티 멤버들의 아이덴티티가 그렇기 때문인가요?

- 아니면 더 친밀한 대화를 나누기 위해 아늑하고 안전한 공간으로 느껴지길 원하나요?

- 멤버들이 공간에서 편안함을 느끼길 원하나요, 아니면 넘치는 에너지를 느끼길 원하나요?

- 그들이 생산적이기를 바라나요, 아니면 그냥 쉴 수 있기를 원하나요?

누구를 모으고, 왜 모으려고 하는지 진지하게 고민해보세요. 그러면 여러분이 공간을 통해 전달하고자 하는 분위기의 영감을 받을 수 있을 겁니다.

## 커뮤니티의 힘찬 출발

:

커뮤니티가 시작되는 방식은 보통 두 가지입니다. 어떤 커뮤니티는 소규모 그룹으로 시작해 점차 유기적으로 성장합니다. 또 하나는 대규모 행사로 커뮤니티에 큰 에너지를 불어넣으며 강렬하게 시작하는 방식입니다.

CMX를 시작하기 전에 저는 수년간 커뮤니티 팀에서 일하며 배운 점을 글로 쓰고, 커뮤니티 전문가 네트워크를 구축했습니다 또 TheCommunityManager.com을 공동 설립해 탄탄한 평판과 잠재 고객을 확보했죠. 첫 행사를 열기 훨씬 전부터 저는 이미 CMX 커뮤니티를 구축하고 있었다고 말할 수 있지요.

하지만 CMX를 공식적으로 시작했을 때, 우리는 CMX 서밋이라는 대규모 프리미엄 컨퍼런스로 시작했습니다. 연사와 후원사, 출장 연회, 네트워킹 행사 등 모든 요소가 포함되어 있었죠.

그때 제가 정확히 무엇을 하고 있었는지는 알 수 없지만, 지금 돌이켜보면 그 순간이 가진 의미와 효과는 분명합니다. 250명 이상의 커뮤니티 전문가들이 처음으로 한자리에 모인 대규모 행사로 불을 지폈고, 그 불꽃은 지금까지 이어지고 있습니다. 참가자들은 이 경험에서 에너지를 얻고, 해당 분야에서 일할 동기를 얻었으며, 계속해서 연결되고 배우려는 열망을 가졌습니다.

CMX의 첫 디지털 커뮤니티는 참가자들이 서로 대화를 나누기 위해 만든 페이스북 그룹이었습니다. 대규모 행사가 만들어내는 기대감 덕분에 행사를 앞두고 몇 주 동안 이 그룹은 엄청난 에너지와 참여도를 보였습니다. 행사가 끝나고 우리는 이 그룹을 유지하기로 결정했습니다. 행사에 참석하지 않은 다른 커뮤니티 전문가들에게도 개방했지요. 이렇게 해서 CMX 허브라는 디지털 커뮤니티가 탄생했고, 이후 6년 동안 수천 명의 멤버로 성장했습니다.

만약 우리가 CMX를 소규모 온라인 그룹이나 소규모 모임으로 시작했다면, 성공하지 못했을 거라고 생각합니다. 이미 훌륭한 행사들이 있었지만, 미국 내에서 우리만큼 높은 수준의 콘텐츠와 연사를 선보이진 못했거든요. 당시 업계 사람들은 큰 활력을 필요로 했고, 우리 컨퍼런스가 그 역할을 해냈습니다.

기업들도 온라인 커뮤니티를 시작하거나 참여도를 높일 때 이 기술을 사용합니다. 포럼의 비동시적 특성 때문에 초반에는 공간에 에너지가 넘친다는 느낌을 받기 어렵습니다. 그래서 기업들은 포럼에서 대규모 행사를 개최합니다. 모든 사람이 동시에 접속해 큰 공유 경험을 할 수 있도록 말이죠. 전문가를 커뮤니티에 초청해 한 시간 동안 질문에 답변하는 'Ask Me Anything(AMA)' 시리즈처럼 간단한 형태일 수도 있습니다. 아니면 수지 넬슨이 디지털마케터 커뮤니티를 위해 기획한 '눈팅족 사랑 주간'처럼 일주일 동안 진행하는 시리즈일 수도 있고요.

이러한 대규모 행사는 신규 커뮤니티를 화려하게 시작하거나 기존 커뮤니티의 참여도와 에너지를 높이는 데 큰 도움이 됩니다.

## 최고의 순간 만들기

:

놀랍게도, 단 한 번의 강렬한 순간만으로도 멤버들은 커뮤니티 경험을 충분히 긍정적으로 기억합니다.

여러분이 마지막으로 경험한 크고 흥미로운 순간을 떠올려보세요. 뮤직 페스티벌이나 결혼식 또는 다녀온 여행이 될 수 있습니다. 무엇이 기억에 남았나요?

아마 세세한 부분까지 기억하지는 못할 겁니다. 가장 신나는 순간, 가장 무서웠던 순간, 가장 활기찼던 순간, 가장 놀라웠던 순간만 남았을 겁니다. 우리는 그 '최고의 순간'만 기억하게 됩니다.

댄 히스Dan Heath와 칩 히스Chip Heath가 쓴 책《순간의 힘The Power of Moments》[25]에서는 사람들이 자신의 경험을 되돌아볼 때, 오직 이러한 최고의 순간만 기억할 뿐이라고 말합니다.

히스 형제는 디즈니 월드에 갔을 때를 생각해보라고 말합니다. 몇 달 또는 몇 년이 지난 후 머릿속에 떠오르는 건 긴 줄을 서서 기다리고 음식에 많은 돈을 썼던 기억이 아니죠. 기억에 남는 건 불꽃놀이를 보고, 스페이스 마운틴을 타고, 미키 마우스를 만나고, 퍼레이드를 지켜본 최고의 순간들입니다.

이것은 커뮤니티 빌더들에게 중요한 교훈이 됩니다. 온라인 커뮤니티 경험을 만들거나 큰 행사를 주최할 때, 당신이 열심히 신경 쓰고 있는 99%의 세부 사항은 사람들이 기억하지 못합니다. 그들은 오직 최고의 경험과 최악의 경험만 기억할 겁니다.

커뮤니티에서는 긍정적인 이 최고의 순간을 어떻게 만들 수 있을까요? 많은 커뮤니티 속의 경험은 비교적 일관된 경우가 많습니다. 온라인에서는 주로 질문과 답변, 토론, 지식 공유가 이뤄집니다. 포럼에서의 경험을 떠올리면, 대부분 평범한 경험만 남아 있지요.

때로는 통제할 수 없는 영역에서 특별한 순간이 발생하기도 합니다. 뜻밖의 만남이 결국 친한 친구로 이어지거나, 뜻밖의 대화가 새로운 일자리로 이어지는 그런 순간들이죠.

언젠가 저는 사우스 바이 사우스웨스트South by Southwest, SXSW 페스티벌에 간 적이 있는데, 혼자 네트워킹 행사장으로 걸어가다가 'Local Natives Live @7:30!'이라는 글씨가 적힌 바 하나를 지나쳤습니다. Local Natives는 제가 좋아하는 밴드였지만, 당시에는 상대적으로 덜 알려진 밴드였습니다. 시계를 보니 7시였고, 바는 비어 있었죠. 바텐더에게 "정말 30분 후에 Local Natives가 여기서 공연하나요?"라고 물었더니 "네!"라는 답이 돌아왔습니다. 저는 맥주를 주문하고 무대 옆에 자리를 잡았는데 제 뒤로 차츰 사람들이 모여들더니 30분 후에 정말 밴드가 등장했습니다. 그날 본 공연은 내 인생 최고의 라이브 중 하나였어요! 완전히 우연한 경험이었죠. 그해 SXSW에서 어떤 연사들을 봤는지, 누구를 만났는지, 그 외에 무슨 일을 했는지 거의 기억이 나지 않습니다. 하지만 그 뜻밖의 순간은 절대 잊지 못합니다. 덕분에 SXSW는 제 마음속에 특별한 자리를 차지하게 되었습니다.

수많은 뮤지션과 기술자, 리더들이 훌륭한 바와 공연장이 가득한 도시에 모이기 때문에 그런 특별한 순간이 가능해집니다. SXSW는 이런 점 때문에 유명하지요. 저는 몇 번이나 SXSW에 참가했는데, 매번 무작위로 최고의 순간을 만났습니다. 그래서 또 다음 해에도 찾게 되었죠.

최고의 순간은 다양한 형태로 나타날 수 있습니다. 히스 형제는 이를 몇 가지 카테고리로 나누었습니다.

- 고조감: 롤러코스터의 꼭대기 순간, 기립박수, 에너지가 넘치는 순간
- 자부심: 큰 목표를 달성하거나 주목받는 순간
- 통찰: 새로운 것을 배우거나 깨달음을 얻는 순간
- 연결: 새로운 사람을 만나거나 더 깊은 관계를 맺는 순간

CMX 서밋은 이 네 가지 모두를 만들어내기 위해 노력합니다.

- 고조감: CMX 서밋에서 모든 연사는 무대에 오를 때 기립박수를 받습니다. 우리는 이를 청중이 연습하도록 만듭니다. 이렇게 에너지가 넘치는 순간은 연사에게 잊지 못할 경험을 선사하고, 청중들도 좋은 기분을 느낄 수 있습니다.
- 자부심: 우리는 CMX 서밋 무대를 통해 소외된 목소리와 떠오르는 전문가들에게 기회를 제공합니다. 일부에게는 공개 연설의 첫 기회인 만큼 큰 자부심의 순간이 됩니다. 우리는 또 행사 내내 커뮤니티 리더들을 조명합니다.
- 통찰: 우리 행사에서 제공되는 멋진 콘텐츠 덕분에 참석자들은 최소한 한 가지 큰 깨달음을 얻습니다. 그 깨달음을 자신의 커뮤니티에 적용하는 경우가 많습니다.
- 연결: 우리는 스피드 네트워킹, 토론 그룹, 파티 같은 다양한 네트워킹 기회를 제공해 새로운 관계가 형성될 가능성을 높입니다. 하지만 솔직히 말해서, 대부분의 관계는 컨퍼런스가 끝난 후 바와 레스토랑에서 형성됩니다.

누군가에게 이러한 최고의 순간을 제공하기 위해 커뮤니티 경험을 어떻게 설계하면 좋을지 생각해보세요. 그 누군가는 그 순간을 절대 잊지 못할 겁니다.

# 소규모 그룹 토론 진행하기

:

소규모 그룹 토론은 제가 가장 좋아하는 커뮤니티 경험 중 하나입니다. 대규모 모임이나 공개적인 장소에서는 닿을 수 없는 깊이에서 사람들과 소통할 기회를 제공하기 때문이죠.

제가 겪은 최고의 커뮤니티 경험 중 하나는 패브릭Fabric이라는 소규모 인디 코워킹 스페이스에서 열린 점심 토론이었습니다. 매주 수요일, 우리는 점심을 먹으면서 창립자들이 진행하는 90분 토론에 참여했습니다. 형식은 간단했어요. 처음 45분 동안은 각자 그 주에 있었던 가장 기쁜 일과 가장 힘든 일을 돌아가면서 공유합니다. 이후에는 하나의 주제로 함께 토론을 나누었죠.

이 모임은 제 주간 하이라이트 중 하나였으며, 저의 한 주를 돌아보고 동료들과 더 깊게 연결되는 공간이었습니다. 저는 다양한 코워킹 스페이스에서 일해왔는데, 대부분은 단순히 같은 건물에 있다는 이유로 회원들이 서로 자연스럽게 알아가길 바랄 뿐이었죠. 하지만 패브릭은 이러한 연결을 적극적으로 만들어 주었습니다.

어느 날 저는 제 친구 예술가 이반 캐시Ivan Cash를 패브릭 점심 모임에 초대했습니다. 그는 이 형식을 너무 좋아해서 자신의 창의적인 창업자 네트워크를 위한 토론 그룹을 시작하기로 결심했지요. 각자 다른 도시에 살고 있었기 때문에 그는 매달 온라인 토론 그룹을 진행하기로 했습니다. 각자 그 주의 가장 기쁜 일과 가장 힘든 일을 공유하고, 도전 과제에 대해 피드백을 요청하는 형식이었죠. 이 그룹은 1년 넘게 지속되면서 제 삶의 중요한 부분 중 하나가 되었습니다.

이게 바로 제가 소규모 토론 그룹을 좋아하는 이유입니다. 정기적으로 개최되는 모임은 사람들의 삶에서 깊고 의미 있는 부분이 됩니다. 진정성 있고 친밀한 공간이죠. 소수의 사람들이 경청한다는 사실 자체가 사람들을 더 솔직하게 만듭니다. 자신의 부족함을 드러내도 된다는 느낌을 주지요. 소그룹은 '진정한' 대화를 가능하게 만들고, 모든 멤버가 자신의 목소리를 낼 기회를 보장합니다. 네트워킹 가치도 매우 큽니다. 이 모임에서 저는 훌륭한 사람들을 여럿 만났고, 지속적인 관계를 형성해 왔습니다.

이런 장점은 대형 컨퍼런스나 온라인 세미나, 또는 온라인 그룹이나 포럼에서 쉽게 얻을 수 없습니다. 대형 공간에서는 사람들이 더 조심스럽게 행동합니다. 청중 중에 누가 내 얘기를 듣고 있는지 잘 모르기 때문이죠. 하지만 소규모 그룹에서는 누가 여기에 참여하고 있는지 정확히 알 수 있습니다.

소규모 그룹 토론은 인류가 처음 불 주위에 모여 대화를 나누던 순간부터 이어져 왔습니다. 하지만 지금은 컴퓨터 안에 존재하는 온라인 토론 그룹이 있지요. 아무리 경험을 최적화해도 온라인 토론 그룹이 오프라인 대면 그룹과 똑같을 수는 없습니다. 하지만! 제대로 운영하면 생각보다 큰 차이가 없도록 만들 수 있습니다. 오히려 독특한 장점도 누릴 수 있지요.

온라인이든 오프라인이든, 토론 그룹을 정말 흥미롭고 영향력 있게 만들기 위해 활용할 수 있는 여러 형식이 있습니다.

먼저, 제가 주최하는 모든 행사에서는 (규모에 상관없이) 참석자들이 모두 공간에 '도착'하는 순간을 중요하게 생각합니다. 각자 다른 회의, 다른 업무, 하루 일과를 마치고 갑자기 새로운 사람들과 한 공간에 모이게 되는 거죠. 이때 모두 함께 '도착'하는 시간을 가지면, 각자의 일상과 생각을 잠시 내려놓고 지금 이 공간에 집중할 수 있습니다. 그 결과 훨씬 더 집중력 있고 몰입해 있는 참석자들을 만날 수 있죠.

참석자들이 공간에 '도착'하도록 하는 방법은 다양합니다. 고대디 GoDaddy의 사내 기업가 스캇 시게오카Scott Shigeoka는 호흡과 마음 챙김 연습을 자주 활용합니다. "호흡을 의식하거나, 하루 시작부터 회의장에 도착하기까지의 사소한 순간들을 마음속으로 떠올리는 등 마음 챙김 연습을 하면 사람들이 현재에 더 잘 집중하게 됩니다."

가장 간단한 방법으로 모두 함께 깊이 세 번 숨을 들이마시고 내쉬며 숫자를 세어보는 것부터 시작할 수 있지요. 시케오카는 말합니다. "안내를 잘 하면 결코 이상하거나 어색하게 느껴지지 않습니다. 보수적인 공간에서도 저는 이 방법을 사용해봤는데, 모든 순간 누구에게나 유용했어요."

저는 온라인 행사에서 '의식적인 탭 닫기'로 시작하는 걸 좋아합니다. 싱잉볼을 몇 번 두드리며, 참석자들에게 이메일과 열린 탭을 모두 닫고, 산만함을 제거하라고 안내합니다.

참가자들이 공간에 들어오도록 유도하는 방법으로는 이웃에게 인사하기, 모두 함께 소리 내기 등 모든 게 가능합니다. 현재의 환경을 인식하게 하고, 이전에 하던 일에서 마음을 돌리게 하는 어떤 활동이든 가능하죠.

모두 참여했다면, 이제 본격적으로 소규모 그룹 토론을 시작하고 이끌기 위한 다양한 형식을 활용해야 합니다. 제가 성공적으로 활용한 몇 가지 아이디어를 소개합니다.

- 자기소개 하기: 모든 참석자가 짧게 자기소개를 합니다. "당신이 가장 닮았다고 생각하는 만화 캐릭터는 뭔가요?" 같은 재미있는 질문을 추가해도 좋습니다.

- 한 사람씩 돌아가며 말하기: 모든 참석자가 초반 대화에 참여하도록 만드는 첫 질문입니다. 보통 "오늘 이 자리에서 무엇을 얻어가고 싶으신가요?" 또는 "오늘 감사하게 느끼는 한 가지는 무엇인가요?"와 같은 질문으로 시작합니다.

- 신호등: 지금의 기분을 빨강, 노랑, 초록 중 하나의 색을 골라 표현해 달라고 요청합니다.

- 고점과 저점: 각자가 삶이나 업무에서 가장 좋았던 일과 가장 힘들었던 일을 하나씩 공유하게 합니다. 이를 '장미와 가시'라고 부르기도 합니다.

- 프레젠테이션: 한 명 또는 여러 명의 참석자가 화면을 공유하고 간단한 발표를 한 후 토론을 시작합니다.

- 도전 과제 공유: 각자 해결이 필요한 도전 과제를 공유하고, 다른 참석자들이 피드백을 제공할 시간을 줍니다.

- 주제별 토론: 특정 주제나 테마를 정하고, 자유롭게 생각과 의견을 제시할 수 있게 합니다.

- 약속과 다음 단계: 토론을 마무리하며, 각 참가자에게 토론의 결과로 실천할 한 가지 약속이나 다음에 취할 행동을 말하도록 합니다.

참가자들이 토론에서 보여주길 원하는 모습이 있다면, 저는 본인이 먼저 보여주는 게 중요하다는 사실을 깨달았습니다. 참가자들이 속마음을 드러내길 원하면, 먼저 나의 솔직한 이야기를 꺼내 보여주세요. 참가자들이 더 기술적인 질문을 하기 원한다면, 자신의 질문을 예시로 들어주세요.

소규모 토론 그룹의 인원은 10명 이하로 유지하는 것을 권장합니다. 그리고 사람들에게 충분한 시간을 주세요. 15명이 참여하는 30분짜리 토론 모임에 초대받는다면 저는 아마 가지 않을 겁니다. 그건 불가능하다는 걸 아니까요. 자기소개만 해도 한 사람당 2분은 걸리잖아요. 15명이 참여하는 그룹이라면 90분이 이상적인 시간이라고 생각합니다.

## 멤버들에게
## 어떻게 참여할지 알려주기

:

우리는 종종 행사를 주최하거나 온라인 커뮤니티에 글을 올리며, 별다른 안내 없이도 사람들이 자연스럽게 질 높은 상호 작용을 하기를 바랍니다. 멤버들이 원하는 방식으로 참여할 자유를 줘야 한다고 생각하기 때문에 많은 커뮤니티 주최자들이 커뮤니티 공간에서 지나치게 손을 떼는 경향이 있지요. 어느 정도는 맞는 말입니다. 멤버들이 자율성과 창의적인 자유를 가지면 주최자가 생각하지 못한 방식으로 소통할 방법을 찾아내기도 하니까요.

하지만 대부분의 멤버들은 이 공간에서 의미 있게 기여할 수 있도록 당신이 안내해주기를 바랍니다. 특히 새로운 멤버에게는 모호함이 스트레스를 유발할 수 있지요. 우리가 앞서 언급한 모든 커뮤니티 의식과 정체성 표현이 그들에게는 낯설게 느껴질 수 있습니다. 그들은 누군가가 손을 잡고 이끌어주길 원합니다. 처음 행사장에 나온 사람은 엄청난 위축감을 느낄 수 있죠. 아는 사람도 없고, 아직 상황 파악도 못한 상태이며, 대규모 행사에서는 해야 할 일이 너무 많기 때문입니다.

그들에게 무엇을 먼저 하면 좋을지, 차근차근 안내해주세요. 예를 들어, 참가자들이 입장할 때 한 명씩 연결시켜주어 네트워킹의 시작을 쉽게 만들 수 있습니다. 아침 시간에 도착한 사람들에게는 아침 식사 테이블로 안내해 간단한 대화를 나누며 자연스럽게 녹아들 수 있도록 하세요. 청중들이 서로 교류하도록 만들고 싶다면, 직접 주제를 생각해내지 않아도 되도록 서로에게 물어볼 질문을 미리 제공하세요.

온보딩은 멤버들이 온라인 공간에 어떻게 참여하면 좋을지 분명하게 안내할 수 있는 좋은 기회입니다. CMX 온라인 커뮤니티에 새로 가입한 멤버들에게 우리는 단순히 자기소개를 하라고 하지 않습니다. 자기소개 방법을 알려주고, 세 가지 구체적인 질문에 답하도록 안내합니다.

- 어디에서 오셨나요?
- 어떤 커뮤니티를 만들고 계신가요?

- 지금 어떤 도전 과제에 직면해 있나요?

때때로 질문을 바꾸거나 다양한 방식을 시도하지만, 새 멤버에게
는 언제나 참여 방법을 분명하게 안내합니다. 또 커뮤니티에서 효과
적으로 도움을 요청하는 방법도 함께 알려주세요. 온라인 포럼에서
는 충분한 설명 없이 짧은 질문만 올리는 경우가 많습니다. 이로 인
해 멤버들은 서로 다른 수준과 방향의 답변을 받게 되곤 합니다.

예를 들어, CMX 커뮤니티에서 가장 흔한 질문 중 하나는 "우리 커
뮤니티를 어떤 플랫폼에서 운영해야 할까요?"입니다. 추가 안내가 없
다면 질문자가 원하는 답변과 거리가 있는 다양한 답변이 쏟아질 가
능성이 큽니다. 많은 사람들이 단순하게 "저희는 X 플랫폼을 사용하
는데, 정말 좋아요!"라고 답할 가능성이 높지요. 이게 도움이 될까요?

대신 우리는 질문자에게 질문하는 방법에 관한 더 구체적인 지침
을 제공했습니다. 예를 들어, 이렇게 말할 수 있겠죠.

"저는 새 커뮤니티를 시작하려고 하는데, 어떤 플랫폼에서 구축할
지 고민하고 있어요. 듣고 싶은 건 이런 거예요."

- 당신이 사용하는 플랫폼은 뭔가요?
- 어떤 플랫폼을 고려했었나요?
- 왜 현재 사용하는 플랫폼을 선택했나요?
- 그 플랫폼에서 가장 마음에 드는 점은 무엇인가요?
- 그 플랫폼을 사용했을 때 가장 큰 문제점은 무엇인가요?"

이제 질문에 더 구체적으로 답변할 수 있게 되었죠. 질문자가 무엇을 알고자 하는지 추측할 필요 없이, 양질의 참여가 어떤 모습인지 명확히 제시했기 때문입니다.

이처럼 참여 방법에 대해 사려 깊은 가이드를 전달하는 건 강력한 힘을 가집니다. 가이드라인은 우리가 일상에서 흔히 경험할 수 없는, 전혀 새로운 경험을 만들어냅니다. 그 덕분에 우리는 어떻게 하면 의미 있는 방식으로 참여할 수 있는지 알게 되고, 그 공간에서 더 편안함을 느낄 수 있습니다. 스스로 알아내야 하는 부담을 덜어줍니다. 멤버들이 더 효율적으로 협력하는 방법을 배우게 됩니다.

멤버들을 어떤 공간으로 초대하기 전에 그 공간에서 사람들이 어떻게 참여하기를 원하는지, 그 방식을 명확히 안내해주세요.

## 멤버들이 솔직한 모습을
## 보일 수 있게 만드는 방법

:

멤버들이 가장 가치 있게 느끼는 커뮤니티 경험 중 하나는 진정으로 마음을 열고 솔직해질 기회를 가질 때입니다. 우리는 대부분의 삶을 속마음을 숨긴 채 살아갑니다. 진정으로 감정을 나누고 개인적인 어려움을 털어놓으면서 지지와 수용을 느낄 수 있는 공간은 부족하지요. 그러다가 마침내 마음을 열게 될 때 그건 잊을 수 없는 최고의 순간이 되고, 그 경험을 함께한 사람들과 훨씬 깊은 신뢰를 형성하게 됩니다.

비즈니스 세계에서는 감정을 최대한 피하려는 경향이 있습니다.

기업에서 운영하는 대부분의 커뮤니티 공간을 보면 "그저 비즈니스일 뿐"이라는 말이 실감 나지요. 대화는 주로 제품 중심적이고 피상적인 경우가 많습니다. 하지만 고객과 커뮤니티 멤버 모두 감정이 있는 인간입니다. 그들이 마주하고 있는 깊고 개인적인 어려움이 있습니다. 직장이나 경력에서 어려움을 겪고 있지만, 아직 털어놓을 공간을 찾지 못한 사람도 있을 수 있습니다. 당신이 그들을 위한 공간을 만들어줄 수 있습니다.

친밀감은 솔직함을 이끌어내기 위해 필수적입니다. 대규모 그룹이나 사적인 공간이 아닌 곳에서는 사람들이 진정으로 마음을 열기 어렵습니다. 솔직한 상호 작용을 촉진하려면 작고 사적인 공간이 필요합니다.

그리고 앞에서 이야기한 것처럼, 구체적인 규칙과 가이드라인을 제공해 멤버들이 안전한 공간에 있다는 확신을 가질 수 있도록 해야 합니다.

자신의 약한 모습을 스스럼없이 보여주는 사례로 인사이드 서클 재단Inside Circle Foundation이 운영하는 공간을 들 수 있습니다. 최고 보안 등급의 교도소는 남성들이 원을 이루어 앉아 감정을 나누고, 눈물을 흘리며 서로를 지지하는 모습을 떠올리기가 가장 어려운 공간일지도 모릅니다.

이 프로그램의 목표는 수감자들에게 자신의 삶 어디에서도 할 수 없었던 방식으로 마음을 열 수 있게 안전한 공간을 제공하는 것입니다. 이 남성들은 대부분 감정을 억누르며 살아왔습니다. 약점을 보이면 지위를 잃거나, 더 나쁜 경우 신체적 위협을 받을 수 있기 때문입니다. 그러나 그들은 모두 삶 속에서 처리하지 못한 심각한 트라우마를 안고 있습니다. 인사이드 서클 재단은 그들이 자신의 트라우마를 안전하게 마주하고 다룰 수 있는 공간을 제공합니다.

결과는 놀라웠습니다. 커뮤니티 멤버들은 삶의 방향을 새롭게 바꾸었고, 일부는 감형을 받았으며, 어떤 이들은 다른 사람을 돕는 프로그램의 자원봉사자가 되었습니다.

이렇게 힘든 상황에 있는 남성들이 자신의 약점을 드러내도 안전하다고 느끼게 만들려면 어떻게 해야 할까요? 제일 먼저, 훌륭한 진행자가 필요합니다. 인사이드 서클 재단의 CEO 제임스 맥클리어리 James McLeary와 이야기를 나눈 후, 저는 바로 그가 신뢰할 수 있고 안전한 사람이라는 느낌을 받았습니다. 친절하지만 강인한 태도를 갖고 있었으며, 그에게는 무엇이든 털어놓을 수 있을 것 같고, 판단 없이 경청해줄 것 같은 사람이었습니다.

저는 그에게 이 프로그램에 참여한 수감자들이 어떻게 그렇게 솔직하게 자신의 약점을 드러낼 수 있는지 물었습니다. 그는 그 비결이 매 모임마다 지켜지는 정해진 의식과 규칙에 있다고 이야기했습니다.

모든 사람이 방에 들어서면 잠시 멈춰 서서 '갑옷을 벗는다'는 상징적인 행동을 합니다. 물론 실제 갑옷은 아니지만, 그 상징이 주는 효과는 매우 현실적입니다. 이를 통해 그 방에 있는 모든 사람이 열려 있고, 자신의 약점을 드러내며 진솔하게 나누기 위해 이 자리에 왔음을 서로가 알게 됩니다.

제가 '베가스 법칙 Vegas rule'이라고 부르는 규칙도 있습니다. 여기에서 말한 것은 여기에만 머문다는 규칙입니다. 이 규칙은 매우 중요해요. 왜냐하면 수감자들은 교도소 밖에서라면 목숨을 잃을 수도 있는 이야기를 여기에서 나누거든요. 사람들이 진솔하게 이야기할 수 있는 공간이라면 어디에서나 이 규칙은 중요합니다. 그들은 자신이 공유한 내용을 이 방에 있는 사람들만 알게 될 거라는 확신을 원합니다.

그들은 매 모임마다 이 규칙과 참여 방법을 다시 상기시킵니다. 이러한 규칙들은 깊이 있는 대화를 나눌 수 있는 공간을 만들어주지요.

저는 이 효과를 아샨티 브랜치Ashanti Branch라는 최고의 진행자가 운영하는 워크숍에서 직접 경험했습니다. 브랜치는 주로 유색 인종 청년들이 정서적으로 성숙해지고, 스스로 선택하는 삶을 살 수 있도록 돕는 일을 합니다. 저는 그가 진행하는 '마스크 벗기Taking Off the Mask' 워크숍에 참여하게 됐죠.

워크숍을 시작할 때 우리는 각자 종이에 자신의 마스크를 그렸습니다. 그런 다음 앞면에는 세상에 보여주는 마스크를 묘사하는 세 단어나 구절을, 뒷면에는 세상에 보여주지 않기로 한 모습을 묘사하는 세 단어를 적었습니다.

그리고 우리는 종이를 구겨서 눈싸움을 했습니다. 방 안에서 종이를 던지며 아이처럼 놀았습니다. 몇 분 후, 우리는 종이 한 장을 집어 들고 다시 자리에 앉으라는 지시를 받았습니다. 아샨티는 그 종이에 적힌 내용에 공감하는 사람이 있으면 자원해서 일어나달라고 요청했죠. 우리는 방 안을 돌며 그 메시지를 큰 소리로 읽었습니다. 앞면에는 '행복' '똑똑함' '친절함' '사람을 기쁘게 하는 사람' 같은 공통 단어들이 있었고, 뒷면에는 '두려움' '스트레스' '죽음' 같은 단어들이 적혀 있었습니다. 방 안의 분위기가 갑자기 무겁게 느껴졌죠.

여기서 아샨티는 다음 단계의 경험을 위한 공간을 설정하기 시작했습니다. 그는 우리에게 여덟 명씩 원을 그리며 앉으라 하고 차례대로 "지금 나를 보면 알 수 없겠지만..."으로 시작하는 문장을 이어 말하라고 했습니다. 이때 몇 가지 가이드를 제공했죠. "웃지 마세요. 반응하지 마세요. 무엇이든 공유할 수 있지만, 깊은 이야기가 아니어도 괜찮습니다. 건너뛰어도 괜찮습니다."

이 규칙은 생각보다 큰 역할을 했습니다. 우리가 어떻게 참여해야 하는지, 어떤 행동이 허용되고 허용되지 않는지 알려주었죠. 누가 농담을 해도 웃지 말아야 한다는 것도 알게 됐습니다. 누군가를 위로하고 싶어도 반응하면 안 된다는 것도 알게 됐습니다. 이 규칙들 때문에 일반적인 경험과는 완전히 다른 독특한 경험이 만들어졌습니다.

결과는 놀라웠어요. 처음에는 사람들이 자신에 대해 상당히 표면적인 이야기만 나누기 시작했어요. "저는 농구를 합니다... 요리를 합니다... 스페인 출신입니다" 등등. 그러다가 몇 분이 지나자 매우 개인적인 이야기를 털어놓기 시작했어요. "지금 나를 보면 알 수 없겠지만, 저는 다섯 살 때 아버지를 잃었어요... 나는 평생 동안 앓고 있는 병이 있어요... 나는 매일 아침 나 자신을 미워하면서 일어납니다..."

저는 그 낯선 사람들 앞에서 누구에게도 말한 적 없는 이야기를 털어놓았습니다. 우리는 자신을 더 깊이 알아가고 서로에게 마음을 열기 위해 그 공간에 모였습니다. 아샨티 브랜치가 제공한 규칙과 가이드라인은 그곳에 다다를 수 있는 로드맵이 되어주었습니다.

# 규칙을
# 짧고 간결하게 유지하기

:

솔직한 나눔이 자연스럽게 이루어지도록 하기 위해서든, 멤버들이 더 나은 경험을 하도록 돕기 위해서든, 항상 명확한 정책과 규칙, 지침을 마련하는 것이 중요합니다.

규칙 목록은 짧고 간결하게 유지해 기억하기 쉽게 만드세요. 저는 10개 이하의 규칙을 권장하며, 더 구체적인 내용은 행동 강령에 포함하는 것이 좋습니다. CMX 커뮤니티에는 6개의 규칙이 있습니다. 필요할 때마다 규칙은 자연스럽게 보완됩니다. 커뮤니티에서 안전하지 않거나 바람직하지 않은 사례를 마주하고, 이를 다룰 기준이 부족하다는 것을 깨닫게 될 때 새로운 규칙을 더하게 됩니다.

레딧은 수백만 명의 사용자로 구성된 커뮤니티로 성장하는 동안, 단 3개의 규칙만 유지해왔습니다. 최근에서야 플랫폼 내에서 증가하는 유해성 있는 발언을 억제하기 위해 규칙을 확대했죠. 현재는 8개의 규칙을 운영하고 있습니다.[26]

1. 서로를 존중하는 태도를 지켜주세요: 레딧은 커뮤니티를 만들고 소속감을 형성하는 공간입니다. 소외된 사람이나 취약한 그룹을 공격하는 곳이 아닙니다. 모든 사람은 괴롭힘, 따돌림, 폭력의 위협 없이 레딧을 이용할 권리가 있습니다. 폭력을 선동하거나 정체성 또는 취약성을 기반으로 증오를 조장하는 커뮤니티와 사용자는 차단됩니다.

2. 커뮤니티 규칙을 준수하세요: 자신이 관심 있는 주제에 진정성 있는 콘텐츠를 게시하고, 스팸이나 투표 조작, 차단 회피, 구독자 사기 등 콘텐츠 조작을 하지 마세요. 레딧 커뮤니티를 방해하거나 혼란을 초래하지 마세요.

3. 타인의 프라이버시를 존중하세요: 개인의 사적 기밀 정보를 유출하는 등 괴롭힘을 조장하는 행위는 허용되지 않습니다.

4. 미성년자와 관련된 성적 내용은 게시하거나 공유하지 마세요.

5. 허위로 가장하지 마세요: 반드시 실명을 사용할 필요는 없지만, 오해의 소지가 있거나 기만적인 방식으로 타인이나 단체를 사칭하면 안 됩니다.

6. 콘텐츠의 성격을 알 수 있도록 안내 표시를 해주세요: 노골적이거나 성적으로 불편함을 줄 수 있는 내용에는 미리 알림 표시를 해서 다른 사람들이 내용을 예상하고 선택할 수 있도록 해야 합니다.

7. 법을 준수하세요: 불법 콘텐츠를 게시하거나 금지된 거래를 권유, 조장하지 마세요.

8. 사이트를 망가뜨리지 마세요: 레딧의 정상적인 사용을 방해하는 어떤 행동도 하지 마세요.


이것이 세계에서 가장 큰 온라인 커뮤니티를 운영하는 간단한 규칙들입니다. 멤버들이 규칙과 정책에 쉽게 접근할 수 있게 하고, 온보딩 과정에 포함시키세요. 대부분의 사람은 문제가 생기기 전까지 이용 약관을 읽지 않으므로, 이용 약관에 규칙을 숨겨두지 마세요. 라이브 행사에서는 참석자들에게 규칙과 가이드라인을 직접 상기시키며 행사를 시작하는 것이 좋습니다. 이렇게 하면 참석자들에게 행사가 의도적으로 준비되었음을 보여줄 수 있습니다.

규칙을 공유할 때마다 멤버들에게 이 규칙들이 그들 자신을 위한 것임을 상기시켜 주세요. 규칙의 목표는 모든 멤버에게 안전하고 질 높은 경험을 제공하는 것입니다. 저는 규칙을 집행할 때마다 마지막에 "커뮤니티를 멋지게 유지하는 데 도움을 주셔서 감사합니다"라는 말로 마무리합니다. 이는 규칙이 개인적인 것이 아니며, 커뮤니티 전체를 위한 것임을 상기시켜 주기 위해서입니다.

## 자주 사용하는 커뮤니티 규칙 3가지

:

제가 관리해온 커뮤니티에서 자주 사용하는 규칙들이 있습니다. 그중 세 가지는 특히 자주 등장합니다.

### 1. 여기서 공유된 것은 여기에 남겨두세요.

소규모 그룹 토론에서 사람들이 서로 솔직하게 마음을 열 수 있기를 바랄 때 저는 이 규칙을 사용합니다. 이 규칙은 인사이드 서클 재단에서도 활용되며, 앞에서 언급한 바 있지요.

2장에서 소개한 공동 만찬 모임 '디너 파티'는 이 규칙의 힘을 보여주는 사례입니다. 이 커뮤니티는 사랑하는 사람을 잃은 20대부터

40대까지의 사람들이 모인 글로벌 커뮤니티입니다. 이들은 소규모로 모여 음식을 나누고 안내에 따라 토론에 참여합니다.

이 모임에 참석한 모든 사람은 '식탁에서 나눈 이야기는 식탁에 남겨둔다'는 핵심 규칙을 잘 알고 있습니다. 이 간단한 문구는 강력한 힘을 가집니다. 안전한 공간을 만드는 중요한 규칙이기 때문이죠.

온라인이든 오프라인이든 무언가를 공유할 때 우리는 항상 그 방에 누가 있는지, 누가 우리 이야기를 들을 수 있는지, 또 그들이 우리 이야기를 어떻게 평가할지 살피기 때문입니다.

식탁에서는 함께 있는 사람들이 당신을 존중하며 판단 없이 이야기할 수 있는 공간을 마련해 줄 거라고 믿을 수 있습니다. 하지만 식탁에 앉지 않은 사람들은 어떨까요? 만약 식탁에 앉은 누군가가 당신의 말을 친구에게 전한다면요. 당신은 그 사람이 누군지 전혀 모릅니다. 그리고 그 사람이 당신과 같은 경험을 공유하지 않기 때문에, 식탁에 앉은 사람들처럼 같은 규칙과 기대를 따르지 않을 거라는 걸 알고 있죠. 그래서 당신은 실제 말하고 싶은 것보다 덜 말하게 됩니다.

'여기서 공유된 것은 여기에 남겨둔다'는 규칙이 이 문제를 해결합니다. 이는 현장에 있는 모두가 맺는 약속으로, 경험 속에서 공유된 어떤 내용도 모임 밖으로 유출되지 않을 거라는 걸 의미합니다.


### 2. 받는 것보다 더 많이 나누세요.

커뮤니티가 무너지는 가장 빠른 방법은 멤버들이 각자 자신의 제품이나 자신만을 홍보하는 겁니다. 건강한 커뮤니티를 유지하려면 멤버들이 가져가는 만큼, 혹은 그보다 더 기여해야 합니다.

특히 하나의 피드에서 콘텐츠가 쏟아지는 페이스북 그룹 같은 커뮤니티에서는 자기 홍보가 큰 문제가 됩니다. 자신의 콘텐츠를 공유할 전용 공간이 없으면 피드가 순식간에 홍보물로 넘쳐나게 되지요. 커뮤니티에서 얻으려는 가치가 오로지 자신이나 자신의 조직만을 위한 것이라면, 그들의 성공이 커뮤니티의 성공과 연결되지 않습니다.

저는 '자기 홍보 금지' 규칙을 자주 시행합니다. 전용 공간 외의 공간에서 자신의 콘텐츠나 제품을 공유할 수 없도록 하지요. 예를 들어, 페이스북 그룹에서는 '홍보의 날'을 정해 멤버들이 자신들의 링크와 글을 자유롭게 공유할 수 있게 하고, 슬랙에서는 '#내가 쓴 글'이라는 채널을 사용하지요.

어떤 사람들은 "내 글이 다른 멤버들에게 도움이 될 거예요!"라고 주장할 수 있지만, 대부분은 자신의 작업을 객관적으로 판단하는 데 서툽니다. 모든 멤버가 공유하는 콘텐츠와 그 이유가 아주 신중하게 다뤄질 것이라는 확신이 없다면, 전면 금지하는 규칙이 더 낫습니다.

이 문제는 링크드인LinkedIn 그룹을 오랫동안 괴롭혀왔습니다. 사람들은 자신의 경력 발전을 위해 링크드인을 사용하기 때문에, 그룹을 자신의 콘텐츠나 제품을 홍보하는 채널로 여깁니다. 커뮤니티에 가치를 기여하려는 것이 아니라 가치를 추출하려고만 하는 것이지요. 그 결과, 대부분의 그룹은 '링크 무덤'이 되고 맙니다. 다들 자신의 콘텐츠를 홍보만 할 뿐, 아무도 응답하거나 참여하지 않는 곳이죠.

그래서 저는 자신의 작업을 홍보하는 전용 스레드나 섹션을 따로 만들고, 그 외의 공간에서는 이를 허용하지 않는 것이 좋다고 생각합니다.

이 문제는 주로 온라인 커뮤니티에서 발생합니다. 오프라인 버전에서는 네트워크 행사에서 계속 명함만 뿌리는 사람에 해당하죠. 이런 사람은 기여나 관계를 발전시키는 데 관심이 없고, 오로지 가치를 얻기 위해 모임에 온 것입니다. 이러한 태도를 보이는 사람은 커뮤니티에 긍정적인 기여를 하는 멤버라고 보기 어렵습니다. 이런 상황이 우려된다면 '명함 사용 금지' 규칙을 두거나, 명함을 건네기 전에 최소 10분 이상 대화를 나누도록 안내할 수 있습니다.

### 3. 아이디어를 비판하되, 사람은 비판하지 마세요.

저는 커뮤니티에서 건강한 토론을 촉진하는 것을 매우 지지합니다. 맹목적 동의보다 신중한 반대 의견을 통해 더 많은 걸 배울 수 있기 때문입니다. 하지만 비판은 아이디어에만 초점을 맞춰야 하고, 아이디어를 제시한 개인을 공격해서는 안 된다는 점이 매우 중요합니다.

우리는 혐오 발언이나 괴롭힘을 절대 용납하지 않는다는 규칙을 항상 유지합니다. 아이디어에 집중하고, 사람을 공격하지 마세요.

많은 커뮤니티가 처음에는 이 규칙을 비공식적으로 유지합니다. 저는 '사람들에게 나쁜 행동을 하지 마세요'라는 단 하나의 규칙을 가진 커뮤니티에 여러 번 가입해본 적이 있습니다. 시간이 지나면 좀 더 정중한 표현으로 수정되기도 하지만, 메시지는 동일하죠. 서로를 존중하라. 아이디어를 논쟁하고 함께 배우려고 노력하라.

시간이 지나면, 괴롭힘과 혐오 발언이 정확히 무엇을 의미하는지, 그리고 커뮤니티에서 허용되는 것과 허용되지 않는 것을 보다 명확히 설명하는 행동 강령이 만들어질 겁니다. 커뮤니티가 작을 때는 이런 문제가 큰 걱정거리가 되지 않지만, 커뮤니티가 커지면 멤버들이 어디가 경계일까 시험하기 시작할 겁니다. 그래서 보다 구체적인 기준이 필요합니다.

어떤 규칙이든, 그 규칙이 우리 커뮤니티에서 어떻게 시행될지 명확히 알리고 일관성 있게 집행되는 것이 중요합니다. 멤버들이 규칙이 제대로 시행되지 않을 거라고 생각하면, 규칙을 어길 가능성이 훨씬 더 높아집니다. 작은 커뮤니티에서는 관리하기가 쉽지만, 커뮤니티가 커지면 명확한 기준이 더욱 중요해집니다. 여러 명의 관리자가 모두 일관되게 행동해야 하기 때문입니다. 따라서 규칙은 일찍 설정할수록 좋습니다. 온라인에는 무료로 사용할 수 있는 훌륭한 템플릿이 많이 있지요.

## 커뮤니티 공간과 경험을 최적화하기 위한 지표 사용

:

지표를 통해 측정하는 이유는, 시간이 지나면서 커뮤니티 공간과 경험을 어떻게 개선할 수 있을지 알아보기 위해서입니다.

커뮤니티 전략의 세 가지 레벨은 서로 긴밀하게 연결되어 있습니다. 경험과 공간을 만들면, 더 건강하고 참여도 높은 커뮤니티가 형성되며, 이는 비즈니스 성과로 이어집니다. 이 흐름을 이해함으로써, 커뮤니티 구축을 위한 일상 업무가 어떻게 핵심 성과에 영향을 미치는지 더 잘 파악할 수 있습니다.

커뮤니티 레벨과 비즈니스 레벨에서는 대체로 과거의 결과를 되짚는 측정이 중심이 됩니다. 즉, 실행해 온 전략과 활동이 얼마나 효과를 냈는지 확인하는 것이지요.

반면, 실행 레벨에서의 측정은 행동에 초점을 둡니다. 이는 예측적인 성격을 가지며, 현재 실행하고 있는 전략이 커뮤니티의 건강성과 참여도에 긍정적인 영향을 줄 것이라는 판단을 전제로 합니다. 핵심은 더 나은 결과를 얻기 위해 무엇을 개선할 수 있는지 통찰을 얻는 데 있습니다. 올바른 질문을 던지고, 데이터와 멤버의 피드백을 통해 답을 찾아가는 과정이 중요합니다.

구글의 G2G 프로그램 사례를 다시 살펴볼까요? 그들이 던진 가장 큰 질문 중 하나는 "강사(교내 자원봉사자)의 참여도를 어떻게 높일 수 있을까?"였습니다. 그들은 더 많은 구글 직원들이 강사로 자원하길 바랐죠. 이때 제가 추천한 건 몇 가지 다양한 유형의 지표를 살펴보고, 그 결과를 바탕으로 인터뷰를 진행해보는 것이었습니다.

- 강사당 총 강의 수를 확인해보세요. 활동 수준이 다른 강사들을 인터뷰해 가장 활동적인 강사들의 동기부여 요인을 파악하세요.
- 강사 만족도 조사를 실시한 뒤, 만족도가 높은 강사와 낮은 강사를 각각 인터뷰해보세요. 이를 통해 프로그램이 누구에게 특히 가치 있는지, 또 누구에게는 그렇지 않은지 그 이유를 파악할 수 있습니다.
- 한 번만 수업을 진행하고 그만둔 강사의 수를 확인하세요. 해당

강사들을 인터뷰해 강사 온보딩 경험을 개선할 방법을 찾아보
세요.

데이터 분석과 인터뷰에서 얻은 통찰을 바탕으로, 구체적인 실행
방안과 전략 과제를 도출할 수 있었습니다. 강사 온보딩 프로세스를
개선하고, 강사들이 겪는 주요 문제와 목표를 사전에 해결할 수 있게
되었죠. 또 강사들의 동기를 더 잘 이해하게 되어 보상 및 인정 메커
니즘을 추가할 수 있었습니다. 강사로 적합한 이상적 후보자의 유형
을 더 명확히 파악해 적절한 대상에게 초점을 맞춘 홍보 활동을 전개
할 수 있었고요.

데이터를 활용해 대화할 대상을 식별하고, 대화를 통해 커뮤니티
에 집중할 수 있는 전략을 도출하면 강사 참여도 제고는 물론 커뮤니
티의 전반적인 활력과 참여도를 높이고, 조직의 목표에도 긍정적인
영향을 미칠 수 있습니다.

우리가 함께 고민한 또 다른 질문은 "어떻게 하면 강사가 진행하는
수업의 질을 더 높일 수 있을까?"였습니다. 모든 수업은 자원봉사로
운영되며, 해당 수업의 질은 커뮤니티 전반의 경험에 큰 영향을 미칩
니다. 이 질문에 답하기 위해 할 수 있는 방법이 몇 가지 있었죠.

- 행사 평가를 통해 성과가 좋았던 강좌를 파악하세요. 해당 수업
  에 참석한 학생들과 인터뷰해 어떤 경험이 좋았는지 알아냅니
  다. 이 통찰을 강사 가이드에 추가할 수 있습니다.
- 학생별로 수강한 수업의 총수를 분석하고, 가장 적극적인 학생

과 가장 소극적인 학생을 인터뷰해 수업이 가치 있게 느껴진 이유 또는 중도에 포기한 이유를 파악합니다.

- 수업에 참관해 개선할 수 있는 부분을 직접 찾아냅니다.

이 연구를 통해 팀은 수업의 질을 높이고, 커뮤니티 전반의 참여도를 개선하기 위한 구체적 실행 방안과 전략 과제를 마련할 수 있었습니다. 강사들은 수업을 성공적으로 진행하는 방법을 명확히 인지하지 못하고 있었고, 이를 개선하기 위해 추가적인 가이드와 교육을 제공했지요. 또 프로그램에 적합한 학생들이 누구인지 더 잘 이해하게 되어, 적절한 대상에게 홍보 활동을 집중할 수 있었습니다. 그리고 프로그램 내 모든 수업에 적용할 수 있는 표준 형식에 대해 몇 가지 좋은 아이디어를 발견했지요.

이후 이들은 이러한 변경 사항과 개선점을 적용하고, 커뮤니티 전반의 건강성과 참여도에 미치는 영향을 추적하며, 비즈니스 성과에 미치는 영향을 측정할 계획입니다.

온라인이든 오프라인이든, 동시적이든 비동시적이든 모든 유형의 커뮤니티에 동일한 접근 방식을 활용해 공간과 경험에서의 참여도를 높일 기회를 식별할 수 있습니다.

온라인 커뮤니티의 참여도를 높이고 싶다고 가정해봅시다. 분석 도구를 사용해 가장 적극적으로 활동하는 멤버를 찾아 인터뷰하고, 그들이 계속 참여하게 되는 동기를 파악하세요. 또 커뮤니티에 가입해 아주 잠깐 활동하고 다시 돌아오지 않은 멤버들을 찾아 인터뷰하세요. 이를 통해 온보딩 프로세스를 개선하고, 새로운 멤버가 더 효과적으로 참여할 수 있도록 도울 수 있습니다.

멤버들이 서로 도움을 주고받는 지원 포럼을 운영하면서, 더 많은 멤버들이 질문에 답하도록 이끌고 싶으신가요? 그럼 멤버 데이터를 분석해 가장 활발하게 참여하는 멤버를 찾아보세요. 그들이 커뮤니티에서 무엇을 가장 좋아하는지, 어떤 점을 불편하게 느끼는지 살펴보세요. 질문 세 개에만 답변하고 그만둔 사람들을 찾아 왜 더 많은 질문에 답변하지 않았는지 알아보세요.

커뮤니티에 기여하는 사람이 누구든, 어떤 유형의 커뮤니티를 운영하든 같은 접근법을 활용해 앞으로 한 달 또는 한 분기 동안 커뮤니티 참여도를 높이고, 비즈니스 목표에 더 큰 영향을 미치기 위해 어디에 집중해야 할지 파악할 수 있습니다.

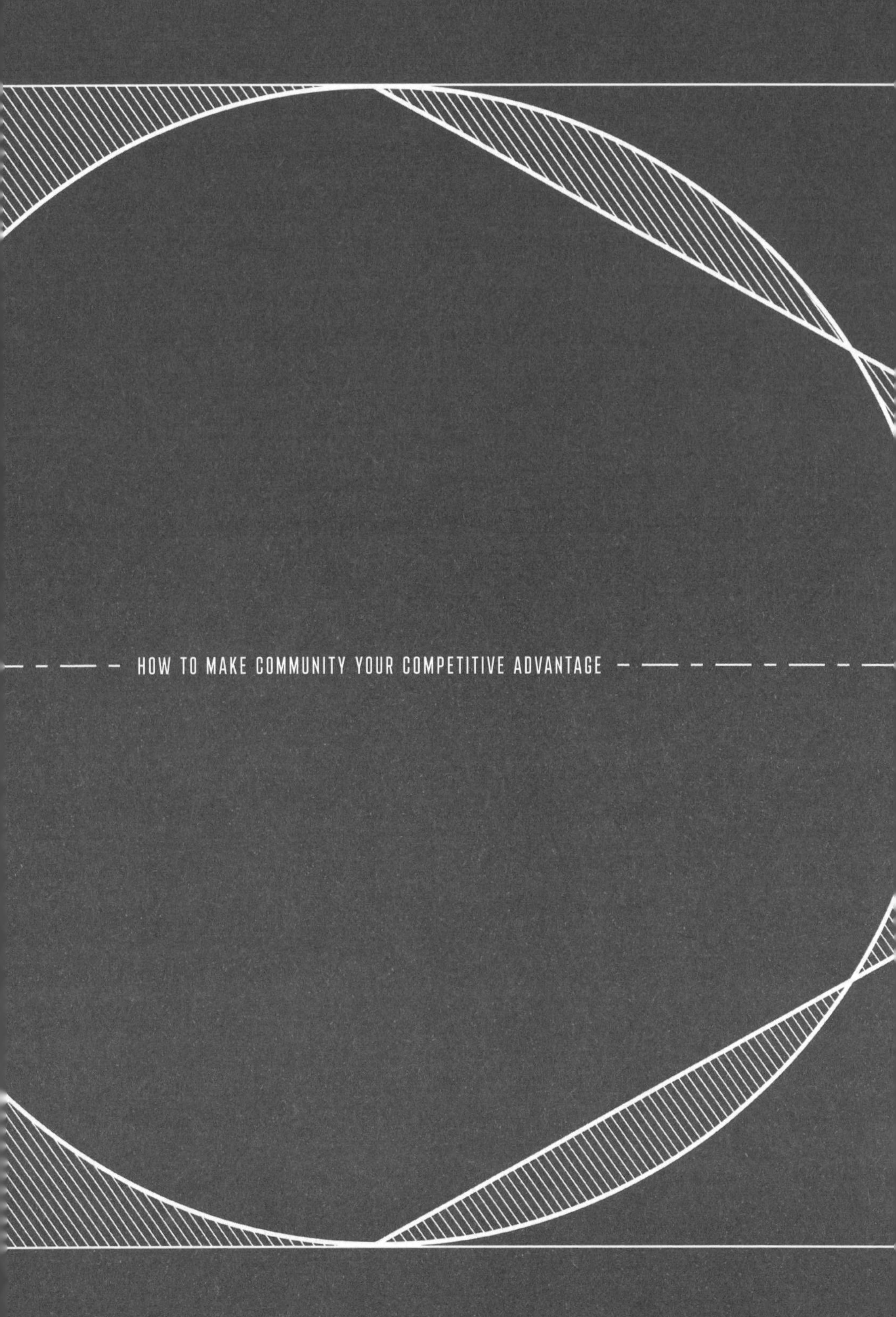

HOW TO MAKE COMMUNITY YOUR COMPETITIVE ADVANTAGE

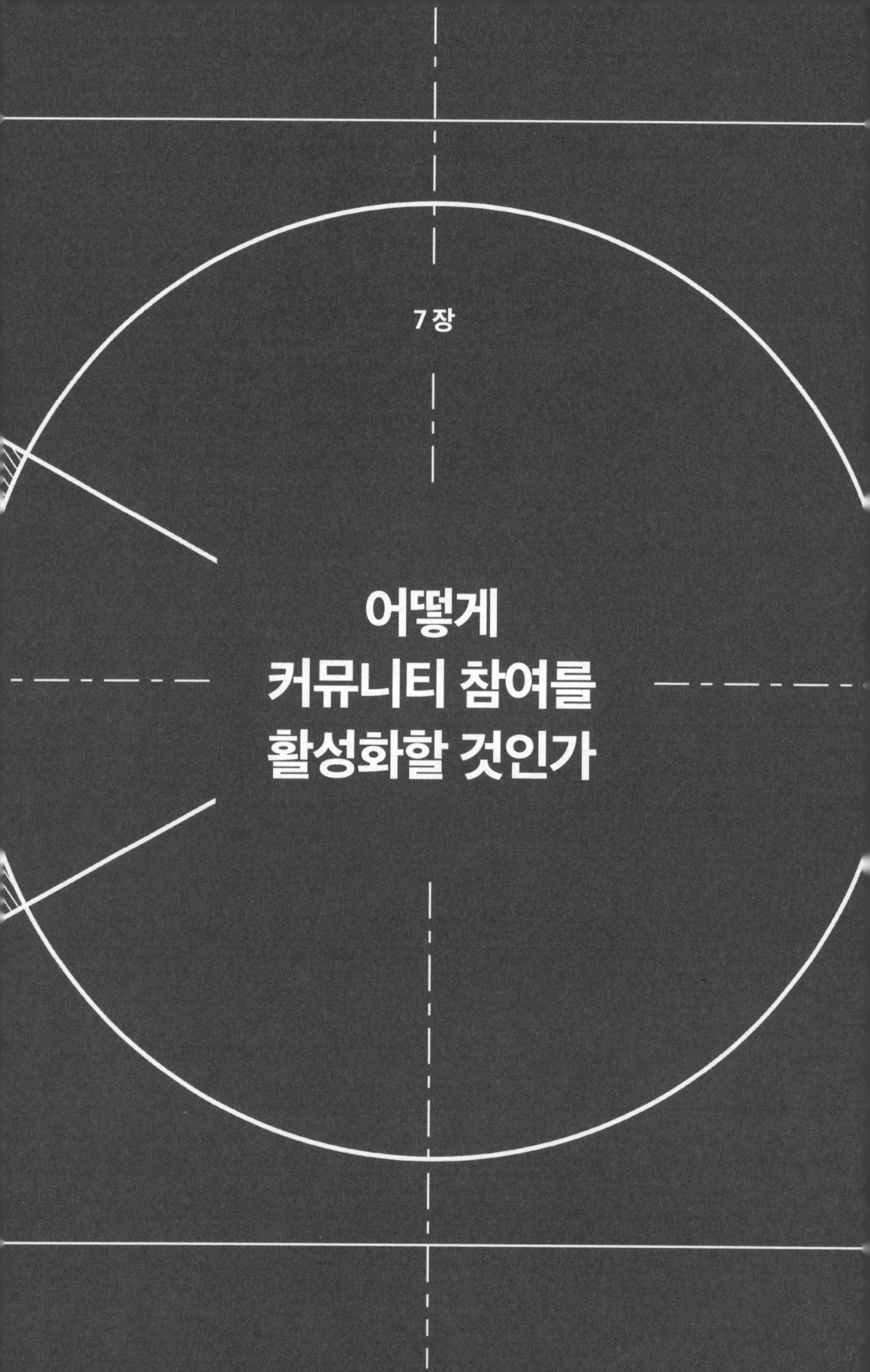
7 장
어떻게
커뮤니티 참여를
활성화할 것인가

이제 커뮤니티 전략의 세 가지 수준을 모두 살펴봤습니다. 여러분은 종합적이고 탄탄한 계획을 세우기 위한 모든 재료를 손에 넣었습니다.

하지만 계획에도 한계가 있지요. 아무리 완벽해 보이는 계획도 현실에 적용해보면 사람들이 생각만큼 적극적으로 참여하지 않는 경우가 많습니다. 결국 사람을 커뮤니티에 끌어들이고 적극적으로 참여하게 만드는 일에는 시행착오의 반복과 세심한 배려가 필요합니다. 예술과 같지요.

마지막 장에서 저는 커뮤니티를 성공적으로 구축하는 과정에서 배운 몇 가지 핵심 교훈을 나누고자 합니다. 여러분이 설계하고 운영하는 공간에서 사람들이 좀 더 적극적으로, 의미 있게 참여하도록 이끄는 방법입니다.

제가 그동안 직접 경험하고, 또 많은 커뮤니티 전문가들로부터 배운 생생한 팁과 노하우를 모두 알려드리겠습니다. 자, 여러분의 커뮤니티를 진짜 살아 움직이게 만들어 봅시다!

## 참여는 끊임없는 실험입니다

:

첫 번째 가장 큰 교훈은, 참여를 이끌어내는 과정이 결국 시행착오의 연속이라는 점입니다. 다양한 접근법을 계속 시도하다 보면 자연스럽게 여러분과 여러분의 커뮤니티에 가장 잘 맞는 방식을 찾게 됩니다. 제가 커뮤니티 운영에서 이룬 모든 성과는 이런 꾸준한 실험 덕분이었습니다.

사람들이 어떤 주제에 자발적으로 반응하고 참여할지 정확히 알 수 있는 방법은 없습니다. 정말 멋진 토론 주제를 생각해냈는데, 실제 게시해보면 아무도 관심을 보이지 않는 경우가 많죠. 표현 방식이 어색했을 수도 있고, 사람들이 글을 확인하지 않는 시간대였을 수도 있습니다.

반면, 전혀 기대하지 않았던 주제가 뜨거운 호응을 얻기도 합니다. 결국 무엇이 성공할지 미리 알 수 없기 때문에 계속 실험하고 도전하는 수밖에 없습니다. 커뮤니티 구축을 위한 완벽한 매뉴얼은 존재하지 않습니다. 각 커뮤니티의 독특한 개성은 우연한 시도에서 만들어지기도 합니다. 멤버 사이에서 자연스럽게 형성되는 공통 언어, 독특한 의식, 반복되는 특이한 습관... 이런 것들이죠.

행사가 실패할까 봐, 게시글에 아무도 댓글을 달지 않을까 봐 두려워하지 마세요. 처음에는 잘되지 않을 거라고 예상해야 합니다. 그러다 어느 순간! 딱 맞아떨어지는 방법을 발견하게 되면 그걸 계속 반복하고 발전시키세요.

사람들을 모으는 방식을 끊임없이 혁신하세요. 새로운 시도를 계속하세요. 사람들이 원하는 건 신선하고 흥미로운 커뮤니티입니다. 어디서나 볼 수 있는 뻔한 경험을 원하지 않습니다. 평범한 온라인 세미나 대신 '온라인 스피드 네트워킹' 같은 독특한 형식을 시도해보세요. 행사장에 단순한 등록 데스크 대신, 자원봉사자들이 입구에서 모든 참석자를 맞이하며 행사장에서 찾아 인사해야 할 다른 상대의 이름을 건네주는 방식도 좋습니다.

재미있게 즐기고 과감히 도전해보세요! 어떤 게 통할지, 무엇이 커뮤니티의 새로운 전통으로 자리 잡을지 알 수 없습니다.

## 개인적인 초대, 그리고 '확장 불가능한 일'의 힘

:

'개인적인 초대'에는 큰 힘이 있습니다. 누군가를 개인적으로 초대하면, 그 사람은 특별히 인정받고 존중받고 있다는 느낌을 받게 됩니다. 이런 접근법은 특히 커뮤니티의 초기 단계에서 매우 강력한 효과를 발휘합니다.

그런데 개인 초대를 꺼리는 이유는 시간이 많이 걸리기 때문입니다. 확장성이 떨어지죠. 하지만 포럼이나 새로운 행사를 시작할 때 중요한 건 확장성이 아니라 질적으로 탄탄한 기반을 만드는 것이죠. 개인 초대에 시간을 들이는 건 바로 이런 기반을 다지는 일입니다.

개인적인 초대에 응답하지 않으면 무시하는 것처럼 보일 위험이 있습니다. 그래서 개인적인 초대에는 즉각적인 사회적 압박이 따르죠.

1,000명에게 대량 이메일을 보내는 대신, 핵심이 되는 100명에게 시간을 들여 개인화된 이메일을 보내보세요. 개인적으로 초대받았다는 특별함을 느끼게 되면, 실제로 커뮤니티에 참여할 가능성이 크게 높아집니다.

행사를 공지할 때도 모든 사람에게 공통으로 발송하기보다는, 정말 참석했으면 하는 20명에게만 개별 이메일을 보내는 것이 훨씬 효과적입니다. 이렇게 하면 그 행사가 좋은 사람들로 엄선된 모임이라는 신뢰를 주고, 특별히 초대받았다는 느낌을 줍니다.

이 방식은 커뮤니티 내에서 참여를 이끌어낼 때도 유용합니다. 제가 운영하는 온라인 커뮤니티는 '질문이 올라오면 24시간 내에 최소 세 개의 좋은 답변을 제공한다'는 원칙을 갖고 있습니다. 만약에 이게 자연스럽게 이루어지지 않는다면, 저는 개별적으로 멤버들에게 메시지를 보내 답변을 요청합니다. 커뮤니티 전체에 "누구 도와줄 사람 있나요?"라고 게시하면 무시될 가능성이 높습니다. 반면, 개인적으로 메시지를 보내 답변을 요청하면 훨씬 더 직접적인 압력을 느끼고 도움을 줄 가능성이 높아집니다.

질문을 던진 사람은 몇몇 사람이 자신의 질문에 답했다는 사실만 보게 되므로 이 과정을 자연스럽게 여깁니다. 또 도움을 준 사람은 제가 그들을 전문가로 여기고 있으며, 자신이 의미 있는 방식으로 커뮤니티에 기여하고 있다는 느낌을 받지요. 이때 답변은 항상 깊이가 있고 성의 있습니다. 상대방이 나에게 호의를 베풀고 있다고 느끼기 때문이죠.

공개적인 요청은 무시하기가 너무 쉽습니다. 하지만 개인적이고 프라이빗한 초대를 무시하기란 거의 불가능에 가깝죠. 우리는 CMX 커뮤니티에서 새 멤버를 맞이할 때도 이 방법을 씁니다. 모든 새 멤버에게 개인적으로 태그를 달아 자기소개를 부탁합니다. 그러면 자신이 특별하게 주목받고 있다고 느껴 훨씬 적극적으로 참여하게 됩니다. 단순히 "모두 환영합니다. 자기소개 부탁드려요!"라고만 하면 사람들은 무리 속에 섞여 조용히 있고 싶어 할 가능성이 높습니다.

참여를 이끌어내려면 자신의 존재가 인정받는 느낌을 받아야 합니다. 사람들은 기본적으로 가장 먼저 나서는 걸 두려워합니다. 워크숍이나 수업을 떠올려 보세요. 맨 앞자리는 늘 비어 있고, 강사가 자원해서 말할 사람을 찾을 때 어색한 침묵만 흐릅니다. 모두 다른 사람이 손 들기를 기다리며 주변을 둘러보죠. 사람들은 자신을 앞에 내세우고 먼저 손 드는 걸 불편하게 여깁니다.

오래전, 제가 참여하던 스타트업 액셀러레이터 프로그램에 한 강사가 와서 우리 코호트 기업들에게 마케팅을 가르쳤던 게 기억납니다. 수업이 끝날 무렵, 그는 100달러짜리 지폐 한 장을 꺼내 들고는 이렇게 말했습니다. "누가 앞으로 나와서 이 기회를 잡으시겠습니까?" 우리 중 누군가가 일어나 자신의 손에서 그 지폐를 가져가 보라는 독려였죠. 15초 동안 어색한 정적이 흘렀고, 아무도 움직이지 않았습니다. 마침내 한 사람이 천천히 일어나 지폐를 낚아챘고, 그제야 모두가 웃음을 터뜨렸습니다. 100달러라는 보상이 눈앞에 있는데도, 모두가 '첫 번째 행동가First Mover'가 되는 걸 두려워했던 겁니다. 그 강사는 우리가 기회를 잡을 수 있음에도 틀릴까 봐, 혹은 망신을 당할까 두려워서 첫 번째로 행동하는 것을 주저하게 된다는 점을 강조했습니다.

커뮤니티에서도 마찬가지입니다. 사람들은 누군가 첫 댓글을 달기 전까지 스레드에 참여하지 않아요. 그룹 토론에서도 누가 먼저 발언하기 전까지 침묵합니다. 다른 이에게 먼저 발언 기회를 주기 위해서 그럴 수도 있지만, 동시에 자신을 드러내는 걸 두려워하기 때문입니다.

커뮤니티 빌더로서 우리는 개인 초대장 쓰기 같은 일을 피하려는 경향이 있습니다. 시간이 많이 걸리고 많은 노력이 필요하기 때문이죠. 하지만 커뮤니티를 처음 세우는 데는 바로 그런 수고와 노력이 필요합니다. 넥스트도어의 공동 창립자인 사라 리어리를 기억하세요. 사라는 이웃들에게 일일이 직접 찾아가 플랫폼에 가입해달라고 부탁했습니다. 그런 초대를 무시하기는 쉽지 않겠죠!

또 한 가지 기억해야 할 점은, 처음부터 자연스럽게 성장하는 커뮤니티는 극히 예외적이라는 사실입니다. 커뮤니티를 성공적으로 시작하는 빌더들은 무대 뒤에서 끊임없이 발로 뛰며 참여가 이루어지도록 애쓰는 사람들입니다.

커뮤니티에 처음 들어온 모든 멤버가 '개인적으로 환영받고 있다'는 느낌을 받게 해야 합니다. 행사에 참석한 모든 사람이 누군가와 의미 있는 대화를 나눌 수 있어야 하고, 커뮤니티에 글을 남기는 모든 사람이 성의 있는 답변을 받을 수 있어야 합니다. 소개를 하고, 대화를 촉진하고, 커뮤니티가 원활히 돌아가도록 여러분은 무대 뒤에서 이 모든 과정에 지속적으로 손을 써야 합니다.

시간이 지나면 커뮤니티는 자연스러운 참여가 이루어지는 곳으로 성장합니다. 다시 커뮤니티 라이프사이클로 보자면 성장 단계에서 자발적 참여가 점점 늘어나고, 성숙 단계에 이르면 대부분의 참여가 자연스럽게 이루어집니다.

하지만 그때에도 여전히 해야 할 일은 많습니다. 새로운 공간을 열고, 새로운 행사를 기획하고, 멤버들이 새롭고 흥미로운 방식으로 참여하도록 계속해서 동기를 부여해야 합니다. 그들이 알아서 참여해주길 마냥 기다리지 마세요. 참여를 직접 만들어내세요.

## 허락을 구하세요

:

사람들이 커뮤니티의 일원이라는 느낌을 갖게 하려면, 그들이 커뮤니티 안에서 영향력을 행사할 수 있다고 느끼게 하는 것이 중요합니다. 1장에서 다룬 공동체 의식 이론에서도 소속감을 형성하는 핵심 요소 중 하나가 '영향력의 교환'이었습니다. 커뮤니티가 멤버에게 영향을 미치는 만큼, 멤버도 커뮤니티에 영향을 미칠 수 있어야 합니다.

멤버의 영향력은 크고 작은 다양한 방식으로 드러납니다. 커뮤니티 운영자인 여러분이 어떤 언어를 쓰고, 어떤 방식으로 참여를 촉진하는지가 그 경험에 영향을 미치죠.

멤버들이 지속적으로 더 큰 영향력을 느끼도록 하는 핵심 방법은 무언가를 시도할 때마다 '허락을 구하는 것'입니다. 이는 미묘하지만 참여를 촉진하는 데 있어 매우 강력한 차이를 만들어냅니다.

예를 들어, 여러분이 한 컨퍼런스를 주최하고 있다고 해봅시다. 참가자들이 서로 인사하며 네트워킹을 하길 원한다고 할 때, 대부분의 사람은 이렇게 진행할 겁니다. "자, 지금부터 옆 사람과 짧게 네트워킹하는 시간을 갖겠습니다! 옆 사람에게 자신에 관한 재미있는 사실 하나를 이야기해보세요!" 물론 이렇게 하면 사람들은 따라 할 것이고, 네트워킹이 일어날 겁니다.

하지만 조금 다른 방식으로 접근할 수도 있습니다. "오늘 이 자리에서 더 많은 분들이 서로를 알게 되었으면 합니다. 그래서 짧은 네트워킹 시간을 가져볼까 하는데요. 관심 있으신가요?" 그러면 청중들이 "네, 좋아요!" 등 다양한 반응을 내고 자연스럽게 네트워킹이 시작됩니다.

결과적으로 두 방식 모두 네트워킹이 이루어지긴 하지만, 사람들에게 선택권을 주고 참여 여부를 스스로 결정하게 하면 참여의 몰입도와 진정성이 달라집니다.

예를 들어, 그룹 토론에서 더 깊이 있는 대화를 원할 때도 마찬가지입니다. 보통은 이렇게 말하죠. "여기는 안전한 공간이니 솔직하게 이야기하셔도 됩니다!" 하지만 이런 방식도 가능하지요. "이 대화가 더 가치 있으려면 우리가 서로에게 조금 더 솔직해지고 투명해져야 할 것 같아요. 여러분도 그런 분위기를 함께 만들어보고 싶으신가요?"

이렇게 요청하고 허락을 구하면 멤버들은 경험에 대한 주도권을 쥐게 되고, 그 결과 더 적극적으로 참여할 가능성이 높아집니다. 참여를 지시하는 대신, 요청하는 방식을 통해 스스로 결정하게 하는 것이 비결입니다.

## 침묵을 두려워하지 마세요

:

아무리 사람들을 잘 챙기고, 개인 초대를 보내고, 정중하게 참여를 독려해도 아무 반응이 없는 경우가 있습니다.

여러분은 어떤지 모르겠는데, 저는 어릴 때 내 생일 파티에 아무도 안 오면 어쩌나 걱정을 많이 했어요. 그게 제일 큰 두려움 중 하나였지요. 소셜 미디어 덕분에 지금 우리는 이런 두려움을 더 자주, 더 쉽게 경험합니다. 우리는 매일 SNS에 자신의 이야기와 농담, 의견을 올리며 누군가의 관심과 '좋아요'를 기다리죠. 솔직히 저도 트윗을 올린지 15분 안에 '좋아요'를 충분히 못 받으면 슬그머니 삭제한 경우가 많습니다.

커뮤니티 빌더에게 이런 두려움은 더 자주, 더 크게 찾아올 수밖에 없습니다. 사람들의 참여를 이끌어내는 게 우리 일이니까요. 우리는 걱정합니다. '모임을 열었는데 아무도 오지 않으면 어떡하지?' '온라인 커뮤니티에 글을 썼는데 아무도 댓글을 안 달면 어떡하지?'

커뮤니티를 성공적으로 운영하고 싶다면, 이 두려움을 극복해야 합니다. 특히 커뮤니티를 막 시작할 때는 큰 반응을 얻지 못할 수 있다는 사실을 받아들여야 합니다. 그건 자연스러운 과정입니다. 시도한 것들이 커뮤니티에 통하지 않을 때도 있고, 어색한 침묵이 돌아오거나 반응이 적을 때도 있을 겁니다.

여기서 좋은 소식은, 온라인 커뮤니티에 글을 올렸는데 아무도 답글을 달지 않았다면, 아무도 그 글을 보지 못했을 가능성이 높다는 거죠. 아무도 못 봤으니 부끄러워할 필요 없습니다. 혹시 봤다 해도 그냥 스크롤을 내렸을 뿐, 두고두고 기억하는 사람은 없습니다. 온라인의 장점이 여기에 있죠. 반응 없는 콘텐츠는 금방 묻혀버리니까요.

모임을 열었는데 참석자가 적다? 그럼 그 자리를 '소규모 프라이빗 모임'으로 전환해보세요. 저도 큰 무대와 객석을 준비했는데 겨우 10명만 온 경우를 경험했습니다. 그때 그냥 무대는 접고, 의자를 원으로 배치한 후 연사를 초대해 작은 원탁 토론을 진행했어요. 덕분에 훨씬 깊이 있는 대화가 가능했죠. 50명이 왔다면 결코 할 수 없었을 경험이었습니다. 물론 살짝 창피할 수도 있겠죠. 하지만 그게 커뮤니티에서 새로운 시도를 멈출 이유는 될 수 없습니다.

자, 더 좋은 소식은 시간이 지나면 이런 무반응의 확률이 점점 낮아진다는 겁니다. 커뮤니티가 성장하고, 여러분의 평판이 쌓이면 자연스럽게 참여하는 사람이 늘어날 테니까요.

어떤 일이든 잘하려면 수많은 실패를 거쳐야 합니다. 투자를 받고 싶다면 수십 번의 거절을 감수해야 하고, 히트곡을 만들고 싶다면 형편없는 노래를 수도 없이 써봐야 하죠. 커뮤니티도 마찬가지입니다. 반응 없는 콘텐츠, 실패한 행사를 수도 없이 겪게 될 겁니다. 하지만 이건 예술입니다. 예술에는 늘 위험이 따릅니다.

계속 도전하세요. 또 다른 행사를 열고, 더 열심히 홍보하고, 내일은 다른 방식을 시도해보세요. 아니면 그냥 과감하게 지우고 다른 글을 올리면 됩니다. 아무도 뭐라고 하지 않아요. 중요한 건 침묵에 기죽지 말고, 꾸준히 커뮤니티에 얼굴을 비추고, 콘텐츠를 만들고, 시도하는 겁니다.

## 유머를 활용하세요

:

여러분의 커뮤니티가 아무리 전문적이거나 진지한 주제를 다루는 곳이라 해도, 유머는 언제나 환영받습니다. 유머는 사람들에게 잠깐이라도 기분 좋은 즐거움을 주고, 따분한 콘텐츠에 짧지만 강한 도파민의 자극을 더해줍니다. 어색한 침묵이나 긴장된 분위기를 깨주는 데도 탁월하고, 사람들의 마음을 열게 하며, 그 공간에서 더 편안하게 느끼도록 도와줍니다. 심지어 지루한 주제마저 흥미롭게 만들 수 있죠. 사실 유머는 거의 모든 콘텐츠를 더 좋게 만드는 비법입니다.

'나는 유머 감각이 없는데…'라고 생각하시나요? 제 친구인 아일랜드 출신의 데이비드 니힐David Nihill에 따르면, 누구나 유머를 배울 수 있다고 합니다. 그는 베스트셀러 《Do You Talk Funny?》의 저자로, 본래는 사람들 앞에서 말하는 걸 극도로 두려워하는 사람이었습니다. 그 두려움을 극복하기 위해 택한 방법이 바로 스탠드업 코미디에 도전하는 것이었죠. (아일랜드인답게 기네스 맥주를 걸고 한 약속이었다고 하네요.)

그의 여정은 놀라웠습니다. 지루한 콘텐츠를 재미있게 만드는 커뮤니티와 컨퍼런스를 열고, 코미디 스페셜 영상까지 제작했으며, 샌프란시스코 국제 코미디 대회에서 우승하기까지 했습니다. 이 대회는 한 달간의 유머 체력 테스트로, 과거 참가자 중에는 로빈 윌리엄스Robin Williams, 엘런 드제너러스Ellen DeGeneres, 다나 카비Dana Carvey 같은 전설적인 코미디언들도 있죠. 그 과정에서 그는 아일랜드인 특유의 유머 감각을 넘어 누구나 재미있어질 수 있는 도구와 기법을 터득했고, 저에게도 그 노하우를 전수해주었습니다. 그가 가르쳐준 것들은 다음과 같습니다.

### 실패와 좌절, 고통에서 웃음 포인트를 찾아라

찰리 채플린은 "진정으로 웃으려면 자신의 고통을 가지고 놀 수 있어야 한다"고 했습니다. 물론 그가 커뮤니티의 고통 포인트를 두고 한 말은 아니겠지만, 이 지혜는 여전히 유효합니다.

먼저 자신의 실패, 그리고 처음 해본 일을 떠올려보세요. 내가 망친 순간, 어설펐던 첫 시도들. 사람들은 이런 이야기를 들으면 여러분의 솔직함과 겸손함에 호감을 느끼고 더 친밀하게 다가옵니다. 내가 창피했던 일은 대개 남들에게 재미있는 일이 되기 마련이죠.

또 가장 안전한 유머는 개인적인 경험담에서 나옵니다. 내 이야기이기 때문에 반드시 원본이고, 여러 번 연습하고 다듬기도 쉽습니다. 만에 하나 아무도 안 웃는다 해도? 최악의 경우 그냥 재미있는 이야기를 하나 들려준 것일 뿐입니다. 농담은 실패 가능성이 높지만, 이야기는 그렇지 않습니다.

## '3의 법칙'을 활용하라

데이비드 니힐은 이렇게 말합니다. "3의 법칙은 우리가 정보를 처리하는 방식을 활용한 농담과 아이디어의 기본 구조입니다. 우리는 본능적으로 패턴을 인식하는 데 능숙합니다. 여기서 '3'이라는 숫자는 패턴을 만들기 위해 필요한 최소한의 요소입니다. 이 법칙을 활용하면 간결하면서도 기억에 남는 콘텐츠를 만들 수 있습니다. 방법은 간단합니다. 처음 두 가지로 패턴을 만들고, 세 번째에서 그 패턴을 깨는 겁니다."

예를 들어, 존 스튜어트Jon Stewart가 한 농담을 보세요. "저는 아주 전통적인 방식으로 추수감사절을 보냈어요. 우리 동네 사람들을 모두 집에 초대하고 엄청난 잔치를 벌였죠. 그리고 그들을 죽인 뒤 그들의 땅을 차지했습니다." 전형적인 패턴을 따르다가, 마지막에 예상치 못한 반전을 주는 것. 바로 이게 이 법칙의 묘미입니다. 간결하게 패턴을 만들고 깨뜨리세요. 그럼 사람들의 뇌리에 확실히 남습니다.

## 유머의 핵심 단어는 문장 끝에 배치하라

유머에서 가장 중요한 건 전달 방식입니다. 일반적으로, 농담의 핵심이 되는 단어나 반전의 포인트는 문장 끝에 배치해야 더 큰 반응을 이끌어낼 수 있습니다.

예를 들어, 어떤 상자 안에 고양이가 있었다는 얘기를 한다고 해 봅시다. 이때 고양이라는 정보가 반전이라면 "그 상자 안에 고양이가 있었어"라고 말하기보다는 "그 상자 안에 있던 건… 고양이였어"라고 말해야 기대감과 반응을 이끌어낼 수 있죠. 결론이나 반전을 뒤로 미루는 것, 그것이 유머의 타이밍을 살리는 핵심입니다.

### 커뮤니티의 유머를 모으세요

여러분에게 언제든 다양한 주제에 대해 경험, 좌절, 웃긴 일을 나눠줄 수 있는 집단이 있다면 어떨까요? 잠깐만, 여러분은 이미 커뮤니티 빌더잖아요. 그 집단이 바로 여러분의 커뮤니티입니다!

멤버들에게 요청해보세요. "여러분의 웃긴 이야기나 창피했던 순간을 나눠주세요!"라고요. 이렇게 하면 자연스럽게 활발한 대화가 오가고, 여러분은 그 안에서 콘텐츠의 보물창고를 얻게 됩니다. 향후 게시물에 활용할 수 있는 수많은 소재를 얻을 수 있죠. 혼자 유머를 짜내려 애쓰지 마세요. 커뮤니티의 집단 지성을 활용하면 더 풍부하고 다양한 웃음을 만들 수 있습니다.

### 어색한 침묵을 유머로 깨세요

누군가 내 게시물에 반응하지 않거나 질문을 던졌는데 아무도 손을 들지 않을 때... 그 어색한 정적을 유머로 깨는 것만큼 효과적인 방법도 없습니다.

제가 올린 글에 아무도 댓글을 달지 않으면 저는 종종 이렇게 다시 댓글을 답니다. "저기요? 계세요?" "다들 월요일 아침부터 늦잠인가요?" "내가 커뮤니티 참여 유도는 좀 한다고 생각했는데... 아닌가 보네요." 이렇게 스스로를 살짝 비꼬며 웃음을 섞으면 분위기가 훨씬 부드러워집니다. 물론 제가 모든 사람에게 웃긴 건 아니겠지만요.

데이비드 니힐에 따르면, 코미디언들도 농담이 망했을 때 이와 비숫한 방법을 쓴다고 합니다. 예를 들면 "뭐, 우리 엄마는 이 농담이 엄청 재미있다고 하시던데요." 이런 식으로 분위기를 가볍게 전환하는 거죠. 청중도, 커뮤니티 멤버들도 어색한 침묵을 싫어하기는 마찬가지입니다. 이때 유머는 어색함에서 빠져나올 수 있는 탈출구를 제공합니다.

## 좋은 토론을 촉발하는 법

:

이 책에서 여러 번 언급했지만, 저는 커뮤니티 안에서 건전한 토론, 서로 존중하는 토론하는 걸 매우 지지합니다. 서로 생각이 다르다는 사실을 깊이 있게 탐구하는 과정은, 모두 같은 생각을 하거나 무조건 동의하는 것보다 훨씬 더 많은 배움을 줍니다.

고등학교 때 모의 의회 활동을 한 적이 있어요. 개인적으로 동의하지 않는 입장을 대신 옹호해야 하는 시간도 있었죠. 그때 저는 제 입장의 허점을 돌아보고, 상대의 입장을 더 깊이 이해해야만 했습니다. 그런데 그 과정이 무척 유익했어요. 토론이 개인적인 감정 싸움으로 변하지 않는다면, 토론은 집단 학습을 위한 아주 효과적인 훈련이 될 수 있습니다.

건강한 의견 차이는 커뮤니티를 더 강하게 만든다고 생각합니다. 서로 생각이 다른데도 상대방을 존중하고 친절하게 대화를 이어가는 경험을 한 커뮤니티는, 그 과정을 통해 더 큰 신뢰와 연결감을 얻게 됩니다.

6장에서 소개했던 제가 가장 좋아하는 원칙 중 하나 "아이디어를 비판하되, 사람은 비판하지 마세요"를 다시 떠올려야 할 때입니다. 저는 토론을 시작할 때 이 원칙을 멤버들에게 항상 상기시킵니다.

토론을 촉진하는 방법은 여러 가지가 있습니다. 온라인 커뮤니티에서 토론을 열 때는 "이건 토론입니다"라고 분명히 밝히는 것이 중요합니다. 그래야 멤버들이 이 대화가 서로 배우기 위한 사고 실험이지, 개인적인 감정 싸움이 아니라는 걸 인식할 수 있거든요. 예를 들면, "이 주제에 대한 다양한 논의가 있었는데, 양쪽의 주장을 함께 살펴보는 제대로 된 토론을 시작하고 싶어요." 이미 이런 포맷이 익숙한 커뮤니티라면 그냥 간단히 "토론: "이라고 선언하며 주제를 던지면 됩니다.

위의 이미지는 저의 커뮤니티에서 제가 실제로 훌륭한 토론을 촉발시킨 게시글입니다.

토론을 흥미롭고 효과적으로 만드는 또 다른 방법은, 질문을 단순히 열린 형태로 던지는 대신 찬성 또는 반대 입장을 선택해야 하는 명제형으로 제시하는 겁니다. 예를 들어, 러너들을 위한 커뮤니티에서 맨발 달리기가 건강에 좋은지에 대한 토론을 시작하고 싶다고 해봅시다.

대부분의 사람은 이렇게 질문하겠죠. "여러분은 맨발 달리기가 건강에 좋다고 생각하시나요?" 이런 식으로 해도 반응이 오긴 하겠지만, 보다 활발한 토론을 이끌어내고 싶다면 이렇게 명확한 명제로 바꾸는 것이 좋습니다.

"토론: 맨발 달리기가 러닝화를 신고 달리는 것보다 건강에 더 좋다. 여러분의 생각은? 동의 혹은 반대?" 이렇게 질문을 던지면, 멤버들은 자연스럽게 '나는 어느 쪽이지?'를 고민하게 되고, 의견을 나누는 데 더 적극적이게 됩니다. 대부분의 사람은 자신의 의견을 표명하고 선의의 논쟁을 즐기는 경향이 있으니까요.

제가 이런 조언을 하면 어떤 사람들은 "지나치게 분열을 조장하는 방식 아닐까요? 불필요한 갈등을 일으키지는 않을까요?" 걱정하곤 합니다. 오토매틱Automattic의 오픈 소스 커뮤니티 성장 전략가인 안드레아 미들턴Andrea Middleton은 갈등 관리 전문가로서 이렇게 말했습니다. "리더의 역할은 모든 갈등을 없애는 게 아니라 커뮤니티에 유익한 방식으로 갈등을 다루는 것입니다. 다양한 생각이 모이면 갈등이 생기는 건 자연스러운 일입니다. 중요한 건, 갈등이 관계를 깨뜨릴 정도로 확산되지 않도록 적절히 조율하는 것이죠."

미들턴은 커뮤니티 내 갈등의 단계를 다음과 같이 5단계로 구분합니다.

1. 차이 – 서로 다른 취향이나 선호가 있지만 서로 편안한 상태

2. 오해 – 정보가 달라서 생긴 오해로, 사실 알고 보면 관점의 차이가 아닌 경우

3. 불일치 – 명확한 의견 충돌로 인해 관계에 약간의 불편함이 생긴 상태

4. 불화 – 반복적인 충돌로 인해 관계에 심각한 긴장이 축적된 상태

5. 분열 – 관계가 심하게 적대적이며 멤버들이 건설적인 행동을 거부할 수 있는 상태

미들턴은 강조합니다. "갈등이 1단계와 2단계에 머물 정도로만 관리하세요. 3단계까지 가는 건 괜찮지만, 오래 머물면 안 됩니다."

갈등은 커뮤니티에서 자연스럽게 발생하는 현상입니다. 굳이 유도하지 않더라도 인간은 본능적으로 의견이 다르면 편을 가르고, 자기 입장을 주장하길 좋아하니까요. 그렇다면 차라리 존중하며 토론하는 법을 훈련시키는 게 낫습니다.

저는 커뮤니티 내 갈등이 무조건 나쁜 것은 아니라고 생각합니다. 문제는 갈등 그 자체가 아니라 그 갈등을 어떻게 다루고, 갈등 중에 사람들을 어떻게 대하는가입니다. 논쟁 중에 사람을 공격하면 독성 문화가 싹트지만, 아이디어에 집중하고 서로의 관점에서 배우려는 태도를 유지하면 오히려 커뮤니티의 유대감과 소속감이 깊어집니다.

결국, 토론은 평소보다 훨씬 더 깊이 있는 논의를 가능하게 하는 훌륭한 도구입니다. 토론을 통해 멤버들은 다양한 관점을 고려하게 되고, 자신의 논리를 더 치밀하게 다듬게 되죠. 그 결과 모두가 더 성장하고, 더 많이 배우게 됩니다.

# 중재는 절대
# 개인적인 일이 아니다

:

사람들을 한데 모으기로 결정한 사람은 필연적으로 멤버들을 중재해야 하는 순간을 맞습니다. 그런데 이 역할이 불편한 이유는 커뮤니티 운영자도 멤버들과 개인적인 관계를 쌓게 되고, 때로는 친구처럼 가까워지기도 하기 때문이죠.

이때 제가 사용하는 방법은, 규칙을 적용할 때 '개인적인 감정'을 철저히 배제하는 것입니다. 개인이 아닌 '원칙의 문제'로 접근하는 것. 이게 핵심이죠. 이를 위해 몇 가지 방법을 사용합니다.

첫 번째는 규칙을 기준으로 삼는 겁니다. 6장에서 다룬 것처럼, 커뮤니티에 참여할 때 명확한 규칙에 동의하도록 하는 것이 중요합니다. 그래야 중재할 때 이렇게 말할 수 있죠. "아시다시피, 이 커뮤니티의 모든 멤버가 이 규칙에 동의한 상태입니다." 이렇게 하면 내 의견이 아니라 '모두가 합의한 규칙'에 따른 조치라는 점을 분명히 할 수 있습니다. 규칙을 다시 논의하고 싶다면 그렇게 하세요. 하지만 지금 이 순간에는 합의된 규칙이 기준임을 강조하는 거죠.

두 번째는 '개인적 욕심'이 아닌 '커뮤니티의 이익'을 강조하는 겁니다. 중재할 때 "저는 여러분이 규칙을 지켰으면 좋겠어요"라고 말하지 마세요. 대신 이렇게 말하세요. "이 규칙은 모두 함께 이 커뮤니티를 멋진 공간으로 만들어가기 위해 존재합니다." 그리고 마지막에는 꼭 "이 커뮤니티를 멋진 공간으로 지켜주셔서 감사합니다!"라고 덧붙입니다. 나의 의견이 아니라 모두를 위한 약속임을 다시 강조하는 것이죠. 또 공감을 잊지 않습니다. "온라인 커뮤니티에서는 이런 일이 드물죠." "당신이 규칙을 일부러 어기려고 한 건 아니었다는 걸 알아요." 이런 한마디가 딱딱할 수 있는 메시지를 한층 더 따뜻하게 만들어줍니다.

세 번째, 감정이 격해졌을 때는 1:1 대화가 해법입니다. 어떤 경우에는 멤버들이 운영자인 나를 개인적으로 공격하거나, 다른 온라인 공간까지 찾아와 불만을 표출하기도 합니다. 상황이 이런 식으로 심각해진다면, 저는 그 멤버와 직접 1:1로 통화할 것을 추천합니다. 감정이 격해진 문제를 텍스트 기반의 온라인 공간에서만 해결하는 건 한계가 있습니다.

글로만 소통하다 보면 의미가 왜곡되거나 전달되지 않는 부분이 너무 많기 때문이죠. 게다가 공개된 공간에서는 둘 다 '다른 사람들이 지켜보고 있다'는 의식을 하기 때문에 진심이 아닌 보여주기식 대응으로 흐를 위험도 있습니다. 전화나 화상 통화는 사람 대 사람으로, 진심으로 대화할 수 있는 방법입니다. 상대방이 '내 말을 충분히 들어줬다'는 느낌을 받을 수 있게 해줍니다.

네 번째, 저는 언제나 이런 대화에 임할 때 상대방의 '선의'를 전제로 시작합니다. '이 사람이 일부러 그런 게 아닐 수도 있다'는 마음으로 접근하죠. 다만 대화 속에서는 반드시 '지금 당신의 행동이 다른 멤버들에게 어떤 영향을 미치고 있는지'를 명확히 인식하도록 안내합니다. 때로는 상대방이 규칙을 몰랐을 수도 있고, 자신의 말투가 그렇게 공격적으로 보였는지 몰랐을 수도 있습니다. 그럴 땐, 진심 어린 대화를 통해 스스로 돌아볼 기회를 만들어주는 것이 중요합니다.

어떤 멤버는 어차피 아무도 내 말을 듣지 않는다고 생각하고, 그래서 더 쉽게 책임감을 느끼지 않는 경우가 많습니다. 특히 익명이나 가명을 사용하는 커뮤니티에서는 더더욱 그렇죠. 이런 상태에서 운영자가 직접 연락하면, 상대는 전혀 예상치 못했던 반응에 깜짝 놀라며 다시 책임감을 느끼게 됩니다.

우리는 그 사람이 어떤 하루를 보냈는지, 개인적으로 어떤 어려움을 겪고 있는지 알 수 없습니다. 그 부정적인 감정이 커뮤니티에 투영된 것일 수도 있죠. 그래서 항상 공감을 먼저 하고, 적극적으로 귀 기울이는 것이 중요합니다. 진심으로 상대의 이야기를 듣고, 그 마음을 알아주려고 노력하면 가장 큰 비판자였던 사람이 커뮤니티의 가장 든든한 지지자가 되는 경우도 많습니다.

때로는 '활동 정지/퇴출'이 답일 때도 있습니다. 아무리 잘 소통하려 애써도 어떤 멤버는 지속적으로 공격하거나 괴롭히거나 반복적으로 규칙을 어기는 경우가 있습니다. 그래서 반드시 멤버 활동 정지나 퇴출에 대한 명확한 정책을 갖고 있어야 하고, 이를 실행할 수 있어야 합니다. 그리고 그 정책을 모든 멤버에게 미리 투명하게 안내해야 합니다. 규칙을 어기면 어떤 일이 발생하는지 모두 알고 있어야 혼란이 없습니다.

기억하세요. 멤버의 독성을 참고 버티는 것이 리더의 역할은 아닙니다. 커뮤니티 리더로서 자신과 다른 멤버들을 우선 보호할 책임이 있습니다. 필요하다면, 너무 오래 끌지 말고 단호하게 결단해야 합니다.

# 투명함을 기본으로 하고,<br>실수를 인정하라

:

투명성이 부족하면, 많은 커뮤니티가 비참한 상황에 빠지게 됩니다. 가장 유명한 사례 중 하나가 바로 디그Digg입니다. 한때 웹 콘텐츠 공유 플랫폼으로 번창했던 디그는, 멤버들에게 충분한 설명 없이 플랫폼에 대대적인 변화를 단행했습니다. 그 결과 멤버들이 대거 떠나버렸고, 그 틈을 타 급부상한 것이 레딧이었죠.

신뢰는 천천히 채워가는 물컵과 같습니다. 꾸준히, 정직하게, 올바르게 행동할 때마다 조금씩 물이 채워지죠. 그런데 한 번의 실수로 사람들이 배신감을 느끼면, 그 컵은 순식간에 비워집니다. 하지만 여기서 끝나는 건 아닙니다. 실수를 온전히 인정하고 제대로 대응하면 오히려 그 컵을 이전보다 더 가득 채울 수 있습니다.

저는 커뮤니티에서 결정해야 할 일이나 어려운 상황에 마주할 때마다 투명함을 원칙으로 삼습니다. 어떤 문제를 어떻게 풀어야 할지 잘 모를 때면, 그 고민 자체를 멤버들에게 솔직하게 공유하고 의견을 구합니다.

예를 들면, CMX가 베비에 인수될지를 고민할 때, 제가 가장 우려했던 건 '커뮤니티의 객관성이 훼손되지 않을까'였습니다. '멤버들이 우리가 이제 제품을 파는 기업의 소속으로 변했다고 느끼지는 않을까' 하고 걱정이 많았죠. 저는 이 걱정을 그대로 커뮤니티에 털어놓았습니다. 공개 커뮤니티에 글을 올리고, 오래 함께한 핵심 멤버들과 별도로 통화도 했죠. 이런 솔직한 공유 덕분에 모두가 진지하고 깊이 있는 토론을 할 수 있었고, 그 과정에서 멤버들은 "우리는 당신들을 신뢰하고 있어요. 오히려 더 많은 자원과 지원을 받게 되어 기쁩니다"라고 응답했습니다.

물론 항상 이런 긍정적인 반응만 있는 건 아닙니다. 우리가 실수했을 때는 그 실수를 공개적으로 인정하고, 진심으로 사과하며, 어떻게 해결할 것인지의 계획을 반드시 공유합니다. 의심스러울 때 저는 언제나 투명함을 택합니다. 예를 들어, CMX 서밋에서 개선점에 대한 비공개 피드백을 받으면, 저는 이를 요약해 익명으로 모두에게 공유합니다. 그래야 모두가 어떤 피드백이 있었는지 알 수 있죠.

어떤 상황을 어떻게 해결해야 할지 모를 때는 멤버들에게 솔직하게 말하세요. 큰 결정을 내려야 할 때는 그 결정을 함께 공유하세요. 그렇게 커뮤니티를 신뢰하면, 커뮤니티도 여러분을 신뢰하는 법을 배우게 됩니다.

## 진짜 나의 목소리를 사용하라

:

마케팅과 커뮤니티 운영의 큰 차이 중 하나는 '목소리의 방식'입니다. 마케팅에서는 일관된 '브랜드의 목소리'를 유지하는 것이 중요하지만, 커뮤니티를 운영할 때는 운영자가 '개인'의 정체성을 드러내며 소통하는 경우가 대부분입니다.

그래서 기업들이 커뮤니티 운영을 처음 시작할 때, 마케팅에서 하던 것처럼 공식적이고 깔끔한 브랜드 목소리를 그대로 유지하려는 실수를 저지르곤 합니다. 하지만 커뮤니티에서는 운영자인 여러분의 진짜 목소리를 내는 것이 중요합니다. 개인의 이름과 얼굴을 내걸고도 브랜드처럼 말하면, 딱딱하고 부자연스럽게 느껴질 뿐입니다. 사람들은 브랜드와 대화하고 싶은 게 아니라 사람과 대화하고 싶어 합니다.

그렇다고 해서 커뮤니티 팀의 목소리가 브랜드의 가치나 문화와 전혀 다른 방향으로 가는 것도 곤란합니다. 그래서 커뮤니티 담당자를 뽑을 때 "이 사람의 진정성 있는 목소리와 우리 브랜드의 문화가 잘 맞는가?"를 꼭 확인해야 합니다. 뛰어난 작가가 상황에 맞는 목소리를 쓸 수 있듯, 경험 많은 커뮤니티 운영자들은 멤버의 구성에 따라 적절한 어조와 분위기를 조율할 수 있습니다. 친구와 대화할 때, 절에서 이야기할 때, 네트워킹 자리에서 우리 말투도 각각 다르니까요.

하지만 저는 커뮤니티에서 소통할 때 저의 진짜 목소리, 자연스러운 목소리를 가져가려고 합니다. 제 목소리는 좀 더 편안하고 대화체에 가깝습니다.

저는 커뮤니티에 글을 쓸 때도 절대 브랜드처럼 말하지 않습니다. 멤버들이 '아, 이건 사람이 쓴 글이구나. 그 사람이 직접 말하는구나'라고 느끼길 바라기 때문입니다. 그래서 늘 친구와 이야기하듯 공감할 수 있는 톤과 이야기로 소통하려 합니다. 이게 커뮤니티에서 사람들의 마음을 움직이는 진짜 방법입니다.

커뮤니티 팀에게도 이 점을 자주 상기시켜줘야 합니다. 제가 커뮤니티 매니저를 채용했을 때, 그들이 제 목소리를 따라 하려다 보니 글을 쓰는 데 주저하는 모습을 보인 적이 있습니다. 저와 같은 톤이나 문체를 유지해야 한다고 생각한 거죠. 그럴 때마다 저는 "본인의 진짜 목소리로 소통하세요"라고 말합니다. 그렇게 해야 저와 연결되지 않았던 사람들이 새로운 커뮤니티 팀원과 연결될 수 있기 때문입니다. 다양한 목소리를 가진 팀이 있으면, 더 많은 멤버와 연결될 수 있습니다.

백스테이지 캐피털Backstage Capital의 창립자 알란 해밀턴Arlan Hamilton은 정말 독특한 목소리를 가진 인물입니다. 그녀는 노숙 생활을 하며 차에서 지내다 '과소평가된 창업자'를 위해 투자하는 벤처 캐피털 펀드를 성공적으로 출범시켰죠. 알란과 대화를 나누거나 그녀의 콘텐츠를 읽은 지 1분 만에 사람들은 "아, 이건 진짜 그녀의 목소리다"라는 걸 바로 알 수 있습니다. 그 어떤 벤처 캐피털리스트와도 다르니까요. 그녀의 진정성은 정말 최고입니다.

예전에 제가 그녀에게 "다른 커뮤니티 리더들에게 해주고 싶은 조언이 있나요?"라고 물었더니 이렇게 답했습니다. "항상 당신 자신이 되세요. 그래야 당신을 찾는 사람들이 당신을 찾을 수 있습니다." 이 말은 제 머릿속에 깊이 남았습니다. 내 진짜 목소리를 내야 그 목소리와 메시지를 찾는 사람들이 나와 연결될 수 있습니다. 어쩌면 당신의 목소리 때문에 누군가가 소속감을 찾을 수도 있습니다.

온라인 커뮤니티에 글을 올릴 때, 행사에서 발표를 할 때, 사람들과 소통할 때 브랜드가 아니라 '진짜 나'로서 이야기하세요. 리더가 되려고 애쓰지 마세요. 그저 커뮤니티를 위해 존재하는 사람이면 충분합니다. 멤버들에게 많은 가치를 제공하길 희망하는 사람이죠.

물론 그렇다고 가이드라인이 없어야 한다는 건 아닙니다. 모든 회사는 직원이 다양한 상황에서 신중하지만, 비폭력적으로, 효과적으로 대응할 수 있는 목소리와 톤을 가져야 합니다. 하지만 그 안에서 '나만의 색깔'을 드러내세요. 작은 개성 하나가 엄청난 차이를 만들어냅니다.

저처럼 '생략 부호(…)'를 자주 쓰는 것도 괜찮고, '너네들, 여러분' 같은 표현도 좋죠. 그게 여러분의 진짜 모습이라면요. 사람들은 글에서도 그 진짜를 알아챕니다. 특히 텍스트에서 더 예민하게 느껴집니다. 만약 글에서 내 목소리를 드러내는 게 어렵다면 직접 말로 녹음해보고, 그걸 글로 옮겨 보세요. 말하듯 쓰면, 훨씬 더 자연스럽고, 멤버들도 '이건 진짜 그 사람이구나' 하는 느낌과 함께 연결되어 있다고 느낄 겁니다.

## 에너지를 높이고, 긍정적인 분위기를 유지하라

:

커뮤니티를 만드는 사람이라면 '무조건적인 긍정Radical Positivity'이 꼭 필요하다고 믿습니다. 한 번이라도 비관적인 분위기에 빠진 커뮤니티를 경험해본 적이 있다면 그 안에 독성이나 분노, 불필요한 갈등이 얼마나 빠르게 퍼지는지 잘 아실 거예요.

이런 분위기는 항상 리더의 태도에서 시작합니다. 긍정은 전염됩니다. 사실 여러분이 가진 어떤 에너지든 다 전염되죠. 커뮤니티에서 여러분이 보여주는 태도와 에너지가 곧 멤버들이 따라 하게 될 기준이 됩니다. 리더가 매일 밝고 긍정적인 에너지를 가지고 공간에 나타난다면, 다른 멤버들도 그 분위기를 따르게 됩니다. 반대로 부정적인 태도를 보이면, 멤버들도 부정적으로 변합니다.

문화는 항상 리더십에서 시작됩니다. 여러분이 어떻게 행동하느냐가 커뮤니티에서 무엇이 허용되는지의 표준을 설정합니다.

- 여러분이 부정적이라면, 그들도 부정적이게 됩니다.
- 여러분이 위트 있다면, 그들도 위트 있는 사람이 됩니다.
- 여러분이 고양이 GIF를 올리면, 그들도 고양이 GIF를 올릴 겁니다.
- 여러분이 자신의 콘텐츠를 홍보한다면, 그들도 자신의 콘텐츠를 홍보할 겁니다.
- 여러분이 매일 긍정적인 에너지로 나타나면, 그들도 그렇게 하려고 노력할 겁니다.
- 여러분이 투명하고 솔직하다면, 그들도 투명하고 솔직해질 겁니다.

사람들은 새로운 공간에 들어오면 먼저 '이곳의 기준이 뭔가'를 살핍니다. '다른 사람들은 어떻게 행동하지?' '여긴 분위기가 어떤가?' 그걸 보고 자신의 태도와 말투를 맞춰갑니다. 에너지 이야기가 좀 영적으로 보이는 것 같지만, 실제로 '공간의 분위기'는 존재하고, 여러분이 그걸 주도해야 합니다. 온라인이든 오프라인이든, 사람들은 새로운 공간에 갈 때마다 이런 무언의 분위기를 읽고 행동을 결정합니다.

물론 커뮤니티마다 적합한 에너지는 다르죠. 죽음을 주제로 한 공간에서 밝고 쾌활하게 행동하는 건 무례할 수 있고, 반대로 전문 커뮤니티에서 아무 맥락 없이 욕설을 쓰는 것도 부적절합니다. 다만 'Fuck Cancer' 운동처럼 의도적으로 메시지를 강조할 때는 욕이 괜찮을 수도 있죠. 제가 말하는 높은 에너지는 꼭 쾌활하거나 과도하게 밝을 필요는 없습니다. '일과 커뮤니티에 대한 진심 어린 열정'을 갖고 임하는 것을 말합니다.

제가 말하는 '긍정적'의 의미는 지나치게 비관적이지 말라는 것입니다. 비판적이거나 현실적인 시각을 가질 수는 있지만, 사람들의 기운을 빠지게 만드는 우울한 사람이 되어선 안 된다는 뜻이죠. 긍정적이라고 해서 갈등이나 이견이 없다는 말도 아닙니다. 하지만 갈등 상황에서도 긍정적인 마음가짐으로 임할 수 있습니다. 서로 배우고 이해하려는 태도를 유지하는 것이죠.

여기서 반드시 기억해야 할 점이 있습니다. 커뮤니티 안에는 언제나 '에너지를 움직일 수 있는 리더들'이 있다는 겁니다. 어떤 멤버가 조직이나 운영진에 불만을 갖고 그것을 공개적으로 표현하면, 그 한 사람의 목소리가 순식간에 다른 멤버들을 결집시키고, 커뮤니티의 전체 분위기를 바꿔버릴 수 있습니다.

멤버들이 어떤 톤으로 말해야 하는지를 여러분이 통제할 수는 없습니다. 그리고 온라인에서 텍스트로만 소통할 때, 멤버들의 의도를 오해하기는 정말 쉽지요. 그래서 저 역시 글을 쓸 때 이모지나 이모

티콘, GIF, 이미지 같은 것들을 활용해 "내가 이런 기분으로 말하는 거야!"라는 톤을 좀 더 분명하게 전달하려고 합니다.

그럼에도 불구하고, 멤버들의 글을 리뷰할 때는 여전히 어려움이 있습니다. '이 사람이 대문자로 글을 쓴 건 화가 나서일까, 아니면 신나서일까?' '이건 진심일까? 아니면 온라인에서 가장 구분하기 어려운 빈정거림일까?' 이처럼 텍스트만으로는 감정을 정확히 읽어내기 어렵습니다. 상대가 분명히 부정적인 태도로 들어왔다고 확신이 들더라도, 그들의 말투를 통제하려 해서는 안 됩니다.

말투나 태도를 문제 삼는 건 오히려 상대방을 더 화나게 만들고, 그들이 전하려는 중요한 메시지까지 묻혀 버릴 위험이 있습니다. 특히 부당한 경험에 대한 분노를 표현한 유색 인종에게 자주 벌어지는 일이죠. 그들이 정당한 분노를 표출했는데도 "그런 말투를 쓰면 아무도 듣지 않을 거야. 좀 더 차분하게 말해야지"라는 식의 반응이 되돌아오곤 하죠.

중요한 건, 상대의 톤을 바꾸라고 요구하는 것이 아니라 긍정적인 태도와 이해의 마음으로 그들을 대하는 것입니다. 그렇게 해야 비로소 그들이 진짜 하고 싶은 말을 들을 수 있는 공간이 만들어집니다. 여러분이 완벽히 통제할 수 있는 건 결국 '내 톤'뿐입니다. 여러분의 긍정적이고 차분한 태도는 상대방의 감정을 가라앉히는 데 큰 역할을 할 수 있습니다.

이 방법은 악성 댓글러들에게도 효과적입니다. 제가 가장 좋아하는 대응법은 '친절로 악성 댓글러 무찌르기'입니다. 악성 댓글러가 무례한 말을 던지면, 보통 같은 수준의 반응을 기대하죠. 그럴 때 저는 이렇게 답합니다. "오늘 정말 힘든 하루를 보내고 계신 것 같네요. 제가 좋은 기운 듬뿍 보내드립니다!" 이렇게 하면 그들은 보통 그냥 사라지거나 "꺼져" 하면서 더 욕을 하거나, 아주 드물게는 "와, 이런 반응은 예상 못 했는데! 사실 좀 힘든 건 맞아요"라고 솔직하게 털어놓기도 합니다.

커뮤니티 안에 긍정과 지지의 기준을 잘 마련하면, 커뮤니티의 감정 기복을 줄일 수 있습니다. 누군가가 강한 부정적 에너지를 가져온다 해도, 긍정의 바다 한가운데서는 그 부정이 쉽게 퍼지지 못하죠.

온라인에서는 느낌표를 아낌없이 쓰세요! 기쁨을 전하세요! 사람들이 커뮤니티를 찾는 이유 중 하나는, 삶의 다른 부분에서 받은 부정적인 기운을 조금이라도 회복하고 싶어서입니다.

운영하기 힘든 날, 커뮤니티가 나를 지치게 만드는 날, 멤버들에게 실망한 날, 개인적으로 힘든 날이 찾아와도 꼭 기억하세요. '내가 이 공간에서 어떻게 행동하느냐가 멤버들이 따라 하게 될 기준이 된다.'

리더의 태도가 커뮤니티의 문화와 에너지를 결정합니다. 내가 지치고 힘든 상태라면 잠시 커뮤니티에서 물러나 쉬는 것도 필요합니다. 커뮤니티 운영자에게 '셀프케어'가 중요한 이유죠. 나를 돌봐야 다른 사람도 돌볼 수 있으니까요. 내 컵이 비어 있는데, 없는 에너지를 쥐어짜 커뮤니티에 쓰다 보면 반드시 번아웃이 옵니다. 반드시 나를 돌보고 충전하는 시간을 가지세요. 그래야 다시 커뮤니티에 돌아와 최선의 모습, 긍정적인 본보기를 보여줄 수 있습니다.

또 하나, 부정적인 에너지가 커뮤니티에 퍼질 때 기업들이 가장 걱정하는 것 중 하나는 그 불만이 '제품에 대한 것'일 때입니다. 기업

입장에서 '커뮤니티를 열면 고객들이 제품 욕만 할 것 같아서 무섭다'는 마음. 이해합니다.

여기서 제가 여러분께 드리고 싶은 질문은 이겁니다. "여러분이 직접 볼 수 있고 영향을 미칠 수 있는 공간에서 사람들이 불만을 말하는 게 낫습니까? 아니면 여러분이 볼 수도 통제할 수도 없는 곳에서 여러분의 제품을 비난하는 게 낫습니까?"

현실은 이렇습니다. 제품에 대한 불만이 있다면 사람들이 어딘가에서 반드시 부정적인 이야기를 한다는 거죠. 그렇다면 차라리 여러분이 그 공간을 마련하고, 직접 등장해서 그분들의 이야기를 듣고 '저 사람이 정말 귀를 기울이고 있구나' 하는 느낌을 주는 것이 훨씬 낫습니다. 그 과정에 무조건적인 긍정을 담아 대응한다면, 많은 고객들이 어느새 불만의 태도를 바꾸는 걸 경험하게 될 겁니다.

사람들은 진짜 사람이 진심으로 자신의 목소리를 듣고, 걱정을 인정하고, 해결책을 함께 논의할 때, 그리고 따뜻한 미소로 대할 때 자연스럽게 마음을 엽니다. 이런 진심 어린 응대가 브랜드와 커뮤니티의 진짜 힘이 되는 거죠.

# 나아가
# 커뮤니티를 만드세요!

| 레벨 | 초점 | 프레임워크 |
|---|---|---|
| 비즈니스 | 커뮤니티 프로그램이 회사 수익을 창출하는 비즈니스 성과 | SPACES 모델(2장) |
| 커뮤니티 | 커뮤니티가 시간이 지남에 따라 어떻게 성장하고 활력을 얻는가 | 소셜 아이덴티티 사이클 (3~5장) |
| 실행 | 건강하고 활발한 커뮤니티를 구축하고, 비즈니스 성과를 달성하기 위한 구체적 실행 계획 | 커뮤니티 경험 디자인의 7P (6장) |

여정의 끝에 왔습니다. 여러분이 이 책을 덮을 때 커뮤니티 전략을 수립하고 실행하는 데 있어 자신감과 준비가 된 기분이 느껴지면 좋겠습니다. 여러분의 커뮤니티가 비즈니스, 그리고 그 커뮤니티에 속한 모

든 사람의 삶에 엄청난 영향을 미치기를 바랍니다. 마지막으로, 이 책에서 다룬 주요 프레임워크를 기억하기 쉽게 표로 요약했습니다.

여러분의 학습은 여기서 멈추지 않습니다! 저는 여러분이 커뮤니티 구축에 대해 계속해서 배우고, CMX(http://cmxhub.com)에 합류해 수많은 커뮤니티 빌더, 창업자, 전문가들과 함께 성장하고, 저희의 교육 및 연구를 통해 더 깊이 있는 배움을 얻기를 권합니다.

저는 커뮤니티가 비즈니스의 미래라고 믿습니다. 커뮤니티가 가진 기회와 가치를 무시할 수 없습니다. 커뮤니티 중심의 비즈니스는 '커뮤니티 우선' 가치를 바탕으로 더 빠르게 성장하고, 세상에 더 큰 긍정적 영향을 미칠 겁니다.

사람들의 희생을 바탕으로 한 이익 추구는 지속 가능한 비즈니스를 만드는 방법이 아닙니다. 사회에 기여하는 것보다 더 많은 걸 빼앗아 갈 겁니다. 회사를 위해 어떤 결정을 내리든 항상 '이 결정이 우리 커뮤니티에 어떻게 기여하는가?'라는 질문을 통해 바라보세요. 이 질문을 여러분의 북극성으로 삼아 사람과 수익 모두에서 이로운 사업에 집중하고 있는지 확인하세요.

이는 둘 중 하나를 선택해야 하는 상황이 아닙니다. 기업은 진정한 커뮤니티를 구축하면서도 수익과 가치를 빠르게 성장시킬 수 있습니다. 때로는 수익을 좇다가 커뮤니티를 놓치는 경우가 있을 수 있습니다. 그런 상황을 인지했다면, 다시 회사가 영향을 미치는 사람들에게 초점을 맞추세요. 커뮤니티를 구축하고 비즈니스를 성장시키면서 둘 중 어느 것 하나 희생하지 않는 방법을 찾으세요.

커뮤니티 구축은 세상에서 가장 중요한 일 중 하나입니다. 여러분은 사람들에게 소속감을 주고, 그들의 진짜 정체성을 안전하게 표현할 공간을 만들어줍니다. 인류가 커뮤니티를 필요로 하지 않는 시대는 오지 않을 겁니다. 현대 사회에서 커뮤니티의 필요성은 더 커질 겁니다.

자, 이제 세상이 가장 필요로 하는 커뮤니티를 만들러 나아가세요!

CMX의 모든 팀원, 커뮤니티 리더, 연사, 멤버들의 열정과 관대함, 에너지가 없었다면 이 책은 존재하지 못했을 겁니다.

꿈에 불과했던 CMX를 현실로 만들어준 맥스 알트츨러Max Altschuler와 CMX 커뮤니티의 첫 몇 년 동안 저와 함께 놀라운 성과를 이끌어낸 캐리 멜리사 존스Carrie Melissa Jones에게 진심으로 감사드립니다.

이 책에 담긴 CMX 모델과 프레임워크에 대한 피드백에 도움을 주신 스티븐 브라우디Steven Broudy, 에반 해밀턴, 에리카 맥길리브레이Erica McGillivray에게도 감사드립니다. CMX 서밋이 업계를 선도하는 행사가 될 수 있도록 힘써주신 에반 해밀턴, 에리카 맥길리브레이, 앤 마리 파울리키Ann-Marie Pawlicki에게 감사드립니다.

CMX 커뮤니티가 지금의 특별한 공간이 되도록 도와준 베스 매킨타이어Beth McIntyre, 케이티 맥컬리Katie McCauley, 사무엘 웨버Samuel Weber,

이르야 오프테달Yrja Oftedahl에게도 감사드립니다. CMX의 비전을 믿고 커뮤니티가 새로운 단계로 도약하도록 도와준 데릭 앤더슨과 CMX 커뮤니티를 위해 헌신적으로 일하고 지지해준 모든 베비 팀원들에게도 감사드립니다.

이 책의 편집과 피드백을 맡아주신 다냐 슐츠Danya Shults, 케이티 코브, 카미유 리켓츠Camille Ricketts, 캐리 멜리사 존스, 레이나 포머로이Reina Pomeroy, 에반 해밀턴, 팀 파킨Tim Parkin, 롭 한나Rob Hanna, 제임스 아우게리James Augeri에게 감사드립니다.

이 책이 현실이 되기까지 수많은 밤을 함께하며 지지해준 아내 앨리슨 말페시Alison Malfesi에게 감사드립니다. 원고 제출 바로 다음 주에 태어난 아들 루카Lucca에게도 고마움을 전합니다. 항상 저를 믿어주고, 친절함, 야망, 공감으로 이끄는 법을 가르쳐주신 부모님 이안과 레비탈 스핑스Ian and Revital Spinks께도 감사드립니다.

책을 쓰는 과정 내내 제가 온전한 정신을 유지하도록 도와준 코치 제니퍼 아쿨리안Jennifer Akullian CMX를 구축하며 겪었던 수많은 고난과 역경 속에서 멘토가 되어준 히텐 샤Hiten Shah, 모든 순간 저를 지지해준 조나단 하워드Jonathan Howard에게 감사드립니다. 이 책의 가치를 믿고 더 나은 책이 되도록 도와준 편집자 마이크 캠벨Mike Campbell과 에이전트 사라 푸엔테스Sarah Fuentes에게도 감사드립니다.

전 세계 각 지역에서 커뮤니티 전문가들을 한자리에 모으기 위해 애쓰는 모든 CMX 호스트들과 서로를 필요로 할 때 지지해준 모든 CMX 멤버들에게도 감사드립니다.

마지막으로 커뮤니티를 만들기 위해 노력하는 모든 분들께 감사

드립니다. 여러분은 세상에서 가장 중요한 일을 하고 있습니다. 계속

해서 커뮤니티를 만들어주세요.

1   "First Round State of Startups 2019," stateofstartups2019.firstround.com, 2019, https://stateofstartups2019.fifoorstround.com/.

2   "2020 Community Industry Trends Report," *CMX* (CMX, 2019), https://cmxhub.com/community-industry-trends-report-2020.

3   Tony Hsieh, "How I Did It: Zappos's CEO on Going to Extremes for Customers," Harvard Business Review, July 1, 2010, http://hbr.org/2010/07/how-i-did-it-zapposs-ceo-on-going-to-extremes-for-customers.

4   Carrie Melissa Jones, "Built to Belong: How theWorld's Top Brands Invest in Community," Gather Community Consulting, December 5, 2019, www.gathercommunityconsulting.com/blog/2019/12/2/built-to-belong-howthe-worlds-top-brands-invest-in-community-a-2019-trend-report.

5   DavidW. McMillan and David M. Chavis, "Sense of Community: A Definition and Theory," *Journal of Community Psychology* 14, no. 1(January 1986): 6-23, https://onlinelibrary.wiley.com/doi/abs/10.1002/1520-6629%28198601%2914%3A1%3C6%3A%3AAID-JCOP2290140103%3E3.0.CO%3B2-I.

6   The 2017 Community Value and Metrics Report by CMX, December 2017, https://cmxhub.com/community-value-metrics-research.

7   "TechSmith Saves $500,000 by Crowdsourcing Snagit on Mac Development Research in Custom Get Satisfaction Community," www.businesswire.com, April 19, 2011, https://www.businesswire.com/news/home/20110419005155/en/TechSmith-Saves-500000-Crowdsourcing-Snagit-Mac-Development.

8   "2020 Community Industry Trends Report," *CMX* (CMX, 2019), https://cmxhub.com/community-industry-trends-report-2020.

9   "2020 Community Industry Trends Report," *CMX* (CMX, 2019), https://cmxhub.com/community-industry-trends-report-2020.

10   Alicia Iriberri and Gondy Leroy, "A Life-Cycle Perspective on Online Community Success," *ACM Computing Surveys* 41, no. 2 (February 1, 2009): 1–29, https://doi.org/10.1145/1459352.1459356.

11    H. Tajfel, "Social Identity and Intergroup Behaviour," *Social Science Information* 13 (2) (April 1, 1974): 65–93, https://doi.org/10.1177/053901847401300204.

12    Tara Sophia Mohr, "WhyWomen Don't Apply for Jobs Unless They're 100% Qualified," *Harvard Business Review* (March 2, 2018), https://hbr.org/2014/08/why-women-dont-apply-for-jobs-unless-theyre-100-qualified.

13    Ibram X. Kendi, *How to Be an Antiracist*, OneWorld; First Edition (August 13, 2019) (Vintage, 2020).

14    D. R. Conner and R.W. Patterson, "Building Commitment to Organizational Change," *Training and Development Journal* 36, no. 4(1982): 18–30.

15    Albert Pepitone and Leon Festinger, "A Theory of Cognitive Dissonance," *The American Journal of Psychology* 72, no. 1 (March 1959): 153, https://doi.org/10.2307/1420234.

16    Suzi Nelson, "How DigitalMarketer Activated 44% of Silent Community Members | Case Study," DigitalMarketer, March 18, 2020, https://www.digitalmarketer.com/blog/activate-community-members/.

17    Charles Duhigg, *The Power of Habit:WhyWe Do WhatWe Do in Life and Business* (New York: Random House Trade Paperbacks, 2014).

18    Nir Eyal, *Hooked: How to Build Habit-Forming Products* (Norwick: Penguin Books, 2016).

19    Richard M. Ryan and Edward L. Deci, "Self-Determination Theory and the Facilitation of Intrinsic Motivation, Social Development, andWell-Being," *American Psychologist* 55 (1) (2000): 68–78, https://doi.org/10.1037/0003-066x.55.1.68.

20    Edward L. Deci, Richard Koestner, and Richard M. Ryan, "A Meta-Analytic Review of Experiments Examining the Effects of Extrinsic Rewards on Intrinsic Motivation," *Psychological Bulletin* 125 (6) (1999): 627–668, https://doi.org/10.1037/0033-2909.125.6.627.

21    Dan Ariely, *Predictably Irrational: The Hidden Forces That Shape Our Decisions* (New York: Harper Perennial, 2010).

22    Amy Jo Kim, Raph Koster, and Scott Kim, *Game Thinking: Innovate Smarter & Drive Deep Engagement with Design Techniques from Hit Games* (Burlingame, CA: Gamethinking.lo, 2018).

23    Nadia Eghbal,*Working in Public: The Making and Maintenance of Open Source Software* (San Francisco: Stripe Press).

24    "The CMXGuide to Community Platforms, 2nd Edition [New . . . ." https://cmxhub.com/cmx-guide-to-community-platforms/. Accessed 1 September 2020.

25    Dan Heath and Chip Heath, *The Power of Moments* (Random House UK, 2019).

26    "Content Policy – Reddit," Redditinc.com, 2019, https://www.redditinc.com/policies/content-policy. Accessed 23 August 2020.

- Ariely, Dan. *Predictably Irrational: The Hidden Forces That Shape Our Decisions*. New York: Harper Perennial, 2010.

- "Content Policy – Reddit." Redditinc.com, 2019. www.redditinc.com/policies/contentpolicy.

- CMX, The 2020 *Community Industry Trends Report*. CMX, 2019. cmxhub.com/community-industry-trends-report-2020.

- Deci, Edward L., Richard Koestner, and Richard M. Ryan. "A Meta-Analytic Review of Experiments Examining the Effects of Extrinsic Rewards on Intrinsic Motivation." *Psychological Bulletin* 125, no. 6 (1999): 627–668. doi.org/10.1037/0033-2909.125.6.627.

- Duhigg, Charles. *Power of Habit : Why We Do What We Do in Life and Business*. New York: Random House Trade Paperbacks, 2014.

- "First Round State of Startups 2019." stateofstartups2019.firstround.com, 2019. stateofstartups2019.firstround.com/.

- Heath, Dan, and Chip Heath. *The Power of Moments*. Random House UK, 2019.

- Hsieh, Tony. "How I Did It: Zappos's CEO on Going to Extremes for Customers." *Harvard Business Review* (July 1, 2010). hbr.org/2010/07/how-i-did-it-zapposceo-on-going-to-extremes-for-customers.

- Iriberri, Alicia, and Gondy Leroy. "A Life-Cycle Perspective on Online Community Success." *ACM Computing Surveys* 41, no. 2 (February 1, 2009): 1–29. doi.org/10.1145/1459352.1459356.

- Kendi, Ibram X. *How to Be an Antiracist*. One World; First Edition (August 13, 2019) Vintage, 2020.

- Kim, Amy Jo. "Introduction to Game Thinking." *Medium* ( June 8, 2018). medium.com/@amyjokim/introduction-to-game-thinking-6e7273e68cc9.

- McMillan, David W., and David M. Chavis. "Sense of Community: A Definition and Theory." *Journal of Community Psychology* 14, no. 1 (January 1986): 6–23. doi.org/10.1002/1520-6629 (198601)14:1<6::aid-jcop2290140103>3.0.co;2-i.

- Mohr, Tara Sophia. "Why Women Don't Apply for Jobs Unless They're 100% Qualified." *Harvard Business Review* (March 2, 2018). hbr.org/2014/08/why-womendont-apply-for-jobs-unless-theyre-100-qualified.

- Nelson, Suzi. "How DigitalMarketer Activated 44% of Silent Community Members | Case Study." DigitalMarketer (March 18, 2020). www.digitalmarketer.com/blog/activate-community-members/.

- Nir Eyal. Hooked : *How to Build Habit-Forming Products*. Norwick: Penguin Books, 2016.

- Pepitone, Albert, and Leon Festinger. "A Theory of Cognitive Dissonance." *The American Journal of Psychology* 72, no. 1 (March 1959): 153. doi.org/10.2307/1420234.

- Ryan, Richard M., and Edward L. Deci. "Self-Determination Theory and the Facilitation of Intrinsic Motivation, Social Development, and Well-Being." *American Psychologist* 55, no. 1 (2000): 68–78. doi.org/10.1037/0003-066x.55.1.68.

- Tajfel, H. "Social Identity and Intergroup Behaviour." *Social Science Information* 13, no. 2 (April 1, 1974): 65–93. doi.org/10.1177/053901847401300204.

- "TechSmith Saves $500,000 by Crowdsourcing Snagit on Mac Development Research in Custom Get Satisfaction Community." *Business Wire* (April 19, 2011). www.businesswire.com/news/home/20110419005155/en/TechSmith-Saves-500000-Crowdsourcing-Snagit-Mac-Development.

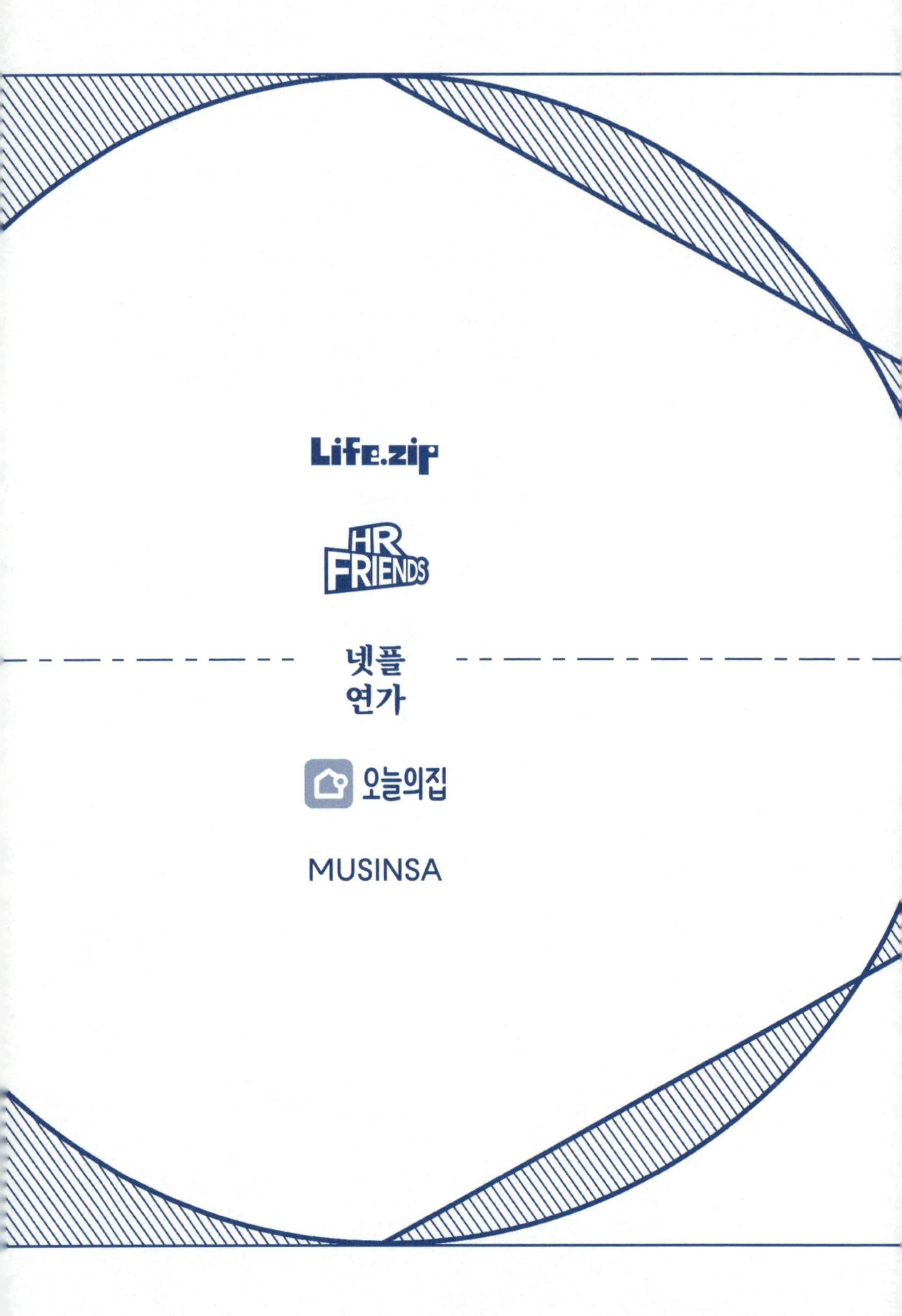

Life.zip
HR FRIENDS
넷플연가
오늘의집
MUSINSA

국내
고객 커뮤니티
사례 인터뷰

원서는 세일즈포스와 테슬라, 듀오링고 등 다양한 해외 커뮤니티 사례를 소개하고 있습니다. 하지만 이러한 사례는 우리나라 문화와 다소 차이가 있어 거리감이 있을 수 있습니다. 또 주제별로 언급된 원서 속의 사례만으로는 커뮤니티의 전체 성장 과정을 한눈에 그려보기 어려울 수 있습니다.

저희 다오랩은 좀 더 피부에 와닿는 근거를 통해 원서의 내용을 보강하고자 했습니다. 그래서 원서 저자의 동의를 얻어 '국내 고객 커뮤니티 사례'를 분석·추가합니다. 국내 사례 선정에는 다음의 세 가지 기준을 적용했습니다.

첫째, 커뮤니티 운영의 주체가 명확한가? 최근 '커뮤니티'라는 용어가 광범위하게 쓰이면서 다양한 형태가 등장하고 있지만, 원서에서 다룬 커뮤니티는 '고객'이 중심입니다. 예를 들어 일반 러닝 클럽은 동호

회에 가깝지만, '나이키 런 클럽'은 나이키가 주체가 되어 고객을 하나
의 커뮤니티로 묶은 사례입니다.

둘째, 커뮤니티 구성원 간에 실질적 교류가 이루어지고 있는가? 단
순히 체험단이나 서포터즈처럼 기업의 필요에 따라 일방적으로 운영
되는 경우는 제외했습니다.

셋째, 최소 3년 이상 운영해온 커뮤니티이면서 앞으로도 커뮤니티
를 사업의 중요한 축으로 바라보는 곳인가?

이 기준에 따라 다오랩은 총 다섯 개의 모범적인 고객 커뮤니티를
선정했습니다.

첫 번째는 LG전자의 '라이프집'입니다. 집에 진심인 고객, 이른바
'집 덕후'를 대상으로 만든 이 커뮤니티는 대기업이 운영하는 대표적
인 고객 커뮤니티입니다. 2022년 런칭 이후 2년 동안 LG전자의 브랜
드를 전면에 내세우지 않을 만큼 진정성 있는 접근이 돋보입니다. 라이
프집을 통해 대기업이 어떻게 고객과 진정성 있게 소통할 수 있는지를
배울 수 있습니다.

두 번째는 원티드랩의 'HR프렌즈'입니다. 국내 대표 HR테크 기업
인 원티드랩은 소수의 기수제로 멤버를 선발해왔고, HR 담당자라면
누구나 참여하고 싶어 하는 커뮤니티를 만들었습니다. 직무 기반 커뮤

니티를 만들고 운영할 때 참고할 만한 요소가 많습니다.

세 번째는 '넷플연가'입니다. 관심사 기반의 오프라인 커뮤니티 서비스로, 기존의 관심사 커뮤니티와 차별화되는 점이 있습니다. 넷플연가는 모든 멤버를 10분간 인터뷰한 뒤, 그 내용을 바탕으로 개인 프로필을 만들어 줍니다. 이 프로필은 멤버들의 신뢰 기반이 됩니다. 이를 통해 '동행'이라는 신규 서비스까지 사업을 확장할 수 있었습니다.

네 번째는 오늘의집의 '오하우스 커뮤니티'입니다. 오늘의집은 국내 최대 인테리어 플랫폼으로 성장했는데, 그 배경에는 오하우스 커뮤니티의 역할이 컸습니다. 체계적인 커뮤니티 여정 설계를 통해 멤버들에게 가치를 제공하고, 소속감과 몰입감을 이끌어내는 방법을 배울 수 있습니다.

다섯 번째는 무신사 커뮤니티입니다. 무신사는 '무진장 신발 사진이 많은 곳'이라는 커뮤니티로 시작했습니다. 이후 콘텐츠 플랫폼으로 확장했고, 궁극적으로는 커머스 플랫폼으로 진화했습니다. 이 과정에서 커뮤니티의 성격과 역할이 어떻게 변화했는지, 또 커뮤니티가 커머스에 어떤 기여를 했는지 확인할 수 있습니다.

각 사례 인터뷰는 커뮤니티 실무자들과 약 두 시간씩 진행했습니다. 주옥같은 이야기들이 많았지만, 핵심만 뽑아 정리했습니다. 현재 모습보다는 커뮤니티의 시작과 초기에 초점을 맞췄고, 시간이 흐르며 어떤 변화가 있었는지, 커뮤니티 활성화를 위해 어떤 장치들이 도입됐는지 추적했습니다. 커뮤니티가 실제로 사업에 어떤 영향을 미쳤는지, 경영진의 지지를 이끌어내기 위해 어떤 노력을 했는지도 함께 담았습니다.

커뮤니티 빌딩과 운영은 직접 해보지 않으면 알기 어려운 '암묵지'의 영역입니다. 이번 사례 인터뷰는 그런 암묵지를 끄집어내어 체계적으로 정리한 첫 시도입니다. 고객 커뮤니티를 고민하거나 운영 중인 분들에게 나침반처럼 기능하길 기대합니다.

**1**

# 라이프집

## 고객 커뮤니티의 핵심은 진정성

**인터뷰이** 디지털커뮤니티팀 김주연 팀장, 류경주 책임, 김예니 책임

라이프집은 LG전자에서 운영하는 집 덕후들의 커뮤니티입니다. 2022년 4월 450명으로 시작해 그해 12월 일반에게 오픈한 후, 3년여 만에 100만 명 회원으로 확대된 국내 대표적인 고객 커뮤니티입니다.

라이프집 앱에서 회원들은 집에서의 소소한 일상을 남기고 '좋아요'와 '댓글'을 통해 교류합니다. 하지만 단순한 게시판을 넘어 회원들의 참여를 유도하는 다양한 프로그램을 운영하고 있습니다. 회원의 집 공간을 꾸며주는 집업(ZIP.UP) 프로젝트, 참여와 미션에 대한 보상 포인트인 미닛, 미닛으로 응모할 수 있는 시간상점 등입니다.

이외에도 오프라인 모임과 이벤트를 정기적으로 개최하면서 탄탄한 커뮤니티를 만들어가고 있습니다. 대표적으로 오프라인 팝업 프로젝트 '라이프집 집들이'에서는 회원들이 자신의 공간을 팝업 형태로 자랑할 수 있게 해줍니다.

라이프집을 기획·운영하고 있는 디지털커뮤니티 팀으로부터 라이프집의 시작부터 현재까지를 들어봤습니다.

**대기업에서 고객 대상의 커뮤니티를 한다는게 쉽지 않은데, 어떻게 시작하게 되었나요?**

2020년 당시 LG전자는 가전 회사를 넘어서 스마트 라이프 솔루션 회사로 나아가는 비전을 선포했어요. 그러면서 고객이 원하는 경험이 무엇인지 진지하게 고민하게 되었고, 적극적으로 고객의 삶에 다가갈 수 있는 방법을 찾기 시작했지요. 그 방법으로 '고객 커뮤니티'가 대두되고 그때부터 기획이 시작됐습니다.

당시 코로나가 한창이었고, 그래서 사람들이 집에 머무는 시간이 많았죠. 집에서 하는 활동, 집에서 나에게 몰입할 수 있는 시간을 테마로 커뮤니티를 기획해서 2022년 4월에 오픈했어요. 초기에는 알음알음 커뮤니티를 알려서 450명 정도의 폐쇄형으로 운영을 시작했어요. 주제도 홈시어터로 좁혀서 마니아만 회원으로 초대했지요. 그러다가 그해 12월에 오픈형으로 전환해 누구나 가입할 수 있도록 개방했습니다.

**커뮤니티를 폐쇄형으로 시작한 이유는 무엇인가요? 당시 어떻게 운영이 되었나요?**

아무래도 처음 시작하는 거라 안전장치가 필요했어요. 소수 회원을 대상으로 다양한 시도를 하고, 전략적 방향 수정도 많이 했어요. 디자인도 많이 바꾸고 주제를 넓히기도 했죠. 홈시어터로 시작했는데 주제가 너무 전문적이다 보니 대화가 무거워지고 활성화가 잘 안 되는 거예요. 오히려 아무거나 얘기하는 게시판에서는 날씨 얘기만 해도 서로 즐거워하는 모습이 목격됐죠. 그래서 오픈형으로 전환하면서 집과 관련된 어떤 주제도 이야기할 수 있게 바꿨습니다.

이 기간 동안 소수 회원들과 라이프집을 함께 만들어 나간 것 같아요. 당시의 회원들과는 아직도 끈끈한 관계를 유지하고 있지요. 전우애 같은 동료 의식이 생긴 거죠. 이 분들이 지금도 라이프집의 분위기를 잡아주고 운영도 많이 도와줍니다.

한번은 회사 보고 때문에 3주 동안 커뮤니티에 신경을 못 쓴 적이 있었는데, 그때 이 분들이 저희 대신 열심히 댓글도 달고, 새로운 회원에게 안내도 해주고... 정말 감동이었죠. 저희는 이 분들을 조상님이라고 부릅니다. 라이프집이 이만큼 올 수 있었던 건 다 조상님들의 은덕이라고 생각해요.

**보통 운영진과 회원 간에는 거리가 있어서 동료처럼 되기 힘든데, 이렇게 끈끈해진 비결은 뭘까요?**

저희가 관리자 역할만 한 게 아니라 회원처럼 함께 했던 게 비결 같아요. 운영진을 집사라고 불렀거든요. 집사는 알프레도, 엘리엇, 세바스찬처럼 닉네임으로 불렸어요. 우리가 집사처럼 회원들을 모신다는 의미였죠. 회원들에게 운영하면서 힘든 점까지 전부 솔직하게 말씀드리고 고민 상담도 했어요. 회원들도 저희를 진심으로 대해 주셨고요.

저희는 회원들을 섬세하게 케어하려고 노력했어요. 집사들이 따뜻하게 댓글도 달고, 선물도 보내드렸죠. VIP 회원에게 선물을 보낼 때는 그분들이 올려준 사진 중에 제일 예쁜 것을 골라 엽서로 만들어 보내드렸어요. 활동이 뜸해지면 중간중간 연락도 드렸고요. 그런 디테일에 감동하신 것 아닐까 싶어요.

**라이프집은 어떤 사람들이 주로 가입하고 활동하나요?**

한마디로 집돌이, 집순이죠. 연령대로 보자면, 20대와 30대가 70%를 차지하고 여성이 60%로 조금 더 많아요. 취향을 잘 가꿀 줄 알고, 자기 자신과 공간에 대한 애정이 강한 분들이에요. 그래서 다른 사람에 대해서도 예의를 갖출 줄 알죠. MBTI로 치자면 내향성인 I가 많습니다. 그런 분들의 특징이 처음에는 너무 조용해서 다가가기 힘들 것 같은데, 일단 관계를 트면 깊어집니다. 그리고 진짜 부지런하고 자존감도 높아요. 그게 집덕후들의 특징인 것 같아요.

**집덕후들이 모인 라이프집은 어떤 커뮤니티 정체성을 가지나요?**

기본적으로 따뜻해요. 댓글을 보면 서로 공감하고 응원하는 내용이 대부분이에요. 간혹 무성의한 글이나 무례한 글이 있으면 라이프집 분위기를 아는 회원이 지적하곤 하죠. 그런 따스함이 심리적 안정감을 주는 것 같아요. 그래서 어떤 걸 올려도 괜찮다는 분위기가 형성됐지요. 한번은 마카롱 만들다 망한 사진이 올라왔는데, 사람들이 어찌나 따뜻하게 위로를 하는지…

인스타그램을 보면 하루 중 가장 멋진 사진을 올리잖아요? 그걸 보면서 감동하기도 하지만, 때로는 박탈감도 느끼죠. 하지만 라이프집에는 평범한 일상의 사진, 망한 사진 같은 게 자주 올라와요.

재미있는 일화가 하나 생각나네요. 인플루언서 같은 분이 레깅스를 입고 홈트레이닝하는 사진을 올렸어요. 인스타에 올라올 것 같은 그런 사진이었죠. 그런데 거기에 아무도 좋아요나 댓글을 달지 않은 거예요. 결이 맞지 않다는 표시를 간접적으로 한 것 같았어요. 그런 의미에서 라이프집은 인스타그램과 대척점에 있어요. 솔직한 일상을 공유하면서 공감받고 서로 행복해지는 그런 공간이죠.

**보통 고객 커뮤니티는 회사 브랜드나 제품 중심으로 콘텐츠가 소비되는데, 라이프집의 콘텐츠에는 어떻게 회사나 제품 얘기가 없나요?**

이게 정말 중요해요. 저희는 처음부터 회사를 드러내지 않았어요. 그래서 회원들도 누가 운영하는지 몰랐을 정도에요. 2년이 지나 2024년 팝업 프로젝트를 할 때 처음으로 LG전자에서 운영하는 걸 밝혔죠.

지금도 회사나 제품을 전면에 내세우고 있지 않아요. 커뮤니티의 진정성을 위해서죠. 만약 회원들이 이용당한다는 생각이 들면 커뮤니티는 끝난다고 생각해요. 그래서 팝업 전시를 할 때도 제품을 대놓고 소개하지 않아요. 팝업 공간 곳곳에 은근하게 배치하죠. 심지어 다른 회사 제품을 얘기하는 것도 자유로워요.

저희가 이렇게 시작할 수 있었고, 계속 해나갈 수 있는 건 경영진의 마인드가 저희와 같았기 때문입니다.

### '미닛'과 '시간상점'은 어떻게 기획하고 운영하나요?

가전제품은 고객의 노동 시간을 줄여주죠. 라이프집에서는 그렇게 생긴 여유 시간을 고객들이 더 의미 있게 쓸 수 있도록 만들고 싶었어요. 미닛도 '회원의 시간'이라는 의미를 담은 거예요. 라이프집에서 댓글이나 챌린지 등 여러 활동을 한 시간을 미닛으로 드리는 거죠. 그렇게 모은 미닛은 의미 있는 보상으로 전환되는데 그게 바로 시간상점입니다. 즉, 미닛이라는 시간 포인트로 가치 있는 무언가를 얻을 수 있는 것이죠.

시간상점에는 다양한 상품과 혜택이 올라와요. 책, 가전제품, 초대권, 숙박권 등 다양합니다. 그리고 미닛으로 응모해서 추첨받습니다.

예를 들어 감성 넘치는 스피커를 다섯 명에게 드리는데, 여기에 응모를 하려면 10미닛을 소진해야 해요. 시간상점에 응모하기 위해서는 미닛을 열심히 모아야 합니다. 여기서 저희가 의도하는 건, 미닛을 얻기 위한 활동이 결국 일상의 시간을 더 가치 있게 만드는 행위가 되도록 연결하는 것이죠.

**특히 2024~2025년에 진행한 팝업이 꽤 성공적이었던 것 같아요. 팝업 프로젝트는 무엇이고, 어떻게 진행됐나요?**

팝업 프로젝트는 회원들의 공간을 오프라인으로 가져와 팝업 형식으로 전시하는 겁니다. 커피에 진심인 회원은 홈카페 공간을, 혼술에 진심인 회원은 홈바 컨셉으로 전시하는 거죠. 2024년에 처음으로 시도했는데 반응이 뜨거웠어요. 사실 브랜드가 진행하는 팝업은 많잖아요? 하지만 커뮤니티 회원들이 자신의 공간을 팝업 형식으로 전시하는 건 최초가 아니었을까 싶어요. 커뮤니티만이 할 수 있는 팝업이었죠.

팝업 프로젝트는 회원 입장에서 시간과 노력이 꽤 드는 작업이에요. 저희는 짐을 옮기는 비용 정도만 제공했는데도 상당히 많은 분이 동참해주셨어요. 그동안 저희가 쌓아온 진정성과 일관성에 대한 신뢰 덕분이었죠. 참여하는 회원들도 이 기회를 빌어 용기를 냈다고 합니다. 내향적인 분들 입장에서는 나의 공간을 공개한다는 게 쉽지 않은 일인데, 많은 사람들과 공유하는 게 그래도 더 의미 있을 거라 생각하신 거죠. 팝업 이후 개인 브랜딩이 된 분들도 계시고, 협업 의뢰도 여러 곳에서 왔다고 해요. 그런 소식을 들을 때 뿌듯함을 느낍니다.

**시간상점이나 집업 프로젝트를 할 때 다른 회사 제품도 많이 노출되던데 어떤 식으로 협력하나요? 커뮤니티 파트너십은 어떻게 이루어지나요?**

처음에는 시간상점의 상품을 저희가 구매해서 채웠죠. 그런데 회원이 늘어나고, 감도 높은 콘텐츠가 쌓이다 보니 차츰 회사나 브랜드들이 주목하더군요. 특히 2030 젊은 세대들과의 접점을 만들 수 있어서 큰 장점으로 여긴 것 같아요. 2023년부터 파트너사와 협력을 시작했고, 파트너사는 지금 50개 이상으로 늘었습니다. 파트너들이 시간상점과 집덕후박스, 집업 등의 상품을 협찬하는 거죠.

이런 오픈 콜라보는 서로에게 윈윈이었어요. 파트너사 입장에서는 큰 비용 없이 자사 상품을 커뮤니티에 홍보할 수 있고, 저희 입장에서는 회원들에 대한 혜택을 풍성하게 마련할 수 있으니까요. 파트너사와 협업 이벤트를 할 때 신규 회원 유입도 폭발적이었어요.

민음사와 같이 책 읽고 필사하는 프로젝트에는 한 번에 1,500명이 유입됐고, 스테이폴리오와 함께 진행한 집업 프로젝트에는 12,000명이 한꺼번에 가입했죠. 오픈 콜라보가 저희 성장의 주요 동력이었고, 커뮤니티에서 참고할 만한 모델이라 생각합니다.


**LG전자는 라이프집을 통해 어떤 가치를 얻으려고 하나요? 사업적으로 어떤 도움이 되고, KPI는 무엇인가요? 경영진이 사업적 성과를 요구하지 않나요?**

처음부터 라이프집은 수익을 보고 시작한 게 아닙니다. 경영진의 주문도 고객의 삶에 좀 더 가까이 다가가는 진정성 있는 커뮤니티를 만들자는 것이었죠. 주제를 가전에 한정하지 않고 라이프스타일 전반을 다루기로 했고요. 그래서 사업 부문이나 마케팅 부문이 아닌 저희 고객가치혁신 부문에서 커뮤니티를 만들게 된 거죠. 그 결과 지금은 집과 관련된 라이프스타일 콘텐츠의 보고가 되었습니다. 그리고 젊은 세대와 소통할 수 있는 채널 역할을 하게 되었죠.

본사에서 젊은 고객을 타깃으로 신제품이 나올 때 저희에게 문의가 들어옵니다. 시간상점에 이벤트를 만들어 노출해보는 거죠. 제품 기획 단계에서 고객을 인터뷰할 때도 저희가 회원을 연결해드립니다. 이와 같이 사업이나 마케팅 부문과 접점을 하나씩 늘려가고 있습니다.

2025년 말 누적 회원 100만 명을 달성한 이후, 라이프집의 새로운 목표는 라이프집만의 정체성을 지키며, 보다 일상적으로 사람들이 방문하는 플랫폼으로 거듭나는 것이 되었습니다. 한편으로 어떻게 자생할 것인가도 매일 고민하고 있습니다.

요즘 파트너사가 늘면서 일부 사업화 가능성을 보고 있습니다. 광고, 챌린지, 고객 체험단의 경우 파트너사에서도 수요가 있더군요. 커뮤니티의 진정성을 해치지 않으면서 자생할 수 있는 방안을 차근차근 만들어갈 예정입니다.

**본인 소개 부탁드립니다. 라이프집에서는 어떻게 활동하고 계신가요?**

요가 스튜디오 운영 컨설팅을 하고 있는데, 커피를 좋아해서 집에 홈카페를 운영 중이었어요. 라이프집이 오픈할 때부터 홈카페 관련 내용을 많이 올렸죠. 라이프집은 MBTI가 I(내향형)인 분들이 90% 되는 것 같은데, 저는 E 성향이거든요. 저희 집을 보여주는 데 스스럼이 없었어요. 덕분에 집업 프로젝트에 선정되어 원하는 가구도 받았고요. 그리고 2024년부터 팝업에 참여해 제 홈카페를 전시했어요. 그저 라이프집에 보은한다는 마음으로 했는데, 의외로 커피 관련 비즈니스 기회가 많이 연결되어 놀랐어요. 커뮤니티 활동이 생산적인 일로 이어지는 경험을 했죠.

**라이프집의 어떤 장점 때문에 그렇게 참여에 열심이신가요?**

운영하는 집사님들이 진심이에요. 회사 일로 하는 느낌이 아니에요. 본인들이 처음부터 직접 만든 커뮤니티인 것처럼 운영합니다. 원래 동호회 같은 경우도 찐으로 좋아하는 사람들이 만들고 운영하잖아요? 라이프집은 고객 커뮤니티인데도 그런 동호회 느낌이 나요. 집사님들이 진심을 다해 운영하죠. 그런 진정성이 마음을 움직이는 것 같아요.

그런데 가만히 보니 집사뿐만 아니라 회사도 커뮤니티에 진심이더군요. 한번은 라이프집 멤버 중 4명을 사장단 미팅에 초대했어요. 저도 그중 한명이었는데요. 열댓 명의 임원들이 커뮤니티에 대해 이것저것 묻고 커뮤니티 활동의 좋은 점, 어려운 점, 더 지원해줬으면 하는 걸 물어보시더군요. 깜짝 놀랐어요. 대기업 임원들이 커뮤니티 멤버들의 목소리를 직접 들으려 한다는 게 흔한 일은 아니잖아요? 그때 LG전자는 커뮤니티에 진심이구나 느꼈죠.

#### ◆ 진정성과 진심은 고객 커뮤니티의 기본

커뮤니티를 시작할 때 운영하는 회사를 숨기겠다는 결정은 결코 쉬운 게 아닙니다. 하지만 그런 결정이 진정성 있는 커뮤니티를 만들어 냅니다. 커뮤니티 운영진은 집사로 참여하면서 회원들과 소통하고 진심으로 섬깁니다. 그 결과 일방적 관계가 아니라 동료라는 의식이 생겼고, 커뮤니티의 여러 문제를 동료들이 서로 나서서 해결합니다.

#### ◆ 초기 소규모로 파일럿 운영 후 정식 오픈

커뮤니티를 바로 오픈하지 않고 폐쇄형으로 시작해 소수 회원을 대상으로 다양한 시도를 할 수 있었습니다. 그러면서 계속 방향을 잡아간 것이 유효했지요. 그 결과 시행착오를 줄일 수 있었고, 안정적으로 정식 오픈할 수 있었습니다. 또 초기 회원들과 끈끈한 관계를 만들게 되어, 이후 그 회원들이 커뮤니티의 분위기를 만드는 게 결정적 역할을 했습니다.

#### ◆ 파트너사와 오픈 콜라보를 통한 안정적인 성장

회원 수가 늘고 회원들이 자체적으로 양질의 콘텐츠를 만들어 내면서 외부 파트너사와의 협력이 가능해졌습니다. 파트너사는 회원들에게 홍보할 수 있는 기회를 얻고, 회원들은 보다 다양한 혜택을 누리게 됩니다. 동시에 일정 부분 커뮤니티 수익화에 대한 해답을 찾을 수 있습니다. 이는 커뮤니티의 지속 가능성 면에서 좋은 방안입니다.

# HR 프렌즈

## 커뮤니티는 은행 복리 이자

**인터뷰이** 윤용운(전 HR 프렌즈 리드)

원티드랩은 기업과 구직자를 연결하는 채용 플랫폼으로 시작해 교육, AX **AI Transformation** 솔루션까지 아우르는 HR 테크 기업입니다. 물론 국내에는 여러 채용 서비스가 있습니다. 그중에서 원티드랩이 운영하는 채용 플랫폼 '원티드'의 독보적 특징은 강력한 고객 커뮤니티입니다. 국내 HR 담당자 커뮤니티인 HR 프렌즈를 운영하고 있고, 이들과 함께 매년 '하이파이브'라는 HR 컨퍼런스를 개최합니다. 2020년부터 시작해 커뮤니티를 직접 만들고 운영한 윤용운 님(현재 오프피스트 대표)을 통해 커뮤니티의 여정을 알아보았습니다.

## HR 프렌즈는 어떻게 운영되나요?

HR 프렌즈는 6개월 기수제로 운영됩니다. 반기마다 새로운 기수를 선발해 6개월 동안 활동합니다. 특이한 점은 HR 경력에 따라 커뮤니티를 세분화해서 운영한다는 점이에요. 팀장급인 〈HR 리더스〉, 6년 차 이상 중간관리자급인 〈HR 미드필더〉, 5년 차 이하인 〈HR 앰버서더〉로 구성되고, 각각 25명씩 선발합니다. HR 앰버서더는 2020년에 시작해 2025년 11기까지 왔고, HR 리더스는 9기, HR 미드필더는 6기까지 운영되고 있습니다. 지금까지 650명 가량이 HR 프렌즈를 거쳐간 셈이죠.

## HR 프렌즈는 어떻게 시작됐나요? 이렇게 세분화한 이유가 있나요?

당시 원티드의 주요 고객층은 스타트업이었고, 스타트업의 HR 담당자는 대기업과 달리 주로 주니어가 많았습니다. 그분들과 원티드가 어울릴 수 있는 프로그램을 만들어보자고 시작한 게 HR 앰버서더입니다. 처음에는 커뮤니티를 생각하지 않고 한 달에 한 번 정도 교류할 수 있게 해보자는 취지였죠. 20명으로 시작하려고 공지를 냈는데, 180명이 지원하더군요. 경쟁률이 9:1이나 된 거죠. 놀라웠습니다. HR 담당자들끼리 교류하려는 니즈가 있다는 걸 확실히 알게 됐죠.

그렇게 두 개 기수를 운영했더니, 주변의 HR 리더들이 자기들을 위한 프로그램을 만들어 달라고 했어요. 그들의 고민과 커리어 계획 등을 함께 얘기할 공간이 필요했던 거죠. 그래서 시작한 것이 HR 리더스입니다. 그렇게 또 얼마의 시간이 지나니까 그 사이에 끼인 HR 담당자들이 또 자기들을 위한 프로그램을 요청하는 거예요. 그래서 HR 미드필더까지 만들게 된 거죠.

HR 담당자들의 목소리에 귀 기울이면서 각자의 니즈를 파악하고 그에 맞춰 하나씩 프로그램을 구성한 게 유효했던 것 같아요. 그래서 지금까지 성공적으로 운영되는 것 같고요. 지금도 경쟁률이 10:1 가까이 나오거든요.

**경쟁률이 놀랍네요. 어떻게 그렇게 인기가 많은 거죠? HR 담당자들이 이런 커뮤니티에 목말라했던 이유가 있을까요?**

HR 직군에 대한 이해가 필요합니다. HR, 즉 인사 업무에는 미묘한 점이 있어요. 회사와 직원에 대한 민감한 정보를 다루기 때문에 회사 내 동료들과의 관계에서 더 조심할 수밖에 없어요. 조직 내에서 일종의 벽으로 둘러싸인 느낌이랄까? 동료들과 더 친해지고 싶어도 그럴 수가 없죠. 그래서 회사 밖에서 동료를 찾아야 하는데, 마땅한 곳이 없는 상황에서 원티드가 그걸 해결해준 거죠.

HR 담당자들은 커리어 개발에 대한 욕구가 큽니다. 그게 본인들의 업이기도 하고요. 하지만 자신들의 커리어 경력을 증명할 만한 게 많지 않아요. 소프트웨어 개발자는 코드를 남기고, 디자이너는 포트폴리오가 있잖아요. 반면 HR 담당자가 채용을 잘하고, 평가 보상을 잘했다고 그게 기록으로 남는 건 아니거든요.

이때 HR 프렌즈 활동을 하는 것이 그들에게는 경력 개발의 훈장 같은 역할을 하는 겁니다. 실제로 어떤 회사에서는 HR 담당자를 채용할 때 HR 앰버서더 활동을 적극적으로 물어본다고 합니다. 그래서 실제로는 HR 앰버서더 멤버가 아닌데도 면접에서 자신이 멤버라고 스스로를 소개하는 웃지 못할 케이스까지 생겼죠.

**인살롱은 어떻게 시작하게 됐고, 어떻게 운영되나요?**

HR 프렌즈는 소수의 기수제로 운영되기 때문에 수적인 측면에서 한계가 있죠. 더 많은 HR 담당자들을 수용할 수 있는 방법을 고민했고, 그 결과물이 인살롱입니다.

인살롱은 HR 관련 글을 쓰고 공유하는 공간이에요. 그렇다고 누구나 글을 쓸 수 있는 건 아니에요. 이것도 6개월 기수제로 운영하죠. 최소한의 허들을 둔 겁니다. 다만 인원 제약 없이 선발했고, 기수가 끝나도 글을 쓸 수 있도록 했습니다. 그래서 한 기수를 모집할 때마다 수백 명씩 지원하죠.

놀라운 건 별다른 홍보 없이 1만 명 이상의 회원을 모았고, 10만 이상의 페이지뷰를 달성했다는 겁니다. 그분들은 왜 인살롱에 글을 쓰고 공유할까요? 이것도 HR 직무의 특징과 관련 있습니다. 그분들은 대체로 읽고 쓰는 걸 좋아해요. 그게 자신의 전문성이라 생각하죠. 리더급 이후에는 코치나 컨설턴트로 경력 전환을 하는 경우가 많기 때문에 개인 브랜딩은 더 중요합니다. 인살롱에 쓰는 글이 브랜딩에 도움이 되는 거죠.

**하이파이브는 국내 대표적인 HR 컨퍼런스로 자리잡았는데, 어떻게 운영되나요?**

하이파이브는 2023년에 처음 시작했어요.. 'HR 패러다임의 변화'라는 큰 슬로건 아래 채용, 인사 관리, 경력 개발 등 다양한 HR 주제들을 준비했어요. 기업 대표, HR 전문가들이 연사로 참여해 인사이트를 나눴죠. 그 당시 1,500석 규모의 코엑스 그랜드볼룸을 대관했는데, 유료 행사로 이걸 다 채울 수 있을까 걱정이 앞섰죠. 하지만 결과적으로 별다른 광고 없이 전석 매진됐습니다. 여기에서도 커뮤니티가 한몫했지요.

HR 앰버서더들이 자진해서 스태프로 참여해 현장에서 내 일처럼 도와줬어요. 또 자신이 소속된 회사에서도 자기 컨퍼런스처럼 홍보를 해주었죠. 스태프로서가 아니라 함께 만들어가는 컨퍼런스라는 소속감을 가진 것 같아요. 이게 중요한 지점이죠. 커뮤니티 멤버에게 컨퍼런스를 만드는 과정에 참여하는 기회를 주는 것 말이에요. 그 이후로도 하이파이브는 4,500명 가까운 전석 매진 기록을 쓰고 있어요.

**원티드랩 회사 차원에서 고객 커뮤니티를 시작한 이유는 뭔가요? 커뮤니티를 안정적으로 운영하려면 경영진의 스폰서십이 중요한데 어떤 방법으로 경영진을 설득했나요?**

HR 프렌즈를 시작할 수 있었던 건 경영진의 강력한 지원이 있었기 때문입니다. 당시 원티드는 단순한 채용 서비스를 넘어 HR 토탈 플랫폼으로 진화하는 중이었고, 제대로 된 HR 커뮤니티를 만들 필요가 있다는 의지가 있었죠. 그래서 제가 스카 웃되었고, 커뮤니티 관련해서는 저에게 거의 전권을 주었습니다. 덕분에 경영진 설득이나 보고 없이 온전히 커뮤니티 빌딩에 집중할 수 있었죠. 커뮤니티를 만들려면 담당자가 전권을 가지는 건 정말 중요합니다.

그럼에도 불구하고 커뮤니티의 가치를 입증해야 하는 건 어쩔 수 없는 현실입니다. 사업이 잘되고 있을 때야 괜찮지만, 성장이 정체되거나 하면 비용 통제 압박이 들어오죠. 그때 저는 예산 집행의 타당성을 입증하기 위해 자체적인 인덱스를 만들었어요. 앰버서더 1인당 어느 정도의 가치가 있는지 산정하고, 6개월 활동을 위해 필요한 예산을 도출했지요. 물론 완벽한 기준이라 할 수는 없어요. 하지만 중요한 건 HR 프렌즈가 인지도를 얻으면서 회사 사업에 간접적으로 기여하게 됐다는 겁니다.

**HR프렌즈는 회사의 채용 사업에 어떻게 기여했나요? 사업적인 기여를 측정하는 노력이 있었나요? 타 부서는 커뮤니티를 잘 활용했나요?**

고객 커뮤니티가 사업에 어떻게 기여했는지 정확히 입증하는 건 거의 불가능합니다. HR 프렌즈 멤버는 사실상 원티드의 고객이거나 잠재 고객입니다. 커뮤니티를 통해 이들과 공감대가 형성되어 있기 때문에 세일즈에도 매우 도움이 되지요. 이미 회사와 라포가 형성된 상태에서 세일즈를 하는 효과가 있어요. 실제로 세일즈 팀에서 HR 프렌즈는 세일즈를 위해 꼭 필요하다는 얘기를 많이 했어요. 감사한 일이죠.

세일즈 팀 주도로 커뮤니티의 사업적 기여를 측정하는 인덱스도 만들었어요. 예를 들어, 고객이 아니었던 어떤 기업이 HR 프렌즈의 멤버가 되고 1년 내에 우리 고객이 된다면 커뮤니티의 성과로 인정하는 거죠.

B2B 세일즈에서 고객 전환의 요인을 정확히 파악하는 건 불가능합니다. 제품 때문인지, 세일즈 역량 때문인지, 커뮤니티 덕인지 정확히 알 수 없거든요. 그럼에도 불구하고, 사업적 기여를 숫자로 측정해보려는 노력은 중요하다고 생각합니다. 그 일을 우리 자신이 아니라 커뮤니티의 덕을 가장 많이 보는 다른 팀이 해준다면 가장 설득력 있겠죠.

**HR프렌즈나 하이파이브를 운영할 때 가장 중요하게 생각하는 원칙이 있다면?**

가장 중요한 원칙은 순수성입니다. 최대한 상업적 색깔을 지우고 HR 담당자의 성장과 네트워킹에 초점을 맞추는 거죠. 원티드를 직접 홍보하지 않더라도 커뮤니티 만족도가 높아지면 머리 속에 원티드가 자리 잡고, 결국 모두 원티드의 고객이 될 수밖에 없을 거라고 생각했어요.

하이파이브 역시 순수성의 원칙으로 운영합니다. 프로그램을 보면 원티드 제품 홍보 발표가 없어요. 심지어 후원사 홍보도 없지요. HR 담당자의 성장을 위한 인사이트 발표가 전부입니다. 하이파이브를 운영할 때 1순위는 참석자고, 2순위는 연사, 3순위는 파트너사입니다. 그래서 연사석이 따로 없습니다. 참석자가 제일 중요하기 때문이죠. 하이파이브가 성공하면 원티드에게 자연스럽게 도움이 될 거라고 생각했고, 실제로 그랬죠.

**고객 커뮤니티를 만드는 담당자에게 조언 부탁합니다.**

담당자의 의지가 중요합니다. 자기가 하고 싶어 해야 합니다. 커뮤니티 빌더이면서 참여자가 되어야 하는 거죠. 그래야 커뮤니티 멤버들과 진정성 있게 소통하고 섞일 수 있습니다. 자신은 관심도 없는데 회사에서 시켜서 커뮤니티를 만든다면 오래 지속되기 어려워요.

그런 측면에서 저는 덕업일치를 한 케이스입니다. 15년 동안 HR 담당자들과 함께 해왔고, 그들 덕분에 저 자신도 많이 성장했기 때문에 감사한 마음이 큽니다. 그래서 그들에게 도움이 되는 커뮤니티를 만들어주고 싶어요.

물론 내 의지가 있더라도 경영진의 지지가 없다면 힘듭니다. 커뮤니티는 바로 성과가 나기 힘들어요. 시간이 걸리죠. 하지만 시작은 미미할 수 있어도 누적되어 쌓이다 보면 거대한 눈덩이가 됩니다. 그래서 커뮤니티는 은행 복리 이자 같은 거에요. 충분한 이자가 쌓일 때까지 버티는 힘이 있어야 하죠. 그래서 경영진의 지지가 더욱 중요합니다. 그렇지 않으면 매 순간 커뮤니티의 가치를 입증해야 하는 도전에 직면하게 되지요. 그렇게 문닫는 커뮤니티가 많습니다.

**최근에 회사를 나와 직접 창업하셨던데 어떤 곳인가요?**

더 늦기 전에 HR 담당자의 성장을 집중 지원하는 플랫폼을 만들고 싶었어요. 2025년 여름에 오프피스트라는 스타트업을 창업했습니다. 아티클, 컨퍼런스, 세미나 등 다양한 방법으로 HR 담당자들의 성장을 지원하고 있어요. 그들의 경험과 인사이트를 기록하고 아카이빙해 서로 공유하면서 함께 성장하는 걸 도우려고 합니다.

### ◆ 커뮤니티 빌더도 참여자가 되어야 진정성이 생긴다

윤용운 님은 HR 커뮤니티를 만드는 빌더지만, 그 역시 HR 업계에서 오랜 기간 일했고, 그래서 커뮤니티 멤버들을 위하는 마음이 큽니다. 덕분에 커뮤니티 멤버들에게 진정성 있게 다가갈 수 있었죠. 자신이 관심 없는 주제를 숙제처럼 받아서 커뮤니티를 만들면 성공하기 어렵습니다.

### ◆ 구성원의 특징에 따라 정체성을 형성

HR 프렌즈는 HR 직무 특성이 커뮤니티의 정체성에 많은 영향을 주었습니다. 사내 직원과 관계의 제약, 커리어 성장에 대한 욕구는 HR 프렌즈를 지원하는 원동력이 됩니다. 글을 써서 공유하는 걸 좋아하고 남 돕기를 주저하지 않는 특징들은 커뮤니티 활동에도 그대로 적용됩니다. 커뮤니티를 구축할 때 구성원의 특징을 파악하는 것이 중요합니다.

### ◆ 기수제 선발 방식 & 연차별 분리된 커뮤니티 구성

HR 담당자의 연차에 따라 커뮤니티를 분리해 구성함으로써 좀 더 동질감을 느낄 수 있는 동료를 만날 수 있습니다. 기수제 같은 소수 선발 방식으로 구성원을 모집해 커뮤니티의 가치를 높이고, 커뮤니티는 구성원에게 일종의 훈장 같은 역할이 됩니다.

### ◆ 타 부서가 커뮤니티를 지지할 수 있게

HR 프렌즈와 하이파이브는 세일즈 팀에게 명확한 사업적 가치를 제공합니다. 그래서 경영진에게 커뮤니티의 존재 이유를 설득하고 주장하는 건 세일즈 팀이 되지요. 나아가 커뮤니티의 가치를 숫자로 입증할 수 있는 지표도 만들어줍니다. 다른 부서의 입을 빌리면, 커뮤니티를 담당하는 부서가 직접 타당성을 주장하는 것보다 훨씬 강력한 효과가 있습니다.

# 넷플연가

## 허들과 평판 설계가 핵심

**인터뷰이** 전희재 대표

넷플연가는 관심사 중심의 오프라인 모임을 만들어주는 커뮤니티 서비스입니다. 영화, 여행, 운동, 자기계발 등 다양한 주제로 모임장과 12명의 멤버가 4번의 모임을 가지면서 서로 배우고 교류합니다. 20만 원 이상의 유료 모임이지만, 2020년부터 지금까지 수천 개의 모임이 개설됐고, 현재 약 400여 개의 모임이 정기적으로 운영되고 있습니다.

최근에는 교육까지 확대한 버킷리스트 클럽을 런칭해 전문가에게 작곡, 연기, 부동산, 바이브코딩 등을 배울 수 있는 장을 열었습니다.

또 언제 어디서나 함께 그룹 활동할 수 있는 사람들을 찾을 수 있는 동행 서비스를 운영하고 있습니다. 함께 모여 저녁 식사를 하거나 한 강변을 달리거나 하는 거죠.

어떻게 일면식 없는 사람들이 이런 모임과 활동을 함께 할 수 있을까요? 여기에는 넷플연가만의 비법이 있습니다. 넷플연가 전희재 대표로부터 그 비법을 들어봤습니다.

### 넷플연가는 어떻게 시작됐나요?

이전에 스타트업을 창업했는데, 5년 하면서 거의 망했거든요. 그렇게 우울한 나날을 보내는데 넷플릭스를 보면서 위로를 받았어요. 당시가 2018년이었는데, 넷플릭스가 국내에 막 소개되어 퍼지기 시작할 무렵이었죠.

저 말고도 원룸에서 혼자 넷플릭스 보면서 외롭고 우울한 시간을 보내는 사람이 많을 거라 생각했어요. 그런 사람들이 같이 모여서 넷플릭스를 같이 보고 이야기를 나누면 어떨까 생각했죠. 그래서 넷플릭스 살롱을 시작하게 됐습니다. 〈바람 부는 날이면 압구정동에 가야 한다〉는 영화 제목을 패러디해서 '넷플릭스 보는 날이면 연희동에 가야 한다'라는 뜻으로 '넷플연가'라는 이름을 지었죠. 저희 집이 연희동이었거든요.

당시 트레바리 같은 유료 커뮤니티 서비스를 보면서 사업의 힌트를 얻었어요. 사람들이 책을 읽고 토론하기 위해 모이는데 몇만 원씩 내는 거예요. 의미 있는 모임에 사람들은 돈을 지불

할 의사가 있다는 걸 확인한 거죠. 트레바리는 독서 분야니까 넷플연가는 같이 영화도 보고, 시도 쓰고, 와인도 마시는 등 다른 영역으로 모임을 만들어 볼 수 있겠다 생각했어요.

## 커뮤니티를 시작할 때 반응이 좋았나요?

아니에요. 처음에는 모임 한 개를 만들어 파는 것도 잘 안 됐어요. 1년 동안 5개 모임을 만드는 데 그쳤죠. 그도 그럴 것이 처음부터 유료 모임으로 시작했거든요. 저는 그때 가격이 주는 허들, 즉 진입 장벽이 핵심이라 생각했어요. 가격이 있어야 모임장들에게 비용 지급도 가능하고, 사업 자체도 지속 가능해지고, 멤버들의 노쇼 방지는 물론 좋은 태도를 갖는 데도 중요하다고 생각했어요.

그래서 가격 정책에서는 타협을 하지 않았죠. 그랬더니 회원들이 들어오지 않더군요. 통장 잔고도 비어 가고 고민이 깊었죠. 그때 마지막이라는 심정으로 30개 프로그램을 한꺼번에 런칭했어요. 그랬더니 오픈 첫날 30개 중 28개가 팔리면서 드디어 터지기 시작한 거예요. 그 전에는 모임이 몇 개 되지 않으니까 신뢰를 주지 못한 것 같아요.

30개 정도의 라인업을 갖추니 스크롤을 5번 정도 해도 계속 프로그램이 보이면서 '아, 괜찮은 브랜드구나' 인지하기 시작한 거죠. 가격 허들이 문제였던 게 아니라 신뢰의 이슈였던 거죠. 커뮤니티 서비스가 신뢰를 얻으려면 어떤 임계치를 넘겨야 한다는 걸 확실히 배웠어요.

**트레바리, 문토 등 관심사 기반의 커뮤니티 서비스는 참 많은데요. 넷플연가의 차별점은 뭔가요?**

넷플연가는 겉보기에 그냥 커뮤니티 혹은 콘텐츠 사업처럼 보이지만, 본질은 엔지니어링과 운영 자동화입니다. 모임을 만들고 운영하려면 온갖 자잘한 일을 처리해야 해요. 모임 전 알림 톡을 보내고, 모임 후에 피드백을 받고 후속 관리까지 해야 합니다. 이걸 담당자가 일일이 한다고 생각해 보세요. 모임이 늘어날수록 직원을 계속 뽑아야 되겠죠. 그게 커뮤니티 사업이 가진 한계입니다.

저희는 그걸 깨기 위해 초기부터 엔지니어링과 운영 자동화에 공을 들였어요. 그래서 운영 대부분은 프로세스로 만들어져 있고, 많은 부분이 자동화되어 있어요. 현재 400여 개 이상의 모임이 돌아가지만 5명이 이 모든 걸 처리합니다. 회사 전체 직원은 10명 이하인데, 2025년 매출 기준으로 30~35억 이상 바라볼 수 있는 비법은 운영 자동화인 거죠.

**운영 자동화가 참 인상적이네요. 하지만 자동화가 어려운 업무도 있지 않나요? 예를 들어, 모임장을 섭외하는 건 어쩔 수 없이 담당자가 해야 하지 않나요?**

좋은 질문입니다. 초반에는 제가 직접 발로 뛰면서 모임장을 한 분 한 분 모셔왔어요. 하지만 그렇게 해서는 확장성이 없다는 게 명확했죠. 관점을 바꿔서 저희가 모시는 게 아니라 모임장이 지원하는 시스템을 만들게 됐어요. 대신 모임장을 검증하는 프로세스를 잘 만들어서 신뢰를 주기로 했죠. 이 프로세스는 3단계로 이뤄집니다. 서면 인터뷰, 비대면 줌 인터뷰, 담당자와 대표의 최종 검토입니다. 이 과정 자체도 자동화되어 담당 직원 혼자 처리합니다.

2023년 1월 처음으로 모임장 지원을 받기 시작했는데, 매달 100~150명 정도가 지원합니다. 생각보다 모임장에 대한 욕구가 높다는 걸 확인했죠. 저희는 모임장에게 소액의 수고비밖에 못 주거든요. 그런데도 참여자보다 진행자로 기여할 때 즐거움을 느끼는 분이 많은 것 같아요.

넷플연가에서 자신의 첫 커뮤니티를 만들고 고객을 만드는 분들도 계세요. 예를 들어, 와인바를 운영하는 분이 모임장으로 와인 모임을 개설하면 참여하는 분들이 모임장의 팬이 되고, 결국 고객이 되는 거죠. 그러면 가게 하나는 충분히 먹여 살릴 수 있게 됩니다. 개인 브랜딩 차원으로 모임을 만들기도 하고요.

**넷플연가에서는 모임장은 물론 비용을 내는 멤버들도 인터뷰를 거쳐야 들어간다고 들었습니다. 어떤 취지로 인터뷰를 하는 건가요? 돈도 내는데 멤버들은 불만이 없나요?**

넷플연가에 가입하려면 최초에 10분 온라인 인터뷰를 해야 합니다. 저희는 '웰컴 숏터뷰'라고 부릅니다. 단순히 평가하기 위한 인터뷰가 아니라, 신규 멤버의 얘기를 들어주면서 환대받는 느낌을 주는 게 핵심입니다. 그리고 인터뷰 내용을 5~7줄로

요약해 멋진 프로필을 만들어드리는 거죠.

다만 이 과정에서 저희 기준에 맞지 않다고 생각되는 분들은 정중히 가입을 거절합니다. 이렇게 만들어진 멤버 프로필은 전체 공개로 웹사이트에 공개되고요. 지난해 처음 런칭했고, 그때부터 지금까지 1만 명 이상 멤버의 프로필을 볼 수 있어요.

돈 내는 멤버를 인터뷰하고, 또 일부는 가입 거절을 한다는 데 대해 처음에는 내부 반대가 심했어요. 하지만 생각해보세요. 커뮤니티 상품의 퀄리티는 무엇일까요? 참여하는 사람들의 매력도입니다. 최소한의 매너도 없거나 커뮤니티에 어울리지 않는 사람을 방지하기 위한 장치로 숏터뷰를 만든 겁니다.

또 프로필을 공개함으로써 누굴 만날지 모르는 두려움을 미리 해소해줍니다. 모임에 가기 전에 기대감을 갖게 되는 거죠. 모임장은 참여자 프로필을 미리 받아 더 책임감을 느끼게 되고요. 웰컴 숏터뷰와 프로필은 낯선 사람들의 연결을 개선할 수 있는 훌륭한 장치가 됐습니다. 덕분에 '동행'이라는 새로운 서비스를 시작할 수 있게 된 것이고요.

**'동행'이라는 서비스는 어떤 것인가요? 왜 시작하게 되었고, 현황은 어떤가요?**

넷플연가는 모임장, 즉 모더레이터가 있는 모임 서비스입니다. 그에 반해 동행은 모임장 없이 4~5명이 소수로 만나 여러 활동을 하는 것입니다. 저녁 식사를 같이 하거나, 함께 달리거나, 독서 등을 하죠.

동행은 2024년 중순에 테스트를 거쳐 10월에 별도 앱으로 출시했습니다. 15만 원의 비용으로 3개월 동안 안전하게 만날 수 있는 사람들을 매칭해주는 것이죠. 출시 후 10개월 동안 12,000명이 신청했고 2,800명이 유료 구독을 해서 월 5~7천만 원의 매출을 달성했어요. 서울 하나의 도시에서만 이룬 성과입니다. 저희도 성장 속도에 깜짝 놀랐어요. 웰컴 숏터뷰로 구축해 놓은 프로필 덕분에 동행이 가능했던 거죠.

넷플연가를 운영하면서도 고민이 많았어요. 넷플연가의 3대 요소는 모임장, 멤버 그리고 공간입니다. 좋은 멤버를 모으고 모임장과 공간을 제공하는 거죠. 그런데 이 세 가지 요소 중에 모임장과 공간이 확장성에 한계가 있습니다. 그게 오프라인 커뮤니티 사업의 한계라고 생각하고요.

이 두 가지를 배제하고 멤버들끼리 모임을 하면 어떨까? 그러면서 유료 결제를 하려면 어떤 장치가 필요할까? 멤버들이 모일 때 어떤 어려움이 있을까? 이런 고민 끝에 낯선 사람을 만나더라도 두려움보다는 기대감을 가질 수 있게 해주는 동행 서비스를 생각해낸 거죠. 1:1로 얼굴을 보고 한 사람의 삶을 텍스트로 온전히 담아낸 프로필이 멤버들 사이에 신뢰를 줍니다.

**동행의 성과가 놀라운데요. 어떻게 이렇게 인기가 많나요? 왜 사람들은 모르는 사람과 만나고 싶어 하는 걸까요?**

2025년 초에 글로벌 시장에서 타임레프트Timeleft라는 그룹 매칭 서비스가 나와서 대박이 났죠. 그런 걸 보면 글로벌하게 사람을 만나는 방식이 달라지고 있는 것 같아요. 그룹으로 낯선 사람들을 만나는 거죠.

그룹으로 만날 때의 장점이 있어요. 우선 1:1로 만날 때보다 안전함을 느끼죠. 위험한 상황이 줄어드니까요. 무례한 사람도 그룹으로 함께 있을 때는 조심하게 되고요. 선택의 폭이 넓어지는 장점도 있어요. 그래서 동행 서비스 만족도 점수는 5점 만점에 4.66이나 나와요. 심지어 어떤 멤버는 10개월 동안 90번이나 동행을 나갔더군요. 낯선 사람들과 함께 밥 먹고 달리고 싶은 욕구가 있는 거죠. 그러면서 안전하고 더 매력적인 사람들과 만나고 싶은 거죠. 그걸 동행이 해결해줍니다.

왜 모르는 사람들이 이렇게 열심히 만나는 걸까요? 몇 가지 가설이 있어요. 요즘 세대는 30대 중반까지도 가장이 되거나 책임지는 위치가 되지 않아요. 혼자 즐길 수 있는 시간이 길어진다는 뜻이죠. 그동안 나랑 맞는 사람을 찾아 즐겁게 지내려고 합니다. 취향이 깊어진 세대이기도 하고요.

그래서 저희 고객은 20대 후반부터 40대 초반까지가 제일 많아요. 또 하나의 가설은 이런 모임과 활동을 통해 사회적 자본을 만들어가는 게 아닐까 싶어요. 요즘 친구들은 스펙이 대단해요. 다들 좋은 학교 나오고 친구도 많아요. 그런데 막상 같이 러닝할 친구를 찾으려면 막막해요. 딱히 결핍은 없지만 외로움을 느끼죠. 그래서 넷플연가와 동행을 하지 않나 싶어요. 새로운 사람들과 느슨하게 연결되면서 외로움도 해소하고 사회적 자본도 쌓는 거죠.

**넷플연가와 동행 같은 커뮤니티를 만들 때 무엇을 고려해야 할까요?**

커뮤니티는 허들과 평판 설계가 핵심이에요. 허들은 누구를 어떻게 받아들일 것인지 결정하는 기준입니다. 허들이 그 서비스의 정체성을 결정하죠. 허들을 어떻게 설계하느냐는 어떤 사람이 들어와도 되는지 일종의 신호와 같습니다.

넷플연가와 동행에서 허들은 가격과 인터뷰입니다. 이 정도 가격을 내고라도 들어올 만큼 진심인 사람에게 신호를 보내는 거죠. 인터뷰를 통해 커뮤니티와 결이 맞지 않는 사람은 거절당할 수 있다는 신호를 보내는 거고요. 어려운 상황 속에서도 저희가 가격을 타협하지 않고 유지했던 이유입니다.

평판 설계도 중요해요. 평판은 사람들이 커뮤니티 안에서 어떻게 행동해야 하는지를 정해줍니다. 동행이 끝나면 4명이 서로를 평가하는데요. ‘또 보고 싶어요’ ‘보통이에요’ ‘다시 보고 싶지 않아요’ 셋 중 하나를 고르는 거예요. 다시 보고 싶지 않는 사람과는 다시 매칭해주지 않습니다. ‘제보하기’ 기능도 있어요. 부적절한 행동을 막는 사전 장치인 거죠. 이 정도 장치만 해도 허튼짓을 하지 않습니다. 4~5명이 만나는데 이상한 말과 행동을 할 만큼 용감한 사람도 없고요.

**마지막으로 고객 커뮤니티의 가치에 대해 조언 부탁드립니다.**

해외에서는 스타트업을 시작할 때 바로 커뮤니티를 빌딩하면서 시작하거든요. 피그마Figma나 미드저니Midjourney 같은 스타트업을 보세요. 제품을 완성하기도 전에 디스코드에 커뮤니티를 만들고 잠재 고객을 불러 모읍니다. 그들에게 제품에 대한 의견도 묻고 피드백도 받으면서 함께 만들어갑니다. 그중에 피드백 제일 잘 주는 사람을 채용하기도 하고요.

이게 왜 중요하냐면 실패 확률을 낮춰주기 때문입니다. 제품을 다 만들고 고객을 만나기 시작하면 실패할 확률이 높아요. 하지만 커뮤니티에서 고객과 함께 소통하면서 제품을 만들면 고객이 원하는 제품이 될 가능성이 높아지죠.

물론 고객 커뮤니티를 만든다는 게 쉽지 않습니다. 두 가지가 중요한 것 같아요. 첫째, 처음부터 구조를 잘 짜서 시작해야 합니다. 커뮤니티 목적에 맞게 허들과 평판, 소속감 조절 등을 잘 맞춰야 해요. 그 구조에 따라 사람들이 행동하고 커뮤니티 특징이 결정되기 때문에 나중에 바꾸기 힘들어요.

둘째, 임계치를 넘길 때까지 버텨야 합니다. 초반 임계치를 넘기가 매우 힘들어요. 커뮤니티는 일정 규모 이상이 되어야 가치가 생깁니다. 직접 손에 흙을 묻혀 가면서 그 구간을 멤버들과 함께 키워야 합니다. 남에게 맡겨서 될 일이 아니에요. 그렇게 임계치를 넘기면 커뮤니티는 본궤도에 오르게 됩니다. 어렵지만 충분히 가치 있는 일이죠.

#### ◆ 운영 자동화는 커뮤니티 확장의 열쇠

커뮤니티를 운영하는 데는 생각보다 사람 손이 많이 들어갑니다. 그래서 커뮤니티가 잘 되려면 운영진이 영혼을 갈아 넣어야 한다고 푸념하죠. 그것이 커뮤니티 사업이 확장되기 어려운 이유 중 하나입니다. 하지만 넷플연가는 운영 과정을 체계적으로 프로세스화하고, IT 기술로 자동화합니다. 요즘은 서비스형 소프트웨어나 툴이 잘 만들어져 있어 누구나 프로세스를 자동화하고 패키징할 수 있습니다. 커뮤니티 기반으로 사업화를 고민한다면 운영 자동화는 선택이 아닌 필수입니다.

#### ◆ 참여 허들과 평판 설계

참여 허들은 이 커뮤니티에 누가 들어올 수 있는가를 가르는 기준입니다. 이것이 커뮤니티의 성격과 품질을 결정합니다. 커뮤니티의 목적에 따라 허들을 신중하게 설계해야 합니다. 낮은 허들로 시작했다가 나중에 높이기는 어렵습니다. 평판 설계는 커뮤니티 안에서 사람들이 행동하는 방향을 정합니다. 허들이 멤버들의 시작을 정하는 기준이라면, 평판 설계는 그 이후의 기준을 정합니다.

#### ◆ 인터뷰와 프로필은 허들이자 강력한 신뢰 장치

넷플연가의 웰컴 숏터뷰는 수익을 희생하더라도 커뮤니티에 어울리는 사람을 받아들이겠다는 강력한 허들입니다. 덕분에 신뢰의 범위가 내가 가입한 모임을 넘어 넷플연가 전체로 확대되지요. 아직 만나지 않았어도 넷플연가 멤버라면 믿을 수 있게 되는 것이죠. 인터뷰 결과로 작성된 프로필은 멤버 개개인에게 이름을 부여하고 연결될 가능성을 높입니다. 그리고 새로운 사업 기회를 열어줍니다.

4

# 오늘의집

## 체계적인 여정의 설계

**인터뷰이** 배수현 전 커뮤니티 리드, 유아롬 전 커뮤니티 매니저

오늘의집은 버킷플레이스가 운영하는 국내 최대 규모의 인테리어 올인원 플랫폼으로, 홈/리빙 카테고리의 산업 혁신을 주도하고 있습니다. 2014년 7월 처음 서비스를 시작했을 때는 사람들이 각자의 인테리어 콘텐츠를 나누고 도움을 주고받는 공간이었습니다. 2016년에 커머스를 도입했고, 2019년에는 시공 중개 서비스까지 확장했습니다.

오늘의집은 자사의 성장 전략이 탄탄한 '3C 플라이휠'에 근간을 두고 있다고 소개합니다. 이는 콘텐츠, 커뮤니티 그리고 커머스가 유기적으로 연결되어 매출 증대와 비용 효율화를 동시에 실현하는 전

략을 뜻합니다.

그중에 오하우스 커뮤니티는 집과 일상에 대해 애정을 갖고 진솔하게 기록하는 오늘의집 고객들을 선발해 시즌제로 운영됩니다. 여기서 만들어진 콘텐츠는 오늘의집의 핵심 콘텐츠가 됩니다. 시즌 10까지 운영 후, 현재 오하우스는 종료되고 열린 크리에이터 플랫폼으로 전환되어 더 많은 회원에게 창작의 기회를 제공하고 혜택을 나누는 구조로 변화했습니다.

커뮤니티의 시작과 변화에 대한 이야기를 들어보시죠.

## 오하우스 커뮤니티는 어떻게 시작하게 됐나요?

오늘의집 대표 콘텐츠는 온라인 집들이입니다. 온라인으로 내가 꾸민 집을 소개하는 것이죠. 말하자면 현실의 집들이를 온라인으로 가져온 것으로 보시면 됩니다. 이 과정에서 인테리어 전후를 비교하고 예산도 공개하며 인테리어 제품들도 소개하죠.

이 제품들이 오늘의집 상품과 연결되어 콘텐츠가 커머스로 연결되는 역할을 합니다. 하지만 온라인 집들이에서는 크리에이터들이 일정 시간이 지나면 활동을 그만두곤 했어요. 그분들을 어떻게 더 오래 머물게 할까 고민했죠. 다른 회사처럼 체험단이나 브랜드 앰버서더를 할 수도 있었지만, 오늘의집다운 차별화된 형태를 원했어요. 특히 크리에이터들에게 특별한 경험을 제공하며 장기적으로 함께 할 수 있는 모델을 고민하다 오하우스 커뮤니티를 만들게 됐습니다.

커뮤니티를 시작할 때 멤버들이 활동을 이어가게끔 만드는 요소는 무엇일까 고민했어요. 소속감과 특별함, 만족도라는 세 가지 가치를 찾아내고 이를 위한 평가 기준을 만들었죠. 소속감은 안정감이고, 특별함은 다른 사람과 다르게 대우받는다는 느낌이며, 만족도는 경제적이든 정서적이든 혜택을 얻어가는 거예요. 이 세 가지를 기준으로 프로그램과 리워드 설계를 했죠. 그렇게 2020년 온라인 집들이 크리에이터 중심으로 150명을 초대해 오하우스의 첫 번째 시즌이 문을 열었습니다.

## 오하우스 커뮤니티는 어떻게 운영됐나요?

오하우스는 3~4개월 단위의 시즌제로 운영됐어요. 시즌제를 선택한 건 짧은 기간 동안 몰입도 높은 경험을 집중해서 제공하기 위함이었어요. 시즌 동안 선발-온보딩-활동-쇼케이스라는 명확한 커뮤니티 여정 설계를 통해 소속감과 만족도를 강화하려고 했죠.

멤버를 선발할 때는 팔로워 숫자가 아니라 얼마나 진심을 다해 집과 일상을 가꾸는지의 태도, 그리고 평소에 얼마나 꾸준하게 기록해왔는지, 계속 도전하려 하는가에 대한 의지를 중요하게 고려했어요. 영향력보다 진정성을 본 것이죠.

선발 이후 온보딩 단계에서는 '집과 일상을 기록하는 커뮤니티'라는 슬로건으로 오하우스의 가치와 활동 방법을 안내했고요. 본격적인 활동 기간에는 집과 일상에 대한 기록을 오늘의집에 올리게 됩니다. 이외에도 온오프라인 밋업(오!메이트),

온라인 클래스(오홈클래스), 체험단(오리뷰어) 등의 프로그램에도 참여하고요.

마지막으로 시즌 활동 결과를 모아 오하우스 매거진을 발행하거나 온오프라인 전시를 함으로써 성취감을 극대화합니다. 체계적인 커뮤니티 여정 설계는 멤버들에게 몰입도 있는 경험을 주는 데 큰 도움이 됐어요. 첫 번째 시즌 이후 지원자가 폭발적으로 늘어난 게 그 증거입니다.

**사람들은 왜 오하우스에 참여하는 걸까요? 특별한 보상 설계가 있나요?**

무엇보다 일상과 집을 가꾸는 것의 가치를 아는 사람들이 함께 모였다는 사실을 가장 좋아했던 것 같아요. 내 취향을 알아봐주는 사람이 있고, 누군가가 내가 공들인 인테리어에 감동해주는 거죠. 집에 뭐 하러 돈을 쓰냐고 핀잔 주는 사람이 없어요. 나의 집과 일상을 공유하고 자랑해도 괜찮다는 심리적 안정감을 느끼는 거죠.

오하우스는 금전적 보상보다 정서적 보상에 집중했어요. 그 중 가장 신경을 쓴 건 매달 '꽃 선물'을 보내는 것이었어요. 엽서와 함께 정성스럽게 포장된 꽃 선물을 보내면 멤버들은 인증샷을 찍어 자랑스럽게 공유했죠. 남편이나 애인도 잘 사주지 않는 꽃 선물을 받는 경험이 특별하다는 후기가 많았어요. 저희에게 '오남친'(오늘의집+남자친구), '오여친'이라는 애칭까지 생겼고요. 나중에는 인증샷을 보고 오하우스에 지원했다는 분도 생겨났죠. 특별한 경험에 집중해 설계한 장치가 하나의 멤버십 상징이 되었고, 커뮤니티 몰입감을 형성하는 데 효과적으로 작용한 것이죠.

정서적 보상이 단기 금전적 보상보다 커뮤니티 참여에 강력한 동기가 되었다고 생각해요. 꽃 선물, 매거진, 밋업 같은 경험적 보상은 멤버들의 소속감을 강화하고, '오하우스 활동은 뭔가 특별하다'는 문화적 자부심을 만들어 냈죠. 덕분에 시즌이 끝나도 멤버들이 자발적으로 재지원하는 선순환 구조가 형성됐습니다.

**오하우스 멤버들끼리 교류하도록 만드는 장치는 무엇인가요?**

대표적으로 동네반상회 프로그램을 만들었죠. 비슷한 지역에 사는 멤버들끼리 매칭해주는 겁니다. 이때 연령대, 라이프스타일 같은 걸 고려해서 연결해드립니다. 그랬더니 재밌는 일이 벌어졌어요. 자기 집을 온라인으로 공개한 분들이 많다 보니 멤버들을 자기 집으로 초대하는 거예요. 포틀럭 파티도 하고, 심지어는 처음 만난 날 밤을 새고 헤어진 그룹도 있어요. 공통 관심사로 이어져 결국 인생친구가 되더군요. 5년이 지난 지금도 연락하고 지내는 분들이 계세요.

하지만 오프라인 만남을 부담스러워하시는 분들도 있어요. 그래서 동네반상회의 온라인 버전을 만들었죠. 그게 '오!메이트'입니다. 라이프스타일이 비슷한 온라인 동네 친구들이죠. 자녀 유무, 거주 동네 위치, 반려동물 유무 등 공통사를 만들기 위해 섬세하게 라이프스타일을 분석하고 매칭했습니다. 온라인에서 함께 할 수 있는 다양한 활동도 제공했어요. 함께 빙고 미션을 수행하거나 기록을 인증하고 온라인에서 인증샷을 찍는 등의 활동들이죠.

멤버들 사이의 자연스러운 관계 형성을 촉진하되 부담을 최소화하도록 온오프 선택적 네트워킹 구조를 만들었어요. 오하우스는 여성 비율이 90%로 절대적이었거든요. 그런데 취향이 비슷한 사람들이 만나다 보니 여기서 결혼하는 커플도 나오더군요. 인생친구를 넘어 인생동반자까지 된 거죠.

**운영진과 멤버 간의 관계가 돈독하다고 들었어요. 멤버와 교류할 때 특별히 신경 쓴 부분이 있나요?**

보통 회사가 고객 커뮤니티를 만들면 고객들을 브랜드 서포터즈라고 부르잖아요? 저희는 반대로 했어요. 우리가 당신들의 서포터즈가 되겠다고 이야기하고 진정성 있게 다가갔죠. 운영진의 얼굴과 신상을 모두 공개하고 솔직하게 소통했어요. 운영이 힘들 때는 힘들다는 이야기도 했어요. 그러니까 멤버들도 오하우스의 일원으로 받아주더군요. 서로 인스타도 팔로우하고, 선물도 보내주고, 함께 걱정해줍니다. 이런 인간적인 교감이 오하우스를 특별한 곳으로 느끼게 해준 것 같아요.

**오하우스를 종료하게 된 배경은 무엇인가요?**

첫 시즌은 150명으로 시작했는데 시즌별 인원이 계속 늘어났어요. 500명으로 늘고, 마지막 시즌 10에서는 2,000명까지 확대됐죠. 그렇게 확대할 수 있었던 건 오늘의집 멤버들에게 인기가 있었기 때문이고, 사업적으로도 커뮤니티의 가치가 입증되었기 때문이에요. 오하우스와 협력하고 싶다는 다른 팀의 요구가 많아졌죠. 고객 간담회, 제품 개선, 광고 상품 개선, 브랜딩 등에 오하우스 멤버가 함께 하기를 원했어요.

오하우스 멤버들과 PB 상품도 만들었어요. 상품이 나오니 멤버들이 자신이 참여한 제품이라며 인증샷도 올리고 팔로워들이 구매하는 효과를 봤죠. 크리에이터가 중요해진 시대에 오하우스가 크리에이터 풀로서 인정을 받게 된 겁니다.

좋은 크리에이터가 좋은 콘텐츠를 만들고 사업에 직접적인 도움이 되는구나를 깨닫게 되면서 회사에서는 크리에이터를 좀 더 확장해보고 싶었어요. 오하우스는 선발형 시즌제로 운영하다 보니 그 멤버가 다시 찾아오는 비율이 99%에 달했어요. 하지만 확장성에 한계가 있었죠. 그래서 2024년 시즌 10을 마지막으로 오하우스를 종료하고, 더 많은 크리에이터를 포용할 수 있는 열린 크리에이터 프로그램으로 전환하게 되었습니다.

### 열린 크리에이터 프로그램은 어떤 건가요?

이제는 선발제가 아니기 때문에 누구나 소정의 조건을 채우면 곧바로 오늘의집 크리에이터로 활동할 수 있어요. 여기에 저희 콘텐츠 수익화 프로그램도 연결했어요. 예전에는 월별로 리워드형 수익 포인트를 지급했는데, 전환 후에는 콘텐츠 성과에 따라 알고리즘에 의해 포인트가 산정되는 형태가 되었죠. 크리에이터는 누구나 자신의 채널을 성장시키고 실질적 보상을 받을 수 있게 된 겁니다. 이전의 오하우스 커뮤니티가 이미 완성된 크리에이터를 모았다면, 열린 플랫폼에서는 성장하려고 하는 모든 크리에이터를 포용하려고 하는 거죠.

**열린 크리에이터 프로그램 전환 후 성과는 어떤가요? 커뮤니티 정체성은 어떻게 변했나요?**

자연히 정서적 결속에서 성장·수익 기반 동기로 무게 중심이 이동했습니다. 콘텐츠의 업로드 수도 급증했고, 주제도 다양해졌어요. 팔로우와 댓글, 스크랩 등 상호작용 지표도 증가했고요. 반면 기존의 소속감과 유대감은 상대적으로 약화됐어요. 시즌제 당시의 높은 재이용률은 유지할 수 없게 되었죠. 이는 커뮤니티 중심에서 플랫폼 중심으로 패러다임이 이동하면서 나타나는 현상이라고 보고 있습니다.

그럼에도 운영팀이 일관된 메시지와 가이드를 제공해 '좋은 취향과 기록을 나누는 문화'를 이어가고자 노력하고 있어요. 기존 오하우스 멤버들에게 코어 멤버로서의 역할을 부여해 새로 유입된 멤버들이 커뮤니티 문화에 잘 융화될 수 있도록 돕게 하고 있어요.

**커뮤니티 전략의 변화를 겪는 과정에서 어떤 교훈이 있었나요?**

회사가 성장하고 사업이 확대되면 커뮤니티 전략의 변화는 당연하다고 생각해요. 오하우스가 커뮤니티 중심이었다면, 새로운 전략은 크리에이터 중심이에요. 아직 많은 것들이 시행착오 단계에 있어요. 그렇다고 이전 오하우스의 성공 공식을 그대로 적용하는 게 맞는지 냉정히 생각해봐야 합니다. 패러다임이 바뀐 거니까요.

새로운 도전 과제도 있어요. 예전에는 커뮤니티 팀 한 곳에서 주도했다면, 현재는 여러 팀이 관여되어 있다 보니 어떻게 통일된 전략과 메시지를 낼 것인가 하는 어려운 과제에 직면해 있죠. 팀마다 지표가 다르고 소통 방식도 다르니까요.

기존의 운영 관점에 갇히지 않고 지금의 미션에 부합하는 판 깔기 방식을 고민하는 중입니다. 동시에 그간의 운영 경험에서 터득한, 지표와 숫자에 전부 담기지 않는 커뮤니티의 본질적 가치와 철학을 지속 가능한 방식으로 계승해나가는 것도 저희에게는 중요한 미션이죠.

**앞으로 오늘의집 커뮤니티와 크리에이터들이 어떤 역할을 하길 기대하시나요?**

단순한 인플루언서가 아니라 생활기록자이자 큐레이터로서 다양한 라이프스타일 영감을 제공해주길 기대해요. 오늘의집 커뮤니티 문화의 전도사로서 플랫폼 내 새로운 관심사 커뮤니티의 구심점이 되기를 기대하고요. 그분들은 오늘의집을 '살고 싶은 라이프스타일을 발견하는 플랫폼'으로 만드는 핵심 동력이에요. 오늘의집 커뮤니티와 크리에이터가 중심 역할을 할 수 있도록 저희도 더 치열하게 고민하며 만들어가고자 합니다.

#### ◆ 커뮤니티 여정 설계를 통한 몰입감 있는 경험 제공

오하우스는 체계적으로 커뮤니티 여정을 설계했습니다. 멤버들이 그 과정을 따라가다 보면 자연스럽게 몰입감과 소속감을 느끼고, 마지막에는 성취감까지 얻을 수 있게 설계했지요. 이 프로세스는 소속감과 특별함, 만족감을 추구하는 원칙에 따른 것입니다. 커뮤니티가 주려고 하는 핵심 가치를 정의하고, 그에 따라 체계적인 커뮤니티 여정을 설계하는 것이 중요합니다.

#### ◆ 정서적 보상으로 소속감을 높이고 참여 동기를 유발

오하우스처럼 동질적인 사람들이 모인 커뮤니티에서 단기적 금전 보상은 커뮤니티 정체성을 해칠 수 있습니다. 그보다는 소속감을 강화할 수 있는 정서적 보상 체계가 좋은 선택입니다. 오하우스의 꽃 선물은 보상을 넘어 커뮤니티의 상징이 될 만큼 잘 기획된 보상이죠.

#### ◆ 사업 성장에 따른 커뮤니티 전략의 변화

사업을 시작할 때와 어느 정도 규모를 이뤘을 때의 커뮤니티 전략이 같을 수 없습니다. 언제 어떤 방식으로 전환하는지가 중요합니다. 이전 커뮤니티의 유산을 어떻게 계승할 것인지, 어떻게 변화시킬 것인지는 어려운 과제입니다. 기존의 성공 공식을 고수하는 것보다는 변화된 환경에 맞춰 유연하게 대처하면서 커뮤니티의 본질적 가치를 담아내려는 노력이 필요합니다.

# 무신사

## 커뮤니티에서 콘텐츠, 커머스로 진화의 정석

**인터뷰이** 박윤수 커뮤니케이션 실장

무신사는 커뮤니티로 시작해서 커머스로 성장한 대표적인 회사입니다. 2024년 기준 매출은 1조 2천억, 거래액 4.5조, 입점 브랜드 수 1만 개에 달하는 명실상부 국내 최대 패션 플랫폼입니다.

하지만 무신사의 시작은 커뮤니티였습니다. 고3 학생이던 창업자가 신발 사진을 올리고 신발 관련 정보를 나누는 '무진장 신발 사진이 많은 곳'으로 시작했죠. 이후 '무신사 닷컴'을 만들어 10년에 걸쳐 커뮤니티를 키우고, 콘텐츠 서비스로 확장합니다. 그리고 스토어를 시작하면서 본격적으로 커머스로 진화하게 됩니다.

이 과정에서 커뮤니티도 변화를 맞이합니다. 그럼에도 무신사 커머스를 시작할 수 있었던 배경에는 커뮤니티의 힘이 컸습니다. 하지만 사업의 중심축이 커머스로 넘어가고 고객층이 확대되면서 커뮤니티의 역할은 변하고, 무신사의 고민과 노력도 다양해지고 있습니다. 무신사의 과거부터 현재까지 커뮤니티의 변화 스토리를 들어보겠습니다.

**무신사는 어떻게 시작된 건가요? 그 시절 커뮤니티에 대해 얘기해주세요.**

2001년 당시 고3이던 조만호 대표님이 프리챌에서 '무진장 신발 사진이 많은 곳'이라는 의미의 무신사 커뮤니티를 시작하게 됩니다. 이후 좀 더 원하는 스타일을 담아내기 위해 2002~2003년 사이 무신사닷컴으로 사이트를 독립했죠. 그때 웹사이트 태그가 '코리아 넘버 원 패션 포털'이었습니다. 이때부터 무신사다운 색깔을 내기 시작했어요.

어릴 때부터 신발에 관심이 많던 조대표 님은 한정판 신발 사진을 공유하고 신발 브랜드 정보를 공유하면서 무신사닷컴을 키웠습니다. 회원들이 뭘 좋아할까 고민하다 떠올린 것이 거리 패션 사진입니다. 직접 명동, 가로수길, 압구정 등을 다니며 신발에 어울리는 착장을 한 패션 피플들을 사진에 담아 올린 거죠. 그때부터 머리부터 신발까지의 전신 샷이 스트릿 패션 사진의 기준이 됐죠.

당시에는 인스타그램 같은 SNS가 활성화되지 않은 때였어요. 그래서 무신사의 스트릿 사진이 인기를 끌었죠. 요즘 사람들은 어떻게 입을까 궁금하면 무신사닷컴을 방문했어요. 거리에서 찍힌 내 사진을 친구들에게 자랑하고 댓글도 달리면서 커뮤니티 기능이 활발해졌습니다. 스트릿 패션이 무신사닷컴의 핵심 콘텐츠였죠.

**초기에 대표님은 어떻게 커뮤니티를 키웠나요?**

처음에는 매주 2~3회 이상 대표님이 직접 카메라를 들고 거리에 나가 패션 사진을 찍어 올렸어요. 사람들이 계속 들어와 볼 수 있는 콘텐츠를 만들었죠. 이후 리포터를 모집해서 각자 거리에서 직접 사진을 찍어 올릴 수 있도록 만들었습니다. 그렇게 볼거리를 만들면서 커뮤니티를 키우려고 노력했죠.

대표님은 커뮤니티를 읽는 능력이 뛰어나고 성실했어요. 매번 공지사항을 쓰고, 댓글을 직접 달고, 댓글에 반응하면서 회원들이 뭘 좋아하는지 파악했어요. 직접 이벤트나 파티도 개최했죠. 예를 들어 남성 회원을 대상으로 롤 게임하기 같은 이벤트가 있었어요. 회원들을 커뮤니티에 묶어 두기 위해 다양한 장치를 고민한 시절입니다.

**커뮤니티에서 무신사 매거진으로 콘텐츠를 시작한 계기는 무엇인가요?**

무신사닷컴이 알려지면서 자연스럽게 디자이너들을 많이 알게 됐고, 그들의 고충을 듣게 되었어요. 당시 1~2인이나 10인 미만의 작은 디자이너 브랜드들은 제품을 노출할 곳이 마땅치 않았습니다. 하이패션이나 브랜드 인지도가 있는 곳만 유명 매거진에 실릴 수 있었죠. 지금처럼 SNS가 활발하던 때도 아니고요. 그래서 그런 분들을 위한 매거진을 직접 만들게 된 거예요. 디자이너들을 인터뷰하고 브랜드 발매 행사를 취재해서 커뮤니티에 소개했는데, 스트릿 패션을 좋아하던 회원들의 성향과 딱 맞아 떨어졌죠.

**커뮤니티와 콘텐츠 서비스를 거쳐 무신사 스토어를 런칭하면서 드디어 커머스 사업에 진출했는데, 그 과정은 어땠나요?**

스토어를 시작하게 된 배경도 매거진과 비슷해요. 소규모 디자이너 브랜드들의 가려운 곳을 긁어 준 거죠. 당시 마땅히 홍보할 채널이 없었던 것처럼 옷을 팔 만한 매장도 없었어요. 영세한 디자이너 브랜드들 입장에서는 백화점에 입점하거나 오프라인 매장을 낼 여력이 없었죠. 2020년대 초반에는 그렇다고 온라인에서 옷 팔기도 쉽지 않았어요. 온라인에서 브랜드 옷을 사면 100% 짝퉁이라는 인식이 강했거든요.

그때 무신사는 생각했죠. 커뮤니티 안에는 스트릿 브랜드를 좋아하는 사람들이 있고, 그 사람들은 정품 브랜드를 온라인에서 사고 싶어 한다. 분명 그런 니즈가 있다. 그렇게 예상했죠. 그래서 온라인 스토어를 직접 시작하게 된 겁니다.

2009년 처음 시작할 때는 한정판 상품을 직접 매입해 판매하는 셀렉트샵으로 시작했어요. 하지만 매입에는 한계가 있어 2011~2012년 사이에 위탁 중개를 중심으로 하는 구조로 재편

했어요. 그렇게 현재와 같은 무신사가 시작됐습니다. 이때 법인으로 등록하면서 진짜 사업이 시작된 거죠.

**커머스로 전환할 때 커뮤니티에서 반발은 없었나요? 어떤 커뮤니티들은 순수성이 훼손된다며 반발하는 경우도 있잖아요?**

회원들이 구하기 어려운 브랜드 상품을 무신사가 직접 받아 믿고 구매할 수 있는 100% 정품을 제공하면 회원들이 좋아할 거라 생각했어요. 당시만 해도 디자이너 상품을 모아 파는 샵이 거의 없었거든요. 나중에 〈쇼미더머니〉 같은 프로그램이 뜨면서 힙합 붐이 일어났을 때도 힙합 패션을 한곳에서 볼 수 있는 건 무신사뿐이었어요. 시장의 니즈를 빠르게 읽어서 커뮤니티와 원윈할 수 있는 구조를 만든 거죠.

**스토어를 오픈한 이후, 커머스 사업은 어떻게 진행됐나요?**

커머스 초기에 커버낫, 앤더슨벨, 디스이즈네버댓 같은 브랜드들의 마케팅이나 브랜딩 활동을 지원하면서 함께 성장했어요. 지금은 그 브랜드들의 규모가 상당히 커졌지만, 당시만 해도 패션 마니아들 사이에서만 인지도가 있었거든요. 무신사 스토어는 그 제품들이 잘 팔릴 수 있게 마케팅도 하고 기획도 함께 했어요. 화보나 브랜드 콘텐츠를 만들어 노출시켰죠. 이런 노력을 장기적으로 하다 보니 그 브랜드들도 인지도가 쌓이고 무신사의 거래액도 늘어났죠. 이제 그 브랜드들은 무신사 1세대 대표 브랜드로 인식되고 있어요.

**커머스 사업 이후 커뮤니티는 어떻게 운영됐나요?**

2020년까지는 게시판 형태로 커뮤니티가 유지됐어요. 하지만 SNS가 발달하면서 PC 버전의 게시판에 들어와서 보는 비율이 낮아졌어요. 회사가 커지면서 저작권 이슈 때문에 사용하지 못하는 콘텐츠도 생겼고요.

게시판을 모바일로 제공한 패션톡이 있었는데, 좀 더 서비스 개선이 필요해서 현재는 잠깐 중단한 상태입니다. 향후에 다시 오픈할 예정이에요. 무신사 규모가 커지면서 커뮤니티의 반응이 입점 브랜드에게 주는 영향이 적지 않아요. 그래서 더 세심한 설계가 필요한 것 같아요.

커뮤니티는 현재 스냅 중심으로 이어지고 있습니다. 스냅은 누구나 스트릿 패션 사진을 올리면서 회원들과 소통할 수 있도록 만든 서비스예요. 이전에는 운영진과 리포터, 혹은 브랜드 등 승인받은 일부가 스냅을 올렸죠. 지금은 초초마이크로 인플루언서를 양성하는 취지로 크리에이터 누구나 스냅을 올릴 수 있도록 하고 있어요.

좋은 사진을 올리면 '좋아요'와 '팔로잉'을 받아서 인플루언서가 될 수 있도록 내재적 동기 부여를 하고 있죠. 그러면 브랜드가 크리에이터에게 제품을 제공해 착장 샷을 올릴 수도 있고, 크리에이터 대상의 체험단에 참여할 수도 있게 됩니다.

**스냅은 커머스 사업에 어떤 시너지를 만들어내나요?**

현재 무신사 매출에서 중개 수수료가 30% 정도를 차지합니다.

그래서 브랜드들이 잘 팔리도록 하는 게 중요하죠. 이를 위해서 작은 브랜드들이 인지도를 얻도록 노력을 많이 하는데, 그중 하나가 스냅에 노출시키는 겁니다.

무신사에서는 브랜드의 모델 컷도 볼 수 있고, 스냅에서 일반인의 착장샷도 볼 수 있어 고객들이 좋아합니다. 사진 아래 제품 링크가 태그되어 있어 바로 구매할 수도 있죠. 스냅은 브랜드 매출을 올릴 수 있는 하나의 창구입니다. 스냅은 커뮤니티지만, 커머스가 연결되어 있다는 게 특징이라고 할 수 있죠.

**회사와 사업이 성장하면서 고객과 커뮤니티에도 다양한 이슈가 생길 텐데, 어떻게 대응하나요?**

무신사는 이슈가 생기면 정확하고 빠르게, 그리고 상세히 알려주는 기조를 유지합니다. 애매하게 얘기하는 걸 싫어해요. 사실이 길더라도 자세히 투명하게 공유하려고 노력합니다.

지난 겨울에 혼용률이 문제가 됐던 적이 있어요. 그때 100일 동안 26개의 안내문을 무신사 뉴스룸에 올렸어요. 문제가 발생한 원인부터 해결까지 전 과정을 투명하게 공개했죠. 그게 대표님이 커뮤니티를 운영하던 시절부터 하던 방식이라고 해요. 이슈가 생기면 피하지 않고 빠르게 소통하면서 해결해나가는 거죠. 그게 지금까지 회사 문화로 이어졌고, 고객들의 신뢰를 얻는 큰 자산이 된 것 같아요.

**무신사에게 커뮤니티는 어떤 의미이고, 앞으로 어떻게 발전할까요?**

무신사는 고객들에게 소위 힙하고 트렌디하다는 이미지를 계속 보여 주려고 노력합니다. 그러기 위해서는 고객들의 반응이 매우 중요해요. 예전에는 무신사 게시판에서 그런 반응을 캐치했지만, 이제는 SNS나 포털 카페 등에서 무신사를 얘기하는 일이 더 많아졌어요. 지금은 패션 관련된 모든 커뮤니티가 다 무신사의 커뮤니티라고 볼 수 있을 것 같아요. 이런 곳에서 고객의 목소리를 얼마나 빠르게 캐치하고 대응하느냐가 무신사의 숙제입니다.

#### ◆ 커뮤니티 회원의 니즈를 파악해 커머스로 진화

커뮤니티가 상업적으로 전환될 때 와해되는 경우가 많습니다. 하지만 무신사는 회원들의 니즈를 정확히 파악한 뒤, 디자이너 브랜드 정품을 믿고 구매할 수 있는 온라인 스토어를 오픈했지요. 덕분에 무신사는 자연스럽게 커머스로 중심축을 바꿀 수 있었습니다.

#### ◆ 스냅으로 커뮤니티를 커머스와 연결

무신사와 같이 대규모 커머스 플랫폼으로 성장한 곳에서 계속해서 커뮤니티를 유지하는 건 쉬운 일이 아닙니다. 스냅은 커뮤니티를 유지하면서도 커머스와의 시너지를 만들어내려는 시도입니다. 크리에이터들이 올린 스냅 사진은 브랜드 제품과 연결되어 매출 증대에 기여합니다.

#### ◆ 투명하고 빠른 이슈 대응

사업에서 이슈가 발생했을 때, 있는 사실 그대로 투명하고 빠르게 공유하는 건 쉽지 않습니다. 특히 무신사 정도 규모의 회사에서 그렇게 실행하는 건 더 힘듭니다. 무신사가 지금도 이렇게 할 수 있는 건 커뮤니티 시절부터 실천했던 원칙을 고수하기 때문입니다. 좋은 커뮤니티 정책이 나중에 회사 문화로 계승될 수 있음을 보여주는 사례입니다.

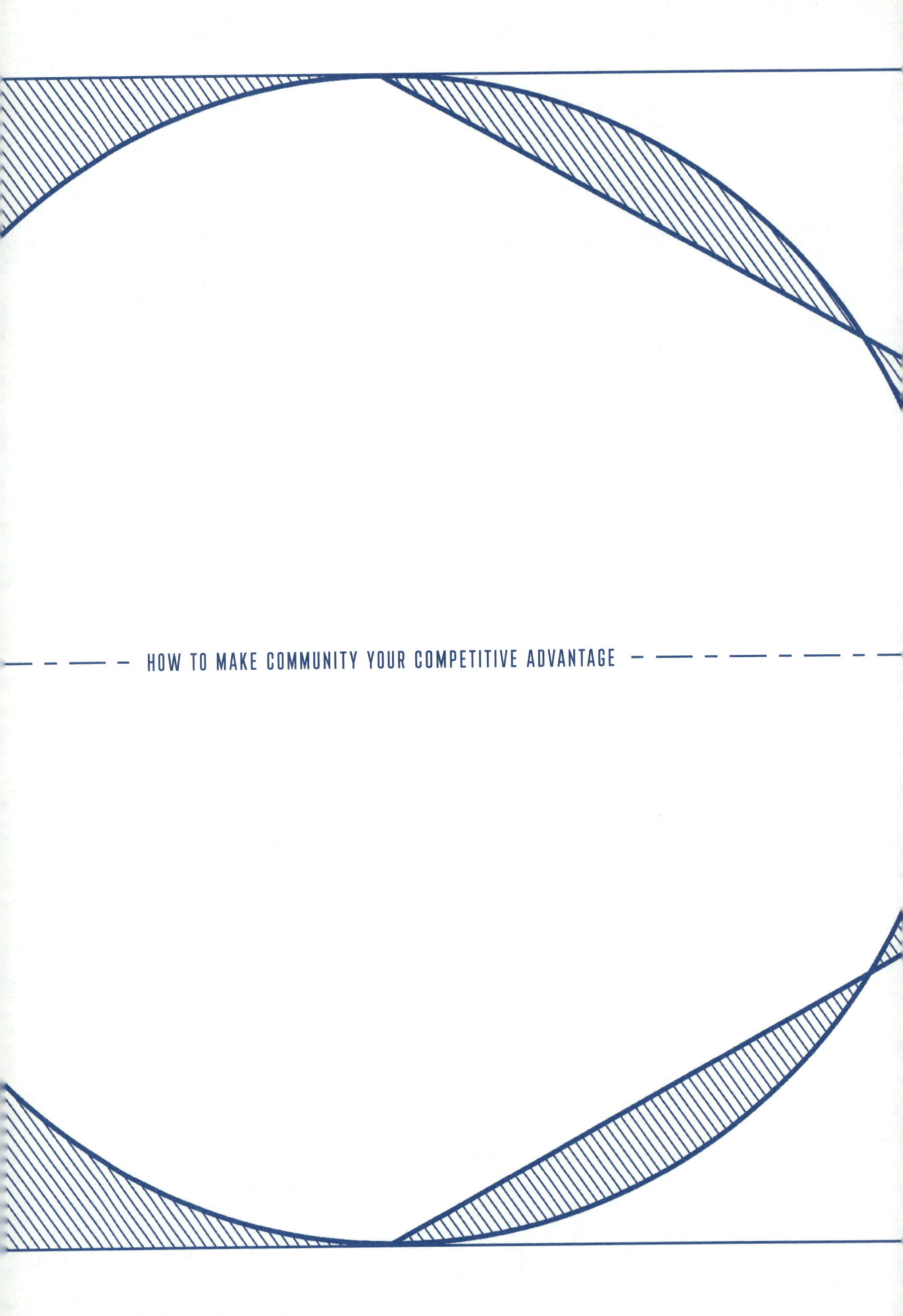
HOW TO MAKE COMMUNITY YOUR COMPETITIVE ADVANTAGE

7인 7색
커뮤니티 인사이트

이 책의 마지막에는 원서 번역에 함께 참여한 다오랩 멤버 7인의 목소리를 담았습니다. 우리는 서로 다른 배경과 커뮤니티 경험을 가진 실천가이자 사유자입니다.

번역을 진행하는 동안 멤버들은 챕터별 스터디 모임을 통해 7주간 함께 학습하며 원서 내용을 공부하고 서로의 인사이트를 나누었습니다. 또 국내 커뮤니티 비즈니스 사례를 분석하고, 각자가 운영하는 커뮤니티에서 직접 겪은 시행착오와 경험을 공유했습니다. 그 과정에서 여러 실천적 통찰과 개인적 경험이 수집됐지요. 여러분에게 바로 그 이야기를 전달하고자 합니다. 다양한 시각이 묻어 있는 생생한 현장의 이야기입니다.

'7인 7색 커뮤니티 인사이트'는 크게 두 개의 파트로 구성되어 있습니다.

첫 번째 파트(1~3)에 담긴 인사이트에는 'AI 시대에 커뮤니티의 의미와 역할은 무엇인가'에 대한 세 전문가(한재선, 이항심, 박준영)의 다층적 시선이 담겼습니다. 기술의 진보 속에서도 인간 연결의 본질을 탐색하는 이들의 사유는 커뮤니티의 본뜻을 다시 묻습니다.

두 번째 파트(4~7)에 담긴 인사이트에서는 다양한 분야에서 커뮤니티를 직접 운영하는 분들(정경미, 황혜경, 최지은, 양소희)이 각자의 시행착오와 배움, 현장에서 길어 올린 통찰을 공유합니다. 이들의 이야기는 '커뮤니티'라는 단어가 추상적 개념이 아니라 삶 속에서 살아 움직이는 유기체임을 보여줍니다.

커뮤니티의 모습은 하나의 고정된 형태가 아닙니다. 기술의 변화, 문화와 사회의 맥락, 분야에 따라 커뮤니티의 형태와 색채는 끊임없이 진화합니다. 7인의 다채로운 인사이트가 여러분이 꿈꾸는 '나만의 커뮤니티' 생성 과정에 작은 영감이 되길 바랍니다.

# 커뮤니티,
# AI 시대의 가장 인간적인 무기

한재선(다오랩 랩장 / KAIST 전산학부 겸직교수)

2024년 3월 21일, 뉴욕증권거래소에 특별한 회사 하나가 상장됐습니다. 바로 레딧Reddit입니다. 레딧은 누구나 온라인 커뮤니티를 만들고 운영할 수 있는 서비스로, 국내의 네이버 카페나 디시인사이드와 유사합니다. 이 상장이 주목받은 이유는, 커뮤니티 서비스가 경제적 가치를 창출할 수 있다는 사실을 증명했기 때문입니다.

당시 레딧은 주간 2억 6천만 명의 활성 사용자를 보유하고 있었고, 10만 개가 넘는 커뮤니티가 활발히 운영되고 있었습니다. 광고와 콘텐츠 라이선스를 통한 수익화 모델로 약 8억 달러의 매출을 기록했지만, 여전히 적자 상태였죠.

그럼에도 불구하고 상장 직후 레딧의 시가 총액은 90억 달러에 달했고, 몇 개월 후에는 230억 달러까지 급등했습니다. 시장이 커뮤니티의 가치를 인정한 것입니다. 레딧에 게시된 방대한 콘텐츠는 AI 학습에 활용되며 새로운 수익 가능성을 열었습니다. 이 상장은 세상에 "커뮤니티가 곧 자산이다"라는 메시지를 던졌습니다.

레딧을 말할 때 2021년의 '게임스탑' 사건을 빼놓을 수 없습니다. 당시 레딧 커뮤니티 중 하나인 월스트리트벳r/WallStreetBets은 집단적으로 게임스탑 주식을 대량 매수했습니다. 주가는 폭등했고, 주가 하락에 베팅했던 헤지펀드들은 막대한 손실을 입었습니다.

이 사건은 다윗과 골리앗의 싸움처럼, 개인 투자자들이 기존 금융 권력을 타격한 상징적 사례로 남았습니다. 온라인 커뮤니티가 실제 금융 시장의 룰을 바꿀 수 있음을 보여준 분기점이 되었죠. "커뮤니티가 곧 힘이다"라는 사실을 증명한 셈입니다.

커뮤니티는 자산이자 힘입니다. 경제적 가치를 창출하고, 사회에 영향력을 행사합니다. 커뮤니티의 이런 힘은 어디에서 비롯될까요? 바로 사람들 간의 '느슨한 연결'과 '연대'입니다.

사람들은 자발적으로 모여 느슨하게 연결되고, 교류하며, 같은 목표를 향해 연대합니다. 느슨한 연결은 처음에 물방울처럼 미미해 보이지만, 커뮤니티로 규모를 이루면 폭포처럼 강력한 힘을 발휘합니다.

사회학자 마크 그래노베터Mark Granovetter 교수는 논문 〈The Strength of Weak Ties〉에서 느슨한 관계가 새로운 정보와 기회를 가져오는 핵심 경로임을 밝혔습니다. 가족이나 친구처럼 강한 관계는 내부 결속을 다지지만, 느슨한 관계는 외부로 다리를 놓아 커뮤니티를 확장시킵니다. 이렇게 연결된 개인이 모이면, 전체 네트워크의 영향력은 기하급수적으로 커집니다.

실제로 아랍의 봄이나 블랙 라이브스 매터Black Lives Matter 같은 사회운동은 서로 알지 못하는 사람들이 온라인에서 느슨하게 연결되며 시작됐습니다. 이 연결이 퍼지면서 거대한 사회적 물결로 발전했고, 정책 변화로 이어졌습니다.

또 오픈 소스 커뮤니티처럼 자발적으로 각자의 시간을 투자한 개발자들의 느슨한 협력은 오늘날 인터넷과 소프트웨어 산업의 기초를 만들어 냈습니다. 연결의 강도는 약해 보이지만, 그 집합적 에너지는 누구도 무시할 수 없습니다. 사람들을 느슨하게 연결하고 연대를 형성하는 능력! 이것이야말로 AI 시대에 인간이 가질 수 있는 가장 강력한 무기입니다.

AI 기술이 발전하면서 인간은 일의 효율성 면에서 경쟁력을 잃고 있습니다. 지적 업무마저 AI가 인간을 뛰어넘기 시작했죠. 이제는 주머니에 슈퍼컴퓨터를 넣고 다니는 시대입니다. AI가 내 질문에 즉시 답을 해주고, 문제도 스스로 해결합니다. 앞으로는 혼자 10명 몫의 일을 해내는 세상이 펼쳐질 것입니다.

하지만 아직 AI가 잘하지 못하는 일이 있습니다. 바로 인간과 인간을 연결하는 일입니다. 사람은 좋은 책을 읽으면 감상을 나누고 싶어 하고, 강바람을 맞으며 함께 달릴 사람을 찾습니다. 사람 간의 연결과 교류에서 오는 감정과 충만함은 AI가 대체하기 어려운 영역입니다.

누군가는 말할지도 모릅니다. "AI와 책에 대해 토론할 수도 있고, 로봇과 함께 달릴 수도 있지 않느냐?" 물론 가능합니다. 하지만 사람 간의 감정과 교감에서 오는 만족감은 AI가 당장 대체할 수 있는 것이 아닙니다.

그래서 사람과 사람을 연결하는 커뮤니티의 역할은 더 중요해집니다. 커뮤니티는 소속감과 공감, 정서적 만족감을 제공합니다. 과거에는 가족이나 학교, 직장, 지역 사회, 종교 공동체가 이런 역할을 했습니다. 현대에 들어 전통적 유대가 약화되면서 사람들은 취향과 관심사를 기반으로 모이기 시작했습니다.

이런 흐름을 반영해 등장한 것이 '관심사 기반 커뮤니티 비즈니스'입니다. 국내에도 트레바리, 넷플연가, 문토, 프립, 밑미 등 다양한 커뮤니티가 존재합니다. 이들의 공통점은 '느슨한 연결'입니다. 언제든지 가볍게 참여할 수 있고, 원하면 쉽게 떠날 수 있습니다. 주요 이용자는 MZ세대이며, 온라인에서의 연결이 오프라인 모임으로도 확장됩니다.

'관심사 기반 커뮤니티'는 단순 취미 활동을 넘어 사회적 의미를 갖습니다.

첫째, 커뮤니티는 새로운 형태의 '사회적 자본'을 형성합니다. 과거에는 혈연이나 학연이 중심이었다면, 이제는 커뮤니티 안에서의 신뢰와 협력이 핵심입니다.

둘째, 커뮤니티는 '개인의 정체성'을 강화합니다. 내가 속한 커뮤니티가 곧 내가 누구인지를 보여줍니다. 사람들은 자신이 선택한 커뮤니티에 비용을 지불하며 취향과 정체성을 드러냅니다.

셋째, 커뮤니티는 '심리적 방파제' 역할을 합니다. 외로움과 고립을 완화하고, 정서적 안정을 제공합니다.

AI 시대에 이러한 커뮤니티의 힘은 더 빛날 것입니다. 〈하버드 비즈니스 리뷰〉의 2024년 연구에 따르면, AI를 활용할수록 효율성은 높아지지만 외로움도 증가한다고 합니다. 알코올 섭취 증가나 불면증 같은 부작용도 보고됐습니다.

AI와 함께 일하는 시간이 늘어나며 대면 관계가 줄어들기 때문입니다. 그 결과, 고립감을 느끼고 사회적 유대가 약화될 수 있습니다. 또 AI에 점점 의존하고 그 능력에 압도되면서 자기 효능감이 떨어지거나 정체성의 혼란을 경험할 수 있습니다. 업무에서 자신의 역할에 회의를 느낄 수 있는 것이죠.

이때 커뮤니티는 정서적 치료제가 됩니다. 사람들과 교류하며 소속감을 느끼고, 외로움을 극복하고, 손상된 자아를 회복하는 것이죠. 커뮤니티는 AI로 인한 정서적 영향을 상쇄하는 역할을 합니다.

AI로 인해 '혼자 일하는 사람'이 빠르게 증가하고 있습니다. 미국에서는 2020년부터 2024년 사이 프리랜서가 90% 증가했습니다. 2027년까지 8,650만 명이 프리랜서로 활동할 것으로 보입니다. 미국 중소기업의 81.9%는 직원 없이 창업자 혼자 운영합니다. 이들을 '솔로프리너Solopreneur'라고 부르죠.

AI 기술이 개인에게 기업 수준의 역량을 부여하면서 솔로프리너는 더 늘어날 것입니다. 앤트로픽의 CEO 다리오 아모데이Dario Amodei는 2026년까지 '10억 달러 규모의 솔로프리너'가 등장할 것이라 예측했습니다. 하지만 이들은 하루 종일 혼자 일하면서 외로움과 고립에

시달릴 수 있습니다. 이때 커뮤니티는 동료의 빈자리를 채워줍니다.

취향이 같은 사람들의 커뮤니티도 도움이 되지만, 솔로프리너들의 커뮤니티를 생각해 볼 수 있습니다. 서로 경험을 교환하고 협력하면서 고립에서 벗어날 수 있습니다. 나아가 솔로프리너를 위한 지원이나 규제 완화 같은 이슈에 공동의 목소리를 낼 수도 있지요. 이것이 커뮤니티의 힘입니다.

조금 더 과감한 상상도 해볼 수 있습니다. AI와의 경쟁에서 인간이 이기는 방법, 바로 '인간 간의 연대'입니다. 앞으로 AI와의 경쟁에서 인간은 뒤처지기 시작할 것입니다. 그럼에도 인간이 할 수 있는 것은 선택입니다. 무엇을 하고 무엇을 하지 않을 것인지는 인간의 고유 권한입니다. 그 선택의 기준이 인간다움이 되도록, 우리는 인간의 연대를 생각해 볼 수 있습니다.

예를 들어, AI 아티스트가 인간 아티스트를 능가하는 작품을 만들 수는 있습니다. 하지만 그 작품을 구매하고 소비하는 건 사람입니다. 인간 아티스트와 팬들의 커뮤니티가 단단한 연대를 이루면, 우리는 AI 아티스트를 선택하지 않을 수 있습니다.

이런 연대는 하루아침에 생기지 않습니다. 커뮤니티에서 함께 쌓아 온 이야기와 시간이 내러티브를 만들고, 우리는 그 내러티브를 소비합니다. 이것이 바로 AI 시대에 커뮤니티가 지닌 힘이며, 인간이 지켜야 할 소중한 가치입니다.

1 커뮤니티의 '느슨한 연결'은 개인을 넘어 사회적 자본을 만들어내며, 새로운 기회와 창의적 협업을 가능하게 합니다.

2 커뮤니티는 AI 시대의 정서적 공백을 메우는 심리적 방파제 역할을 합니다.

3 커뮤니티는 '인간 중심의 기술 문명'을 가능하게 만드는 생태적 플랫폼 역할을 할 수 있습니다.

# AI 시대,
# 심리학자가 바라본
# 커뮤니티 비즈니스와 미래의 일

이항심(건국대학교 미래의 일 연구소 소장 / 상담심리학과 교수)

"AI 시대, 저는 앞으로 어떤 일을 하면서 살아가야 할까요?"

최근 제 연구실과 상담실 문을 두드리는 학생들, 직장인들로부터 가장 많이 듣는 질문입니다.

AI의 등장은 단순한 기술 혁신이 아니라 '일의 정의' 자체를 다시 쓰게 만든 사건입니다. 전 세계적으로 자동화와 생성형 AI가 일자리를 재편하고 있고, 동시에 사람들은 일의 의미와 인간의 역할을 새롭게 성찰하고 있습니다.

제가 몸담고 있는 KU 미래의 일 연구소Institute for Future Work에서도 이 질문을 중심으로 연구를 해나가고 있습니다. 미래의 일 연구소는 심리학·공학·경영·의학 등 다학제 연구자와 커뮤니티 실천가가 협력해 새로운 조직 문화와 일터 생태계를 설계하는 실행 중심의 연구 기관입니다. AI를 포함한 기술 변화 속에서 개인과 조직이 정서·사회·경제·직업적으로 번영할 수 있는 '일의 미래'를 공동 창출하는 데 목적을 두고 있지요. 저희는 인간이 AI나 기계로부터 얻을 수 있는 편리함은 누리되, 인간다움을 증대하고 조직과 공동체가 함께 번영하는 세상을 만들기 위해 '지금 우리가 해야 할 일'을 고민하고 있습니다.

그 과정에서 주목하게 된 개념이 바로 '커뮤니티 기반의 일 혹은 비즈니스Community-based Work or Enterprise'입니다. AI가 효율을 극도로 높이고 있는 시대일수록, 인간이 보다 인간답게 일할 수 있는 중요한 단서들이 이러한 커뮤니티 기반의 활동 안에 담겨 있기 때문입니다.

커뮤니티 비즈니스의 대표적인 특징 중 하나는 '생산자-소비자의 경계 모호성'입니다. 이는 미래 일의 속성뿐만 아니라 빅블러* 시대와 맞닿아 있는 지점이기도 합니다.

커뮤니티는 생산자와 소비자가 만나 소통하는 공간입니다. 그런데 사실 우리 안에는 애초부터 생산자와 소비자의 정체성이 공존해왔습니다. 우리가 업이라고 부르는 일의 영역에서 우리는 주로 생산자 역할을 하고, 내가 업으로 하고 있지 않은 영역에서는 주로 소비자 역할을 합니다.

---

* 빅블러(Big Blur): 급격한 기술 발전과 사회 환경 등의 변화로 산업 간 경계가 모호해지고, 가상 현실의 등장으로 온오프라인의 경계가 희미해지는 등 기존의 경계가 융합되어 불분명해지는 현상.

우리에게 익숙한 기업인 레고LEGO도 커뮤니티 기반으로 성장했습니다. 레고는 단순히 장난감을 생산하고 판매하는 기업이 아니라, 전 세계 팬들이 모여 창의성을 교류하는 커뮤니티의 장을 제공하는 브랜드에 가깝습니다.

'LEGO Ideas' 플랫폼이라는 공간에서 팬들은 자신이 고안한 제품 아이디어를 자유롭게 제안하고, 다른 사용자들의 투표로 선정된 아이디어는 실제 제품으로 출시되기도 합니다. 이 과정에서 소비자는 단순히 완제품을 구매하는 수동적 존재가 아닙니다. 창작자이자 공동체의 일원이고, 해당 비즈니스의 미래를 함께 만들어가는 '능동적 주체자'입니다. 그 결과, 팬들은 자신이 참여한 창작물이 세계 곳곳의 매장에서 판매되는 성취감과 소속감을 경험하며, 레고 브랜드에 대한 충성도를 끌어올립니다.

레고 같은 기업의 커뮤니티 멤버들은 생산자와 소비자의 경계를 넘나들며 적극적으로 제품에 의견을 제공하고, 스스로 피드백을 남기거나 입소문 마케터 역할을 하기도 합니다. 소비자는 자신의 의견과 필요가 잘 반영되어 하나의 참여자로 기여한 서비스와 제품에 대해 당연히 더 높은 충성심을 갖습니다.

여기서 우리가 주목해서 봐야 할 부분은 '기여'를 통한 연결감과 소속감입니다. 커뮤니티 안에서 온라인 혹은 오프라인으로 목소리를 내면서 기여한 소비자들은 커뮤니티 안에서 정서적 유대감과 소속감을 느끼고, 제품과 서비스를 함께 만들어가는 생산 협력자로 정체성이 변화합니다. 이 맥락에서 보면, 커뮤니티 속 기여의 경험은 사람의 세 가지 핵심 심리적 욕구를 충족시킵니다.

첫째, 자율성입니다. 누가 시켜서 하는 일이 아니라 제품 혹은 서비스에 먼저 의견을 제시하고, 자신의 아이디어가 채택될 때 기쁨을 느끼며, 이런 일련의 자발적인 활동과 긍정적 정서 경험이 지속적으로 커뮤니티에 참여하게 되는 내적 동기가 됩니다.

둘째, 유능감입니다. 커뮤니티에 기여하는 경험은 자신의 아이디어나 제안이 실제로 이 서비스를 발전시켜 나가는 데 긍정적 영향을 미친다는 유능감을 제공합니다. 커뮤니티를 통해 즉각적으로 피드백이 오고, 공동 창작의 결과가 눈에 선명하게 보일 때 사람은 유능감을 느끼게 되지요.

셋째, 정서적 연결감입니다. 커뮤니티에 기여하는 과정에서 사람은 타인과의 정서적 연결감, 공동체적 감각을 경험합니다. '내 노력으로 누군가가 행복해졌다'는 경험은 심리적 만족감을 주고, 공동체에 대한 연결감과 소속감으로 확장됩니다. 이 연결감은 때로 금전적 보상보다 더 강력한 지속 동기를 제공하기도 합니다. 앞의 세 가지 요소는 심리학에서 사람들의 동기화를 설명하는 '자기결정성 이론Self-Determination Theory'의 핵심이기도 합니다.

커뮤니티 기반 비즈니스가 가지는 강력한 힘은 이렇게 사람들의 심리적 욕구를 충족시켜 주면서 일을 단순한 생계의 수단이 아니라 '연결과 관계적 성장의 장'으로 재구성하기도 합니다. 크게 보면, 커뮤니티 비즈니스의 본질은 기술이나 제품이 아닐 수 있습니다. 사람의 내면 속에 '내가 이곳에서 의미 있는 존재'라는 감각을 만들어낼 수 있는 것이지요. 그 감각을 통한 확신이 쌓일 때, 커뮤니티는 단순한 네트워크가 아니라 '정서적 생태계'로 진화할 수 있습니다.

또 하나 강조하고 싶은 것이 있습니다. 커뮤니티 비즈니스를 잘 운영하고 있는 기업들의 공통점을 살펴보면, 그 핵심에 '심리적 안전감Psychological Safety'이 있습니다. 심리적 안전감은 단순히 비판받지 않는 환경을 말하는 게 아닙니다. 나의 감정과 생각이 존중받는 경험입니다. 이 경험이 누적될 때 사람들은 공동체 안에서 더 깊이 연결되고, 창의적으로 기여하며, 관계적 몰입flow of belonging을 경험합니다. 이를 증명하는 연구 결과가 여럿 보고되고 있습니다.

실제 사례를 살펴볼까요? 국내 사례를 살펴보면, 책과 토론을 기반으로 독서 모임 커뮤니티를 운영하는 트레바리는 다양한 관점을 비교적 자유롭게 나눌 수 있는 분위기를 조성하며, 커뮤니티 안에서 신뢰와 안전감을 형성해왔습니다. 이러한 환경 속에서 멤버들은 자신의 생각을 부담 없이 표현하고, 타인의 의견을 경청하며 '배움의 교류'를 경험합니다. 이는 멤버들의 자발적인 참여와 지속성으로 이어집니다.

해외의 경우, 헤드스페이스Headspace 커뮤니티나 캄 콜렉티브Calm Collective 같은 웰니스 기반의 커뮤니티도 같은 원리를 따릅니다. 사용자들은 명상 앱을 단순히 개인 도구로 사용하는 것이 아니라, 자신의 감정 상태를 나누고 안전한 커뮤니티 안에서 피드백을 주고받는 공간으로 이용합니다. 정서적 회복의 공동체 경험이 만들어지는 것이죠. MIT 슬론Sloan 연구(2022)에 따르면, 이러한 커뮤니티형 서비스는 개인 사용 대비 평균 2.5배 이상의 지속 이용률을 보이며, 심리적 안전감이 사용자 충성도의 핵심 요인으로 작동한다고 분석됩니다.

결국 커뮤니티 기반의 일은 심리적 안전감이라는 토대 위에서 사람들이 함께 성장하고, 서로 깊이 연결되는 구조를 설계하는 일입니다. 이는 새로운 비즈니스 모델을 넘어 우리가 어떤 방식으로 일하고 살아야 하는지에 대한 미래 방향을 제시합니다.

산업화 시대를 거치며 인류는 물질적 풍요를 얻었지만, 이면에서는 깊은 정신적 피로와 단절을 경험해왔습니다. 이제 인간의 경험과 일의 방식 전반이 재구성되는 AX<sub>Artificial Intelligence Transformation</sub>, 즉 인공지능 전환의 시대에 들어선 우리는 기술을 인간보다 앞세우는 실수를 더 이상 반복해서는 안 될 것입니다.

AI 시대에 우리가 기대하는 일터의 모습은 기술적 효율을 넘어 구성원들이 자신의 존재감과 효능감, 기여감과 소속감을 경험하며 정서적으로 연결될 수 있는 공간이어야 합니다. 사람과 사람 사이의 연결, 협력과 돌봄의 공동체성, 그리고 신뢰 자산을 축적하는 커뮤니티는 우리가 만나고 싶어 하는 미래 일의 방향성을 보여줍니다.

지속적으로 성장하고 있는 커뮤니티 기반의 비즈니스는 일의 본질 자체를 조용히 재편하고 있습니다. 이 변화는 다음과 같은 전환으로 나타납니다.

1. 고용의 관계에서 '참여의 관계'로,
2. 성과 중심의 언어에서 '의미와 관계의 언어'로,
3. 소비 중심 구조에서 '공동 창조 구조'로의 확장입니다.

이러한 확장과 전환 속에서 사람들은 더 이상 "회사에서 일한다"고 말하기보다 "함께 만든다(We build together)"라고 말하기 시작합니다. 이 차이는 단순한 표현의 변화가 아니라, 우리가 어떤 관계와 경험 속에서 서비스와 제품을 만들어가고 싶은지에 대한 인식의 전환을 의미합니다. 참여하고, 기여하고, 관계를 맺는 과정 그 자체가 일이 되는 구조 속에서 사람들은 자신의 작업을 소모가 아닌 의미 있는 창조의 경험으로 받아들이게 됩니다. 바로 이 지점에, 우리가 그리는 미래의 일에 대한 중요한 힌트가 담겨 있습니다.

3

# 인간과 AI가 함께 만들어갈 커뮤니티의 미래

박준영(크로스IMC 대표 / 아주대학교 경영대학원 겸임교수)

AI는 브랜드 커뮤니티를 어떻게 변화시킬까?

"좋은 아침입니다. 김대리 님. 오늘 브랜드 커뮤니티에 새로 가입한 회원이 389명, 지난주에 올린 신제품 관련 포스트의 참여율이 전일 대비 28% 상승했습니다. 특히 20대 여성 고객층의 반응이 뜨겁네요. 댓글 분석 결과 '친환경패키지' '개인 맞춤화' '민감성 피부' 순으로 키워드 언급이 급증했습니다. 특히 주목할 부분은 트렌드 키워드 '비건 라이프스타일'에 대한 커뮤니티 멤버들의 관심이 높아지고 있습니다. 관련 콘텐츠를 기획해보시겠어요? 타깃 고객 분석과 예상 반응률까지 준비해 놓았습니다.”

어느 월요일 아침, 브랜드 커뮤니티 매니저 김대리의 하루는 인공지능 동료 ‘도란Doran’의 브리핑으로 시작합니다. 김대리가 커피를 마시며 스마트폰을 확인하는 동안, 도란은 주말 동안 쌓인 수천 개의 커뮤니티 활동 데이터를 분석하고 핵심 인사이트를 리포트합니다. 도란이 이어서 이야기합니다.

“어제 밤 11시경 ‘에코워리어’라는 닉네임을 쓰는 고객이 제안한 아이디어가 커뮤니티에서 밤사이 큰 호응을 얻었습니다. 1,350개의 반응이 올라왔네요. 이분에게 앰버서더 역할을 제안해보는 건 어떨까요? 관련 메시지 초안을 작성해 두었습니다.”

김대리는 도란이 미리 분류해 놓은 우선 업무 리스트를 확인하고, 커뮤니티 멤버들의 미세한 불만족을 감지합니다. 또 정서적인 배려와 복잡성을 포함해 의사결정이 필요한 사안에 대해 도란이 작성한 대응 메시지를 읽으며 적절한 온도의 개인화된 메시지를 보냅니다. 마지막으로 도란에게 이런 유형의 문의에 대한 응답 가이드라인을 업데이트하도록 지시합니다.

## 브랜드 커뮤니티의 의미와 녹록지 않은 현실

마케터의 꿈은 고객의 진짜 목소리를 들을 수 있고, 브랜드에 대한 진정성 있는 피드백을 받을 수 있으며, 고객과 정서적인 연결을 만들어 가치를 함께 나누는 관계를 구축하는 것, 그런 커뮤니티를 형성하는 것 아닐까요? 브랜드 커뮤니티는 브랜드 철학과 세계관에 공감하는 사람들이 모여 팬덤을 형성하고 고객과 지속적인 관계 형성을 할 수 있는 공간입니다.

그러나 마케터가 마주하는 현실은 녹록지 않지요. 매일 새로운 콘텐츠를 기획해야 하고, 이벤트 참여를 독려하며, 수많은 게시글에 일일이 댓글을 달아 소통해야 합니다. 또 예기치 않은 입소문에도 대응해야 하니까 항상 안테나를 세우고 있어야 하죠. 기업에서 한정된 인력으로 수천, 수만 명의 커뮤니티 회원 개개인에게 맞춤화된 소통을 하기란 거의 불가능에 가깝습니다.

여기서 무엇보다 힘든 건, 이 모든 노력의 성과를 정확히 측정하기가 어렵다는 것입니다. 커뮤니티 활동이 실제 매출에 얼마나 기여했는지, 브랜드 인지도 상승에 어느 정도 영향을 미쳤는지 명확하게 보여주기 어려우니 회사 내에서도 "이렇게까지 투자를 해야 하나?"라는 회의적 시선을 받곤 하죠.

## 마케터의 역할 변화와 브랜드 커뮤니티의 미래

AI는 마케터가 더 중요한 일에 집중할 수 있도록 돕는 '조정자' 역할을 수행합니다. 그럼 AI는 구체적으로 마케터의 일상을 어떻게 도울 수 있을까요?

첫째, '초개인화'된 경험을 설계합니다. AI는 고객이 자발적으로 제공한 데이터와 활동 패턴을 분석해 각기 다른 메시지를 전달할 수 있습니다. 예를 들어, 온라인 스타일링 서비스인 스티치 픽스Sitch Fix가 고객의 패션 취향 데이터를 AI로 분석해 개인화된 스타일을 제안하듯, 우리 커뮤니티의 AI는 이렇게 말할 수 있습니다. "준영 님은 최근 등산화 후기를 남기셨고, 주로 주말 산행 관련 게시글에 '좋아요'

를 누릅니다. 준영 님만을 위한 다음 주말 추천 등산 코스와 신제품 등산 스틱 할인 쿠폰을 담은 메시지를 보낼까요?"

둘째, 콘텐츠 창작의 부담을 덜어줍니다. 이제 마케터는 콘텐츠 아이디어를 짜내기 위해 머리를 쥐어뜯지 않아도 됩니다. 커뮤니티 내에서 가장 활발하게 논의되는 주제를 바탕으로 AI가 토론 주제나 퀴즈, 카드뉴스 초안을 순식간에 생성해줍니다. 세계적인 뷰티 편집샵인 세포라Sephora가 AI 메이크업 시뮬레이션으로 고객의 선호 데이터를 수집해 제품 개발에 활용한 것처럼, 커뮤니티 데이터를 기반으로 한 AI의 콘텐츠 제안은 구성원의 참여를 극대화할 수 있습니다.

셋째, AI는 24시간 잠들지 않는 커뮤니티 지킴이가 됩니다. 악성 댓글이나 스팸, 사용자 간의 갈등은 커뮤니티 분위기를 해치는 주범입니다. AI는 실시간으로 대화를 모니터링하며 이러한 위험 요소를 사전에 감지하고 마케터에게 즉시 알려줍니다. 이를 통해 마케터는 문제가 커지기 전에 개입해 심리적으로 안전한 소통 환경을 유지할 수 있습니다.

넷째, AI는 데이터를 '지혜'로 바꾸어 줍니다. AI는 단순히 '어떤 게시글의 조회 수가 높았다'는 수준을 넘어 "최근 유입된 20대 여성 회원들은 '가치 소비'와 '친환경' 키워드에 민감하게 반응하며, 이들 사이에서 새로운 소그룹이 형성될 조짐이 보입니다"와 같이 깊이 있는 인사이트를 제공합니다. 지금은 제한된 데이터에서 더 깊은 통찰을 끌어내는 기업이 승자가 되지요. AI는 그 핵심 열쇠가 될 수 있습니다.

AI가 반복적이고 분석적인 업무를 상당 부분 자동화한다면, 마케터의 역할은 어떻게 진화할 수 있을까요? 마케터는 '커뮤니티 관리자Manager'에서 '브랜드 문화 창조자Culture Creator'이자 '관계 설계자Relationship Architect'로 진화할 수 있습니다.

AI가 효율성을 책임지는 동안, 마케터는 단순 반복 업무에서 해방되어 더 창의적이고 전략적인 일에 집중할 수 있고, 고객은 더 개인화된 서비스를 받을 수 있게 됩니다. 마케터가 사람과 사람, 사람과 커뮤니티의 관계를 연결하는 '인간 고유의 영역'에 집중할 수 있게 되는 것이죠. 공감과 소통, 진정성 있는 관계 맺기에 더욱 초점을 맞추면서요.

AI가 추천해준 핵심 팬에게 직접 다가가 따뜻한 메시지를 건네고, 그들의 이야기에 진심으로 귀 기울이며 감정적인 연결을 맺는 것, 커뮤니티가 나아가야 할 방향과 비전을 제시하며 구성원에게 동기를 부여하는 것이 커뮤니티 마케터의 새로운 역할이 될 겁니다.

변화는 이미 시작됐습니다. 변화를 두려워하지 말고, 어떻게 하면 AI 동료와 함께 더 나은 브랜드 커뮤니티를 만들어갈지 '행동'하시기 바랍니다. 지금 당신의 브랜드는 AI와 함께 고객의 마음을 사로잡을 새 커뮤니티를 준비하고 있나요?

---

## INSIGHT

1 AI는 '효율'이 아니라 '공감의 확장'을 가능하게 합니다.

2 AI는 마케터를 '관리자'에서 '관계 설계자'로 진화시킵니다.

3 AI는 커뮤니티를 다시 인간적인 공간으로 되돌리는 데 조력자 역할을 합니다.

# 팬덤을 넘어서는
# 커뮤니티로의 진화
## 수평적 커뮤니티, 7년간의 실험을 중심으로

정경미(주식회사 로미브릭 대표)

저는 교사였습니다. 퇴사 후 (주)로미브릭을 운영하며 지난 7년간 여러 형태의 커뮤니티 비즈니스를 실험해왔죠.

처음 커뮤니티를 시작한 건 거창한 비전 때문이 아니었습니다. 단순히 새로운 사람을 만나고 싶다는 욕구였죠. 개인 블로그를 운영하다가 책과 사람을 좋아하는 마음에 새벽 독서 모임을 열었습니다. 스스로도 의심스러웠죠. "과연 새벽 6시에 강남 한복판에 사람들이 올까?" 그런데 매주 10~15명이 모여들었고, 책을 읽고 강연을 곁들인 모임이 이어졌습니다.

모임의 규모가 커지면서 블로그 강의, 책 출판 프로젝트, 매일 새벽 5시 30분에 열리는 직장인 학습 커뮤니티로 활동 영역 또한 확장했습니다. 처음에는 단순한 공부 모임처럼 보였지만, 사실상 사람들의 욕망과 필요에 따라 성장한, 커뮤니티 기반 비즈니스였지요. 교육업과 모임, 그리고 커뮤니티 사이 어딘가에 존재했던 실험이었습니다.

하지만 운영이 길어질수록 한계도 분명해졌습니다. 처음에는 모두 리더인 저를 중심으로 모였고, 어느새 커뮤니티가 '팬덤형 구조'로 변해 있었습니다. 개인의 에너지로만 굴러가는 구조는 지속 가능하지 않았습니다. 방향을 바꿔야 한다는 사실을 깨달았고, 시행착오 속에서 몇 가지 중요한 교훈을 얻었습니다.

### 1. 콘텐츠보다 관계 설계가 먼저다

초기에는 "좋은 콘텐츠가 있으면 사람이 모인다"는 믿음으로 달렸습니다. 새벽마다 책을 요약하고, 영상을 찍고, 질문 리스트를 만들며 사람들을 맞이했습니다. 구성원의 반응도 뜨거웠습니다. 하지만 시간이 지날수록 한계가 느껴지더라고요. 마치 쌀독에 쌀이 다 떨어졌는데, 바닥까지 박박 긁어내는 느낌이랄까요?

혼자 준비하고 모든 것을 나눠주는 구조에서는 사람들의 연결이 잘 일어나지 않았습니다. 그래서 방향을 바꿨습니다. 콘텐츠가 아니라 관계를 설계하기 시작했죠. 체크인 질문, 짝 인터뷰, 소그룹 토론 같은 장치를 도입했습니다. 그러자 사람들은 비로소 서로를 보기 시작했습니다. 커뮤니티가 '나' 중심에서 '우리' 중심으로 바뀌는 순간이었죠.

## 2. 기여는 우연이 아니라 설계다

처음에는 '왜 아무도 도와주지 않지?' 생각하며 속상해했습니다. 하지만 곰곰이 되짚어 보니, 정작 구성원들에게 기여할 틈을 주지 않은 제 잘못에 원인이 있었어요. 그래서 '기여 구조'를 설계해 적용해 보기로 했습니다.

- 기여 포인트 시스템: 발제, 질문, 피드백, 심지어 다정한 말 한마디까지 기록
- 분산 운영: 소모임마다 운영자를 세우고, 정기적으로 함께 방향을 논의
- 회고 루틴: 분기마다 "내게 가장 남은 순간은?" 같은 서사적 질문을 던져 주인 의식을 강화

그 결과 커뮤니티는 '소비 공간'이 아니라 '기여 공간'으로 바뀌었습니다. 단순히 배우기만 하는 곳이 아니라 서로 채워주는 공간으로, 수동적인 팬덤을 넘어 모두가 리더가 되는 능동적인 구조로 진화했습니다.

## 3. 리더의 에너지가 커뮤니티의 톤을 결정한다

리더에게 가장 큰 부담은 '늘 완벽해야 한다'는 압박이었습니다. 그러나 시간이 지나며 깨달았죠. 리더에게 필요한 역량은 완벽이 아니라 '일관된 에너지'라는 것을요.

지쳐서 다 포기하고 싶은 어느 날, 구성원들 앞에서 솔직하게 "오

늘 너무 힘들다”고 말했습니다. 그 진심이 오히려 신뢰를 키웠죠. 솔직한 고백과 가능성을 보는 시선, 열린 태도 자체가 멤버들에게 전염되었고, 덕분에 커뮤니티는 스스로 회복력을 갖게 되었습니다. 이 부분은 커뮤니티 비즈니스에서 고객 경험을 설계하는 일과도 맞닿아 있는 부분입니다.

### 팬덤을 넘어, 공동체로

돌이켜 보면 저의 커뮤니티는 팬덤형 구조에서 출발했습니다. 하지만 지속 가능한 모델은 한 명의 에너지에 의존하는 방식이 아니라 '관계, 기여, 에너지'가 설계된 수평적 공동체라는 사실을 배웠습니다. 데이비드 스핑스가 강조하는 것도 결국 '사람을 믿는 기술'이니까요. 이제는 한 명의 리더가 이끄는 커뮤니티보다 '모두가 리더가 되는 커뮤니티'가 필요합니다. 당신의 커뮤니티도 그렇게 자라나기를 바랍니다.

1 **한 사람의 에너지로 굴러가는 커뮤니티는 오래가지 않습니다.**
팬덤형 구조의 한계지요. 시스템과 구조가 없다면 리더가 지칠 때 모든 게 끝납니다.

2 **기여는 우연히 생기지 않습니다. 그래서 반드시 구조화해야 합니다.**
'기여 포인트, 운영 분산, 회고 루틴' 같은 설계가 없다면 사람들은 그냥 소비자에 머뭅니다.

3 **커뮤니티의 지속 가능성은 '관계 자산'이 아니라 '운영 모델'에서 나옵니다.**
단순히 좋은 분위기나 친밀감이 아니라, 어떻게 운영하고 확장할 것인가에 대한 정교한 비즈니스 모델링이 필요합니다.

# 공간 너머,
# 커뮤니티의 힘을 발견하다
## 현장에서 마주한 위기와 기회, 그리고 새로운 가능성

황혜경(커뮤니티 빌더 / 전 하이브아레나 공동대표)

"제가 작은 공간을 갖고 있는데요. 여기서도 하이브아레나 같은 걸 할 수 있을까요?"

2014년부터 2019년까지 하이브아레나를 운영하는 동안, 저는 이런 질문을 정말 많이 받았습니다. 제주에서 게스트하우스를 운영하는 분, 서울에 작은 건물을 소유한 분들이 찾아와 같은 이야기를 했죠. 공간을 가진 사람이라면 누구나 '커뮤니티 비즈니스'에 관심을 보이더군요.

그때마다 저는 그분들에게 되물었습니다. "왜 커뮤니티를 만들고 싶으신가요?"

대답은 비슷했습니다. "공실률을 낮추고 싶다." "차별화된 경쟁력을 갖고 싶다." "단골을 만들고 싶다."

잘못된 이유는 아니죠. 하지만 이런 목적에서 출발한 커뮤니티는 대부분 오래가지 못했습니다.

저는 공동 창업자와 함께 '하이브아레나'라는 글로벌 테크 커뮤니티를 운영했습니다. 강남의 50평짜리 코워킹 스페이스에서 시작해 영등포 단독주택을 개조한 코리빙 하우스로 확장하기까지 다양한 실험을 했습니다. 〈포브스〉가 선정한 '아시아 Top 11 코워킹 스페이스'에 오르기도 했고, 7,000명이 넘는 글로벌 인재가 저희 커뮤니티를 다녀갔습니다.

그러나 2019년, 결국 우리는 물리적 공간을 닫았습니다. 겉보기에는 참 괜찮았는데, 왜 지속할 수 없었을까요? 그 과정에서 배운 교훈과 제가 목격한 다른 공간 커뮤니티의 성패를 통해 비즈니스의 본질적 딜레마를 이야기하고자 합니다.

### 왜 대부분의 공간 커뮤니티는 지속하지 못하는가

제가 목격한 많은 공간 커뮤니티는 다음과 같은 실수를 반복합니다.

1. 순서의 문제: 공간을 먼저 만들고 커뮤니티를 채우려 합니다. 하지만 커뮤니티는 '채워 넣는 것'이 아니라 '자라나는 것'입니다.
2. 효율성의 함정: 높은 회전율, 빠른 확장, 표준화된 서비스. 이런 방식이 부동산 비즈니스에서는 유리할지 몰라도 커뮤니티에는

독입니다. 커뮤니티는 느리고, 유기적이며, 고유한 문화를 통해 성장합니다.

3. 부동산 마인드: 제곱미터당 얼마, 좌석당 얼마로 계산하는 순간 이미 커뮤니티가 아닙니다. 관계의 가치는 공간의 크기로 측정할 수 없습니다.

## 실험과 깨달음

하이브아레나의 첫 번째 원칙은 단순했습니다. "모든 새 멤버와 최소 30분은 대화한다."

비효율적이었죠. 하루에 서너 명밖에 받을 수 없고, 어떤 경우에는 한 시간 넘게 이야기한 뒤 "우리랑 잘 맞지 않는 것 같아요" 하며 정중히 거절하기도 했습니다.

하지만 우리는 공간을 파는 게 아니라 커뮤니티를 만들고 있다고 믿었습니다. 한 명의 맞지 않는 멤버가 열 명의 좋은 멤버를 떠나게 할 수 있다고 생각했기 때문입니다.

그 접근은 곧 결과로 이어졌습니다. 창업자들이 자리를 비운 어느 날, 한 멤버가 자발적으로 방문자를 맞이해 공간을 소개하고 멤버십 가입까지 도왔습니다. 돈을 내는 '고객'이 공간의 '주인'처럼 행동한 것이죠. 저는 그 순간 깨달았습니다. "이게 핵심이구나!"

## 하이브아레나가 남긴 교훈

우리는 성과 면에서 성공했습니다. 마케팅 예산 0원으로 국제적 인정을 받았고, 멤버 유지율 86%, 구글 리뷰 4.6점을 기록했습니다. 하지만 물리적 공간은 결국 문을 닫았습니다. 이유는 세 가지였습니다.

1. 확장성의 한계: 모든 온보딩을 직접 맡고, 모든 멤버의 이름과 이야기를 기억하는 건 50명까지가 한계였습니다. 휴먼터치를 시스템화하지 못했습니다.

2. 수익 구조의 취약성: 밀도를 낮추고, 까다롭게 선별하고, 무료 이벤트를 열며 '좋은 커뮤니티'를 지향했지만, 공간 중심의 단기적인 수익성은 희생할 수밖에 없었습니다.

3. 부동산 의존성: 결국 임대료가 발목을 잡았습니다. 부동산 가격이 오르자 버틸 수 없었습니다. 2019년 말 급등한 임대료와 뒤이은 팬데믹은 물리적 공간에만 의존한 우리 모델의 한계를 명확히 보여줬습니다.

그럼에도 남은 게 있습니다. '하이브 식구Hive Food Gang'라는 온라인 모임은 지금도 활발합니다. 공간은 사라졌지만, 연결은 남았습니다. 커뮤니티의 힘은 공간이 아니라 사람들 사이의 유대감에 있다는 걸 배웠습니다.

### 앞으로의 공간 커뮤니티를 위해

만약 지금 다시 커뮤니티를 시작한다면, 저는 이렇게 하겠습니다.

- 온라인 자생 문화를 인정할 것: 위에서 만들어주는 온라인 공간보다 멤버가 '필요에 의해 스스로 만든 공간'이 오래갑니다. 운영

자는 그 문화를 관찰하고 지원하는 조력자가 되어야 합니다.

- 커뮤니티가 만드는 가치를 발견할 것: 커뮤니티의 핵심적 가치는 '계획'이 아니라 '발견'에서 나옵니다. 멤버들이 자발적으로 만들어낸 가치를 포착하고, 이를 연결해 수익 구조로 확장해야 합니다.

- 휴먼터치를 문화로 확산할 것: 온보딩을 창업자가 독점하는 것이 아니라, 멤버들이 자연스럽게 새 멤버를 환영하는 '문화'를 심어야 합니다.

- 중심은 명확히, 경계는 유연하게: 핵심 가치는 지키되, 멤버의 배경과 직업은 다양할수록 좋습니다. 같은 가치를 공유한다면 차이는 오히려 풍성함을 줍니다.


**공간을 넘어, 관계를 팝니다**

"제가 작은 공간을 갖고 있는데요. 여기서도 하이브아레나 같은 걸 할 수 있을까요?"

같은 질문을 다시 받는다면 저는 이렇게 답하겠습니다. "할 수 있습니다. 그 전에 먼저 자문해보세요. 지금 하고 싶은 게 부동산 사업인지, 커뮤니티 비즈니스인지."

외로움은 현대 사회의 가장 큰 문제입니다. 진정한 연결을 만들어내는 커뮤니티의 가능성은 여전히 크죠. 하지만 기억하세요. 당신이 팔아야 하는 건 부동산이 아니라 평안, 책상이 아니라 관계, 물리적 공간을 넘어선 경험입니다. 공간은 거들 뿐, 온라인과 오프라인이 유기적으로 연결될 때 커뮤니티는 비로소 지속 가능합니다. 하이브아레나는 문을 닫았지만, 그 시간 속에서 배운 교훈은 살아 있습니다. 여러분이 저와 같은 시행착오를 겪지 않으면 좋겠습니다.

커뮤니티의 가장 중요한 자산은 지속되는 유대감과 상호 의존입니다. 즉각적인 수익을 기대하면 실망할 겁니다. 하지만 멤버들 사이에 형성된 끈끈한 연결은 예상하지 못한 순간에 놀라운 가치로 돌아옵니다. 제가 하이브아레나에서 배운 것도 이 하나였습니다. "커뮤니티의 핵심은 결국 사람이다."

## INSIGHT

**1  공간 우선이 아닌 관계 우선으로 시작하라**

화려한 인테리어보다 30분의 진정한 대화가 더 강력한 커뮤니티를 만든다.

**2  부동산 비즈니스와 커뮤니티 비즈니스는 다르다**

수익이 아닌 관계의 깊이로 성공을 측정해야 한다.

**3  물리적 공간의 한계를 인정하고 하이브리드로 설계하라**

팬데믹이 증명했듯, 핵심적 커뮤니티는 공간이 사라져도 지속된다.

# 관계의 복리,
# 커뮤니티의 진짜 자산

최지은(모두의연구소 테크 커뮤니티 매니저)

저는 강남대로 한복판에 위치한 오프라인 공간에서 관계와 연결을 만들어내는 '테크 커뮤니티 매니저'입니다. 국내 최초의 AI 연구 커뮤니티이자 AI/SW 교육 플랫폼인 '모두의연구소'에서 연구원들의 성장과 연결을 돕는 조력자로 일하고 있습니다. 17~18세기 프랑스 살롱에서 지식인들의 만남을 주선했던 마담 같은 역할을 하고 있지요.

저는 매일 현장에서 80~120명의 연구원들을 마주하고 LAB을 인큐베이팅하며 데이터로는 포착되지 않는 '날것'의 목소리를 듣습니다. 멤버들이 진짜 원하는 게 무엇인지, 어떤 갈증을 느끼는지 현장의 미묘한 기류를 가장 먼저 감지하곤 합니다. 이러한 관찰을 바탕으로 세미나와 네트워킹, 소모임 등 다양한 형태의 연결을 만들며, 연구자 간 협업을 중심으로 커뮤니티 전반을 지원합니다. 그 과정에서 사람과 커뮤니티, 그리고 세계가 연결되는 놀라운 순간을 자주 마주합니다.

'관계의 복리'란 뭘까요? 저는 커뮤니티 매니저가 조직에 남길 수 있는 가장 강력한 무형 자산이라고 생각합니다. 축적된 신뢰는 새로운 프로젝트와 뜻밖의 기회까지 끌어들입니다. 나아가 비즈니스의 전환점을 만들어내기도 합니다.

모두의연구소가 단순한 연구 공간을 넘어 열정적인 에너지가 순환하는 공간이 될 수 있었던 건 무엇보다 '환대와 연결'이 있었기 때문입니다. 한 멤버가 저를 "건강한 충돌에 있어서 안전지대가 되어주는 지은 님"이라고 표현한 적이 있는데요. 그 말처럼 저는 진심을 기반으로 부딪히며 연구원들이 더 깊이 몰입하고 스스로의 가능성을 믿게 되는 순간, 그리고 그것이 사회적 임팩트로 연결되는 순간을 지켜왔습니다. 기계적인 대응 대신 '사람 냄새' 나는 방식을 택했던 과정들이 겹겹이 쌓여, 어느새 우리 조직을 지탱하는 뿌리가 되어가고 있음을 느낍니다.

미래학자들과 주요 AI 연구자들이 예측하듯, 앞으로 몇 년 안에 AI가 인간의 지적 노동을 대체하는 특이점singularity의 시대가 도래한다면, 지식의 유효 기간이 급격히 짧아지고 노동이 가치를 잃었을 때 끝까지 살아남는 자산은 무엇일까요? 우리가 시스템의 '자동 모드auto mode'가 아닌 존엄한 인간으로 남을 방법은 무엇일까요?

'뜻밖의 발견 또는 재미'라는 뜻의 '세렌디피티serendipity'라는 단어가 있지요. 저는 비합리적이지만 인간만이 내릴 수 있는 가장 인간적인 결정에 그 답이 있다고 생각합니다. AI가 최적의 경로를 찾고 성공 확률을 계산할 때, 커뮤니티 매니저로서 저는 계산된 경로 밖, 제 취향이 반응하는 새로운 가능성의 방향으로 사람들을 초대합니다. 그 선택이 가져올 결과에 대해서는 책임을 피하지 않겠다는 전제와 함께요. 효율만 따진다면 하기 어려운 선택을 먼저 실행하기도 합니다. 어느 정도의 희생을 감수하고서라도 말이죠.

인간만이 할 수 있는 일로서, 저는 의지를 발휘하는 용기가 필요하다고 생각합니다. 손을 내밀어 우연을 필연으로 만들고, 다양한 멤버들이 만들어내는 복합적인 관계 속에서 예상치 못한 만남과 콜라보레이션을 만드는 일. 저는 시스템이 계산할 수 없는 그 무한의 가능성을 연결하는 인간이고 싶습니다.

튜닝의 끝은 순정입니다. 자동화가 단순 반복적인 일을 많이 줄여주지만, 그걸 끝까지 밀어붙였을 때 결국 기계와 시스템이 건드릴 수 없는 본질인, 사람 사이의 잔정과 따뜻한 온기만 남습니다. 변덕스러운 감정을 가진 한 사람 한 사람을 만나는 일, 충돌을 다루고 환대를 만들고 관계를 엮는 일은 자동화될 수 없습니다. 수치는 언제든 예쁘게 포장할 수 있지만, 사람의 마음은 포장할 수 없기 때문입니다.

"잘못된 것을 측정하는 것은 재앙으로 가는 지름길이다." UIEUser Interface Engineering의 창립자 자레드 스풀Jared Spool의 말처럼, 커뮤니티의 가치를 편리한 패턴과 지표로만 계산한다면 표면적인 성과에 집착하게 되고, 그 과정에서 커뮤니티의 본질과 진정성을 잃게 됩니다. 행사에 세 번 이상 참석한 사람을 '우수 잠재 고객'이라고 분류할 수는 있지만, 무료 맥주가 좋아 찾아온 동네 주민인지 세미나에 관심이 있어서 온 잠재 고객인지 숫자는 구분하지 못합니다.

컨퍼런스에서의 5분 대화가 몇 년 뒤 사업 파트너십으로 이어지기도 하고, 만족도 조사에서 '보통'이라 답했지만 집으로 돌아가는 길에 '나도 할 수 있다'는 인생의 전환점을 만나는 멤버도 있습니다. 대시보드에 찍히진 않지만, 진짜 지표는 이렇게 '이야기' 속에 있습니다.

"여기 오는 날이 일주일 중에서 가장 기다려져요" "오늘의 만남이 또 하나의 가능성이 되었어요" "이곳에서 뜻밖의 동업자를 만났어요" 이런 고백 같은 스토리야말로, 시간 속에서 관계와 신뢰가 어떻게 축적됐는지를 보여주는 가장 확실한 지표입니다. 커뮤니티의 가진 진짜 가치는 사람 사이의 관계와 신뢰가 만들어내는 느린 자산 속에 있습니다.

## INSIGHT

1. 관계는 복리처럼 성장합니다. 물질 자산은 사용할수록 닳지만, 관계 자산은 나눌수록 단단해지고, 시간을 통과하며 더 깊어집니다.
2. 커뮤니티의 힘은 비가시적이고 비선형적입니다. 데이터로 측정되지 않는 진짜 가치는 시간 속에 켜켜이 쌓인 사람들의 '이야기' 속에 숨어 있습니다.
3. 튜닝의 끝은 순정! AI 시대에도 자동화되지 않는 것은 관계, 사랑 그리고 커뮤니티입니다.

# 나를 '커뮤니티형 인간'으로 만들어낸 3가지 키워드

## 서로계발, 사회적 효능감, 선순환

양소희(유난무브먼트 파운더 / 디지털민주주의 활동가)

"정말 그 자체로 커뮤니티형 인간이시네요."

여러 강연이나 미팅에서 제가 걸어온 궤적을 소개하면 적잖이 듣는 말입니다. 여러 사람으로부터 반복적으로 유사한 이야기를 듣게 되니 어느 날 문득 궁금해졌습니다.

커뮤니티형 인간이란 무엇일까? 어떠한 가치와 방식, 철학이 나를 이렇게 정의내리게 만든 걸까?

저는 이 질문을 따라 그간의 크고 작은 커뮤니티 설계와 운영 경험을 회고해보고, 여러분과 함께 읽고 있는 이 책이 제 경험과 어떻게 교차하는지 탐구해보았습니다. 이 과정을 통해 저는 세 가지 인사이트를 도출했습니다.

첫째, 커뮤니티 리더십은 개인이 겪은 문제를 사회적 의제로 전환해 더 넓은 공감과 설득을 얻어가는 과정에서 효과적으로 길러질 수 있습니다. 제가 '커뮤니티'라고 이름 붙일 수 있을 만한 실험은 제가 열다섯 살 즈음 개설한 블로그에서 시작됐습니다.

당시 제주도에서 유소년기의 전부를 보내던 저는 우연히 좋은 기회를 얻어 서울 연수를 다녀왔는데, 그곳에서 비수도권 청소년들이 교육 기회 및 경험의 불평등 문제를 겪고 있다는 사실을 처음 알게 됐습니다. 한번 온몸을 강타한 문제의식을 벗어나기는 쉽지 않았어요. 그래서 뭐라도 해보려고 만든 것이 블로그였습니다.

사실 당시에는 커뮤니티의 본질에 대한 진지한 고민이나 정의는 없었습니다. 일단 시작하고 본 것이었는데요. 비수도권 청소년을 위한 각종 교육 정보와 활동 기회를 주기적으로 공유하고, 유입된 방문자들이 서로 비슷한 고민을 나누거나 응원을 전할 수 있는 장치 정도를 만들어 두었습니다.

그런데 얼마 지나지 않아 곳곳에서 흥미로운 장면이 포착됐습니다. 먼저 방문자 수가 급증하기 시작했습니다. 자라온 지역도 다르고, 얼마 전까지 서로의 존재도 몰랐던 이들이 어떤 키워드를 통해 유입되었고, 제가 만든 가상의 공간에서 공통의 고충과 문제를 터놓으며 유대감을 나누기 시작했습니다.

블로그 덕분에 좋은 정보와 기회를 얻었으니, 자신도 작게나마 기여하고 싶다며 무언가를 주려는 이들도 생겼습니다. 저는 이러한 현상을 일시적이고 우연한 사건이 아니라, 어떤 변화를 만들 수 있는 시그널로 읽고 싶었습니다. 일종의 '기획'을 더 해보자고 마음먹은 게 이즈음입니다.

개인이 겪은 문제 인식과 작은 실천을 기록하던 플랫폼에 유사한 페인 포인트pain point를 가진 방문자들이 유입되는 것을 목격하고, 이들이 계속해서 머물 수 있게 콘텐츠와 경험을 제공하고, 온오프라인을 넘나드는 교류의 장을 만들고, 참여 정도에 따라 다양한 역할을 부여하고, 공동의 미션 위에 하나의 프로젝트를 설계해 목표 달성까지의 과정과 결과를 함께 나누고, 우리가 살아갈 미래의 세계관을 구축하기까지.

탄탄한 이론과 치밀한 전략을 바탕으로 시작하진 않았지만, 재미와 의미에 주력하며 빠르게 설계하고 실험하다 보니 저는 나름의 커뮤니티 운영 기술을 터득할 수 있었습니다. 그저 직관과 경험에 기반해 제가 만들어간 방법론이 데이비드 스핑스의 책 구석구석에 정갈하고 명료한 언어로 정리되어 있음을 발견할 때마다 놀랍고 반가웠습니다.

둘째, 커뮤니티는 '나의 개인적 성장'을 넘어 '우리의 성장'을 설계하고 실제로 이에 해당하는 사회적 효능감을 줄 때 빠르게 확장할 수 있습니다. 제 블로그 구독자들은 가치관 키워드를 계기로 저와 연결되었고, 또 서로와 연결된 관계입니다. 그래서 개인의 성장과 경쟁에 집중하는 '자기계발'을 넘어 서로의 성장을 돕고 지지하는 '서로계발'의 메커니즘을 그려보고 싶었습니다.

이러한 비전에 동의하는 방문자에게는 서포터이자 파트너로서 새로운 정체성과 역할을 부여했습니다. 또 온오프라인을 넘나들며 서로 연결되고 무언가 함께 도모할 수 있는 행사를 꾸준히 기획했습니다. 계절이 바뀔 때마다 소셜 살롱을 열고, 기부용 코인을 모아 우리 가치관에 부합하는 사회단체에 전달했습니다. 서로의 역량 개발과 성장을 돕는 유료 프로그램을 기획하고 운영하며 규모를 키웠습니다. 어떤 때는 당시 사회초년생의 월급을 훌쩍 넘는 수익금을 기록할 만큼 반응이 좋았고, 리텐션 비율도 높았습니다.

무엇보다 저의 삶을 관통한 물리적 한계와 격차에 대한 문제의식을, 경계를 넘나드는 연결과 소통의 방식으로 풀어나가고 있다는 사실이 짜릿하게 느껴졌습니다. "케미가 너무 좋은데, 서로 어떻게 알게 되셨나요?"라는 질문에 제 블로그를 최초의 계기로 언급한다는 분도 생겼습니다.

실제 얼굴은 본 적이 없지만 꾸준히 공유해온 삶의 맥락과 가치관만으로 지역을 넘나들며 서로를 깊이 응원하고 지지하는 관계가 생겼다는 점은 곱씹을수록 신기했습니다. 어쩌면 이것이 우리 세대에게 필요한, 그리고 유효한 새로운 연대체의 구성 방식이 될 수 있겠다는 생각도 들었습니다.

저는 연대체로서의 커뮤니티가 지닌 힘과 가치를 제가 해결하고 싶어 하는 사회 문제에 더 크게, 더 잘 써보고 싶었습니다. 그래서 2024년 상반기에 비영리 스타트업을 설립했습니다. 물성이 있는 제품과 서비스를 팔아 수익을 추구하는 것이 영리의 기본값이라면, 비영리는 가치와 메시지를 팔아 임팩트를 추구하는 것이 기본값입니다.

제가 풀고 싶은 문제에 있어서는 당장의 수익보다도 중장기적 관점에서 사회 변화를 이끌어내는 방식으로의 접근이 훨씬 중요합니다. 영리 기업에서는 주주가 투자 비율에 따라 의사 결정력을 발휘하고, 주주의 이익 확대를 우선적으로 고려하지요. 하지만 비영리에서는 우리가 해결하려는 문제의 중요성과 시급성, 그리고 솔루션의 유효성을 설득하며 후원자 그룹을 구성해야 합니다.

방법론을 보자면, 스타트업처럼 빠른 실험과 확장을 도모하는 데서 '비영리 스타트업'이라는 개념이 생긴 것인데요. 이 특성이 그동안 제가 온몸으로 터득하고 쌓아온 커뮤니티의 기술을 도전적으로 적용하고 확장하기에 좋은 모델이라고 생각해 선택했습니다. 현재 저는 약 1천여 명의 멤버들과 연결되어 하나의 무브먼트를 만들어가고 있습니다.

셋째, 커뮤니티의 지속 가능성은 참여와 기여, 인정, 재참여의 구조적 선순환이 뿌리내려야 가능합니다. 제 블로그가 개인의 일방향적 발행-발신 플랫폼이 아닌 멤버십과 연대감을 가진 커뮤니티로 진화하는 데 있어 가장 중요하게 작용한 두 가지가 있습니다. '기여'와 '인정'입니다.

저의 블로그 기반 커뮤니티에서는 호스트가 기획하고 주최하는 유료 프로그램 이외에도 무료로 아티클을 발행하고, 정보를 공유하고, 온라인 행사를 기획하기도 했는데요. 종종 여기에 자신이 갖고 있는 정보나 지식, 경험 등을 더해주는 분들이 있었습니다.

또 블로그 기부용 가상 코인(해피빈)을 활용한 시즌별 기부 모금 프로젝트, 코로나 시기 소외 계층 마스크 기부 프로젝트를 진행할 때도 자발적으로 훨씬 더 많은 몫을 나눠주신 분들도 있었습니다. 저희는 이러한 기여, 그리고 타인과 공동체를 돕고 싶어 하는 그 마음에 충분히 감사함을 표하고 조명하는 것을 중요하게 여겼습니다.

당신의 기여가 커뮤니티에 어떤 긍정적인 영향과 힘을 불어넣고 있는지, 당신의 마음을 얼마나 귀하게 여기고 있는지 자주 언급하고 다양한 방식으로 조명했지요. 이는 액티브 멤버들의 지속적인 참여와 기여로 다시 이어졌습니다.

나아가 저는 더 과감하고 새로운 실험을 해보고 싶었습니다. '경험의 격차'라는 문제의식에서 출발한 블로그인 만큼, 여기서 벌어들인 수익을 다시 경험의 격차 해소라는 공통의 문제에 재투자하는 프로젝트를 시도하고 싶었습니다.

만 스물다섯을 마무리할 즈음, 저는 구독자님들과의 대화를 거쳐 아이디어를 다듬고, 블로그 수익금으로 소셜펀드를 조성해 제 고향 제주의 10대 청소년들을 대상으로 '꿈여행 장학사업' 이니셔티브를 시작했습니다. 구독자님들이 개인의 성장과 효능감을 위해 지불한 멤버십 비용의 일부가 조금씩 쌓여 공통의 문제를 겪고 있는 후배 세대의 장학 기금으로 쓰였습니다. 이러한 선순환 구조는 폭발적인 반응을 얻었습니다.

구독자님들은 이 과정에 참여한 데서 큰 자긍심과 연대감을 느꼈고, 커뮤니티가 지목하는 문제나 지향하는 가치를 더 진정성 있게 받아들이며 지지를 보냈습니다. 이러한 성원에 힘입어 3년 동안 열네 명의 장학생을 배출할 수 있었습니다. 나중에 멋진 할머니가 되면 도전하고 싶었던 제 인생 목표 중 하나를 커뮤니티의 힘으로 대략 60년가량 앞당겨 실현하게 된 셈입니다.

10여 년 전 하나의 문제의식을 나누고 싶어 시작한 작은 실험이 하나의 비즈니스로, 장학 사업으로, 비영리 스타트업 모델로 몸집을 키워가며 지금까지 명맥을 이어갈 줄 몰랐습니다. 순탄한 여정만은 아니었지만, 혼자서는 결코 이룰 수 없었던 연대와 성장을 경험할 수 있었습니다. 구체적인 변화의 감각 역시 밀도 있게 쌓아나갈 수 있었던 시간이었습니다.

무언가 꾸준히 짓고, 연결하고, 흐름을 만들어온 저의 여정을 가까이에서 지켜봐 온 파트너가 있습니다. 언젠가 그는 저를 '그럼에도 성실하게 함께하기를 선택하는 사람'이라고 정의했습니다. 어쩌면 이 문장에 커뮤니티형 인간을 지탱하는 핵심 철학이 담겨 있지 않을까 생각합니다.

### INSIGHT

1 진정한 커뮤니티 리더십은 '공감 가능한 개인적 문제'를 '공유 가능한 사회적 의제'로 전환하는 능력에서 비롯됩니다.

2 커뮤니티는 '나의 성장'을 넘어 '우리의 성장'을 설계할 때 진정한 지속 가능성을 획득합니다.

3 커뮤니티의 지속 가능성은 '참여→기여→순환→ 재참여'의 구조적 선순환에서 비롯됩니다.

**편역**     다오랩 DAOLAB

---

**한재선**     KAIST 전자전산학과에서 박사를 마치고 빅데이터/클라우드 기업인 넥스알(KT 피인수)을 시작으로, VC인 퓨처플레이, 카카오의 블록체인 자회사인 그라운드X를 연속적으로 창업했다. KAIST 정보미디어경영대학원에서 7년 동안 겸직교수로 IT 트렌드와 비즈니스 모델을 강의했고, 현재 KAIST 전산학부 겸직교수로 웹3와 블록체인을 강의하고 있다. 2024년부터 미래 조직과 일을 연구하고 실천하는 다오랩을 설립해 랩장으로서 리드하고 있다.

**이항심**     미주리-컬럼비아 대학교에서 상담심리학 박사 학위를 취득한 뒤, 오클라호마 주립대학교에서 상담심리학 전공 교수로 3년간 재직했다. 현재 건국대학교 상담심리학과 교수로 재직 중이며, 성인진로 및 조직심리 전문가로 활동하고 있다. 다학제 실행 연구 기관인 미래의 일 연구소를 이끌면서 AX로 인한 일자리의 변화, 그리고 미래 조직에 대해 연구를 진행 중이다. 미국 내 KPNKorean Psychology Network 공동 설립자이며, 다양한 커뮤니티의 기획자로도 활동하고 있다.

**최지은**     모두의연구소에서 AI 커뮤니티 운영과 테크 세미나·컨퍼런스·포럼 기획을 맡고 있다. 미국 현직 개발자와 함께 AI 스터디 커뮤니티를 2년간 공동 운영하며 개발자 인터뷰, 해커톤, 정기 세미나를 통해 기술 인사이트를 확산해왔다. 또 DAO의 자율성·공정성·투명성·지속가능성을 연구하고, 이를 실제 커뮤니티에 적용하는 실험을 이어가고 있다. 이전에는 프리랜서 커뮤니티 기획자로 SK이노베이션 사내교육팀(mySUNI)의 'NFT 커뮤니티 기반 학습 촉진 실험 프로젝트'에 참여해 NFT 기반 멤버십 구조를 설계하고 온·오프라인 이벤트를 기획·운영했다.

**박준영**     크로스IMC 대표. 아주대학교 경영대학원 겸임교수. 애플코리아 국내 런칭을 비롯한 글로벌 테크 기업 및 국내 주요 대기업의 브랜드 커뮤니티 전략을 주도해온 통합마케팅 전문가다. 베스트셀러 《Z의 스마트폰》을 통해 디지털 네이티브 세대의 컬처코드와 인사이트를 알렸으며, 최근에는 AI와의 정서적 상호작용 연구를 바탕으로 비즈니스 생태계와 사용자 경험에 일어날 변화를 탐구하고 있다. 현재 AX와 초개인화된 브랜드 경험 설계를 컨설팅하며 현장과 이론을 연결하는 '실행가'로 활동 중이다.

**양소희**  젊은 어른들을 위한 일상의 민주주의 실험실 유난무브먼트와 한국 정치 생태계의 세대·세계관 교체를 이끄는 싱크탱크 VALID를 이끌고 있다. 약 40여 개국의 주요 국제회의체에 한국 대표로 참석해 여성·청년 정치대표성 강화, 청년 세대의 불평등, 디지털 민주주의를 주요 의제로 삼아왔다. 최근에는 기술과 권력의 관계, AI 시대 민주주의에 관심이 많다. 청소년기부터 운영해온 블로그가 생각보다 커져 얻게 된 소소한 수익금으로 3년간 제주 청소년들을 위한 꿈여행 장학사업을 운영해 14명의 소중한 장학생을 배출했다.

**정경미**  14년 차 국어교사 출신으로 콘텐츠의 구조와 설득의 원리를 연구해왔다. 지난 5년간 직장인 커뮤니티 플랫폼 '알비'를 운영하며 '느슨하지만 단단한 연결'이 만드는 비즈니스의 가능성을 확인했다. 현재는 병원 전문 마케팅사 (주)로미브릭 대표로서 그 노하우를 병원에 접목해 단순 광고를 넘어 환자와 병원이 진심으로 연결되는 '관계 중심 브랜딩'을 실현하고 있다. '사람과 사람 사이의 연결이 가장 강력한 성장 자산'이라 믿는 실무형 커뮤니티 전략가다.

**황혜경**  하이브아레나 공동 설립자로 글로벌 기술 인재 커뮤니티를 구축했고, 포브스 선정 '아시아 Top 11 코워킹 스페이스'로 인정받았다. 이후 테크 리크루터로서 채용 또한 인재를 연결하고 환영하는 커뮤니티 빌딩의 과정으로 확장했다. 현재는 강화도에서 로컬과 기술 인재, 그리고 아이들을 잇는 새로운 연결점을 만들고 있다.

## 감수

---

**백영선**
**(록담)**  플라잉웨일 대표. 로컬브랜드포럼 사무국장. 3040 어른들의 연대 '낯선대학', 경험 공유 살롱 '리뷰빙자리뷰', 100일간의 목표 달성 '카카오프로젝트 100' 등 다양한 형태의 커뮤니티를 만들었다. 그 경험을 바탕으로 라이프집, 페이지 명동, MKYU 등에서 커뮤니티 코칭·컨설팅을 진행했다. 트레바리에서 '커뮤니티 빌더들'이라는 북클럽을 2년째 운영 중이다. 다오랩 멤버로도 활동한다.